마흔 이후 10년

SECOND ACT

마흔 이후 10년

인생의 새로운 속도와 방향을 만드는 시간

헨리 올리버 지음
전혜영 옮김

SECOND ACT: What Late Bloomers Can Tell You About
Success and Reinventing Your Life
by Henry Oliver

Copyright © Henry Oliver 2024
Korean translation copyright © Tornado Media Group 2024
All rights reserved.

First published in Great Britain by John Murray One in 2024
An imprint of John Murray Press
Part of Hodder & Stoughton Limited
An Hachette UK company

Korean translation rights arranged with HODDER & STOUGHTON LIMITED
through EYA Co.,Ltd.

이 책의 한국어판 저작권은 EYA Co.,Ltd를 통한 저작권사와의 독점계약으로
토네이도미디어그룹㈜에 있습니다.
저작권법에 의해 한국 내에서 보호를 받는 저작물이므로
무단전재와 무단복제를 금합니다.

어딘가에서 뒤늦게 꽃피울 모든 사람들에게

차례

서문 | 하프타임을 지나 새로운 전환점에서　　　　　　　　　011

새로운 전성기가 시작되기 전 | 대기만성형의 두 단계 | 인생은 사십부터 | 인생 2막에 피는 꽃

> **1부**
>
> 정상에 오르려면
> 구불구불한 길을 지나야 한다

01 | 어느 날 또 다른 인생이 찾아오다　　　　　　　　　027

대학생 캐서린 | 결혼 그리고 새로운 후계자 | 옆에서 보고 배운 것들 | 쉽지 않았던 시간 | 최악의 상황 | CEO 캐서린 | 펜타곤 페이퍼부터 워터게이트 사건까지 | 그녀는 무엇이 달랐을까

02 | 성공은 미리 계획되지 않는다　　　　　　　　　051

비효율적인 준비 | 지름길이 아닌 구불구불한 길 | 소명 의식 | 소명으로 돌아가는 길 | 크리스 가드너의 깨달음 | 늦은 시작 | 삶과 글쓰기 | 대기만성형 작가들

03 | 인생 2막 새로운 비전을 발견할 때　　　　　　　　　077

맥도날드 형제와 레이 크록의 만남 | 실험적 예술가처럼 | 불안정한 경험들로부터 | 숨어 있는 역전 기회 | 만약 크록이 없었다면 | 패스트푸드 레스토랑의 혁명 | 실패 그리고 새로운 시도 | 맥도날드 형제의 성공 | 비전과 에너지

2부 — 운명이 당신의 삶에 개입할 때

04 | 행운을 맞이할 준비가 되었는가   105

계획처럼 되지 않는 커리어 | 우연의 연속 | 행운을 내 편으로 | 직업과 카오스 이론 | 적극적으로 활동할 때 | 혼자 있는 시간 | 실패가 꽃피우는 시기 | 뜻밖의 정치 기회들 | 괴짜들의 성공

05 | 기회는 자기 확신으로 완성된다   134

대처의 실행력 | 비판의 시간들 | 주부 수사법 | 운명의 개입 | 스스로를 증명하는 과정 | 강력해지는 리더십 | 흔들림 없는 확신

3부 — 누구와 어떻게 연결될 것인가

06 | 한 사람과의 만남이 인생을 바꾼다   161

약한 유대 | 좋은 네트워크 위치 | 커넥터와 영향력 | 3단계 네트워크 | 화가 모지스 할머니 | 운명을 바꾸는 만남

07 | 당신이 쌓아온 축적된 시간의 힘   182

불안정한 생활 | 런던에서의 시간 | 사전 프로젝트의 시작 | 걸어다니는 사전 | 사전의 탄생과 그 이후 | 정신은 늙지 않는다 | 인생이라는 긴 작품

4부 인생의 전환점에서 해야 할 일

08 | 당신을 바꾸고 싶다면 주변을 바꿔라 207

그룹의 힘 | 훌륭한 문화권 | 누구와 함께 일하는가 | 또래 효과 | 낯선 환경과 기회 | 나만의 도약대 | 뱀파이어로 산다면 | 자기 계발의 삶

09 | 지금 혼자서 이 순간을 살아라 231

첫 번째 시도 | 60세 알래스카를 탐험하다 | 자신의 능력을 뛰어넘는 힘 | 인생의 결정적 전환점 | 이 순간 무엇을 할 수 있는가 | 힘차게 늙어가는 전략 | 할 수 있는 일부터

10 | 더 많이 할수록 더 많이 성공한다 252

중년의 뇌 | 11세 때 지능은 달라졌을까 | 능력의 최고조 시기 | 지능이 높은 사람보다 | 성공의 확률 | 과학자들의 성공이 늦어진 이유 | 수학자의 나이 | 늦깎이 천재 | 집중과 확산의 시간

| 5부 | 인생을 재검토하는 시간 |

11 | 두 번째 전성기를 맞이하다　　　289

두 번의 정점 | 미켈란젤로의 드로잉 | 휴식기를 지나면서 | 공간의 창조 | 탈리에신의 시련과 임페리얼 호텔 | 일이 없는 10년 동안 | 오만과 행운 | 무한성과 성장

12 | 중년의 잠재력을 믿어라　　　317

중년의 위기 | 슬럼프 이후 새로운 정점 | 베라 왕, 마흔의 시작 | 중년에 겪는 패턴 | 직업을 바꾼 사람들 | 새로운 것을 배울 때 | 나이 듦과 도전

결론 | 더 이상 당신의 재능을 낭비하지 마라　　　343

아레테를 위해 | 대기만성형 사람을 찾아내는 법 | 당신의 날들을 변화시켜라

주　　　353

일러두기

1. 이 책에 등장하는 주요 인명, 지명, 기관명은 국립국어원 외래어표기법을 따르되 일부는 관례에 따라 소리 나는 대로 표기했다.
2. 단행본은 『 』, 신문과 잡지는 《 》, 논문은 「 」, 영화는 〈 〉으로 표기했다.
3. 본문에 미주는 저자주로 아라비아 숫자로 표기했다.

서문

하프타임을 지나
새로운 전환점에서

1962년 어느 여름 오후, 캐서린 그레이엄Katharine Graham은 마흔다섯의 나이에 《워싱턴 포스트》와 《뉴스위크》는 물론 라디오와 텔레비전 방송국을 소유한 워싱턴 포스트 컴퍼니의 CEO가 되었다. 그녀의 남편이 총으로 자살한 날이었다. 캐서린 그레이엄은 20세기 가장 성공한 CEO 중 한 명이자 엄청난 정치적 권력과 비즈니스적 영향력을 지닌 몇 안 되는 여성이었다. 그레이엄의 성공은 주변 사람들, 그리고 그녀 자신에게도 놀라운 일이었다. 그러나 그녀의 성공은 결코 갑작스러운 것이 아니었다. 그저 간과되었던 것뿐이다.

캐서린 그레이엄은 자질이 부족한 사람이 아니었다. 놓치고 있었던 건 기회였다. 오랜 자기 의심의 세월 속에는 훗날 그녀가 워싱턴에서 가장 권위 있는 여성이자 성공한 CEO로 인정받는 인물이 될 신호가 있었다. 그녀가 이끄는 회사는 워런 버핏이 자신 있게 투자한 곳이었고, 그녀가 주최하는 사교 모임은 새로운 사장들이 반드시 참석해야 하는 사교의 장이었다.

그레이엄의 이야기는 늦게 꽃피우는 사람들의 다양한 방식을 전형적으로 보여준다. 여자인 그녀에게 회사를 운영할 기회가 그냥 주어질 리 없었다. 그녀는 삐딱하고 비극적인 방식으로 행운을 얻었다. 그러나 그녀는 그 행운을 잡을 준비가 되어 있었다. 어린 시절부터 언론에 관심을 보이며 많은 부분을 알고 있었고, 적절한 사람들과 네트워크를 형성했으며, 무엇보다도 타고난 회복력이 있었다. 캐서린 그레이엄은 무슨 일이든지 끈기 있는 태도로 임했다. 또한 도전에 직면했을 때 행동에 나섬으로써 역량의 깊이를 드러냈다.

이 책은 캐서린 그레이엄, 그리고 그녀와 비슷한 사람들이 여러 분야에서 뒤늦게 꽃을 피운 모습과 그 요인들을 살펴볼 것이다. 이를 통해 대기만성형 사람들이 어떤 사람들인지, 어떻게 그들을 더 많이 발견할 수 있을지 이해하게 될 것이다.

새로운 전성기가 시작되기 전

그레이엄의 삶은 단 한 번의 비극적인 순간을 중심으로 달라졌다. 그러나 그녀는 한 삶에서 다른 삶으로 전환하기로 결심했다. 워싱턴 포스트 컴퍼니를 팔지 않고 소유하기로 결정함으로써 응접실에서 이사회실로 이동하기를 선택한 것이다. 이것은 전환이라기보다는 전위에 가까웠다. 마치 운명이 손가락을 튕겼더니 그녀가 낯

설고 새로운 환경에 놓인 자신을 발견하게 되는 것과 같았다.

그렇다면 그녀는 어떻게 가장 성공한 20세기 CEO 중 한 명이 되었을까? 그 답은 과학자, 영화감독, 예술가 등의 경력에 대한 한 최신 연구에서 찾을 수 있다. 노스웨스턴대학교의 연구자들이 실시한 이 연구는 사람들의 경력에서 전성기, 즉 10년 이상 지속되며 높은 성취를 이루는 치열한 시기를 살펴보았다. 전성기가 도래하려면 어떤 조건이 있어야 할까? 연구는 전성기가 시작되기 전에 새로운 아이디어들이 수집되는 탐색 단계가 있고, 그 뒤에는 새로운 아이디어들이 독창적이고 영향력 있는 작품으로 바뀌는 활용 시기가 뒤따른다는 것을 발견했다. 이는 최선의 결정을 내리기 위해서는 정보를 수집하는 것과 알고 있는 정보를 최대한 활용하는 것 사이의 올바른 균형을 찾아야 한다고 말하는 컴퓨터 과학의 탐색 및 활용 역학과 비슷하다.

이 연구에서 밝혀진 바에 따르면 탐색이나 활용이 단독으로 전성기에 결정적인 영향을 미치지는 않았다. 중요한 것은 탐색에서 활용으로의 '전환'이었다. 지나친 탐색은 위험할 수 있다. 일을 취미 삼아 잠깐 해보는 사람, 즉 딜레탕트dilettante로 끝날 수 있기 때문이다. 또 지나친 활용은 지루할 수 있다. 흥미롭고 독창적인 일을 하기 위한 새로운 정보를 충분히 발견하지 못하기 때문이다. 전성기가 오려면, 최고의 작품이 터져 나오려면, 탐색에서 활용으로 전환할 필요가 있다. 중요한 점은 전성기가 경력의 초반에 오든, 후반에 오든 이 연구 결과는 확고하다는 점이다.[1]

탐색에서 활용으로 전환하는 폭넓은 패턴을 대기만성형 사람들의 삶에서 관찰할 수 있다.

대기만성형의 두 단계

캐서린 그레이엄과 마찬가지로, 대부분의 대기만성형 사람들은 두 단계를 거친다.

첫째, 그들은 길고 구불구불한 길, 기본적으로 계획되지 않은 진로를 택한다. 대기만성형 사람들은 성공하는 데 관습적인 진로를 거의 따르지 않는다. 그들의 진전은 중단되고 방해받으며 매끄럽지 않고 꾸준하지 않다. 이 단계에서 그들의 경력은 휴면 상태이거나 서로 다른 듯 보이는 부분들로 이루어진 패치워크인 경우가 종종 있다. 이것은 열의가 없어 보이거나, 방향이 없어 보이거나, 비효율적으로 보일지 모른다. 대기만성형 사람들은 특정 목표를 향해 노력하기보다는 알 수 없는 것, 예상치 못한 것, 언급되지 않은 것을 대비한다.

이 단계에서 궁극적으로 성공으로의 전환을 촉발하는 것은 가장 당연하거나 예상되는 것이 아닐 수 있다. 이들이 활용하는 아이디어가 가장 인기 있거나, 주로 많이 인용되거나, 최근에 발견된 아이디어인 경우는 드물다. 대신에 그것은 가장 흥미로운 아이디어다.

둘째, 대기만성형 사람들은 자신에게 꼭 맞는 자리 또는 기회를 찾는다. 일부는 운 좋게, 일부는 발견을 통해, 일부는 상황의 변화가 재능을 발휘할 수단을 만들어주면서 그렇게 된다. 그들은 방향, 초점, 도전, 자원, 지지, 기회를 얻는다. 이때가 그들이 첫 번째 단계에서 획득한 역량과 대비를 활용하는 때다. 우리는 운에 대비하는 일의 중요성을 계속해서 보게 될 것이다. 정말로 기회는 준비된 자를 선호한다.

이 두 번째 단계에서는 대개 상당히 일관된 세 가지 조건, 즉 적절한 사람, 적절한 장소, 적절한 시기가 따른다. 대기만성형 사람들이 어떻게 길고 구불구불한 길을 떠나 그렇게 많은 것을 성취하는 곳에 도달하는지, 어떻게 탐색에서 활용으로 전환하는지 이해하기 위해서는 그들의 네트워크, 그들이 생활하고 일하는 문화, 그들의 개인적인 변화의 순간을 살펴볼 필요가 있다.

다양한 분야에서 노력하며 이러한 전환을 이루는 대기만성형 사람들의 사례를 보면 세 가지 특징이 반복된다.

끈기 있다: 대기만성형 사람들은 특정한 목표를 향해 노력하지 않는 경우도 있지만, 쓸데없는 사소한 일에 인생을 낭비하지도 않는다. 그들은 자신의 관심사를 끈질기게 좇는다. 그것을 포기할 수는 없지만, 간혹 필요와 선택에 따라 이 끈기를 언제, 어떻게 가시적인 성취로 연결하는지에 대해서는 유연해야 한다.

진지하다: 대기만성형 사람들은 진지하고, 어쩌면 강박적일 수 있고, 때로는 기이하거나 변덕스럽다. 그들에게 어떤 역량이 있는지 주위 사람들이 잘 이해하지 못하는 경우도 드물지 않다. 그들의 진지함 때문에 이상하게 보이기도 하고, 그들의 재능이 어디서, 어떻게 꽃피울 수 있는지 알기도 어렵다. 그들의 역량은 종종 바로 눈앞에 숨겨져 있다.

조용하다: 그들의 야심은 대개 감춰져 있거나 오랫동안 스스로 모르고 있는 상태다. 그들은 조용히 자신의 관심사를 추구한다. 그들의 능력과 자신감은 경험과 함께 성장한다. 자신의 역량이

실제로 어떤 분야에 적합하다는 사실을 깨닫는 것은 꽤 늦을 수 있다. 따라서 그들은 언젠가 적절한 기회가 왔을 때 성공으로 이어질 길고 구불구불한 길 위에서 조용하고 끈기 있게 자질을 개발하곤 한다. 중요한 것은 이 과정에 적극적일수록 기회를 찾아 유리하게 활용할 가능성이 더 크다는 것이다.

이 책은 늦게 성공한 사람들이 어떻게 꽃을 피우는지 이해하는 데 사회과학 연구뿐만 아니라 전기적 이야기에도 의존하고 있다. 그들의 이야기는 재능이 결실을 맺는 다양한 방법을 보여준다.

자기 자신을 바꾸거나 다른 사람들에게 변화의 가능성을 발견하고 싶다면, 과학적 이론과 함께 실제 이야기가 필요하다. 우리는 '나이 들어감에 따라 뇌는 얼마나 쇠퇴하는가?' 또는 '성공하려면 어떤 종류의 네트워크에 속해야 하는가?'와 같은 질문을 하는 데 더해 사업가, 혁신가, 작가, 영업 사원, 과학자, 학자, 정치인까지 모든 분야와 시대에서 자신의 삶을 바꾼 사람들의 사례를 탐구할 것이다. 그리고 이들의 이야기는 당신을 변화시키는 데 필요한 것이 무엇인지 크고도 작고, 심오하고도 일상적인 방식으로 보여줄 것이다.

인생은 사십부터

1932년, 마흔다섯 살의 미국 작가 월터 피트킨은 『인생은 사십부터 Life Begins at Forty』를 출간하며, 기대 수명이 계속해서 늘어난다는 것은 삶이 과거의 어느 때보다 더 많은 가능성으로 가득함을 의미한다고 강조했다. 그는 이렇게 말했다. '위대한 이들의 연대기는 뒤늦게 꽃피우는 둔한 청춘 이야기로 가득하다.'[2] 90년이 지난 지금, 그의 메시지는 그 어느 때보다도 진실하다. 피트킨이 책을 출간했을 때 미국인의 기대 수명은 남성 62세, 여성 63.5세였다. 2019년에는 유엔UN이 세계 평균 기대 수명을 72.6세로 추정했다. 우리는 더 오래, 더 건강하게, 더 생산적으로 살고 있다. 원한다면 더 많은 사람들이 대기만성형이 될 수 있다.

『인생은 사십부터』는 크게 히트했다. 피트킨이 시대정신을 포착한 것이다. 그 제목은 하나의 캐치프레이즈가 되었고, 그 아이디어는 시대의 변화에도 발맞추어 왔다. 당신은 오늘날 50대는 이전의 40대라는 말을 많이 들었을 것이다. 아직 원하는 사람이 되지 못했다고, 혹은 또래보다 뒤처졌다고 절망해서는 안 된다.

피트킨의 주장이 인기 있음에도 불구하고 우리는 나이가 들수록 우리 자신과 타인에게 많은 것을 기대하지 않는다. 젊은 사람들에게 기대하는 만큼을 노년의 사람들에게 기대하지 않는다. 《포브스》의 '30세 미만 30인' 목록은 여전히 성행하고 있지만, '50세 이상 50인' 목록은 찾아보기 어렵다.

하지만 에마 로웨나 게이트우드Emma Rowena Gatewood는 예순일곱의 나이에 애팔래치아 트레일을 단독 종주한 최초의 여성이 되었다. 프리먼 다이슨Freeman Dyson은 여든여덟에 죄수의 딜레마에 대한 새로운 해결책을 발표했고, 메리 딜레이니Mary Delany는 70대에 페이퍼커팅의 한 형태를 고안해 거의 천 점에 달하는 식물 표본 상세 일러스트레이션을 만들었다. 레이 찰스Ray Charles는 일흔넷의 나이에 그래미 어워드에서 수상했으며, 로라 잉걸스 와일더Laura Ingalls Wilder는 예순다섯에 『초원의 집』을 쓰기 시작했고, 유명한 정원 디자이너 거트루드 지킬Gertrude Jekyll은 40대에 경력을 시작했다. 존 구디너프John Goodenough는 옥스퍼드대에서 해임되기 1년 전 리튬 이온 배터리를 개발했다. 그는 아흔아홉의 나이까지 텍사스대에서 교수로 활동했으며 역사상 가장 나이 많은 노벨상 수상자가 되었다. 크누트 빅셀Knut Wicksell은 대학원에서 14년을 보냈으며, 이후 경제학에 지대한 공헌을 했다. 마저리 라이스Marjorie Rice가 기하학에서 새로운 형태의 오각형 테셀레이션을 발견했을 때, 그녀는 50대였고 고작 고등학교 졸업장만 가진 아마추어였다. 이네스 멕시아Ynés Mexía는 쉰하나에 식물학 공부를 시작해 이후 새로운 식물 50종을 발견했다. 마이클 램지Michael Ramsay는 마흔일곱 살에 티보를 설립했다.

대기만성형 사람들은 정치, 스포츠, 사업, 저술, 금융, 예술, 탐험, 심지어 혁명까지 모든 종류의 활동에서 발견된다. 글래디스 버릴Gladys Burrill은 아흔둘의 나이에 호놀룰루 마라톤을 완주했다. 로빈 체이스Robin Chase는 마흔두 살에 집카를 창업하기 전에 전업주부였다. 시피웨 발레카Siphiwe Baleka는 쉰 살에 올림픽 수영 선수가 될 뻔했다. (그는 절차상의 문제로 기니비사우 국가대표가 될 기회를 박탈당했다.) 칼 앨럼비Carl Allamby는 마흔 살의 나이로 의대에 진학하기 전 25년 동안 자동차 정비공이었다. 칼은 말한다. '때로는 그냥 기회를 잡고 자신을 믿는 겁니다.' 세르반테스Cervantes는 말년에 감옥에서 『돈 키호테』를 썼다. 수학자 외젠 에르하르트Eugène Ehrhart는 스물두 살에 고등학교를 졸업하고 예순 살에 박사 과정을 마쳤다. 일반 지능 이론을 개발한 심리학자 찰스 스피어먼Charles Spearman은 서른네 살에 박사 과정을 시작했고, 제2차 보어 전쟁에 참전하기 위해 잠시 중단했다가 마흔한 살에야 박사 과정을 마쳤다. 투생 루베르튀르Toussaint Louverture는 마흔여덟 나이에 아이티 혁명을 주도했다. 그는 서른세 살까지 노예였고, 그 이후에는 지주가 되었다.

대기만성형을 식별하는 특정한 상한 연령도, 간단한 공식도 없다. 그들은 기대치나 삶의 궤적에 비해 늦게 꽃피우는 것이다. 은퇴 후 그림을 그리기 시작한 그랜마 모지스Grandma Moses 같은 사람은 분명히 늦게 꽃피운 사람이었다. 그러나 당신이 스테픈 커리 같은 농구 선수라거나 마르티나 나브라틸로바 같은 테니스 선수라면 스무 살에도 늦게 꽃피운 사람일 수 있다. 마찬가지로, 20대에 마음을 다잡은 수학자는 그 분야의 통상적인 패턴에 비해 대기만성형일 것이다. 앨런 케이Alan Kay는 캘리포니아 연구개발 회사인 팰로앨토 리서치센터PARC에 입사한 가장 나이 많은 박사 중 한 명이었다. 그는 스물두 살에 미 공군에서 코딩을 배웠고, 스물여섯 살에 학사, 스물아홉 살에 박사 학위를 취득했다. 케이는 대부분의 사람들에 비하면 늦게 꽃피운 것은 아니지만, 또래보다 다소 늦게 자신에게 꼭 맞는 자리를 찾았다.

스무 살의 맬컴 리틀Malcolm Little은 교도소에 있었고, 그때는 뛰어난 설교가, 정치 커뮤니케이터, 연설가, 시민권 운동가로서의 모습이 발현되지 않았다. 아무도 그에게 무언가를 기대하지 않았다. 그러다 교도소가 성찰을 위한 휴식기로 작용했고, 그는 삶의 방향을 바꾸는 개심을 경험했다. 스물다섯 살 무렵 그는 미국 흑인 인권운동을 이끈 대기만성형 맬컴 엑스Malcolm X가 되었다. 비슷하게, 제이지Jay-Z는 종종 힙합계의 대기만성형으로 언급된다. 스물여섯 살이 되어서야 첫 번째 앨범이 나왔기 때문이다. 라니 하미드Rani Hamid는 서른네 살이 되어서야 체스를 시작했는데 방글라데시 최초의 여성 인터내셔널 마스터까지 되었다.

그렇다면 우리가 여기서 사용할 정의는 다음과 같다. 대기만성형 사람이란 아무도 성공하리라 예상하지 않았는데 성공하는 사람이다. '아직 무언가를 해내지는 않았지만 아마도 앞으로 해낼 사람들'이라는 문구를 들은 것이 이 책에 대한 조사를 시작하게 된 계기였다. 이 책은 예상보다 늦게 진로를 바꾸어 주변 모두를 놀라게 하는 그런 사람들에 관한 이야기다.

〈어메이징 그레이스Amazing Grace〉 이상으로 세상을 변화시킨 시나 노래가 있었던가? 이 노래의 가사는 대기만성형인 존 뉴턴John Newton이 쓴 것이다. 대기만성형 사람들은 가장 중요한 철학서를 집필하고 세상을 바꾼 과학적, 수학적 사실을 발견하고, 훌륭한 시를 쓰고 뛰어난 예술 작품들을 만들어냈다. 프란시스코 고야Francisco Goya가 70대에 그린 어두운 그림들을 생각해보라. 『빅 슬립』, 『버드나무에 부는 바람』, 『빌러비드』 같은 유명 소설들은 늦게 시작한 소설가들이 쓴 것이다. 대기만성형 사람들은 세계에서 가장 성공적인 기업들을 설립했고, 그들은 실리콘 밸리 신화의 밑바탕이다. 세계에서 가장 유명한 정치인 다수도 뒤늦게 시작한 사람들이다. 사람들은 윈스턴 처칠Winston Churchill의 커리어가 제2차 세계대전 이전에 끝날 거라 생각했다.

인생 2막에 피는 꽃

그렇다고 해서 이 책이 쉬운 낙관주의를 선언하는 책은 아니다. 어느 날 갑자기 눈 떠 보니 완전히 다듬어진 폴 세잔Paul Cézanne이나 토니 모리슨Toni Morrison이 되어 있는 게 아니다.

대기만성형 사람들이 꽃피우는 방식은 아주 다양하다. 이것은 하나의 정답을 찾는 경우가 아니다. 잃어버린 퍼즐 한 조각이 있는 것도 아니다. 대기만성형인 사람은 완전히 새로운 차원의 퍼즐이다. 그들은 똑똑하고(꼭 학업 성취도가 높음을 의미하는 것은 아니다), 스스로 배우고 주도하는 경향이 있다. 자신의 관심사를 따르고, 평생 교육을 진지하게 받아들이며, 스스로 가르치기를 멈추지 않는다. 종종 자신만의 어젠다를 설정하기도 한다.

대기만성의 초기 징후 중 하나는 진지함인데, 이는 많은 사람들에게 비호감일 수 있다. 많은 대기만성형 사람들을 특징 짓는 또 다른 점은 성찰을 위한 휴식기다. 설명할 수 없는 경력 단절처럼 보이는 것이 종종 대기만성하는 사람들에게는 발전의 신호일 것이다. 해리 트루먼은 이렇게 썼다. '1924년에 나는 수치스럽게 패배했다. 나는 2년 동안 생각하는 시간을 보냈다.'³ 그를 작은 마을 농부에서 냉전 시대 대통령으로 만든 것은 바로 그러한 성찰이었다.

많은 사람들은 인생의 후반이 되기 전까지 자기 자신을 완전히 깨닫지 못한다. 그들은 쉰아홉의 나이에 첫 책을 쓴 영국의 저명한 철학자 메리 미즐리Mary Midgley처럼 매우 뛰어난 사람들일 수 있다. 아니면 제2차 세계대전으로 학업이 중단되고 아흔의 나이에 이탈리아의 학교로 다시 돌아간 안눈치아타 무르자Annunziata Murgia와 비슷할 수도 있다. 이 두 사람의 공통점은 싹이 트는 데 유난히 오랜 시간이 걸린 초기의 씨앗을 내면에 가지고 있었다는 점이다.

뛰어난 사람들이 이룬 성취는 불쑥 나타나는 것처럼 보일 때가 종종 있다. 그들의 재능은 겉으로 보기에는 예측할 수 없고 놀라운 방식으로 꽃피운다. 우리는 예순에 글을 쓰기 시작한 소설가, 70대와 80대에 가장 급진적인 작업을 수행한 건축가, 세계적인 텔레비전 스타가 된 관상 수녀 같은 사람들을 많이 만나게 될 것이다. 현실에서 이런 사람들은 탐색에서 활용 단계로 전환할 때 비효율적이거나 직접적이지 않은 오랜 준비 기간을 거치며 살고 있다. 그들은 그저 불쑥 나타나는 것처럼 보이지만, 그들이 가진 능력의 사인은 계속 그곳에 있었다. 재능은 우리 주변에 공공연하게 숨어 있다. 단지 기회가 주어졌을 때 얼마나 많은 사람들이 대기만성형이 '될 수 있는지' 우리가 모르고 있을 뿐이다.

이 책에 스며 있는 정신은 '아마도'라는 단어다. 나는 확실한 무언가를 증명할 수 있다고 주장하는 게 아니다. 얼마나 더 많은 사람들이 대기만성형이 될 수 있는지 또는 당신이 대기만성형이 될 수 있는지 확실히 알 수 없다. 나는 이 전기적 사례들을 반박의 여지가 없다거나 도덕적으로 특출난 사례로 들고 있는 것이 아니다. 내가 주장하는 바는 수학 같은 분야를 포함해 전 분야에서 우리가 숨겨진 재능의 잠재력을 과소평가한다는 것이다.

내가 인용하는 모든 연구와 내가 의존하는 연구 결과들은 '아마도'로 시작하는 주장의 일부다. 이것은 대통일 이론이 아니다. 대단한 비밀이 밝혀지는 것도 아니고, 새로운 인생으로 뛰어오르는 팁이나 비결도 없다. 대신 이 모든 것은 당신이 다르게 살기 시작하거나 변화할 수 있는 타인을 찾는 데 도움이 될 영감을 의미한다. 이 책에는 다양한 분야에서 우리가 생각하는 것보다 더 많은 사람들이 인생의 후반에 성공할 수 있음을 보여주는 사례가 수십 가지 실려 있다. 그들의 이야기는 인생에서 '아마도'의 힘이 얼마나 강력한지 놀랍도록 잘 보여준다. 그리고 이것은 누군가의 기록을 보고 섣불리 판단하지 말고 '아마도 무언가 해낼 수 있을 거야'라는 말을 더 자주 해야 한다는 사실을 일깨워줄 것이다.

SECOND ACT

1부

정상에 오르려면
구불구불한 길을 지나야 한다

01

어느 날 또 다른 인생이 찾아오다

    캐서린 그레이엄은 특권층 출신이었다. 그녀는 좋은 교육도 받았지만 냉대와 무시도 받으며 자랐다. 이로 인해 야망과 성취욕에 불타오르기도 했지만 자기 회의와 좌절감에 빠지기도 했다.

    캐서린 그레이엄은 금융인 유진 메이어Eugene Meyer와 기자 출신의 아그네스 메이어Agnes Meyer 사이에서 태어났다. 《워싱턴 포스트》를 경매로 매입한 그의 아버지 유진은 금융업계의 대부였다. 그는 다혈질 성격으로 집에서 폭군처럼 행동하기도 했다. 어머니 아그네스는 딸에게 사랑을 표현한 적이 거의 없었다. 그녀는 매우 엄격한 성격으로 어린 캐서린이 기침을 심하게 하던 날도 학교에 보냈다.

    캐서린은 어린 시절 유명 인사들에게 자주 둘러싸여 있었다. 그의 집에 찾아오는 손님들 중에는 프랑스 대사인 H. G. 웰스와 정부

내각의 고위 공무원들도 다수 포함되어 있었다.[1] 제1차 세계대전 동안 아버지 유진은 공적 서비스를 위해 투자은행 일을 그만두었다. 유진은 자녀들과 세상 돌아가는 이야기를 나누는 걸 좋아했다. 어머니 아그네스는 엄격하긴 했지만 캐서린에게 아주 중요한 교훈을 남겼다. 그녀의 일기장의 한 대목은 자녀들에게 가르쳤던 그녀의 철학을 잘 보여준다.

> 제2의 바람을 타고 얼마나 더 나아갈 수 있는지 알게 되는 건 흥미롭다. 이는 모든 사람이 배워야 할 중요한 교훈이다. 그러나 많은 사람은 우리가 제2의 바람으로 묘사하는 전 분야에 걸친 노력의 존재를 발견하지 못한 채 인생을 흘려보낸다. 정신적으로나 육체적으로나 피로감이 몰려오면 그 첫 고비를 극복하지 못하고 바로 포기해버리기 때문이다. 그렇게 되면 결코 진정한 노력이 이뤄낸 기쁨과 영광을 느끼지 못한다.[2]

캐서린 그레이엄은 부모로부터 광범위한 비공식적인 교육도 받았다. 유럽을 여행했으며, 등산을 다녔고, 아인슈타인을 직접 만난 적도 있다. 캐서린은 일찍이 몬테소리 교육을 받았는데 그녀는 훗날 《워싱턴 포스트》를 인수했을 때 자신의 경영 방식을 유년기에 배운 몬테소리의 '행동을 통한 학습법'과 비교했다.[3] 여덟 살 때, 그녀는 좀 더 전통적인 학교로 전학을 갔다. 그곳에서 그녀는 '어떤 세상에서든 잘 지내는 법'을 배웠다.[4] 남편이 자살한 이후 그레이엄이 삶에 새로운 활력을 찾아야만 했을 때 이 두 가지 모두 중요한 교훈이 되었다.

대학생 캐서린

캐서린은 우연히 부모의 대화를 엿듣다가 신문사 매입 사실을 알게 되었다. 열혈 구독자였던 그녀는 아버지에게 신문 구성 및 콘텐츠에 대해 개선할 점을 제안했다. 일찍이 캐서린은 저널리즘에 관심이 많아서 대학에 들어가서는 학보를 만들기도 했고, 방학 때는 아르바이트로 지역 신문사에서 일하기도 했다.

하인이 10여 명이나 되는 집에서 자란 탓에 대학교에 들어간 그녀는 현실 감각이 부족했다. 그녀는 가디건을 세탁하기 위해 다른 학생의 도움을 받아야 할 정도였다. 그랬던 그녀가 나중에는 다른 사람에게 조언을 하기도 했다. 그녀는 바서대학교에서 시카고대학교로 편입을 결심했는데, 그녀가 바서대학교에 들어간 이유는 그곳이 '그냥 자신이 있어야 할 곳'이라고 생각했기 때문이다.

대학 시절, 그녀는 아버지와 더 가까워졌다. 미국 총학생회 창립 기자로 활동한 그녀는 나중에 전국집행위원회의 일원이 되었다. 이 위원회는 좌파들의 계획에 신뢰성을 부여하기 위해 조직된 곳이었다. 아버지는 딸이 그곳에 있는 것을 반대했다. 아버지의 말을 잘 듣는 딸이었지만 그녀는 위원회 활동을 그만두지 않았고 그곳에서 새로운 경험을 쌓아갔다. 이후 아버지는 그녀에게 다음과 같이 편지를 썼다.

'내가 너에게 강력하게 조언하는 것이 너에게 별로 도움이 되지 않는다는 걸 잘 안단다. 그리고 굳이 그렇게 해야 한다고 생각하지도 않는다. 왜냐하면 나는 네가 항상 상황을 잘 판단하고 있다고 굳게 믿고 있기 때문이란다.'

그는 그녀에게 《워싱턴 포스트》에 들어와서 기자로 일해볼 것을 제안했다. 딸을 향한 아버지의 믿음은 그 후에도 몇 년간 그녀에게 중요한 자산이 되었다.

시카고대학교에서 그녀는 리처드 허친즈와 모티머 애들러와 같은 교수들의 훌륭한 강좌를 들을 수 있었다. 그들은 학생들에게 폭풍 질문을 던지는 공격적인 수업 방식으로 유명했다. 그녀는 그 수업에서 '성공하는 법'을 제대로 배울 수 있었다. 그 결과, 훗날 그녀는 세미나 테이블의 가장 높은 자리에 앉은 워싱턴 포스트 컴퍼니 최초의 여성 CEO가 되었다.

그녀는 평소 입버릇처럼 자신감이 부족하다고 말했지만 어머니는 자신의 딸이 절대 그렇지 않다는 걸 알았다. 겉으로는 수줍어하고 내성적인 것처럼 보이지만 속으로는 강철처럼 단단하고 강인한 여자라는 걸 어머니는 딸의 대학 시절 활동에서 이미 예상하고 있었다. 그런 딸이 나중에 미국 대통령 리처드 닉슨을 낙담시키게 만든 주인공이 되었다.

결혼 그리고 새로운 후계자

대학 졸업 후, 그녀는 《샌프란시스코 뉴스》에 입사했다. 하지만 일주일 만에 회사를 그만두고 싶었다. 아버지 유진은 그런 딸을 만류했다. 나중에 《워싱턴 포스트》로 이직한 그녀는 순환 근무제로 일하며 사설 편집 업무를 맡았다. 가문에서 유일하게 저널리즘에 관심이 많은 자녀였기에 유진은 딸이 좋아하는 일을 하도록 기회를 주고 싶었다.⁵ 집안에서 그녀는 다른 형제자매들과 다른 대우를 받았다. 다른 자매들은 결혼 상대에 대해 부모의 반대가 심했지만 캐서린은 아니었다. 누구와 결혼을 할지에 대해 부모님의 허락 따윈 필요 없었다.⁶

《워싱턴 포스트》에서 일하는 동안 캐서린은 활기차고 똑똑하고 야심 많은 젊은 청년, 필립 그레이엄Philip Graham을 만났다. 그녀의 삶에 무지개처럼 나타났다가 폭풍처럼 사라져버린 남자였다. 캐서린과 필립은 부모님의 불만에도 불구하고 결혼을 감행했다. 두 사람은 워싱턴에서 신혼살림을 시작했고 필립은 대법원으로 출근했다. 필립은 캐서린이 전업주부가 되는 것을 원하지 않았다. 그녀는 《워싱턴 포스트》에 글을 기고했는데 어떤 날은 새벽 2시까지 쓰기도 했다. 그러나 임신을 하면서 캐서린은 자연스럽게 일을 그만두었다. 그녀는 한 친구에게 그 시절에 대해 이렇게 썼다. '난 단조로운 삶에 아주 만족하며 모든 걸 내려놓았어.' 그 당시 그녀는 매우 행복했다.⁷ 그런데 갑작스럽게 아이가 유산되고, 필립이 전쟁터에 나가게 되자 둘은 외로움과 우울증에 시달렸다. 그녀는 첫 아이를 잃은 것도 친정의 부유함이 남편을 욕망덩어리로 만든 것도 모두 자신의 잘못인 것 같아 스스로를 원망했다.⁸

캐서린은 신혼 초반에 남편이 느끼는 절망감에 대해 일절 함구했다. 필립은 눈물을 흘리는 날이 잦았고 우울증으로 무척 힘들어했다. 그는 젊은 아내에게 다른 사람의 기대에 부응하기가 너무 어렵다고 호소한 적도 있다. 집안에서의 그는 인생이 완전히 무너진 사람처럼 보였다. 물론, 교제 초반에는 필립이 캐서린에게 웃음을 안겨주었다. 뿐만 아니라 가족으로부터 그녀가 벗어날 수 있도록 돕는 역할도 했다. 저널리스트 데이비드 할버스탬은 다음과 같이 기록했다.

'그전까지 캐서린 메이어를 위해 아무도 하지 않던 일을 필립은 기꺼이 했다. 그는 그녀를 웃게 했다. 그녀가 스스로에 대해 젊고 아름답다고 느끼게 해주었다. 그는 그렇게 그녀가 당당히 바깥세상으로 나올 수 있도록 도와준 사람이었다.'[9]

그러나 캐서린은 남편이 자신을 완전히 통제했다는 사실을 뒤늦게 깨달았다.

"모든 결정은 항상 그가 내렸고 나는 그것에 순응해야 했어요."

그녀는 자신이 '현관 매트 취급을 받는 아내'였다고 말했다.[10]

그러다가 제2차 세계대전이 일어나고 캐서린은 아버지와 더 많은 시간을 보냈다. 필립은 집에 없었고 어머니는 영국에 있었기 때문이다. 사적인 대화를 주고받진 않았지만 두 사람은 서로에게 의존적인 친밀한 관계를 유지했다. 그들은 신문과 관련하여 폭넓은 주제의 이야기를 나누었다. 아버지는 그녀에게 다른 신문사의 기사들을 읽고 새로운 소재를 찾는 일을 맡기기도 했다. 그 당시에《워싱턴 포스트》는 워싱턴에 있는 여러 신문사 중 한 곳이었고 살아남기 위해 분투하고 있었다.

1942년에 유진은 누구에게 회사를 맡길 것인지 고민하기 시작했다. 그는 처음에는 아들에게 제안했으나 거절하자 사위 필립을 지목했다. 캐서린은 남편이《워싱턴 포스트》를 맡게 되는 것을 적극적으로 지지했다. 그녀는 회사를 물려받을 후계자는 남성일 것이라고 생각했다. 그 당시 아버지가 중요한 일을 자신에게 맡길지도 모른다는 생각은 손톱만큼도 하지 않았다. 유진의 전기 작가는 다음과 같이 기록했다.

> 그는 딸 캐서린에게 회사의 더 큰 중책을 맡기고 싶었다. 하지만 선뜻 경영직을 맡기기에 그녀는 아직 어리고 경험이 부족했다. 또 이미 아내에게 딸에게 책임자 자리를 맡기지 않겠다고 했는데, 그 말을 번복하기는 어려웠다. 그래서 사위가 신문사 일을 하는 것에 관심이 있다면 그것이야말로 최상의 해결책이 될 수 있었다.[11]

1946년까지 필립은 유진을 도와주며 《워싱턴 포스트》를 함께 운영했다. 그의 나이 서른한 살 때였다. 이 무렵 캐서린은 남편을 워싱턴에 붙잡아 두기 위해 그가 상류층 스타일에 익숙해지도록 애썼다. 그녀는 아침 식사를 준비하고, 아이들을 돌보고, 남편을 직장까지 데려다주었다. 또 아버지가 준 돈으로 화려한 저택을 마련했지만 정작 필립은 그 집을 좋아하지 않았다.[12]

옆에서 보고 배운 것들

필립은 유진을 설득해 방송국 사업에 뛰어들었다. 그것은 수십 년 전부터 그가 추진하고 싶었던 사업이었다. 캐서린은 남편의 능력에 대해 이렇게 말했다.

"그가 초반에 경영진에게 제시한 제안서에는 놀랍게도 사업과 편집 영역에서 문제점과 잠재력, 목표에 대한 상세한 개요가 포함되어 있었어요."

그는 다방면에 관심이 많았다. 편집실의 공간 활용, 연구의 질적 가치, 여름철 가판대 관리, 직원 급여, 지출 비용, 오타, 인쇄 오류, 기술 문제, 판촉 및 지방 보도 자료 등 여러 분야에 신경을 썼다. 그뿐만 아니라 그는 채용, 노사 교섭, 사무실 개조, 학교 홍보, 광고 문구 작성, 만화의 크기 수정까지 세세하게 관여했다. 심지어 그는 모든 직원을 사적으로도 잘 알았다.[13] 필립은 사람들과 잘 지내는 사교 능력이 탁월해 인간관계의 갈등을 최소한으로 줄여나갔다.[14] 그는 지칠 줄 모르는 노력으로 성공의 길을 걸었다. 캐서린 역시 옆에서 그를 지켜보며 많은 것을 보고 배울 수 있었다.

캐서린은 필립의 사소한 문제점을 비밀로 했다. 하지만 유진의 눈을 속일 수는 없었다. 그는 '필립이 너무 마른데다가 힘이 많이 들어갔다'라고 지적했다. 그리고 자리가 주는 무게를 견딜 정신력이 부족하다고 걱정했다.[15] 예전에도 사람들이 필립을 걱정한 적이 있었다. 《하버드 로 리뷰》에서 편집자로 일할 당시에도 그는 늘상 피곤해 보였다. 수면 부족 상태였고 담배를 너무 많이 피웠다. 주변 사람들의 눈살을 찌푸리게 하는 행동도 때에 따라 서슴지 않았다.[16] 필립은 영리했지만 캐서린과 달리 융통성이 부족했다. 그리고 머지 않아 그의 한계가 점점 드러났다.

1947년 캐서린은 직장으로 돌아가고 싶어 하지 않았다. 남편과 같은 직장에서 일하면 너무 혼란스러울 것 같았기 때문이다. 하지만 필립은 동의하지 않았다. 그는 자신의 여동생에게 아내가 '집에서 살림만 하는 세상 물정 모르는 어리석은 여자'가 되지 않게 할 것이라고 말했다. 하지만 캐서린은 남편이 자신을 옆에 두면서도 사업에는 관여하지 못하게 하려고 일부러 그러는 것이라고 느꼈다.

1948년에 필립은 《워싱턴 포스트》의 경쟁사인 《타임스 헤럴드》를 매입하기 위해 입찰을 시도했다. 1935년에 유진도 이곳의 매입을 시도한 적이 있었다. 입찰 때문에 신경이 곤두서 있던 필립은 매입 실패 소식을 듣고는 그대로 무너졌다. 몇 주 동안 그는 잠을 거의 못 잔 채 강박적으로 신문사 위인들의 전기를 찾아 읽었다. 그들이 20대 후반에서 30대 초반에 큰 성공을 거둔 글을 읽고 그는 아내에게 말했다. "난 아직 30대 초반이야. 우린 해낼 거야."[17] 하지만 행운의 여신은 필립의 손을 잡아주지 않았다.

1948년 유진은 은퇴했다. 필립은 장인이 보유한 주식의 70퍼센트를, 캐서린은 나머지 30퍼센트를 가졌다. 아그네스는 사위 필립에게 돈을 맡겼다. 신문사의 미래 소유권에 대해 거부권을 가진 신탁이 설립되었다.[18] 앞으로 어떤 매각을 통해서라도 신문의 독립과 공공서비스의 원칙을 과소평가할 수는 없을 것이다.[19] 필립이 장모에게 진 빚을 갚을 수 있도록 캐서린은 그때부터 남편의 개인 경비 이외의 모든 경비를 충당했는데, 나중에 그것을 후회했다.[20] 그러다가 1952년에 필립은 또 한 번 우울증을 겪었고, 3개월간 병가를 냈다.[21] 그의 자신감은 회복되지 않았다. 30대 중반의 필립은 더 이상 호기심 많은 청년의 눈빛이 아니었다. 《워싱턴 포스트》는 그가 원하는 것보다 훨씬 더 천천히 변화했다.[22]

결국 필립은 《타임스 헤럴드》를 인수하는 데 성공했고 유통과 품질 관리 개선을 위해 다시 열심히 일했다.[23] 《워싱턴 포스트》의 새로운 도약의 시발점이었다. 이제 워싱턴 D.C.의 주요 신문인 《스타》에 도전할 수 있는 위치에 있었다. 연방정부에 전보다 더 젊고 진보적인 사람들이 일하게 되면서 《워싱턴 포스트》도 그들을 위한 신문을 발행하게 되었다.[24] 필립은 1954년에 《타임스 헤럴드》를 최종 인수했고, 1955년에 《워싱턴 포스트》가 처음으로 흑자를 거두었다. 1959년에는 《스타》보다 규모가 더 커졌다.[25] 필립 그레이엄은 드디어 자신의 제국을 건설했다.

캐서린은 여전히 정치적 문제에 대해 관심이 많았다. 상류층이 모이는 사교 파티에서는 여전히 저녁식사 후 남녀가 각각 다른 방에 모였다. 하지만 캐서린은 남자들이 있는 방으로 들어가곤 했으며, 다른 아내들은 하지 않는 정치 이야기를 그들과 나누었다. 자신의 인생에서 무슨 일이 일어나든 간에 그녀는 그동안 살아온 문화로부터 중요한 교훈들을 흡수하고 있었다.

쉽지 않았던 시간

이후 지속되는 압박감으로 의기소침해진 필립은 공공장소나 회사에서 캐서린에게 함부로 대하기 시작했다. 필립이 사망하고 난 후에도 회사에서는 캐서린이 들은 모욕적인 말들이 계속 회자되었다.[26] 남편의 성공은 아내인 캐서린에게 큰 부담을 안겨주었다. 결국 그녀는 점점 자신감을 잃었다. 필립은 그녀의 어머니가 해왔던 행동을 하기 시작했는데, 그녀가 파티에 가기 위해 드레스를 입을 자격도 없는 것처럼 위협적인 분위기로 그녀를 압박했다.

그녀의 오랜 친구들은 두 자아의 캐서린이 존재한다는 걸 알아차리기 시작했다. 한 명은 필립과 파티에 동행하며 남편에게 말대꾸

하지 않기로 작정한 듯 보이거나 조금이라도 자신이 주목을 받으면 남편에게 바로 공을 돌리는 아내였다. 또 다른 캐서린은 상당한 지적 호기심을 지닌 여자였다. 한번은 두 사람이 결혼한 지 얼마 안 되었을 때, 그레이엄 부부가 저녁 파티를 열었는데, 필립이 불쑥 이런 말을 했다.

"캐서린이 아침마다 뭘 하는지 아십니까?"

잠시 침묵이 흐른 뒤 그가 말했다.

"그녀는 거울 앞에서 나와 결혼한 게 얼마나 행운인지 모른다며 혼잣말을 한다니까요."

그 얘기에 주변 사람들이 모두 웃었다. 악의를 가지고 한 말은 아니었지만, 아내를 향한 조롱이 담긴 농담이었다. 그 후에도 필립은 비슷한 농담을 계속했고 사람들은 웃어댔다. 그러나 그는 전보다 더 잘나가는 사람이 되었고 그녀는 전보다 더 힘없는 존재가 된 이상, 그의 농담은 더는 가볍게 웃고 넘길 소재가 아니었다.[27]

밖에서는 활기차지만, 집에서는 우울한 필립의 이중적인 모습은 아내 캐서린이 고스란히 감당해야 하는 둘만의 비밀이었다. 성공을 위해 자신이 감당할 수 있는 것보다 더 많은 것을 밀어붙이면서 그는 신경이 극도로 쇠약해졌다.

필립은 신문 인쇄보다 정치적 권력에 더 관심을 가졌으며 상원의원인 린든 존슨과 가깝게 지냈다. 어느 날 밤, 존슨이 신문쟁이들은 위스키 한 병으로 살 수 있는 존재들이라는 말을 불쑥 내뱉었다. 그 자리에 있던 필립은 이를 대수롭지 않게 넘겼지만 캐서린은 아니었다. 위층으로 자리를 옮기면서 캐서린은 린든 존슨에게 그 말에 대한 언짢은 반응을 보였다. 그러나 필립은 그것을 문제 삼고 싶지 않았다.²⁸ 언론인으로서 그녀가 느낀 본능적인 촉이 남편보다 더 좋았을 수도 있다.

결국, 정확한 이유가 밝혀지지는 않았지만 필립에게 번아웃이 크게 찾아왔고 그는 심각한 정신질환을 호소했다. 캐서린의 경고를 무시하고 과로를 지속한 결과였다.²⁹ 인종차별 폐지 운동이 일어난 지 얼마 지나지 않았을 때쯤, 그의 히스테리는 더욱 심해졌다. 결국 우려했던 일이 벌어졌다. 한밤중에 그는 고통과 절망에 시달리며 인생의 모든 것을 내려놓으려 했다.³⁰

캐서린은 그를 당장 버지니아로 데려가 휴식을 취하게 했다. 그는 그런 아내를 조롱하며 무시했다.³¹ 그때부터 그는 조울증 증상을 보였고 점점 알코올 중독자가 되었다. 결국, 그녀는 그를 정신과 의사에게 데려갔다. 하지만 정작 그녀 자신은 얘기할 상대가 없었다. 그녀는 그 시절에 대해 '내가 그 힘든 몇 달을 참을 수 있었던 것은 거의 생존 본능이었다'³²고 회상했다.

필립의 담당 정신과 의사였던 파버 박사는 오히려 문제를 더 악화시켰다. 필립에게 도스토옙스키의 책을 읽게 하고 따로 약을 처방하지 않았다. 또 그의 상태에 대해 병명을 내리는 것도 거부했다. 파버 박사는 오히려 캐서린을 환자 취급했다. 그를 필립보다 그녀가 자주 보았다. 파버 박사는 나약했고 그를 필립이 통제하고 있는 듯했다.³³ 필립은 친구였던 존 케네디가 상원의원에 당선되자 신경질적인 반응을 보였다. 만약에 그가 《워싱턴 포스트》에 들어가는 대신 플로리다에서 정치 경력을 시작했다면, 그 역시 상원의원이 될 수도 있었을 것이다. 그는 쓰라린 고통을 느꼈다.³⁴

1959년 필립은 바람을 피우기 시작했다. 캐서린은 시도 때도 없이 눈물을 흘렸고 친구들은 당장 이혼하라고 조언했다. 그가 폭음하면 그녀는 극도로 불안했다. 그의 변덕스러운 행동이 조울증의 전조 증상이라는 걸 그때까지만 해도 잘 몰랐다. 그는 밖에 나가면 여전히 총명하고 생기까지 돌았으며 기억력은 사진을 찍은 것처럼 정확했다. 그는 직관적으로 사람들이 무엇을 좋아하고 재미있어하는지 잘 알았다.[35] 하지만 사생활에 있어서는 화산처럼 거칠고 포악했다. 그녀는 그때를 회상하며 이렇게 말했다.

"그는 아이디어가 넘쳤고 농담을 잘했으며 못하는 게임이 없었죠. 한마디로 그의 아이디어가 우리 인생을 좌지우지했어요. 모든 것이 그를 중심으로 돌아갔죠. 나 역시 그 흐름에 기꺼이 몸을 맡겼던 겁니다."

캐서린이 나중에 《워싱턴 포스트》를 인수했을 때, 그녀에게는 필립에게서 배운 에너지와 낙관주의, 집중력, 그리고 결단력이 필요했다. 그러한 자질들은 그녀가 어린 시절에 접하지 못했던 것들이다. 필립의 에너지는 전염성이 강했다.[36]

1961년 마침내 필립은 《뉴스위크》를 인수했다. 협상 과정에서 난항을 겪었는데 이때 캐서린은 결핵에 걸리고 말았다. 치료를 해야 한다는 의사의 권유도 만류하고 그녀는 남편의 곁을 지켰다. 매입에 성공한 후 캐서린은 침상에 누워 안정을 취하며 약물 치료를 받았다. 그렇게 병원에 입원해 있는 동안 그녀는 프루스트의 소설을 읽었다.[37]

최악의 상황

1962년 필립의 상황은 최악에 이르렀다. 그의 이상한 행동이 대중에게까지 공개되었다. 종종 그는 모욕적인 언행을 대놓고 했다. 《워싱턴 포스트》의 고위 관계자들은 그런 그를 어떻게든 감싸려고 했다.[38] 비즈니스 만찬에서는 그가 화를 내며 폭발하는 바람에 식당에서 쫓겨나는 일도 있었다.[39] 이때 캐서린은 같은 회선으로 연결된 전화기를 집어 들었다가 필립이 다른 여자를 몰래 만나고 있다는 사실을 알게 되었다. 나중에 캐서린은 필립의 상간녀가 바로 기자인 로빈 웹Robin Webb이라는 걸 알았지만 차마 그 여자에게 모질게 굴지는 못했다. 필립이 로빈을 만나러 뉴욕으로 떠난 후에도 캐서린은 여전히 그를 돕겠다고 말했다. 몇 주 뒤, 필립은 캐서린에게 이혼을 요구했다. 그렇게 두 사람의 별거가 시작되고 몇 달 후, 필립은 로빈과 동거를 시작했다. 1962년과 1963년에 걸쳐 그의 정신 건강은 점점 악화되었다. 그는 입원과 퇴원을 반복했다. 그 당시에 필립은 케네디 대통령과 언쟁을 벌이게 되었다.

"당신이 지금 누구와 얘기하는지 알고 있습니까?"

그러자 케네디는 대답했다.

"잘 알죠. 하지만 당신이 내가 예전에 알던, 그토록 존경하던 필립 그레이엄이 더 이상 아니란 것도 잘 압니다."[40]

필립은 이혼도 모자라 캐서린이 보유한 신문사의 지분을 확보하기 위해 변호사를 고용했다. 자신의 아버지가 수년간 적자를 감내하며 회사를 살리려고 고생했고, 또 자신이 생활비를 내면서까지 남편이 회사 지분을 살 수 있도록 내조한 걸 생각하면 이대로 순순히 지분을 빼앗길 수 없었다. 그녀는 무슨 일이 있어도 그에 맞서 싸워야 했다. 그녀의 강인한 성격이 드디어 빛을 발휘하는 시점이었다.

그녀는 끝까지 그와의 이혼을 거부했다. 그리고 그가 회사의 통제권을 계속 유지하는 걸 용납할 수 없었다. 이후 필립이 다시 자신에게 돌아오자 캐서린은 복잡미묘한 안도감을 느꼈다. 필립은 로빈과 헤어지고 다시 정신 병원에 입원했다. 조울증이라는 치명적인 진단이 내려졌다.[41] 1963년 8월, 그는 주말마다 병원을 나와 외출을 했고 그 경험을 다른 환자들에게 이야기하며 그들을 자신이 원하는 대로 세뇌시키며 조종했다. 병원 사람들은 그를 악마의 춤을 추는 마성의 매력을 지닌 남자처럼 묘사했다. 그러다가 그는 캐서린이 낮잠을 자는 사이에 권총으로 생을 마감했다.[42] 그녀의 나이 45세였다.

CEO 캐서린

남편의 자살로 하루아침에 《워싱턴 포스트》를 인수받게 된 그녀의 일상은 완전히 달라졌다. 그녀는 혼자 덩그러니 남겨져 나이와 상관없이, 주어진 상황에서 인생을 다시 재창조해야 했다.[43] 그녀는 새로운 변화에 잘 적응해나갔다. 인생을 바꾸는 결정들이 흔히 그렇듯이, 캐서린은 결국 자신이 감당해야 할 역할에 대해 아무 생각이 없었다고 말했다.[44]

훗날《뉴욕 타임스》는 그녀를 '자기 변혁의 신화적인 주동자'로 인정했다.⁴⁵ 그녀는 《워싱턴 포스트》를 팔라는 주변의 조언을 거부하고 새 편집장으로 벤 브래들리를 임명했다. (그녀가 그를 뽑은 이유는 위기에 처한 신문사를 바로잡아줄 인물로 보였기 때문이다.)⁴⁶ 또한 당시는 20세기 신문 보도 역사에 가장 중요한 획을 긋는 시기이기도 했다. 그녀는 자신을 회사와 분리시켜본 적이 없었다. 그녀에게는 아버지가 보여준 모범적인 사례가 계속 이어지도록 하는 것이 중요했다.

> 어떤 친구들은 내게 회사를 이끌어나갈 인물을 뽑은 다음 그에게 회사를 팔아야 한다고 조언했다. 또 다른 친구들은 내게 재혼하라고 권했다. 하지만 나는 이곳을 잘 유지하기 위해 투쟁해야 했다. 이곳이 아닌 다른 곳에 있는 모습을 감히 상상할 수조차 없었다.⁴⁷

그녀는 친구들에게 《워싱턴 포스트》는 가족 사업이며, 이제 '새로운 세대'에 대해 고려해야 한다고 말했다.⁴⁸ 그녀가 새 동료들에게서 존경을 받기까지는 시간이 걸렸다. 편집이사인 하워드 시몬스는 그녀를 '숲 밖으로 나오자 다리를 덜덜 떨며 긴장한 작은 암사슴' 같다고 묘사했다.⁴⁹ 하지만 그녀는 이에 굴하지 않고 점점 리더의 모습으로 성장해갔으며 때로는 위압적인 모습도 보였다. 또 원칙을 지키는 선에서 자신이 가진 권력을 이용했다. 그녀는 직접 멘토를 선택했고, 필요할 때마다 바꾸기도 했다. 그녀는 늘 시간이 부족했다. 그녀는 뉴스를 사랑했다. 정치 비즈니스의 빠른 속도에 대해 어느 정도 촉도 있었다. 그녀는 자신의 주장을 머뭇거려서는 안 되었다. 설령 실수가 있더라도 빨리 수정해야 했다.⁵⁰ 《워싱턴 포스트》

는 점점 더 수익을 내기 시작했고 그녀는 새로운 신문들과 몇몇 TV 방송국을 매입했으며, 회사를 상장했다. 속보 담당 기자의 책상 앞을 어슬렁거릴 정도로 그녀는 열정을 보였다. 그녀는 완전히 딴 사람이 되었다.

캐서린 그레이엄은 자아는 강한 반면 자존감이 낮았다. 극과 극의 모습을 보여주기 때문에 모순적인 사람이라는 인상을 주기도 했다. 실제로 캐서린에 대해 잘 알았던 워런 버핏은 그녀를 '겁이 많으면서도 참 적극적인 사람'이라고 표현했다. 그녀는 대중 앞에서 말하는 것을 좋아하지 않았기에 연설을 해야 할 때 극도의 패닉 상태에 빠졌다. 한번은 버핏이 그녀의 연설 준비를 도와준 적이 있었다. 그는 그녀에게 다른 사람들이 결코 말할 수 없었던 따끔한 충고를 명확하게 해주었다.

"나는 그녀가 정말 대단한 사람이라는 사실을 깨닫게 하고 싶었어요. 솔직히 그 주변에 있는 멍청한 남자들보다 그녀가 훨씬 더 똑똑해요."[51]

캐서린은 주변 동료들이 자신을 존중하지 않는다는 사실을 알았다. 버핏은 '그들은 그저 언젠가 그녀가 무너지기만을 기다리는 작자'들이니 서운해하지 말라면서 그녀를 지지해준 유일한 사람이었다. 어쩌면 그녀에게 필요한 것은 충고가 아니라 따뜻한 위로가 담긴 격려였을 수도 있다. 버핏은 말했다.

"나는 그저 그녀가 스스로 결정을 내리게 하고 싶었죠."[52]

펜타곤 페이퍼부터 워터게이트 사건까지

    1971년 캐서린 그레이엄과 편집부 직원들은 미국 정부가 베트남 전쟁과 관련하여 작성한 비밀 문서, 일명 펜타곤 페이퍼를 공표하기로 결정했다. 《뉴욕 타임스》가 이 보고서를 바탕으로 연재 기사들을 싣기 시작했으나 나중에 연방 법원이 기사 게재 중단 명령을 내렸다. 이 문서를 입수한 《워싱턴 포스트》는 딜레마에 빠졌다.

> 모든 작가와 편집자들이 나에게 신속히 일을 진행하라고 요청했지만, 변호사들은 결사반대를 했다. 또 사업가들은 조금만 더 시간을 가져보라고 조언했다. 이사회 의장 프리츠 비브도 공개를 원하지 않는다고 했을 때 나는 큰 충격에 빠졌다. 하지만 공개하는 것이 옳은 일이라고 믿는다면 기꺼이 그런 나를 돕겠다는 말도 했다. 결국, 나는 공개하기로 입장을 밝혔다. 그와 내가 의견 불일치를 이룬 첫 번째 사건이었다. 내 결정은 본능적이어야 했고, 내 본능은 그렇게 하자고 말했다. 그렇게 우리는 그 일을 진행했다.[53]

    《워싱턴 포스트》가 법원과 백악관에 맞서고 있는 게 문제가 아니었다. 이틀 전에 신문사가 증권 거래소에 상장되었기 때문에 자칫하면 회사가 망할 수도 있기에 캐서린은 많은 위험을 무릅써야 했다. 편집자 해리 로젠펠드는 추가 공개를 막기 위해 기소된 《워싱턴 포스트》의 법정 청문회에 참석했다. 그는 그녀에게 왜 이런 대담한 결정을 내렸는지 물었다. 그러자 기자들은 환호했다. 무엇이 그녀를 이렇게 만든 것일까? 캐서린 그레이엄이 취임한 지 어느덧 8년이 지난 시점이었다. 그녀는 '진취적인 신문', '우수한 직원'이 일하는 회사를 직접 만들고 싶었다. 그래서 이 사건을 다루지 않는다면 모든 것이 위험에 처했을 것이라고 말했다.[54]

이듬해 백악관의 재정 파탄 위협과 검찰 총장의 기소 압박 속에서 《워싱턴 포스트》는 리처드 닉슨을 몰락으로 몰고 갈 워터게이트 사건을 폭로했다. 펜타곤 페이퍼 보도 때와 마찬가지로, 《워싱턴 포스트》가 그 일을 강행하게 된 것은 캐서린 그레이엄의 리더십 덕분이었다. 그녀는 이제 미국 뉴스의 영향력 있는 의사 결정권자가 되었다. 그 자리에 오르기까지는 외부적인 압박을 견디는 인내력도 한몫했다. 참는 것은 그녀에게는 너무나 익숙한 일이었다. 하지만 백악관은 회사 수익의 다른 부분을 재정적으로 위협함으로써 신문 보도를 막으려고 끝까지 애썼다.

> 내가 맨 처음 받은 소름 끼치는 메시지는 워터게이트 이전, 펜타곤 페이퍼 공개 당시 닉슨 행정부에서 나왔습니다. 《워싱턴 포스트》 기자와 그의 아내가 참석한 사교 행사에서 그 메시지를 전달받았어요. 그 당시 법무 장관 리처드 클라인딘스트가 형사 기소를 진행할 수도 있다는 얘기도 같이 전했지요. 그는 나에게 범죄 기소를 받고 있는 누구도 텔레비전 방송국을 소유할 수 없다는 것을 상기시켜주어야 한다고 생각한 거죠.[55]

그녀의 아버지였다면 딸의 행보에 별로 놀라지 않았을 것이다. 유진은 사위 필립이 압박을 잘 견딜지는 걱정했지만 정작 《워싱턴 포스트》의 앞날에 대해서는 별로 걱정하지 않았다. 필립이 생을 마치기 전에 유진이 먼저 눈을 감았기 때문에 그는 딸이 회사 경영을 맡는 모습은 보지 못했다. 하지만 그는 필립을 임명할 때 자신의 각본대로 캐서린이 그 뒤에 있다는 것을 알았다. 유진은 그녀를 '아무리 맞고 쓰러져도 항상 다시 일어서는'[56] 오뚝이 인형에 비유했다. 그는 필립에 대해서는 걱정했지만, 캐서린에 대해서는 안심했다.

펜타곤 페이퍼를 공개한 것은 신문사 역사의 획을 긋는 엄청난 사건이었다. 이는 극심한 압박 속에서 단시간에 결정해야 하는 사안이었다. 《뉴욕 타임스》는 특정 사건을 미리 공개하지 못하도록 법원의 금지 명령 처분을 받기도 했다. 그것은 명백히 이례적인 일로 언론의 자유에 대한 위협이었다. 만약 《워싱턴 포스트》가 과감하게 공개하지 않았다면 《뉴욕 타임스》의 영원한 라이벌이라는 말은 듣지 못했을 것이다.

만약 필립이라면 어떻게 했을까? 그는 평소에 정치인들과 자주 어울렸고 여러 사업체를 인수했다. 존 F. 케네디 행정부 내각의 부통령 후보자리에 대한 린든 존슨의 수락 연설도 그가 직접 작성했다. 그는 정치계에 너무 깊숙이 연루되어 있었다. 언론인이자 정치가였던 허브 클레인은 캐서린이 세상을 떠났을 때 그녀에 대해 회상하며 '캐서린 그레이엄은 아주 사소한 것도 놓치지 않았고 위기 속에서도 한결같은 태도를 유지했다. 우리가 그녀를 기억하고 존경해야 할 이유가 바로 거기에 있다'[57]고 말했다. 하지만 필립에 대해서는 그런 찬사가 없었다.

캐서린이 신문사에서 일하기 전에 그녀의 딸은 편지에서 캐서린에 대해 다음과 같이 이야기했다.

'어머니는 뛰어난 판단력과 친화력으로 사람들에게 존경받는 분이었다. 또한 상대의 장단점을 잘 파악하며 아버지가 하기 싫어하는 일을 기꺼이 하려는 의지가 강한 분이었다.'[58]

그녀는 무엇이 달랐을까

캐서린은 필립에게서 기강이 해이해진 신문사를 물려받았다. 그가 전무 이사였을 당시에 회사가 전성기를 누렸지만 신문 편집의 퀄리티가 점점 떨어지고 있었고 보도에 대한 열정이 부족했다. 그녀는 인재 양성에 투자했으며 편집 예산을 두 배로 늘렸다. 브래들리를 영입한 후부터는 뉴스룸 직원 수를 20퍼센트나 증원했다.[59] 1960년대 말, 캐서린 그레이엄과 브래들리는 《워싱턴 포스트》를 이전과는 비교할 수 없는 훌륭한 신문사로 만들었다. 그들은 단지 권력의 핵심이 되기 위해서가 아니라 펜타곤 페이퍼나 워터게이트 같은 사건을 보도하기에 적합하도록 회사를 만들었다. 필립은 런던의 《더 타임즈》처럼 지배 계급에게 당당하게 목소리를 낼 수 있는 언론사를 원했다.[60] 반면에 캐서린은 훨씬 더 크고 중요한 무언가를 성취했다. 바로 지배 계급의 책임을 추궁하는 신문 말이다.

펜타곤 페이퍼의 기사화 결정은 《워싱턴 포스트》가 상장을 추진하던 중에 내려졌다. 이 결정이 현실로 이뤄지기까지는 유연함이 필요했다. 필립처럼 다혈질에 변덕스럽고 이기적인 리더였다면 위험했을 수도 있다. 만약 그였다면 다른 사건들에서 그랬던 것처럼 백악관의 제안을 수용하고 협상을 진행했을까? 알 수 없다. 아니면 그의 정치적 친분에 영향을 받았을까? 그랬을 거라고 장담하긴 어렵다. 캐서린은 그녀의 아버지가 말한 것처럼, 쓰러졌을 때 항상 똑바로 일어설 수 있는 능력을 바탕으로 올바른 결정을 내리며 사업을 변화시켰다. 두 인물이 보여준 리더십의 차이점에 대해 데이비드 렘닉은 다음과 같이 요약했다.

> 필립 그레이엄이 경영한 《워싱턴 포스트》의 사설란은 훌륭했지만 그 외의 다른 기사들은 평범했다. 워싱턴 1위 신문사의 영예를 얻지도 못했다. 다만 필립은 사업 분야에서는 큰 성공을 거두었다. 그는 1954년에 《타임즈 헤럴드》를 합병하고 1961년에는 《뉴스위크》를 인수했다. 그 후에는 1981년에 폐간된 워싱턴의 주요 신문인 《이브닝 스타 Evening Star》와도 손을 잡았다.[61]

어쨌든 필립은 《워싱턴 포스트》를 엘리트층 사이에서 정치적인 힘을 가진 워싱턴의 주요 언론사로 만들었다. 그리고 캐서린은 여기에서 더 나아가 세계적인 대중미디어 회사, 표현의 자유를 수호하는 회사로 만들었다. 그 결과 《워싱턴 포스트》를 가장 유력한 신문으로 만든 것이다.

그들은 서로 다른 능력을 지닌 전혀 다른 성향의 리더들이었다. 그러나 그녀의 업적이 상대적으로 더 크고 더 오래 지속되었다. 그녀는 필립이 모르는 걸 알고 있었다. 그녀는 자신의 걱정거리를 숨기려 하지 않았고 그 고충을 잘 처리하려고 애썼다. '가끔은 무기력해 보이는 것이 도움이 되는 순간이 있다.'[62] 출처가 불분명한 인용문이긴 하지만 리더십에 대한 캐서린의 깊은 이해를 보여주는 문장이다. 그녀는 상황에 따라 어떻게 대처해야 하는지 잘 인지했다. 그녀는 단호한 태도로 펜타곤 페이퍼에 대한 결정을 내려야 한다는 걸 알았다. 그 결정이 미국 사회에 큰 반향을 일으켰고 회사 전 직원을 담대한 언론인으로 만들었다. 필립에겐 매력이 있었다면 캐서린에게는 배짱이 있었다.

또한 캐서린은 정신력이 강한 사업가였다. 1975년, 《워싱턴 포스트》는 700명이 넘는 인쇄 인력이 불필요해지면서 회사를 재정적으로 무너뜨릴 수 있는 노조 파업이 일어났다.[63] 회사 운영의 원활화를 꾀하기 위해 컴퓨터를 도입한 것이 이 싸움의 발단이었다. 그 일로 기계들이 손상되고 인쇄실 감독이 폭행당하는 사건이 있었지만, 노조가 승리하도록 놔둘 수는 없었다. 이러한 직원들의 태도에 맞서 캐서린은 임금 인상을 제안했고, 기물 파괴와 폭행에 관련된 사람들은 아무도 복귀할 수 없다고 말했다.

그 후 신문사는 일정을 조정하고 통제함으로써 인력을 감축했다. 또한 그녀는 임금을 일시불로 지급하는 것을 제안했다. 노조의 반응은 냉담했고 캐서린을 닮은 인형을 만들어 화형식을 하기도 했다. 하지만 캐서린 역시 물러서지 않았다. 이 싸움으로 노조 세력은 종말을 맞았고 회사의 수익은 1970년대 초반의 하락에서 회복되었다.[64] 캐서린의 본질적인 불안감은 더 이상 문젯거리가 되지 않았다.

캐서린은 초반부터 겸손하게 일을 처리했다. 자신을 잘 아는 편집자들과 일을 하다 보면 그들은 무의식 중에 우월감을 드러낸다. 이에 대응하기 위해 그녀는 확고한 태도로 임했다. 한 편집자는 이렇게 회상했다. '그녀는 기혼여성을 구분하는 호칭을 빼고 자신을 여 회장이 아닌 그냥 회장이라는 불러달라고 요청했어요.'[65]

캐서린 그레이엄은 행운을 맞이할 준비가 되어 있었다. 사회적 네트워크에 연결되어 있었으며, 넘치는 활력과 여러 장점을 골고루 가지고 있었다. 타고난 지능, 유복한 가정환경, 타고난 동기 부여, 유연한 성격과 강한 신념이 《워싱턴 포스트》에서 빛을 발휘했다. 그녀가 가진 모든 것들이 성공의 요소가 되었다. 하지만 그 누구도 그녀가 성공은 고사하고 그 역할을 맡을 수 있으리라고 기대하지 않았다.

그녀에게는 차별화된 무언가가 필요했다. 남편에게 뚱뚱하다고 핀잔을 받던 아내 캐서린에서 CEO 그레이엄이 되기까지의 여정은 길었다. 캐서린 그레이엄은 사람들이 예상치 못한 새로운 상황에서도 놀라운 결과를 가져올 수 있다는 것을 몸소 보여주었다. 이와 관련된 모든 아이디어가 앞으로도 더 자세히 연구될 것이다.

모든 것은 캐서린 그레이엄이 자신의 목적지로 곧장 가는 길을 택하지 않았다는 것으로 귀결된다. 서로 상관없어 보이지만 다양한 경험을 통해 CEO 그레이엄이 될 수 있었다. 그녀의 인생 전체가 그 자리에 오르기 위한 밑거름이 된 셈이다. 한마디로, 그녀는 CEO 그레이엄이 되기 전까지 비효율적인 준비 과정을 거쳤다. 하지만 그것은 정상으로 가는 더 직접적인 경로를 택하는 것보다 더 효과가 있었을지도 모른다.

02

성공은 미리
계획되지 않는다

대기만성형인 사람들은 성공을 미리 계획하지 않는다. 그들 중 대부분은 무엇을 목표로 하고 있는지도 잘 모른다. 이들은 아이디어를 계속 바꿔가며 효과적인 결과가 나올 때까지 시도를 반복한다. 효율적인 방법은 아니다. 30대 중반에 인생에서 하고 싶은 일을 발견하고, 마흔다섯에 첫 번째 성공적인 사업을 시작하고, 50대에 직업을 바꾸고, 퇴직 후 마침내 원하는 것을 자유롭게 할 수 있는 시간과 자원과 용기를 얻는 것은 시간 낭비와 기회의 손실처럼 여겨질 수도 있다. 하지만 이렇게 불확실하고 비효율적인 경로야말로 대기만성형 사람들에게는 다른 어디에서도 경험할 수 없는 큰 자산이 된다.

이것은 심리학자이자 디자인 씽커인 톰 우젝이 수백 번 실행한

'스파게티와 마시멜로 실험'으로 설명된다. 이 실험의 목표는 마시멜로를 활용하여 가장 높은 스파게티 탑을 만드는 것이다. 실험 결과 경영대 졸업생들과 기업 경영진들의 결과는 좋지 못했다. 오히려 유치원생들의 결과물이 더 훌륭했다. 이유는 무엇일까? 전자의 경우에는 실행에 옮기기 전에 계획을 세우는 데 너무 많은 시간을 쓴다. 팀을 구성하여 리더를 지정하고 다양한 아이디어를 공유하며 정답을 찾는 데 집중하는 효율적인 접근 방식을 취한다. 이들과 달리 어린아이들은 여러 모형을 시도하며 높은 탑을 만들기까지 수도 없는 시행착오를 반복한다. 그리고 그들은 실패를 통해 무언가를 배운다.

대기만성형 사람들은 경영진보다는 유치원생들과 비슷하게 생각하고 행동한다. 그들은 성공할 때까지 반복한다. 이제부터 우리는 구불구불한 여정을 반복하는 비효율적인 준비를 통해 효과적인 진로를 만들 수 있는 방법에 초점을 맞출 것이다. 비효율적인 준비에는 두 가지 요소가 있다. 하나는 '느린 발전'이고, 다른 하나는 '천직의 발견'이다.

비효율적인 준비

코미디언 제리 사인필드 Jerry Seinfeld는 자신이 직접 각본을 쓰고 주연을 맡은 시트콤으로 큰 성공을 거두었다. 《하버드 비즈니스 리뷰》와의 인터뷰에서 그는 비효율성에 대해 예찬했다.

HBR(하버드 비즈니스 리뷰): 당신과 래리 데이비드Larry David는 작업실 없이 〈사인펠드〉를 함께 썼어요. 그러다가 번아웃이 오면서 당신은 그 일을 그만두었죠. 좀 더 지속하기 위한 다른 대안은 없었을까요? 혹시 맥킨지나 다른 곳에서 더 나은 모델을 찾는 데 도움을 줄 수 있었을까요?

JS(제리 사인펠드): 근데 맥킨지가 누구죠?

HBR: 컨설팅 회사 이름입니다.

JS: 재미난 곳인가요?

HBR: 아니요.

JS: 그렇다면 저에겐 필요없어요. 효율적으로 일을 한다면, 일을 잘못하고 있는 것이니까요. 올바른 길은 어려운 길이에요. 성공적인 쇼를 만들 수 있었던 것은 제가 세세한 부분까지 관리했기 때문이에요. 모든 단어, 모든 라인, 모든 테이크, 모든 편집, 모든 캐스팅. 그게 내가 사는 삶의 방식이에요.[1]

효율적으로 일하고 있다면 일을 잘못하고 있는 것이라는 말은 대기만성형을 위한 모토가 될 수 있다. 천천히 발전할수록 그 방식의 장점이 눈에 보인다. 전설적인 재즈 기타리스트 장고 라인하르트Django Reinhardt는 독학으로 음악을 공부했다. 그는 악보를 볼 줄도 몰랐다. 그는 정규 교육을 제대로 받지 못했는데 오히려 그 결핍이 엄청난 창의력으로 작용했다. 독창적이고 혁신적인 음악가들에게서 이런 면들이 많이 보인다. 재즈와 클래식 기타를 모두 마스터한 잭 체키니Jack Cecchini는 느리지만 독학으로 공부하는 것이 정규 과정을 밟은 것보다 더 낫다고 고백했다.[2]

경제학자 데이비드 갈렌슨은 대기만성 예술가와 작가들에게서 비효율적인 발전 방식을 자주 확인했다. 그는 성공한 예술가를 크게 인생 후반기에 정점을 찍는 '실험적인 예술가'와 서른이 되기도 전에 최고의 전성기를 맞이하는 '콘셉추얼 예술가'로 구분했다. 먼저, 콘셉추얼 예술가는 체계적이고, 진로 초반에 명확한 비전을 가지고 있으며, 작업 계획을 세부적으로 짜는 경향이 있다. 이들은 처음에 세운 원칙을 고수한다. 반면에 실험적인 예술가는 그들의 작업이 곧 연구 그 자체가 된다. 각 작품은 테스트이자 하나의 발견이다. 각 그림은 연속된 시리즈의 한 구성 요소로 존재하는 것이 아니다. 작품마다 고유한 실험의 결과물을 창출한다. 이러한 결과들이 차곡차곡 쌓이고, 계속해서 테스트 과정을 거치며 향후 작업에 영향을 끼친다. 이런 식으로 실험적인 예술가는 점진적으로 자신의 비전과 기술을 습득해 나간다.

비효율적인 준비에 있어서 체력은 중요한 관건이 된다. 당신은 지치지 말고 꾸준하게 페이스를 유지할 수 있어야 한다. 미켈란젤로를 보라. 그는 노년의 10년 동안 충만한 에너지로 두꺼운 종이로 만든 모자 위에 촛불을 올려놓고 그 불빛을 이용해 밤늦게까지 작품에 몰두했다.

훌륭한 인재를 찾는 방법과 관련하여 경제학자 타일러 코웬과 벤처 투자가 다니엘 그로스는 체력의 중요성을 강조한다. 그들은 성공을 위해 투지와 성실성 같은 심리적인 측면보다 중요한 것은 바로 에너지라고 말한다. 그것은 보통 투자자들이 스타트업 지원 여부를 결정할 때 찾는 특성이다. 심리학자 앤젤라 더크워스가 대중화한 개념인 그릿은 성공을 위해 열정과 인내를 강조한다. 그리고 더 중요한 것은 무엇보다 인내이다.[3]

데이비드 엡스타인은 자신의 저서 『레인지Range』에서 이러한 자질이 학교 교육에 어떤 영향을 미치는지 설명한다. 심리학은 우리가 보통 테스트를 위해 하는 단기적인 패턴 학습이 높은 마모율을 가지고 있다는 사실을 보여주었다. 반면에 개념과 시스템을 제대로 이해하기 위해 오랜 시간 공을 들인 노력은 지속적인 학습을 가능하게 한다. 우리 모두는 시험에 통과하기 위해 무언가를 하는 법을 배우는 것과 모든 것이 제대로 될 때까지 지속하는 것의 차이를 알고 있다. 후자에 해당하는 학습은 더 창의적이고 개인적인 사고를 가능하게 한다.

지름길이 아닌 구불구불한 길

금융가 존 펄슨John Paulson은 다양한 인수합병을 통해 뒤늦게 유명해진 인물이다.[4] 그는 구불구불한 역경의 길을 꾹 참고 걸어온 덕분에 역사상 가장 성공한 트레이더 가운데 한 명이 되었다.

존 펄슨은 직업적으로 성공하기까지 길고 험난한 길을 걸었다. 그는 졸업 후 무작정 남미로 가서 블루밍데일 백화점에서 셔츠를 팔았다. 그 후 하버드 경영대학원을 나와 보스턴 컨설팅 그룹에 들어갔다. 28세 때 그는 컨설팅이 적성에 맞지 않아 금융 쪽으로 전환했다. 그리고 베어스턴스에 입사한 지 몇 년 만에 상무이사로 승진했다. 하지만 회사 방침에 불만이 생긴 그는 자신의 방식으로 투자를 하고 싶어 작은 규모의 회사로 옮겨갔다. 그러나 오래 근무하지는 못했다. 그는 자신의 삶을 좀 더 즐기고자 회사를 그만두었다. 그러고 나서 자신의 헤지펀드를 차렸다.

 그는 감정 기복이 심했고 실적이 제한적이었으며 사람들을 채용하는 데 어려움을 겪었다. 훌륭한 커리어였고 승진도 빨랐지만 회사를 운영하면서는 원하는 진전을 이루지 못하고 있었다. 1996년 41세에 차린 회사는 1,600만 달러의 자산을 관리하는 헤지펀드계의 소소한 기업 그 이상도 이하도 아니었다.[5] 그는 인수합병 과정에서 자신이 충분히 능력을 발휘하지 못하고 있다고 느꼈다. 그의 동기들은 그보다 훨씬 더 성공의 탄탄대로에 있었기 때문이다.[6] 진지하게 사업을 운영하면서부터는 회사가 30억 달러 규모로 성장했지만 이목을 집중시키기에는 부족했다.

 펄슨은 또 다른 대기만성형인 파올로 펠레그리니Paolo Pellegrini를 고용했다. 그는 이전 회사에서 두 번이나 해고된 데다가 순자산도 없는 이혼남이었다. 재무 측면에서 그는 성공한 사람과는 거리가 멀었다. 하지만 펄슨과 같이 일하면서부터 펠레그리니는 주택담보대출 시장에 관심을 갖게 되었다. 강박 장애로 오해받을 정도로 그는 데이터에 과몰입했다. 그는 처음부터 모든 방면의 데이터들을 다각도로 조사했다. 사람들은 그가 가까운 곳을 갈 때도 쉽게 지름길을 택하지 않을 거라고 농담을 했다. 앞에서 살펴보았듯이, 때로는 비효율적인 것이 더 나을 때도 있다. 펠레그리니에게는 무엇이든 기존의 틀에서 벗어나 자신의 힘으로 일궈내는 게 훨씬 더 매력적인 일이었다.[7]

펠레그리니는 자신이 원하는 결과를 얻을 때까지 지칠 줄 모르는 끈기로 연구에 매달렸다. 다른 사람이 보기에는 제정신이 아닌 것처럼 보였겠지만 소기의 성과는 있었다. 펠레그리니는 금리 데이터 분석을 통해 집값이 떨어질 거라는 걸 알았고, 주택가격이 하락하면 주택담보대출 시장의 복잡한 대출과 신용 스와프가 붕괴될 것이라는 걸 간파했다. 그래서 그와 펄슨은 주택시장에 베팅했다. 폴슨의 회사는 그 거래로 150억 달러를 벌었는데, 그것은 아마도 역대 가장 성공적인 투자 포지션일 것이다.

소명 의식

대기만성형 사람들은 항상 구체적인 목표를 갖고 있지는 않는다. 다만, 그들은 직업에 대한 소명 의식을 가지고 있다. 제리 사인필드와 장고 라인하르트의 비효율적인 발전은 창의적인 충동에 의해 발현되었다. 캐서린 그레이엄은 어떤 일이 있어도 뉴스에 대한 열정을 잃지 않았다. 직업에 대한 소명 의식은 구체적인 목표보다 더 큰 동기 부여를 부여할 수 있다.

심리학자 제인 스터지스와 캐서린 베일리는 사람들이 소명 의식을 가지게 되는 여러 경로를 연구했다. 그 결과, '잠재된 소명'과 '잃어버린 소명'이라는 두 개념을 발견했다. 먼저, 잠재된 소명은 인생의 후반기에 변화의 바람이 불 때 뒤늦게 발견된다. 반면에 잃어버린 소명은 우리가 어렸을 때 일찍 발견하지만 중년이 되면서 삶에 치여 잊게 되는 것을 말한다.

잠재된 소명은 누군가의 삶에 변화의 바람이 불 때 발견된다. 그 소명 의식에 확실한 명분을 심어주는 타이밍에 등장하는 것이다. 늦깎이 예술가 그랜마 모지스와 빌 트레일러Bill Traylor가 바로 잠재된 소명을 발현한 대표적인 인물이다. 모지스 할머니는 70대 후반에, 트레일러는 85살에 그림을 그리기 시작했다. 둘은 모두 열악한 상황에서 힘들게 살았다. 모지스 할머니는 12살부터 일을 했고, 평생 대부분의 시간을 농장에서 일하며 보냈다. 트레일러는 노예로 태어나 소작인으로 살았다. 모지스 경우에는 은퇴를 하고 나서, 트레일러는 늙은 노숙자가 되면서 그들의 재능을 처음 발견했다. 그전까지는 현실적으로 그림을 그릴 처지가 아니었다.(모지스 이야기는 6장에서 자세히 살펴보겠다.)

많은 사람들이 자신의 천직을 일찍 추구하지 못한 것을 후회한다. 하지만 모지스나 트레일러 같은 사람들은 그렇지 않았다. 그들의 소명은 나중에 발견되었는데, 이것은 어느 연령대에서나 충분히 일어날 수 있는 일이다. 마더 테레사Mother Teresa는 20년 동안 수녀로 생활한 후 수녀원을 떠나 가난한 사람들과 함께 일하라는 자신에게 주어진 소명을 느꼈다. 마돈나 부더Madonna Buder 수녀는 48세에 운동을 시작해 혹독한 훈련을 받고 80대에 철인 경기에 출전했다. 레이 문Ray Moon은 어렸을 때 소아마비를 앓았으며 성인이 되어서는 담배를 피우고 술을 마셨다. 그런 그가 70대가 되어서 친구의 권유로 보디빌딩을 시작했고 호주의 여러 대회에 나가 입상했다. 메이 라보

르드Mae Laborde는 90대에 TV 연기자가 되었다. 젊은 시절, 은행에서 근무했고 백화점 점원으로 일하다가 TV 스타 로렌스 웰크 밑에서 일했던 그녀가 자신의 소명을 발견한 것은 은퇴 이후였다.[8]

잠재된 소명에는 큰 이점이 있다. 심리학자 스터지스와 베일리는 은퇴 이후의 인생에 관심을 가지는 사람들이 시간과 돈이 있을 때 긍정적인 감정이 급증한다는 것을 보여준다. 특히 창의적이거나 예술적인 직업 분야에 입문하려면 어쩔 수 없이 시간과 돈이라는 자원이 필요하다.

소명으로 돌아가는 길

스터지스와 베일리는 32명의 음악가를 대상으로 인터뷰를 시도했다. 이들은 인생의 초반기에 자신의 소명을 제쳐두고 다른 경력을 선택했던 사람들이다. 그들은 모두 이미 두세 살 때부터 음악에 남다른 재능을 보였고 삶에 음악이 매우 중요하게 자리 잡고 있었다. 그러다가 10대, 20대를 보내면서 음악을 업으로 삼는 것을 포기했다. 거기에는 세 가지 이유가 있다. 첫 번째는 낮은 보수와 고용 불안정과 같은 근로 조건. 두 번째는 자신들에게 그만한 재능이나 개성이 없다는 생각. 마지막으로 집안의 뒷받침이나 기회 부족으로 인한 절망감 등이다.

그들은 소명으로 돌아가는 세 가지 경로가 있다고 설명한다. 바로 수용, 절박함, 지연이다. 먼저, 소명의 수용은 일을 하면서 소명을 취미처럼 유지하는 것을 의미한다. 절박한 소명은 처음에는 미약하지만 나이가 들수록 강도가 강해진다. 지연된 소명은 중년의 삶에서 상실된 것으로 다시 재발견되어야 한다. 자신의 소명을 포기한 사람들, 아니 어쩌면 그렇게 강하게 느껴본 적이 없는 사람들에게 소명은 종종 삶의 새로운 활력으로 재조명된다. 또 처음에는 자신의 소명에 대해 별로 관심이 없었던 사람도 나중에 가장 헌신적인 학습자나 실행가가 될 수 있다.

자신의 소명을 수용하는 음악 애호가들은 음악을 일종의 취미 활동으로 여긴다. 꾸준히 연습을 하지만 프로 뮤지션처럼 완전히 전념하지는 않는다. 그러면서 음악에 대한 관심은 늘 살아 있다.[9] 이들은 일하는 장소나 시간을 변경하면서 연습할 시간을 확보한다. 그들로서는 음악 없는 삶은 상상할 수 없다. 그러다가 나이가 들어 퇴직한 후에는 시간이 여유로워지면서 본격적으로 음악가의 길을 걷기도 한다.

반면에 소명을 지체하고 미루는 경우에는 음악 없이 수십 년을 보내는 것이 가능하다. 이들은 음악을 자신의 인생에 끼워 맞출 수 없다고 여긴다. 이런 사람들은 이렇게 말하기도 한다. "나는 내가 하는 일에도 흥미를 느껴요. 어차피 우리가 살면서 하고 싶은 것을 다 할 수는 없지요."[10]

그들 중 일부는 이러한 상황을 안타깝게 여긴다. 그런 마음을 팔다리가 떨어져 나간 것에 비유하는 사람도 있다. 그럼에도 불구하고 그들은 대부분 자신이 한 선택을 후회하지 않는다. 그러다가 은퇴 후 갑자기 어느 순간 영감을 받는 계기가 찾아온다. 가령, 무심코 교회를 지나가다 성가대의 노랫소리에 영감을 받기도 한다. 그래서 음악을 다시 시작하고, 새로운 악기를 배우는 경우도 있다.

마지막으로 절박한 소명을 가진 사람들은 초반에는 소명 의식이 약할지 몰라도 살면서 그 강도가 점점 강해진다. 어렸을 때는 음악을 제쳐두고 딴 곳에 정신이 팔렸을지 몰라도 나중에는 높은 수준에 도달하며 그것으로부터 성취감을 느낀다. 아마추어 수준에 머무는 것으로는 만족하지 못하는 것이다. 이들은 살면서 큰 위기를 겪거나 아니면 인생의 터닝 포인트를 경험하는 순간, 소명 의식을 다시 발견한다. 장례식에 갔다가 인생이 덧없이 흘러간다는 것을 깨닫는 경우가 그런 예다. 혹은 은퇴 후 남는 시간을 뭔가로 채워야 한다는 생각이 계기가 되기도 한다. 놀랍게도 이 유형은 대학원에 진학하고 오케스트라를 결성할 정도로 높은 학습 의욕을 보인다. 소명이 재발견 되었을 때 이들은 '어렸을 때는 잠자고 있던 내 안의 음악가 기질이 비로소 세상 밖으로 나오게 되었다'[11]라고 말한다. 그전에 이루었던 모든 성과에도 불구하고 자신의 진짜 소명이 비로소 모습을 드러낸 것이다.

스터지스와 베일리의 연구에 참여한 많은 사람은 직업이 아닌 취미로 음악을 다시 하게 되었고 시간이 흐를수록 음악에 관심이 높아졌다. 음악을 직업으로 삼으면서 고생을 하거나 스트레스를 받기보다는 음악에 대한 관심이 그들 삶의 한 귀퉁이에서 활기차게 유지되도록 두었다. 사람들은 보통 좋아하는 일은 취미로 하되 직업으로 삼지는 말라고 조언한다. 그게 더 만족도가 높을 것이라는 이유다. 돌이켜보면 그 말도 일리가 있다.[12] 아마추어들은 더 많은 선택권을 가지고 있고, 천천히 발전할 여지가 더 많다. 그들은 우회하며 나아간다.

직업적으로 늦게 꽃을 피우는 사람은 자신의 재능을 일찍 발견하더라도 소명 의식을 언제 느끼는지가 관건이 된다. 어렸을 때는 자신이 인생에서 무엇을 원하는지 잘 모른다. 심리학자 브라이언 J. 딕과 라이언 D. 더피는 소명이란 인생 초반에 초월적이고 절대적인 감정으로 찾아오는 것이 아니라 '직업 활동의 목적과 의미, 공동선에 대한 기여도를 평가하는 지속적인 과정일 수 있다'라고 설명한다.[13] 딕과 더피의 관점에서 직업은 개인이 살아가는 방식의 결과물이다. 일 그 자체가 아니라 그 일을 바라보는 개인의 관점이 더 중요한 것이다. 소명 의식을 지니기 위해 자선사업가나 교사가 될 필요는 없다. 모든 직업은 저마다 소명 의식으로 접근 가능하며 사회적인 가치를 그 안에서 찾아낼 수 있다.

크리스 가드너의 깨달음

전설적인 투자가 크리스 가드너Chris Gardner는 대학 학위도 경험도 없이 주식 중개인이 되었다. 그 당시 금융계에서는 드문 경우였다. 그를 성공으로 이끈 것은 단순한 영감을 주는 순간이 아니라 비효율적인 준비의 긴 여정이었다.

가드너의 어린 시절은 파란만장했고 청년기의 삶은 불확실했다. 계부는 그를 학대했다. 그래서 가드너는 어렸을 때 위탁 가정에서 지내야 했다. 고립되고 소외된 상황에서 고군분투하면서도 그는 매사에 헌신적이었고 강한 정신력을 보여줬다. 그가 자립심을 갖게 된 것은 전적으로 그의 어머니 덕분이었다. 그녀는 아들에게 '기병대는 결코 오지 않는다'라며, 모든 것이 스스로에게 달려 있다고 말했다. 그는 해군 출신인 삼촌의 영향을 받아 성인이 되자마자 해군에 입대했다. 해군에서 그는 의료 전문가로 일을 시작했는데, 한 외과의사가 나중에 그를 연구실 직원으로 채용했다. 그 의사는 가드너를 의사로 키울 작정이었다.

하지만 의료계에 불어닥친 변화의 바람 때문에 그 길은 험난한 여정이 되었다. 가드너가 외과의사가 되기까지는 10년간의 훈련이 필요했고 외과의사의 수입은 줄어들 것이었다. 그는 자신의 능력에 대한 정당한 대가를 받지 못하는 현실에 자괴감을 느꼈다. 결국 그는 26세 때 의료 훈련을 그만두기로 결정했다. 설상가상으로 그의 결혼 생활도 종지부를 찍었다. 그가 이후 만난 여자는 코카인 중독자였는데 둘 사이에 아들이 생겼고, 아들의 존재는 가드너가 얼굴도 모르는 친아버지를 찾도록 이끌었다. 이후 그는 보수가 박한 연구실 일보다 월급을 두 배나 더 주는 의료기기를 판매하는 일을 시작했다.

생부를 만난 덕분에 가드너는 아버지의 부재가 주었던 상실감을 극복할 수 있었다. 그는 맡은 일에 성실하면서도 어떻게 하면 정상에 오를 수 있을지 알아내려고 애를 썼다. 그러던 어느 날 그는 페라리 한 대가 주차장을 돌고 있는 걸 보았다. 가드너는 운전자에게 이것저것 물었고 그가 주식 중개인으로 일하면서 한 달에 8만 달러를 벌었다는 얘기를 들었다. 그는 자신의 소명을 찾았다. 이 깨달음은 너무나 강렬했는데 마치 마일즈 데이비스의 음악을 처음 들었을 때 느낀 전율 같았다.[14]

그때 가드너의 나이 스물일곱이었다. 그의 상황은 그 당시 주식 중개업에 종사하는 대부분의 사람들과는 전혀 달랐다. 학위도 인맥도 경력도 없는 그가 그 분야에 뛰어든 것이다. 게다가 그는 흑인이었다. 하지만 그는 이 새로운 소명에 헌신적이었다. 직장을 얻기 위해 주식 중개인과 미팅을 하는 동안 수도 없이 주차 위반 딱지를 뗐는데, 그 벌금을 지불하지 않아 수감이 되기도 했다. 마침내 일할 기회를 얻게 되자 그는 영업직을 그만두었다. 그러나 곧 자신을 고용한 주식 중개업자가 회사에서 해고되었고, 그는 새 직장을 구하지 못한 채 실직 상태가 되었다.

그는 부양해야 하는 아들을 위해 허드렛일도 마다하지 않았다. 그러다가 동거녀와 심한 말다툼을 하게 되었는데 그녀는 주차 위반 벌금 미납으로 그가 교도소에 있는 틈을 타 아이를 데리고 집을 나갔다. 출소 후, 새 직장을 찾아야 했던 그는 청바지에 운동화를 신고 면접을 보러 갔다. 초라한 행색이었지만 그는 이 기회를 놓치지 않고 자신의 이혼 스토리로 면접관의 마음을 움직여 새 일자리를 얻었다.[15] 월급이 적은 수습 기간 동안 가드너는 친구와 지인들의 집을 전전하며 신세를 졌다. 그리고 마침내 간이 숙박소에 방을 하나 얻게 되었다. 훗날 그는 이 시절을 자신의 일생일대의 큰 도전을 위한 준비 시기로 회상했다.

친어머니가 길러준 자립심은 그가 주식 중개인 트레이닝을 받을 때 결정적인 역할을 했다. 가드너는 집도 없이 혼자 아이를 돌보던 시절에도 하루에 전화를 200통씩 걸며 회사에서 최고의 주식 브로커로 활약했다. 학위도 없이 연구실에서 일할 때 그는 명문대 출신 백인 남성 의대생들의 편견에 시달렸다. 기관 운영자는 가드너가 연구실 책임자라는 것을 분명히 했다. 연구실 운영은 그의 소관이었고, 그는 백인들의 우월한 태도를 당연한 것으로 받아들이지 않았다. 이것은 어머니가 가르쳐준 삶의 태도였다. '그 누구도 자신의 정당성을 빼앗을 수 없다. 스스로 그것을 원하지 않은 이상 본인의 정당성을 타인에게 양도할 수 없다.'[16] 이러한 가르침은 사업을 운영할 때 중요한 요소인 관리와 인재 발굴에 도움이 되었다. 즉, 그것은 리더가 되기 위한 하나의 견습 과정이었다.

가드너는 앞으로 다루게 될 늦깎이 성공인들이 지니고 있는 많은 핵심 특성을 보여준다. 좋든 나쁘든 그의 인생에 중요한 역할을 한 기회들을 그는 자신에게 유리하게 바꾸어 왔다. 그의 성향이 행운을 만든 것일지도 모른다. 가드너는 해군에 입대하고 연구실에서 의료 훈련을 시작하고 주식 중개 회사에 입사하는 과정에서 주변 환경을 바꿈으로써 새롭고 유익한 영향을 받았다. 무엇보다도 그는 보육원을 거쳐 해군 의료센터, 연구실, 영업직 등 다양한 직종에서 일하면서 '이론적인 지식 없이도 일을 할 수 있다'는 사실을 배웠고, 그 결과 얼마든지 성공할 수 있다는 사실을 체득했다. 나중에 8장에서 더 자세히 살펴보겠지만 일단 우리가 해당 분야의 전문가가 되면, 다른 분야에 입문해 초심으로 돌아가 새롭게 무언가를 시작하는 것이 힘들 수 있다. 하지만 인생의 경로가 여러 번 바뀌면서 크리스 가드너는 일찌감치 학습자가 되는 것의 가치를 배웠다. 그는 소명 의식을 늦게 깨달았지만 그전까지 비효율적인 준비 기간을 거친 덕분에 늦깎이로 성공한 주식 중개인이 될 수 있었다.

늦은 시작

비효율적인 준비에는 소명 의식을 발견하고 느린 발전을 통해 성공을 이루는 것이 포함된다. 일련의 실패들과 재발견, 잃어버린 소명을 되찾기, 새로운 기회를 위한 다양한 관심사 융합 등 여러 요소을 통한 학습도 포함될 수 있다. 소설가 페넬로페 피츠제럴드Penelope Fitzgerald의 삶은 소명 의식을 추구하는 과정에서 비효율적인 준비의 여러 요소가 고스란히 녹아 있다. 페넬로페 피츠제럴드는 20세기의 위대한 소설들을 썼다. 1970대에 쓴 말년의 작품은 미국에서 도서평론가협회상을 받았다. 또한 2000년 사망 이후 더 큰 명성을 얻으며 20세기의 위대한 작가 명단에 당당하게 올랐다.[17]

피츠제럴드는 어린 시절 신동으로 불렸다. 작가 가문에서 태어난 그녀는 어머니의 모교인 옥스퍼드대에 진학했고 학교를 졸업하면서 작가의 길을 선택했다. 21살이 아닌 58살에 그녀의 처녀작이 출간되었는데, 이는 그녀의 인생에서 가장 이해하기 힘든 미스터리가 아닐 수 없다. 왜 그녀는 이렇게 늦게 시작했을까?

그녀의 남편 데스몬드 때문이었을 수 있다. 평탄치 않았던 결혼생활 내내 그녀에겐 글을 쓸 시간도 에너지도 없었다. 또 어린 시절에 받은 기대도 부담이었을 수 있다. 그녀가 첫 번째 책을 집필한 시점은 부친이 돌아가신 후였다. 두 번째 책은 남편이 병상에 있을 때였다. 비평가들은 그녀가 어린 시절에 이미 몇 편의 글을 썼으며 《타임즈 문학 부록Times Literary Supplement》에 익명으로 리뷰를 썼다고 언급했다.

그녀는 남편 데스몬드의 삶에서 영감을 받아 소설 『아일랜드 경비대Irish Guards』를 완성했다. 그리고 두 사람이 함께 운영했던 문학잡지 발행도 작가로서 입문하게 된 계기를 마련했다. 그녀는 어렸을 때 두 편의 단편 소설을 썼고, 1950년대에 엄마가 되었을 때도 두 편의 단편 소설을 더 썼다. 그러다가 1951년에 그녀는 남편 이름으로 단편 소설을 출간한 것으로 보인다.[18]

우리는 피츠제럴드의 삶에서 가장 중요한 것들을 간과하고 있다. 그녀는 좌절한 천재가 아니라 대기만성형 인물이었다. 피츠제럴드는 자신에게 '인생의 어느 때라도 글을 쓸 수 있다'라고 혼잣말처럼 중얼거리곤 했다.[19] 어떤 비평가들은 그런 그녀의 말을 잘난 체하길 좋아하는 거짓 겸손으로 생각할 수도 있다. 그녀의 파란만장한 삶 때문에 그녀를 액면 그대로 받아들이기 어려울 수 있다. 하지만 그녀는 제1차 세계대전 시대에 태어나 여자라는 이유로 성차별을 받았던 시대를 대표하는 여성이다.《타임즈 문학 부록》에 익명으로 리뷰를 썼다고 해서 천재 소설가로 미화하는 것은 억측이다. 이런 식의 관점은 그녀의 삶을 거꾸로 보는 것밖에 되지 않는다. 인생의 부침 말고도 뭔가 뒤늦게 창작하게 된 그녀 나름의 사정이 따로 있을 것이다.

삶과 글쓰기

옥스퍼드 시절 이후, 그녀는 제2차 세계대전 동안 BBC 방송국에서 일했다. 그 시절에 그녀는 책으로 쓸 소재를 찾지 못했다. 방송국에서의 경험을 바탕으로 쓴 그녀의 네 번째 저서인 『휴먼 보이스

Human Voices』는 그녀의 나이 63세에 발표되었다. 전쟁이 끝난 후 남편 데스몬드는 무사히 집으로 돌아왔지만 트라우마 때문에 밤이면 악몽으로 소리를 질러댔다. 피츠제럴드는 유산을 경험했고 그다음에 낳은 아기도 태어난 지 얼마 안 되어 죽고 말았다.

여기서 우리는 이러한 삶의 우여곡절이 없었다면 그녀가 과연 소설을 썼을까에 대해 의문을 제기할 수 있다. 그녀는 『여성의 시간 Woman's Hour』을 발표했으며 대본, 영화 평론, 과학, 어린이 교육 프로그램 등 여러 장르의 글을 가리지 않고 썼다. 그녀는 문학잡지의 편집장을 맡은 적도 있었다. 그녀는 자신의 집을 근사하게 꾸미는 걸 좋아했다. 벽을 검은색으로 칠하고 도자기로 장식했는데 몇몇 공예품은 그녀가 직접 만든 것이었다. 그녀는 햄스테드에서 도자기 수업을 받았고 그림도 그렸으며, 지인들 사이에서 박학다식하고 예술적이며 문학에 조예가 깊은 사람으로 인정받았다.[20] 그녀가 창의적인 활동을 할 시간적 여유가 없다고 단정지어서는 안 된다. 또 남편 데스몬드를 무조건 나쁘다고 비난해서도 안 된다. 피츠제럴드는 '그 무엇도 누군가의 잘못이 아니다'라고 말했다.[21]

세월이 흘러감에 따라 그녀는 점점 기력이 떨어지고 지쳤다. 그녀의 편지에도 삶의 피곤함이 그대로 묻어났는데, 데스몬드가 세상을 떠난 해에 그녀는 친구에게 이렇게 썼다.

> 내 생각에 우리 중산층 여성들은 이전에 '보조 직원'이 했던 일을 자기 일이라고 여기면서 사는 것 같아. 그래서 때로는 우리 자신을 미치게 만들지. 그건 우리로서도 어쩔 수 없으니까. 나와 같은 공영 아파트에 살고 있는 이웃집 여자들은 문간에 서서 하루종일

수다를 떨며 시간을 보내더군. 어찌 보면 저 여자들이 나보다 더 잘사는 것 같기도 해.²²

확실히 그녀의 말에는 의미심장한 메시지가 담겨 있다. 그녀의 인생으로 말할 것 같으면 수많은 요구 사항에 맞서는 고군분투한 삶이었다. 또 문화적 관심에 따라 시간과 에너지를 들이는 여느 여성과 같은 모습이었다. 여기서 중요한 사실은 그녀가 단지 문학 작가만 되고 싶어 했던 것은 아니라는 점이다. 그녀의 사위는 장모에 대해 이렇게 기록했다.

'그녀에게는 영어를 잘하기 위해 옥스퍼드에 가는 것보다는 예술가가 되는 것이 더 바람직한 삶이었다. 그녀가 《월드 리뷰》에 기고한 수많은 글과 처녀작 『번 존스Burne-Jones』는 주로 예술에 관한 내용이었다.'²³

피츠제럴드는 르네상스 예술에 담긴 꽃의 상징성에 관한 글을 쓴 적도 있다. 그러나 그에 대해서는 1970년대에 이르러서야 출판사 편집장과 출간에 대해 논의할 수 있었다.²⁴ 1981년에 그녀는 총 네 편의 소설을 완성했다. 그녀는 편집자인 리처드 올라드에게 쓴 편지에서 윌리엄 모리스의 소설과 라파엘전파에 대한 논문을 봐달라는 요청을 받았다고 했다. 그뿐만 아니라 포이트리 서점에서 바쁜 나날을 보내고 있을 때 (결국 출간은 되지 않았지만) 글을 써달라는 요청도 받았다. 그 당시에 그녀는 '이럴 바에는 소설을 쓰는 것보다 이곳에 취직하는 게 더 나을지도 모른다'는 생각까지 했다. 당연히 그해 『휴먼 보이스』의 판매 부진에 대한 반응이었다.²⁵ 그녀는 그 시기에 부커상을 수상했다.

예술과 공예품에 대한 그녀의 관심은 소설 『봄의 시작The Beginning of Spring』에서도 여실히 드러난다. 1975년 모스크바로 휴가를 다녀온 것을 계기로 그녀는 러시아어 공부를 계속하며 '영국과 소련이 공동으로 개최하는 강연, 영화, 연극, 전시회'에 유독 관심을 가졌다.[26] 1979년에 그녀는 피렌체를 방문했는데 그곳을 배경으로 한 소설 『결백Innocence』이 거의 10년이 지난 후에야 출간되었다. 그녀는 스페인어, 독일어, 중국어도 공부했다. 베네치아, 독일, 튀르키예, 마드리드, 그리스를 비롯해 여러 나라를 여행했다. 그리고 마침내 다양한 문화의 결합은 다소 이해하기 힘든 난해한 문학적 세계관을 탄생시켰다.

그녀는 딸이 학교에서 A학점을 받을 수 있도록 『프로방스 지방의 일상적인 풍경Scènes de la vie de Provence』을 공부하는 것을 도와주었는데, 그녀의 사위는 이 책이 『더 북샵The Bookshop』의 '도덕적인 분위기'에 영향을 주었다고 말했다. 그리고 '어쩌면 (각 장의 장면을 이루는) 형태에 일부 영향을 주었을 수도 있다.'[27] 그녀는 『푸른 꽃The Blue Flower』에 등장하는 소금 광산 편을 처음부터 끝까지 독일어로 읽었으며,[28] 2년 동안 런던 도서관에서 나온 독일 시인 노발리스의 편지와 개인적인 문서들을 보관했다.[29] 작가이자 편집자인 웬디 레서는 독일에서 이름 앞에 쓰는 정관사 용법과 같은 언어적 특징을 자세히 살펴보면서 피츠제럴드가 글을 쓰던 시절의 특이한 용법이 그녀의 오묘한 문체를 두드러지게 했다고 말했다.[30] 피츠제럴드는 독서, 강의, 여행, 문화, 일상생활 등 모든 측면에서 뛰어난 지식을 가진 소설가였다.

그녀의 강의 경험은 개인적인 성장의 또 다른 부분이었다. 그녀의 제자 중 한 명은 그녀에 대해 "선생님은 마치 소설가처럼 문학을 가르치셨어요. 항상 어떤 식으로 글이 쓰이는지 우리가 확인하게 하셨어요."[31]라고 말했다. 또한 그녀는 '인간의 호기심에 한계가 있는가?'라는 시험문제에 대해 '한계란 없다. 그건 어른이 되어서도 마찬가지다. 호기심은 무엇일까? 그것은 진실을 추구하는 야심 찬 탐구'[32]라고 답했다. 문학과 역사에 관한 끝없는 진실 탐구를 통해 그녀는 소설의 기초를 다졌다.

그녀가 소설가로 활동할 당시에도 바쁜 일상은 글쓰기에 방해되지 않았다. 그녀는 쉬는 시간 교직원 휴게실에 가서 책 뒷면에 글을 끄적거리곤 했다.[33] 그녀는 여성들은 '주방 식탁에서 글을 쓰는 사람'이라고 적었다. 그 외에는 달리 시간을 낼 방법이 없기 때문이다. 그녀가 생각하기에 여성들은 경험상 전화벨, 초인종, 달걀 삶는 타이머가 울리기 전까지 소설 초안을 쓰는 사람들이었다. 피츠제럴드는 결코 여성의 삶을 낭만적으로 그리지 않았다. 교직 생활을 그만둔 후에도 그녀는 가끔 피로와 걱정, 불안이 가득한 교직원 휴게실이 그립다고 고백했다. 그런 것들이 그녀의 작품 속에 녹아 흐르고 있다.

피츠제럴드의 소설은 그녀의 어린 시절인 에드워드 시대의 문화를 환기시킨다. 80대 할머니가 된 그녀가 친구들에게 보낸 편지에 이런 구절이 있다. '자유당, 영국성공회, 리옹 티샵, 카터 패터슨, 전보 등 옛날이 떠오르는 단어들이 그립다고 말하면 좀 우습겠지만 너무 많은 것들이 한꺼번에 사라진 것 같다.'[34] 그녀의 삼촌들의 일대기를 다룬 『녹스 브라더스 The Knox Brothers』는 그때의 잃어버린 시대를 이야기한다. 수년 뒤 그 책이 재출간되었을 때 그녀는 편집자에게 이렇게 말했다. '점점 더 많은 것들이 사라져가는 시대가 된 것 같다.'[35] 젊었을 때, 그녀는 그 시대에서 벗어나 자신만의 일을 하고 싶었다. 하지만 아버지가 돌아가신 후에야 비로소 그때가 얼마나 소중한지 깨달았다. 이제는 돌이키기엔 너무 늦어버렸지만 말이다.[36] 그녀는 이 세상을 제대로 관조하기 위해 멀리 떠났다가 돌아와야 했다. 그리고 그것을 재현했다. 『휴먼 보이스』와 『더 북샵』에 리옹 티샵과 자유당이 등장한다. '내가 쓴 이야기의 배경은 거의 1960년대 이전이었다. 그때가 바로 도덕성을 강조하며 아무것도 하지 못하게 했던 마지막 시대였다'라고 그녀는 회상했다.[37]

피츠제럴드의 글에 담긴 전반적인 철학은 그녀의 경험에서 우러나온 것으로, 삶의 현실을 극복하려면 그 현실을 무시해야 한다는 것이었다. 『휴먼 보이스』에서 시몬즈 부인은 경험을 통해 아무것도 배운 게 없는 친절하기만 한 여자로 그려진다. 그녀는 요컨대 인간을 박멸하는 자와 박멸당하는 자로 나눌 수 없다고 하면서도 항상 전자가 지배적이라고 맹신했다.

이 말은 어쩌면 피츠제럴드의 인생 초반의 한 단면을 잘 묘사해준다. 그녀는 친구에게 이렇게 말했다.

> 내가 왜 글을 쓰기 시작했는지 잘 모르겠어. 그래도 아마추어에게는 큰 손실보다는 소소한 이익을 주기 때문에 뜨개질이나 핸드 프린팅을 하는 것보다는 더 나은 것 같아. 내가 인생의 끝자락에 가까이 가고 있다는 생각이 들 때마다 내가 사랑했던 사람들에 대한 전기를 한두 편 꼭 쓰고 싶어. 그리고 내가 좋아하지 않는 사람들에 대한 소설도 써보고 싶어.[38]

어쩌면 그녀는 가족의 기대에 부응하고 싶었는지도 모른다. 어쩌면 그들에게서 자유로워질 필요가 있었다든가, 마음속의 악령을 쫓아내야 했을 수도 있다. 그러다가 마침내 그녀는 감정의 공간을 가질 수 있었을지도 모른다. 때때로 변화한다는 단순한 사실이 더 많은 변화를 불러일으킨다. 아버지의 죽음은 그녀가 동경해온 옛 세계가 얼마나 많이 사라지고 있는지를 깨닫게 했다. 그녀는 임종 당시의 아버지에 대해 이렇게 썼다.

사람이 의식을 잃고 죽어갈 때 보통 그렇듯, 그는 방이 어둡다고 불평했다. 불이 켜져 있다고 말해도 아버지는 불평했다. "당연히 그렇겠지. 이 얼마나 말도 안 되는 상황인지! 죽는다는 건 참 어색한 일이야. 그것을 연습할 기회가 없으니 말이야." 나는 아버지가 한 말 중에 "이 얼마나 말도 안 되는 상황인지!"라는 말을 마음 깊이 새겼다. 그리고 언젠가 나에게도 죽음의 순간이 찾아올 때 그 말을 꼭 잊지 않고 하고 싶었다.[39]

대기만성형 작가들

피츠제럴드는 문학 공부란 평생에 걸쳐 진행되는 느린 학습이라고 생각했다. '차마 대놓고 말할 수는 없지만, 문학 공부의 가치는 인생을 온전히 살아갈 때 비로소 드러나는 법이다.'[40] 문학은 피츠제럴드처럼 대기만성인 사람에게 잘 맞는다. 그녀는 유럽의 역사와 문화에 대한 지식을 차곡차곡 쌓은 후 비로소 역사 소설을 쓰기 시작했다. 그녀는 자신과 가족의 삶에 대한 글을 반복해서 썼다. 그녀는 작가가 되기 이전에 자신이 살 수 있었던 또 다른 삶에 대해서도 경험해보고 싶었다.

이처럼 예측 불가능한 재능을 지닌 작가들은 더 있다. 글을 쓰기 위해 아마도 무의식중에 오랫동안 스스로를 교육한 사람들일 것이다. 여러 해 동안 주세페 디 람페두사Giuseppe di Lampedusa와 그의 아내는 프루스트, 톨스토이, 조이스 등 좋아하는 작가들의 책을 서로에게 큰 소리로 읽어 주곤 했다. 람페두사는 수년 동안 소설 집필에 대해 고민했다. 그의 아내는 남편에게 향수병을 치유하는 방법으로 글을 써보라고 권했다. 또 람페두사에게는 출판을 적극적으로 권하는 서점 친구도 있었다. 페넬로페 피츠제럴드가 그랬던 것처럼 람페두사도 유럽을 여행했다.[41]

그가 세상에 내놓은 유일한 소설 『표범』은 60세에 세상을 뜬 그 다음 해에 비로소 출판되었다. 노먼 매클린Norman Maclean의 경우도 그와 비슷했다. 그는 대학에서 문학 교수로 활동하다가 은퇴 후 작가의 길을 걸으며 한 권의 책을 겨우 발표했다. 『흐르는 강물처럼』이란 책인데 『표범』처럼 작가의 어린 시절의 체험을 바탕으로 작가 이름과 동일한 주인공이 등장하는 소설이다. 또 로라 잉걸스 와일더는 어린 시절의 경험을 각색한 소설 『초원의 집』 시리즈를 60대부터 쓰기 시작했다. 경제 대공황이 한창일 때, 와일더는 미국의 잃어버린 시간을 재소환했다. 70대에 소설을 쓰기 시작한 메리 웨슬리Mary Wesley는 제2차 세계대전과 그 이전 시대의 영국의 잃어버린 역사를 회고하는 글을 썼다.

10대에서 20대 초반에 『오만과 편견』의 초고를 쓴 제인 오스틴이나 40세 이전에 중요한 작품을 발표한 F. 스콧 피츠제럴드와 같은 작가가 있는가 하면, 세르반테스, 디킨스, 조지 엘리엇처럼 늦은 나이에 작품 활동을 시작하거나 경력 하반기에 걸작을 탄생시킨 작가도 있다. 『광막한 사르가소 바다』, 『카라마조프의 형제들』, 『드라큘라』, 『빅 슬립』과 같은 소설에서는 작가의 완숙미가 느껴진다. 심지어 존 키츠John Keats나 퍼시 셸리Percy Shelley와 같은 시인들조차도 젊을 때 창작 활동을 한 것으로 오해를 받곤 한다. 실제로 그들은 노년에 처음으로 시를 썼다. 로버트 프로스트Robert Frost와 월리스 스티븐스Wallace Stevens 역시 50세 이후에 대표작을 썼다. 에이미 클램핏Amy Clampitt은 58세에 첫 책을 출판했다. 제프리 초서Geoffrey Chaucer는 『캔터베리 이야기』를 50대에 완성했다. 이미 앞에서 살펴보았고 앞으로도 더 살펴보겠지만, 일을 하는 데 평균이란 없다. 성공에 이르는 길은 여러 가지다.

비효율적인 준비의 이점과 함께 페넬로페 피츠제럴드의 삶은 다음 장에서 살펴볼 몇 가지 교훈을 우리에게 보여준다. 그녀는 흔히 정신적 능력이 쇠퇴할 것으로 보는 80대의 늦은 나이에 인생 최고의 소설을 썼다. 그녀는 평생 글쓰기를 연습했다. 마치 피아니스트가 음계를 배우는 식으로 글쓰기를 몸에 익혔다. 그녀는 꾸준히 책을 읽고 지식을 배우고 외국어와 문학을 공부하고 여행을 했다. 그녀는 유럽 문화에 푹 빠졌고 그것을 소재로 한 글도 썼다.

그러다가 주변 상황이 바뀌고 그녀도 변해갔다. 과거에 전통적이고 안정적인 부르주아의 삶, 영국의 상류층 출신 기독교인의 삶을 살았다면, 트라우마로 불안해하는 남편과 런던에서 보헤미안처럼 살며 가난과 절망에 대해 알게 되었다. 그녀가 걸어온 인생이 결과적으로 소설의 독특한 관점을 만들어냈다. 프랭크 커모드는 그녀의 소설을 '기묘한 관점의 관찰 시점'에서 쓰여진 '차분하면서도 특이한 대담함'이 보이는 글이라고 평가했다.[42]

그녀는 세 번째와 마지막 소설로 각각 문학상을 받았으며, 그녀의 후기 작품들은 최고의 소설이라는 평을 받았다. 그녀는 에이전시 없이 직접 출판사와 연락해 책을 펴내며 네트워크가 갖는 영향력의 중요성을 보여주기도 했다.

숱한 길을 우회하면서 비효율적 준비를 하는 것은 젊은 시절의 깨달음 못지않은 강렬한 직업적 소명을 발견하게 해줄 수 있다. 소명의 발견은 실패를 통한 학습과 관련이 있다. 이러한 경험은 음악가나 작가에게만 일어나는 일이 아니다. 다음 장에서는 맥도날드를 세계적인 프랜차이즈점으로 성장시킨 레이 크록Ray Kroc의 삶을 다룰 것이다. 우리는 그의 삶을 통해 대기만성형의 공통 패턴을 발견할 수 있다.

03

인생 2막
새로운 비전을 발견할 때

1954년, 밀크셰이크 믹서기 판매사원 레이 크록은 리처드 맥도널드Richard McDonald와 모리스 맥도널드Maurice McDonald 두 형제가 운영하는 작은 햄버거 가게인 맥도널드 주차장에 차를 댔다. 이 일을 하기 전에 그는 음악가였고, 부동산 투기를 했으며, 종이컵을 팔았다. 만약 그가 종이컵을 계속 팔면서 소소한 야망에 만족하며 살았다면 아마도 그 회사의 중간 관리자까지는 올라갔을 수 있다. 하지만 맥도널드 주차장에서 놀라운 광경을 목격하는 순간, 그는 자신의 인생에 대전환이 일어나리라는 것을 직감했다. 햄버거 가게를 운영하는 맥도널드 형제도 미처 예상하지 못한 일이었다. 크록의 삶에서 가장 생산적이고 가장 강렬하며 가장 성공적인 시기가 도래하고 있었다.

맥도날드 형제와 레이 크록의 만남

먼저, 크록은 맥도날드 형제의 운영 방식에 묘한 매력을 느꼈다. 미국에서 가장 효율적인 패스트푸드 레스토랑이었기 때문이다. 이렇게 맛있는 음식을 그토록 빨리 만들어내는 사람은 아무도 없었다. 감자튀김은 겉은 바삭하고 속은 촉촉했다. 햄버거 패티의 지방과 고기는 황금 비율이었다. 사람들이 음식을 먹기 위해 줄을 섰고 줄은 빠르게 줄어들었다. 다른 레스토랑의 햄버거는 늦게 나와 먹을 때쯤에는 이미 식어 있었던 반면, 맥도날드 햄버거는 따듯했다. 햄버거, 감자튀김, 밀크셰이크가 거의 50초 간격으로 완성되었다.

순간 크록은 영감을 받았다. 마치 나무에서 떨어진 사과를 맞고 영감을 받은 뉴턴처럼 아이다호산 감자로 머리를 세게 맞은 듯했다.[1] 그날 밤, 그의 머릿속에 전 지역의 교차로에 맥도날드 레스토랑이 있는 모습이 스쳐 지나갔다.[2] 그는 가상의 맥도날드 제국에 자신의 밀크셰이크 믹서기를 판매하는 상상을 했다. 두 형제가 만든 레스토랑에 대한 그의 애정은 정말 진심이었다. 52세의 나이에 그는 자신의 소명을 발견한 것이다.

그는 한겨울에 코트 하나 없이 시카고로 다시 오기 전까지 플로리다에서 군부대 생활도 하고 재즈 피아노 연주도 하며 더 나은 삶을 쫓아다녔던 야심 많은 사나이였다. 가난했던 아버지처럼 살고 싶지 않았기에 그는 직접 꿀을 찾는 벌처럼 열심히 일을 찾아다녔다. 그러나 일이 뜻대로 풀리지 않아 기가 죽은 채로 플로리다로 다시 돌아온 적도 있었다. 그는 10년 넘게 여러 일을 하며 그럭저럭 평범하게 잘 살았다. 하지만 레이 크록은 거기에 안주할 사람이 아니었다. 시인과 화가들이 본능적으로 자신의 재능을 알아차리듯, 그는 자신이 가진 능력에 대해 확신했다. 그래서일까 초조함이 항상 그의 뒤를 따라다녔다. 그는 돈벌이 수단 그 이상의 무언가를 쟁취하고 싶었다. 마음속 깊은 곳에서 열정이 샘솟는 그런 일을 하고 싶었다.[3]

크록은 그 당시에 사업을 할 만큼 사회적 경험이 많은 사람이 아니었다. 학교를 일찍 그만두고 제1차 세계대전 동안 구급차를 운전했다. 성공을 목표로 삼았지만 무엇을 할지는 정작 본인도 잘 몰랐다. 그는 직업적인 경력을 미리 계획하기보다는 자신의 재능을 계속해서 발전시키고, 다가올 기회를 포착하는 일에 더 몰두했다. 그래서 피아니스트부터 부동산 중개업자, 종이컵 판매직에서 맥도날드 사업에 이르기까지 다양한 일을 마다하지 않고 다 했는지도 모른다. 그가 52세에 맥도날드 형제를 만났을 무렵, 밀크셰이크 믹서기 판매량이 계속 감소하는 불경기였다. 그는 어떻게 해서든 부진한 판매량을 만회하려고 애썼다. 그는 맥도날드에서 더 많은 밀크셰이크 기계를 판매하고 싶었지만, 사실은 그 이상으로 멋진 사업 아이템을 제안하고 싶었다. 그는 정신없이 바쁘게 일하면서도 미래를 내다볼 줄 아는 직업의식을 가진 사람이었다.

크록의 여정은 비효율적인 준비 과정이 왜 중요한지 몸소 보여준다. 크록은 우리가 당연히 기대하는 것 그 이상의 무언가를 열망하게 만드는데, 경제학자 데이비드 갈렌슨은 그런 크록을 '실험적 예술가'라고 불렀다.

실험적 예술가처럼

　키츠나 피카소 같은 많은 시인과 화가들은 예술적인 바탕을 갖추고 있었다. 이는 잘 알려진 예술가 유형이다. 그들은 자신의 예술적 비전이 무엇인지 정확하게 인지하고 있으며 그것을 참신하고 현명하게 표현할 줄 알았다. 갈렌슨은 이런 유형을 '개념적 아티스트'라고 명명했다. 이런 부류의 사람들은 30세 이전에 정상에 오른다. 하지만 실험적 예술가들은 그렇지 않다. 초반에 비전 없이 일단 시작하는 데다가 목표도 막연하며 일도 점진적으로 진행한다. 그러다 보니 그 과정에서 본인의 성공을 확신하지 못한다. 여러 번 반복과 시행착오를 거친 후에야 그들은 자신이 목표로 하는 것이 무엇인지 나중에 발견한다.[4] 그들이 하는 일이 곧 그들의 연구 과제가 된다. 실험적 예술가들은 경력 후반기에 성공의 정점을 찍는다. 피카소의 가장 성공적인 작품은 대부분 그가 20대에 완성한 것들이다. 하지만 실험적 예술가들은 그 나이에는 시작도 하지 못했다.

　크록은 실험적 예술가들의 점진적이고 귀납적인 자질을 보여준다. 그는 막연한 목표를 가졌고 일단 모든 일을 자신이 진행해야 직성이 풀렸다. 많은 예술가가 자신의 비전을 창조하는 것처럼 그도 자신만의 방식으로 경력을 쌓았다. 그는 계속 수정해가며 천천히 일했다.

　크록의 경력은 끊임없는 발전과 열망의 증거였으며 그는 야심 찬 예술가에게 볼 수 있는 완벽주의적 성향까지 보였다. 윌리엄 카를로스 윌리엄스William Carlos Williams는 늦깎이 시인 월리스 스티븐스Wallace Stevens를 일컬어 '자신이 가진 기술을 끊임없이 발전시키고 개선하려고 애쓰는 사람이야말로 진정한 천재의 증표'[5]라고 말했다. 프란스 할스Frans Hals와 같은 다른 많은 예술가처럼 크록은 부지런히 실험하고 도전했다. 그는 천천히 발전했고 그의 예상치 못한 성공도 그만큼 늦게 이뤄졌다.

크록을 예술가처럼 창의적인 인물이라고 생각하기 어려울 수도 있다. 그는 그림을 그리거나 춤을 추거나 글을 쓰는 사람이 아니었다. 그는 세계적인 패스트푸드 사업을 구축한 관리자였다. 하지만 여기서 우리는 리더십의 대가 워렌 베니스의 인용문을 떠올려볼 필요가 있다. '창의적인 사람이 되는 방법은 딱 두 가지다. 직접 노래를 부르고 춤을 추거나, 아니면 가수와 무용수가 성장할 수 있는 환경을 만들어주거나.'[6]

크록은 후자의 방법으로 창의성을 발휘했다. 늦은 나이에 성공한 광고 사업가 데이비드 오길비David Ogilvy는 회고록에 이렇게 적었다. '카피라이터, 아트디렉터, TV 프로듀서들은 많아도 매년 새로운 콘셉트의 창작물을 총괄적으로 관장하는 책임자는 손에 꼽을 정도로 드물다. 그런 휘파람고니 같은 소수의 사람들이 다수에게 영감을 줄 수 있다.'[7] 어쩌면 크록도 그런 인물일 수 있다. 그는 새로운 장르의 사업을 계획했고 그를 위해 일하는 수백 명의 사람에게 영감을 주었다.

갈렌슨이 말하는 실험적 예술가들에게 작품은 일종의 테스트이자 발견이다. 각각의 그림을 작가의 아이디어나 일련의 완성된 작품에서 부분적인 실행으로 보는 것이 아니라 그 그림이 결과를 도출하는 실험 대상이 되는 것이다. 그 결과들이 누적되면서 미래의 작업에 영향을 준다. 이런 식으로 실험적 예술가들은 점차 그들의 비전을 확장하고 그 과정에서 필요로 하는 기술들을 축적해 나가는 식이다. 레이 크록이 맥도날드 사업을 구축한 것도 바로 이런 식이다.

불안정한 경험들로부터

크록은 1927년부터 1937년까지 대공황 시절 종이컵 판매업을 했고 그 후에 믹서기 사업으로 업종을 전향했다. 그는 왜 10년 넘게 자신의 야망과 성공하고 싶은 에너지를 애써 억누르며 종이컵 판매를 지속했던 걸까? 급여 문제로 언쟁을 벌이다 그만둔 적도 있었으나 그는 다시 그 일로 돌아갔다. 물론 상사와 갈등이 있었겠지만, 그는 크게 개의치 않아 하며 최대한 즐기면서 일을 했다.[8] 사실, 1927년 이전에 크록의 인생에 기복이 좀 있었다. 그가 영업에 전념하기로 결심한 것도 이상할 게 없다. 그동안의 경력이 파란만장했으니까.

크록은 16세에 학교를 그만두고 원두콩 방문 판매를 했다. 또 제1차 세계대전 동안에는 구급차 운전사로 일했다. 프랑스로 건너갈 기회가 있었지만 몇 주 후 휴전 협정이 체결되면서 계획이 무산되었다. 그 후에는 리본 신제품을 판매하면서 그의 아버지보다 더 많은 돈을 벌었다. 그는 여러 직업을 경험했는데 피아노 보조 연주자로 활동했을 뿐만 아니라 본의 아니게 사창가에서 일한 적도 있었다. 리본 판매 일이 시들해지자 밴드에 합류하여 피아노 연주를 맡았다. 당시 '줄무늬 블레이저 재킷에 밀짚모자'가 그의 트레이드 마크였다. 그 후에는 시카고 증권 거래소에서 주가 시세표를 보고 가격을 기록하는 일을 했다. 그의 부모님이 뉴욕으로 이사를 하게 되면서 그는 여자 친구 에델을 남겨두고 부모님과 함께 뉴욕으로 가야만 했다. 뉴욕에서 계산원으로 일했지만 그녀 없는 삶을 견디기가 힘들었다. 결국, 직장이 문을 닫으면서 그는 다시 에델이 있는 시카고로 돌아왔다. 이윽고 두 사람은 결혼을 약속했다.

크록의 아버지는 이제는 그가 안정된 직업을 구하길 원했다. 하지만 그는 며칠 후, 릴리Lily라는 브랜드의 종이컵을 팔러 갔다. 탄산음료 판매점에 종이컵을 팔면서 그는 저녁마다 라디오 방송국에서 피아노를 쳤다. 비록 불안정한 일이긴 했지만, 그는 그 속에서 삶의 지혜를 습득했다. 종이컵 판매는 계절을 타기 때문에 겨울에는 장사가 잘 안되었다. 1925년, 그는 플로리다에 가서 부동산 열풍에 합류했다. 비록 시작은 좋았지만 본격적으로 시작하자마자 부동산 매매 시장이 휘청거리면서 부동산 사업에 위기가 닥쳤다. 그가 릴리 종이컵 회사에 휴직서를 내고 플로리다에 임대업 사업을 했을 때였다. 그는 빈 집에서 아무 일도 하지 않고 빈둥빈둥 시간을 보냈다. 그러다가 우연히 건물에 울려 퍼지는 그의 피아노 연주 소리를 들은 이웃이 그에게 일자리를 제안했다.

그때의 일을 통해 그는 인생의 큰 교훈을 하나 얻었다. 그가 연주하는 바에서는 음료수를 주문하면 간단한 음식을 서비스로 제공했는데 그것이 그에게는 깊은 인상을 남긴 것이다. 누구나 인생을 되돌아보면 중요한 순간들이 있다. 여기서 우리는 지난 과거에 대해 회의적이어서는 안 된다. 크록은 급성장하는 레스토랑과 식품 사업에서 경력을 쌓아나갔다. 그는 바, 음료수 판매점을 돌아다니며 직접 주방 상태를 확인했다. 그는 본격적으로 요식업을 연구하기 시작했고 간단한 푸드 서비스를 제공하는 신개념 스타일의 전문가가 되었다.

플로리다에서는 일이 잘 풀리지 않았다. 크록이 피아노를 연주한 바가 영업 규정을 어겨 단속에 걸리는 바람에 구치소에서 하룻밤을 보내기도 했다. 플로리다에서 외롭고 불행한 나날을 보내던 에델은 이 일로 마음이 심란해져 아이를 데리고 시카고로 떠나버렸다. 크록의 밴드가 2주간 출연 정지를 당하자 크록은 시카고의 집으로 차를 몰고 갔다. 얼마 지나지 않아 플로리다의 경제는 곤두박질쳤다.

플로리다에서 얻은 행운의 기회가 썩은 바닥처럼 떨어져 나가자 크록은 겁이 났다. 부양할 자식이 있는 그는 어떻게 해서든 안정적인 일을 찾아야 했다. 결국, 그는 음악과 부동산을 포기하고 다시 종이컵 파는 일에 전력을 다했다. 그는 자신이 지닌 여러 재능과 관심사가 수렴될 수 있는 기회를 엿보고 있었다.[9]

숨어 있는 역전 기회

실험적 예술가들은 구체적이고 현실적인 것을 선호한다. 사업의 사소한 부분까지 집요하게 파고드는 크록처럼 말이다. 한마디로 그는 어느 것 하나 놓치지 않았다. 그는 종이컵 판매를 하면서 밀크셰이크 만드는 새로운 방법을 발명한 랄프 설리번Ralph Sullivan을 만났다. 그는 기존 스타일보다 더 농축된 형태로 더 차갑게 음료를 만드는 기술을 개발했다. 그가 만든 기계에서 나오는 밀크셰이크를 먹기 위해 늘어선 줄이 건물을 둘러쌀 정도였다. 크록은 다량의 종이컵이 필요한 고객이 있다는 사실에 기뻐하며 설리번에게 자신의 제품을 팔기 시작했다. 나중에 맥도날드에서 그랬던 것처럼 그는 설리번의 비즈니스에서 잠재적인 가능성을 보았다.

크록의 권유로 그의 상사는 아이스크림 가게를 운영하는 얼 프린스와 함께 설리번을 만났다. 사업적 영감을 받은 얼 프린스는 새로운 종류의 밀크셰이크를 팔기 시작했고, 크록도 그에게 더 많은 종이컵을 공급했다. 그 후, 프린스는 멀티믹서라고 이름 붙인 밀크셰이크 믹서기를 자체 개발하는 데 성공했다. 이 믹서기는 더 뻑뻑한 신제품 음료를 제조하는 데 매우 효과적이었다. 크록의 상사도 새로운 믹서기에 관심을 가지면서 나중에는 크록이 믹서기를 판매하는 대리인 역할까지 맡게 되었다.

프린스는 크록에게 동업을 제안했다. 크록은 그의 제안에 기분이 들떴지만 에델은 남편이 '사업가'라는 말에 혹해 잘 다니던 안정된 직장을 그만두는 것에 버럭 화를 냈다. 그들의 결혼 생활이 끝을 향해 달려가고 있다는 신호였다. 그는 이 외에도 여러 문제를 겪었다. 그의 사장이 믹서기를 유통하는 대리점 계약을 체결하고 난 후에 문제는 더 심각해졌다. 사장은 그 사업에 특별히 애정이 있지 않았음에도 불구하고 크록에게 일을 일임하지 않았다. 크록이 믹서기 판매 계약을 잘 성사시켜도 사장이 전체 수수료 지분의 60퍼센트를 떼어가는 식이었다. 그때 크록은 처음부터 사업을 제대로 구조화하는 일이 중요하다는 교훈을 얻었다. 이는 맥도날드 형제들과 일하면서 다시 배워야 했는데, 그것이 프랜차이즈가 일하는 방식의 중심이 되었다.[10]

또한 크록은 적재적소에 사람을 배치하는 방법도 터득했다. 종이컵 판매 회사의 고용주는 밀크셰이크 사업 계획에 적합한 인물은 아니었다. 그가 맥도날드 프랜차이즈 사업을 구상했을 때 그는 재능 있는 인재를 물색했고 재무 관리자인 프레드 터너와 함께 일했다. 무엇보다도 멀티믹서기를 팔면서부터 크록은 주방 시스템에 대해 확실히 이해하게 되었고, 수천 곳의 주방에 믹서기를 파는 데 성공했다. 그는 어떤 전략이 대중에게 어필하고 어떤 전략이 실패할지 알 수 있다고 자부했다.[11]

피아노를 연주했던 플로리다 식당에서 제공한 간단한 서비스에 주목한 크록은 세부적인 사항을 검토하면서 기회를 엿보았다. 크록은 다양한 경험을 쌓으면서도 그것이 나중에 인생 역전의 변화를 맞이할 기회가 되리라고 예상하지 않았다. 하지만 믹서기 판매가 그에게 행운을 가져다주었다. 운 좋게도 크록이 맥도날드 형제의 가게를 방문했을 때 그들이 밀크셰이크 믹서기를 다량으로 구매해주었다.

만약 크록이 없었다면

레이 크록이 맥도날드의 설립자는 아니다. 모리스와 리처드 맥도날드 형제가 창업자들이다. 크록은 그들의 사업이 더 크게 확장될 수 있도록 도와준 조력자였다. 하지만 만약 크록이 없었다면 맥도날드는 세계적인 프랜차이즈가 아니라 소박한 가족 기업으로 남았을 수도 있다. 두 형제가 어떻게든 사업을 성장시켰을 수도 있지만, 그들 말마따나 각종 세금 문제를 해결하기 위해 고용된 8명의 세무사와 함께 '어느 고층 빌딩 사무실에 갇혀 스트레스성 위궤양에 걸려 고생했을 것이다.'¹² 다행히 크록과 함께 일하게 되면서 맥도날드 형제는 글로벌 비즈니스에 걸맞게 사업 방침을 완전히 전환했다. 햄버거 가게를 운영하는 것과 일관된 기준의 세계적인 제국을 만드는 것은 별개의 일이다. 세밀화가와 벽화가는 둘 다 예술가이지만 서로 차원이 다르듯이 말이다.

맥도날드 형제들은 효율적인 시스템으로 맥도날드를 운영했다. 주방의 배치와 흠잡을 데 없는 정밀 시스템으로 햄버거와 감자튀김을 50초마다 만들었다. 여기에 레이 크록은 이 가게를 프랜차이즈화하여 대규모로 운영할 수 있도록 도왔다. 형제 둘이서는 절대 이루지 못한 일을 크록이 현실로 이룬 것이다.

맥도날드 형제가 이 행운을 과연 크록 없이 실현할 수 있었을지 분명하지 않다. 두 사람은 프랜차이징을 시도했었지만 잘되지 않았는데, 가맹점들을 관리 감독하는 일이 버거웠기 때문이다. 그래서 처음에는 크록과 함께 일하는 것에 회의적일 수밖에 없었다.

맥도날드 형제의 친조카는 크록이 총매출액의 0.5퍼센트를 형제에게 지급하기로 계약한 거래를 위반했다고 주장했다. 만약 크록이 그 약속을 잘 지켰더라면 맥도날드 형제는 그전보다 훨씬 더 부자가 되었을 것이다. 하지만 형제들은 고소득으로 인하여 높은 소득세를 내는 것을 싫어했다. 그들은 부자가 되어 신경 쓸 일이 많아지는 것보다는 단순한 삶을 살고 싶었다. 결국, 그들은 각각 세후 백만 달러의 현금을 받고 크록에게 맥도날드를 팔았다. 당시 크록에게는 큰 금액이었는데, 오늘날로 치면 천만 달러에 해당하는 액수였다. 《데일리 메일》은 '맥도날드 인수 후, 크록은 맥도날드가 엄청난 규모로 확장되는 과정을 직접 감독했다'¹³라고 설명했다. 하지만 '감독'이라는 절제된 단어로 표현하기엔 그가 한 일은 실제로 훨씬 더 많았다.

크록과 맥도날드 형제가 이룬 각각의 성과를 확실하게 구별하려면, 햄버거 역사부터 자세히 알아보고 둘의 차이점을 비교해야 한다.

패스트푸드 레스토랑의 혁명

다른 어떤 것들과 마찬가지로 햄버거도 발명되고 완성되는 과정을 거쳤다. 월터 앤더슨Walter Anderson은 캔자스 위치타 출신의 그릴 전문 요리사로 현대적인 햄버거 조리 방법을 창안했다. 앤더슨 이전의 햄버거 패티는 흐물흐물한 상태로 버거번 사이에 끼워졌다. 그의 끈기가 불러온 행운의 조합 덕분에 앤더슨은 뜨거운 그릴에서 버거 패티를 굽는 동안 주걱으로 꾹 눌러주는 기술을 성공시켰다. 그 덕분에 버거의 형태가 더 탄탄해지고 균일한 풍미를 낼 수 있었다. 앤더슨은 이 새롭게 개발한 햄버거 패티를 번 안에 넣었다. 이것은 가지고 다니면서 먹을 수 있는 자동차 시대에 완벽한 음식이었다.[14] 사람들은 모든 매장에서 동일한 제품을 사먹고 싶어했다. 앤더슨이 일했던 식당인 화이트 캐슬White Castle 체인점은 다음과 같은 내부 규정을 지켰다.

'고객이 먹는 햄버거는 동일한 방법으로 만들어진다. 같은 세기의 가스 불꽃을 유지하며 동일한 위생 기준을 준수하며 안전하게 음식을 조리한다. 심지어 음식을 제공하는 직원들까지도 동일한 매뉴얼의 서비스를 제공한다. 처음부터 끝까지 이 식당의 모든 조리 과정

은 정해진 규정을 엄격하게 따라야 한다.'15

기존에 맥도날드 형제들은 전기 프라이어를 사용했지만 화이트 캐슬은 몇 년 전부터 가스로 음식을 조리했다. 또 맥도날드가 중국산 종이컵을 사용한 반면에 화이트 캐슬은 더 편리한 종이컵을 사용했다. 화이트 캐슬은 전통적으로 식당을 남성의 공간으로 보던 것에서 벗어나 여성들을 타깃으로 시장을 확대했다. 맥도날드가 나중에 아이들을 타깃으로 마케팅에 돌파구를 마련한 것처럼 말이다.

맥도날드 형제들과 크록은 현대적인 패스트푸드 레스토랑을 만든 혁신가들이다. 패스트푸드는 1880년대에 샌드위치와 수프를 팔던 가게에 탄산음료를 추가하면서 시작되었다. 그러다가 매장이 백화점과 기차역 안으로까지 확대되었다. 미국에서 금주법이 시행되던 기간에는 전국의 술집이 간단한 메뉴를 파는 식당으로 바뀌었다. 1920년대에는 통근자들을 끌어들이기 위해 전차 부근에 점심 식사를 할 수 있는 간이식당이 문을 열었다. 20세기 중반에 카페테리아 문화가 유행하면서 고객들이 카운터에서 음식이 담긴 쟁반을 직접 가져가는 시스템이 자리를 잡아갔다. 특히 이것은 패스트푸드 개발의 중심지인 캘리포니아에서 인기가 있었다. 카페테리아에서는 샌드위치뿐만 아니라 따뜻한 음식도 주문할 수 있었다.

그러다가 열차 안에 식당칸이 생기면서 이동식 식당에서 저녁을 먹는 문화도 확산되었다. 또 자동차 수의 증가와 함께 고속도로 휴게실 식당도 생겨났다. 여기서 현대 패스트푸드 체인의 근본적인 측면이 개발되었는데, 그릴 앞에서는 요리사들이 분주하게 움직이고 여자 종업원들은 손님들에게 서빙을 하느라 바쁘게 뛰어다녔다. 드라이브인 레스토랑이 번성하면서 주로 젊고 예쁜 여자 종업원이 차 안에 있는 운전자에게 주문을 받고 종종 롤러스케이트를 타고 음식을 직접 가져다주는 일을 했다. 그런데 이 비즈니스 모델은 기동성이 떨어졌기 때문에 음식이 식은 상태로 손님에게 배달되기 일쑤였다. 그리고 돈 없는 10대 청소년들이 종업원들을 보려고 주차장을 어슬렁거리거나 가족과 함께 온 척하면서 쓰레기를 버리는 일도 허다했다.

전후 소비자 붐이 시작될 무렵, 패스트푸드 레스토랑은 맥도날드 형제와 레이 크록에 의해 이미 완성 단계에 있는 잘 진화된 모델이었다. 특히 맥도날드 형제가 한 일 중에 두 가지 성공 요인이 있는데, 그중 하나가 황금 아치를 설치한 것이다. 이로 인해 아이들은 차 안에서도 가게를 한눈에 알아볼 수 있었다. 햄버거, 감자튀김, 밀크셰이크가 50초마다 완성되기 때문에 차를 주차하고 기다릴 필요도 없었다.[16] 맥도날드는 손님에게 항상 따뜻한 음식을 제공한다는 광고를 했다.

또한 맥도날도 형제는 내부 주방을 아주 정확하게 재설계했는데, 직원들이 주방에서 움직이는 동선을 최대한 짧게 조정했다.[17] 사업 규모를 확장하려면 누군가는 프랜차이징 작업을 하는 방법을 알아내야 했다. 그 문제는 레이 크록이 해결했다. 1980년에 마침내 크록의 노력이 빛을 보게 되어 법원은 공식적으로 제품 프랜차이즈와는 다른 비즈니스 형식 프랜차이즈 아이디어를 인정했다. 프랜차이즈가 메뉴뿐만 아니라 사업 방식에도 라이선스를 갖게 한 것이다. 레이 크록은 프랜차이즈를 운영할 적임자를 찾고 맥도날드의 사업 방식을 그들에게 심어주는 데 성공했다.

월터 앤더슨은 햄버거 요리에 대한 통찰력을 발휘하여 수익을 내려고 애썼다. 하지만 맥도날드 형제처럼 그에게도 비즈니스 파트너가 필요했다. 그는 식당 세 곳을 열었지만, 자본이 부족했다. 앤더슨은 부동산 중개인 빌 잉그램Bill Ingram과 파트너 계약을 맺었다. 그들은 화이트 캐슬 모델을 만들었다. 1931년까지 그들은 115개의 식당을 보유한 당대의 가장 큰 체인점이었다.[18] 나중에 크록이 그랬던 것처럼 잉그램은 옷 입는 법과 말하는 법을 포함해 세부적인 지침을 가맹점 운영자들에게 알려주었다. 그래도 표준화를 유지하기는 어려웠다. 다양한 장소의 다양한 운영자들이 헨리 포드의 공장식 조립라인처럼 획일화된 프로세스를 준수하며 장사를 하기란 어려운 일이었다. 화이트 캐슬이 냉동 버거 패티를 시도했던 것은 표준화된 규정을 맞추기 위한 일종의 타협이었다.[19] 그들이 처음부터 프랜차이즈를 원했던 것은 아니다. 가게의 품질과 서비스를 균일하게 유지하는 것이 성장에 제약이 따르더라도 더 중요했기 때문이다.

나중에 맥도날드가 그랬듯이, 화이트 캐슬도 혁신적이었다. 맥도날드는 프랜차이즈 사업을 시작하면서 빅 맥 세트를 개발했다. 또 로널드 맥도날드 캐릭터를 만들어서 브랜드 이미지로 홍보했다.[20] 반면에 밥 와이언Bob Wian이라는 화이트 캐슬 체인점 운영자도 빅 보이로 알려진 최초의 2층 햄버거를 만들었다. 잉그램은 그때까지도 프랜차이즈 사업을 거부했다.[21] 그러다가 적임자가 나타나 정확성과 창의성이 조화를 이룬 실행 가능한 프랜차이즈 모델을 제안하자 혁신의 변화를 받아들였다. 하지만 맥도날드 형제는 그 목표를 성취할 수 있는 통찰력이 없었다. 맥도날드가 대형 체인이 되기 위해서는 레이 크록과 같은 인물이 필요했다.

크록은 레스토랑의 프랜차이즈 방식에 혁명을 일으켰다. 그는 지역별로 프랜차이즈를 분배하던 일반적인 관행을 거부하고 개별적으로 가맹점을 지정하는 방식을 선호했다. 그 결과, 초반에 맥도날드는 전보다 수익이 훨씬 적었다. 특정 지역에 대한 독점 영역을 부여하는 시스템의 가맹점이 아니었기 때문이다. 그렇지 않았으면 돈도 더 많이 벌고 회수도 더 빨리 되었을 것이다. 하지만 크록의 접근법이 그에게 통제권을 주었다. 일단 가맹점 계약이 체결되면 운영자는 무조건 회사의 운영 방침을 준수해야 한다. 그리고 그들이 잘 준수하는지 본사는 지속해서 감시한다.[22] 크록의 기준에 부응하지 못한 가맹점은 결코 재계약을 따낼 수 없었다. 마치 가수와 무용수가 왕성하게 활동할 수 있는 무대를 만드는 것과 같다. 그리고 그것은 효과가 있었다. 30년 동안 운영하면서 실패한 프랜차이즈 가맹점은 단 한 곳에 불과했다.

실패 그리고 새로운 시도

레이 크록은 돈보다 규범 엄수를 더 우선시했다. 그는 최고의 인재를 채용하고 싶었고, 강력한 네트워크를 구축하길 원했다. 그래야 사업이 성장하면서 신뢰도가 더욱 쌓일 수 있었다. 그는 과거의 경험에서 교훈을 얻는 리더십 스타일이었다. 그는 헌신적인 추종자들과 함께 영감을 통해 일했고 실험적인 예술가들의 방법을 적용했다. 갈렌슨은 실험적 예술가의 아이디어는 작품에서 나온다고 주장했다. 레오나르도도 '경험에서 비롯되지 않은 과학은 헛되며 오류로 가득하다'[23]고 말한 바 있다. 크록 또한 실험적인 방식을 추구했다.

새로운 아이디어를 모든 부분이 작동하는 완전한 시스템으로 여길 때가 있다. 나는 '큰 그림'을 고려하기보다는 작은 요소로 큰 디자인을 구상한다. 작은 디테일이 완벽하게 완성되기 전에 큰 그림으로 옮겨가지 않는다. 나에게는 그 방식이 훨씬 더 유연한 접근 방식이기 때문이다. 훌륭한 사업 성과를 기대한다면, 비즈니스의 모든 기본적인 요소들을 먼저 완성도 있게 준비해야 한다.[24]

이러한 사고방식이 결과적으로 맥도날드의 수많은 시도와 실패를 낳았다. 크록의 경영 방식 키워드는 실패를 인정하는 의지와 실수를 인정하는 용기에 있다.[25] 작은 세부적인 사항을 완벽하게 만드는 것과 실수를 기꺼이 인정하는 것은 글렌슨이 말한 실험적 예술가 유형과 일맥상통하는 부분이 있다.

크록의 회고록에 서문을 쓴 폴 D. 파가누치 교수는 크록의 인생을 '긴 견습 생활'로 묘사했다.[26] 실험적 예술가들이 걷는 삶의 여정도 이와 마찬가지다. 폴 세잔은 인생 2막에 성공한 사람들의 전형적인 롤모델이다. 세잔은 30대 중반까지도 자신이 실패했다는 느낌을 떨치지 못했다. 그는 꾸준히 자기 계발을 하면서 스스로 문제에 대한 해결책을 찾으려고 애썼다. 30년 이상 기술적인 연구에 매진한 그는 인생의 끝자락에 이르러서야 예술적 혼을 발휘하며 중요한 업적을 이루었다.[27] 그는 자신만의 기법을 추구하며 오랫동안 실험적인 삶을 살았다. 그 결과, 예술 사조에 큰 전환을 가져온 후기 인상파 화풍을 발전시켰다. 그는 자신이 본 장면을 하나의 캔버스에 담는 기법을 발견했다. 일단 큰 아이디어를 발견했을 때, 그것을 현실화하고 완벽하게 하기 위해서는 끊임없는 노력이 필요했다.

하지만 당신이 예술가든 회계사든 화가든 프로그래머든 상관없이, 누구나 실험적 예술가처럼 자신의 기술을 변화시킬 수 있다. 세잔이 기존의 인상파 화법에 변화를 가져오려고 노력하면서 매일 그림을 그렸듯이 당신은 모든 작업, 이메일, 회의, 프로젝트에서 연습할 수 있다. 갈렌슨의 깊은 통찰력은 늦깎이 성공인의 대명사인 크록의 모델에서도 확실하고 정확하게 포착된다.

세잔이 화풍을 바꾸고 싶어한 것처럼 크록은 패스트푸드 시장을 바꾸고 싶어했다. 그는 비즈니스 영역에 뛰어든 일종의 실험적 예술가다. 세잔과 다른 실험적 예술가들처럼 크록은 오랜 시간 새로운 비전을 찾아 헤맸다. 이제 패스트푸드 프랜차이즈가 보편화된 지금, 레이 크록이 패스트푸드 업계에 이바지한 기여도는 막대하다. 우리는 여기서 그가 52살의 늦은 나이에 패스트푸드 사업을 시작했다는 사실을 기억해야 한다.

맥도날드 형제의 성공

맥도날드 형제도 대기만성형 인물로 오랜 견습 기간을 거쳤다. 1930년 뉴햄프셔에서 캘리포니아로 이사했을 때, 모리스는 스물여덟이었고, 리처드는 스물하나였다. 처음에 그들은 영화계에서 뜨내기 일꾼으로 일하다가 직접 영화관을 차렸다. 경제 대공황이 한창이던 때라 극장은 바로 망했다. 1937년에 각각 서른다섯, 스물여덟이 된 두 사람은 경마장에서 푸드 트럭으로 장사를 시작했다. 하지만 계절을 타는 한철 장사다 보니 결국 레스토랑을 열기로 했다. 그런데 형제에게는 담보로 세울 만한 자산이 없어 은행마다 투자 대출을 거부했다. 그러다 1940년 뱅크 오브 아메리카의 한 관리자가 무언가 가능성을 알아보고 투자를 했다. 그는 맥도날드 형제의 가게가 크게 성장할 것이라고 예감했다. 그렇게 형제는 첫 드라이브인 식당을 열 수 있었다.

식당은 대박이 났지만, 손님들은 주문한 음식을 최소 20분은 기다려야 했다. 주문한 식사를 차까지 운반해주는 시스템은 비용도 많이 들고 효율성도 떨어졌지만 손님들이 그것에 대해 불평을 하지 않아 문제가 되진 않았다. 하지만 손님들이 더 빠른 속도를 원한다는 걸 직관적으로 알 수 있었다. 고객이 원하는 것에 대한 이러한 본능적인 감각은 그들과 크록이 공통으로 가지고 있는 특성이었다. 이 형제의 첫 가게인 바비큐 전문 드라이브인 식당에서는 햄버거가 매출의 80퍼센트를 차지할 정도로 인기 상품이었다. 1948년 각각 46세, 39세가 된 두 사람은 결국 식당을 접고 새로운 프로세스를 구상했다. 그들이 푸드 트럭을 시작하고 11년이 지난 후였다.

맥도날드 형제가 추구한 새로운 프로세스는 모든 것이 맞춤 설계로 이뤄졌는데, 그릴은 더 컸고 청소하기도 더 수월했으며 내열성도 뛰어났다. 주방용품은 모두 맞춤 제작되었다. 형제는 버거 패티를 가장 잘 자르는 기계를 찾다가 사탕 제조업체를 찾아간 적도 있었다. 그들의 목표는 '속도, 낮은 비용, 수량'으로 귀결되었다. 그들은 필요 없는 메뉴는 몽땅 없애버리고 감자튀김과 밀크셰이크를 추가시켰다. 새로운 시스템은 특히 자녀를 둔 가족 단위의 손님들에게 큰 인기를 끌었다. 식당 직원들은 특별히 어린 고객층을 위한 친절 교육을 따로 받았는데, 이는 20세기 내내 맥도날드가 고수한 마케팅 전략이었다. 그릴에서 고기를 굽는 직원, 감자튀김 담당자, 밀크셰이크 담당자 등 업무 분할도 확실히 했다.

매출이 40퍼센트나 뛰었고, 이미 자리를 잡은 식당은 성공을 거두었다.[28] 1950년대 중반까지 형제는 10만 달러의 수익을 올렸는데, 해마다 새로운 캐딜락을 구입할 정도였다.[29] 요즘 돈으로 치면 100만 달러쯤 되는 금액이다. 그들이 시도한 새로운 시스템은 톡톡히 효과를 보았다. 40대 중반에서 50대 초반에 형제들은 그토록 꿈꿔온 일확천금의 부를 획득했다. 어떤 이들은 멀리에서 이 식당을 찾아 오기도 했다. 그리고 고향으로 돌아가 비슷하게 재현했다.

크록 역시 여느 모방꾼들처럼 마음만 먹으면 얼마든지 따라 할 수 있었다. 맥도날드 형제가 그에게 주방의 세세한 것들까지 속속들이 보여주었기 때문이다. 그는 그 구조가 얼마나 대단한 것인지 잘 알았다. 하지만 그는 남이 차려놓은 밥상에 수저만 놓는 것이 아닌 자신이 손수 차린 밥상을 원했다. 크록은 모든 상태를 개선시켜 기회 요소로 만들고 싶었다. 그는 모든 것을 다른 시각으로 바라보았다.

다른 드라이브인 식당과 달리 이곳 주차장에는 10대 불량 청소년들도 안 보였고 주변에 쓰레기도 없었다. 크록이 청결에 특히 민감해서 그런 것도 있지만 신선하고 친근한 식당 이미지를 강조하는 새로운 요식업 시장의 서막을 머릿속에 그렸기 때문이다. 크록은 이렇게 말했다.

"나는 모든 햄버거 체인점에 주크박스, 공중전화기, 담배 자판기를 설치하겠다고 결심했어요. 또 가죽 재킷을 입은 사내들이 담배 연기 자욱한 방에 모여 있고 어떤 여자가 갑자기 남편을 찾으러 들어오는 그런 식당 분위기는 만들지 않기로 다짐했죠."[30]

　과거에 종이컵 파는 일에 뛰어든 것도 종이컵 사업이 미국의 추세가 될 거라는 깨달음을 얻었기 때문이었다.[31] 그리고 두 번째로 미국의 주역이 될 사업이 그의 눈에 띄었다. 그는 초기 프랜차이즈 식당의 주차장에 쓰레기들이 쌓여 있을 때마다 불같이 화를 내곤 했다. 크록에게는 공공의 질서를 어기는 일이라면 그것이 사소한 행위일지라도 마치 신성한 장소에 쓰레기를 투척한 것처럼 심각한 모욕으로 느꼈다. 심지어 크록은 은퇴한 후에도 동네 맥도날드를 둘러보았다. 자신의 집에서 쌍안경으로 관찰하기도 했는데 규범을 지키지 않는 현장이 포착되면 바로 프랜차이즈 가맹점에 전화해 심하게 혼을 냈다. 크록은 자신이 사업을 하는 모든 분야의 제품 하나하나에 각별한 관심을 쏟았다.[32] 물론 그의 이런 행동이 다소 좀 피곤할 수도 있다. 하지만 '일이 곧 놀이'인 사람인 크록에게는 오히려 삶의 활기를 북돋워주었다.[33]

비전과 에너지

　크록이 맥도날드 프랜차이즈 사업을 하면서 발휘한 중요한 능력 중 하나가 바로 인재 발굴이었다. 젊은 시절, 그가 라디오 방송에서 피아노 연주를 했을 때 그는 빈 방송 시간을 채워주는 배우를 섭외하는 일도 맡았다. 그는 젊은 코미디 듀오를 섭외했는데 이 신인들이 나중에 젊은 세대를 대표하는 유명 배우가 되었다. 인재를 잘 찾는 그의 능력은 사업을 하는 데 큰 도움이 되었다. 그는 과거에 세

일즈맨으로 일하면서 특정 업무에 적합한 인재를 찾고 양성하는 일에 주력했다. 그는 맥도날드 내에서도 까다롭고 집요한 사람으로 소문이 자자했다. 최고 경영진들까지도 손톱 다듬는 줄과 빗을 가지고 다녀야 했고 매장 주차장은 물론, 모든 것이 먼지 하나 없이 깨끗해야 했다.[34] 크록이 그의 직원들에게 바라는 기준도 그랬다. 20년 전, 그가 종이컵을 팔던 시절에도 그는 팀원들에게 깔끔한 용모를 강조했다. 그는 이렇게 말했다.

"나는 좋은 인상을 주는 것이 중요하다고 생각해요. 잘 다림질한 양복을 입고, 광이 나는 구두를 신고, 머리를 가지런하게 정돈하고, 손톱은 항상 깨끗한 상태를 유지해요. 예리하게 보이고 예리하게 행동하라고 나는 그들에게 끊임없이 말했어요. 가장 먼저 팔아야 할 상품은 바로 자기 자신이니까요."[35]

크록은 팀이 잘 작동하려면 사기와 단합이 필수라는 걸 아는 타고난 관리자였다.

> 당시 내 밑에 있는 영업사원이 총 15명이었다. 그중에는 일에 대한 열정이 불타오르는 직원들도 있었다. 퇴근 후에 우리는 함께 어울리며 수다를 떨었다. 어떻게 하면 더 많은 종이컵을 팔 수 있는지 서로 아이디어 대결도 했다. 재미있었다. 나는 젊은 직원들이 열정을 포기하지 않고 그 분야에서 성공하는 모습을 꼭 보고 싶었다. 내가 경험한 것 중 가장 보람된 일이었다. 나는 동료들보다 나이가 많은 편도 아니었다. 나보다 연장자들도 있었다. 하지만 난 그들과 있을 때마다 내가 그들의 아버지가 된 기분이 들었다.[36]

크록이 맥도날드 법인을 운영하면서 많은 후배를 배출했던 이유를 알 것 같다. 그는 결코 위압적인 매니저가 아니었다. 그는 직원들이 야망, 열정, 고된 일, 목표에 대한 정의를 확실하게 내릴 수 있도록 근무 환경에 신경 썼다. 그가 적합한 인재를 찾아 적재적소에 잘 배치하면 그 후에는 알아서 하도록 내버려두었다. 그는 다음과 같이 말했다.

"만약 당신이 누군가를 고용했다면 그 사람에게 일을 맡기고 난 후에는 그를 귀찮게 해서는 안 됩니다. 그가 자율적으로 일할 수 있도록 한발 물러서 있어야 해요."[37]

그의 이러한 경험은 본사의 관리뿐만 아니라 가맹점 선정에도 영향을 미쳤다. 특히 초창기에 맥도날드를 성공으로 이끈 것은 올바른 인재를 발굴하고 육성하고 자율성을 부여하는 데 크록이 헌신한 덕분이었다. 크록은《뉴욕 타임스》와 한 인터뷰에서 '맥도날드는 햄버거 사업에 대해 진지한 사람들이 모인 곳'이라고 말했다. 그는 이 사업에 진정으로 관심이 있는 사람들을 찾아다녔다.

"우리는 이 사업에 집중할 사람들을 원해요. 만약 일주일에 네 번 골프를 치러 다니거나 점당 1센트짜리 진 러미 게임을 하는 게 삶의 낙인 사람은 맥도날드가 원치 않아요."

이것이 그의 성공 비결이다. 그는 천천히 성장하는 실험 예술가들처럼 자신이 하는 일을 끈기 있게 밀어붙이고 주장하고 발전시켰다. 맥도날드 임원실 책상 위에 다음과 같은 문구를 적어놓은 것도 크록의 이러한 태도에서 비롯된다.

- 세상의 어떤 것도 끈기를 대신할 수는 없다.

- 재능도 별것 없다. 아무리 재능이 있어도 성공하지 못한 남자들이 세상에 많다.
- 천재도 별것 없다. 천재들이 실력을 보상받지 못하는 경우가 부지기수다.
- 교육도 별것 없다. 세상에는 교육받은 부랑자들로 넘쳐난다.
- 하지만 끈기와 결단력은 전능한 힘을 가졌다.[38]

물론 이러한 훈계가 다 진실은 아니다. 세상은 실패로 가득 차 있다. 어쩌면 레이 크록은 운이 좋았던 것일 수도 있다. 효율적인 주방 시스템을 갖추고 확장할 준비가 된 레스토랑을 발견했으니까. 하지만 운이 좋다는 말이 쉽게 성공했다는 뜻은 절대 아니다. 모든 세부 사항에 대해 억척스러울 정도로 신경 쓰는 그의 성격이 없었다면 불가능한 일이었다. 또 자신의 소신에 따라 모든 일을 정확하게 해야 직성이 풀리는 실험 정신, 금전적 이익만을 추구하기보다는 미래의 인재 찾기에 더 열중했던 그는 대중이 진정으로 무엇을 원하는지 본능적으로 알았다. 그리고 이 모든 것이 그의 에너지였다.

크록의 행운은 그렇게 빛을 발휘하며 나타났다 사라졌다. 다른 많은 패스트푸드 기업가들도 그처럼 파란만장한 성장 배경을 가지고 있었다. 던킨도너츠는 한 방문 판매원에 의해 설립되었다. 웬디스는 식당에서 그릇을 치우던 종업원이 처음 만든 가게였다. KFC의 창립자인 할랜드 샌더스Harland Sanders는 아주 늦은 나이에 창업에 뛰어들었다. 그전에는 농부, 노새 조련사, 철도 소방관, 무면허 변호사와 의사, 보험 판매원, 타이어 판매원, 주유소 직원 등 안 해본 일이 없었다. 다양한 일들을 해보고 삶의 장애물을 극복해야 하는 필요성도 느껴보고, 틈새시장을 노리며 여러 시행착오을 거쳐 늦깎이 성공인들이 탄생했다. 그들에겐 비효율적인 준비가 오히려 절호의 기회를 포착하게 해주는 밑거름이 되었다.

그들은 행운을 받아들일 준비를 한 사람들이었다. 그리고 그것은 우리가 다음 장에서 소개하는 캘빈 쿨리지에게서 배울 수 있는 교훈이다.

SECOND ACT

2부

운명이 당신의 삶에 개입할 때

04

행운을 맞이할
준비가 되었는가

레이 크록의 계획되지 않은 진로는 어쩌면 성공에 이르는 최단거리보다 더 만족스러운 결과를 가져왔다. 저널리스트 찰스 두히그는 하버드 경영대 동기 모임 15주년을 맞아 오랜만에 동창들을 만났다. 그곳에는 부와 명예를 얻은 사람부터 실패한 사람까지 다양하게 있었다. 그는 이렇게 말했다. "미래의 직업에 자신감이 넘쳤던 동급생 중에는 일이 잘 풀리지 않아 크게 낙담한 친구들이 오히려 더 많았어요."[1]

찰스 두히그는 대학 시절에 졸업 성적은 형편없었지만 낙관적인 생각을 갖고 있던 그룹들에게 의외의 공통점이 있다는 사실을 알아차렸다. 그들은 일찌감치 실망을 경험했기 때문에 오히려 경력을 시작한 초기부터 일에 매진하며 절충안을 찾는 데 주력했다. 그들은 가장 잘나가는 회사에 들어간 것도 아니고 하버드대에서 특별한 것을 배운 것도 아니었다. 두히그가 볼 때, 이들은 자신만의 좌절을 통해 인생의 큰 교훈을 배운 자들이었다. 그 결과, 더 부유하고 더 큰 힘을 가진 자리에 올라갔으며 삶의 만족도도 그렇지 않은 부류의 사람들보다 더 높았다. 결국, 성공으로 가는 직접적인 길보다 여러 번 돌아가더라도 간접적으로 가는 경로가 더 만족스러웠다.

신입 연구원들이 연구비 지원을 신청했다가 좌절된 경우에 대한 연구에서도 비슷한 결론이 도출되었다. 연구진들은 간신히 지원을 받는 데 성공한 연구원들과 아슬아슬하게 자금 지원을 놓친 연구원들을 서로 비교했다. 전자와 후자 그룹의 결정적 차이점은 바로 미래를 바라보는 관점에서 극명하게 드러났다. 두 그룹이 발표한 연구 모두 평균 이상의 성과를 거두었고 연구 자료 인용도 5퍼센트인 기준선보다 더 많이 되었다. 최초 신청 후 5년 동안 지원을 받은 그룹이 발표한 논문 중 13.3퍼센트가 히트를 쳤다. 아깝게 자금 지원을 놓친 그룹이 발표한 연구 자료는 전체의 16.1퍼센트가 인용되었다.

시간이 흐를수록 전자 그룹에 비해 후자 그룹이 우위를 점하게 되었는데, 결과적으로 5~10년 동안 발표한 연구 자료의 19.4퍼센트가 인용되는 놀라운 발전을 이루었다. 10~15년 후에도 인용 횟수가 12퍼센트나 더 늘어났다. 상대적으로 후자 그룹이 더 많은 논문을 썼고 더 많은 인용 횟수를 기록했다. 또한 지원을 아쉽게 놓친 사람 중 일부는 자신의 역할이 다른 곳에 있을 수도 있다는 판단 아래 다른 분야로 이직하는 일도 있었다. 이와 관련하여 더 많은 연구들이 필요하겠지만 경력 초기에 맛보는 실패의 경험은 분명 성공에 이르는 데 중요한 요소로 작용한다. 두히그의 동창들처럼 신입 연구원들도 초반에 좌절을 맛보았지만 그 경험이 결과적으로 그들을 더 발전할 수 있게 해주었다.

계획처럼 되지 않는 커리어

이처럼 계획되지 않은 경력이 캘빈 쿨리지Calvin Coolidge를 미국의 30대 대통령으로 만들었다. 쿨리지가 1895년에 애머스트 칼리지를 졸업할 무렵, 미국은 심각한 경기 침체를 맞았다. 그의 동기들은 졸업 후 괜찮은 일자리를 구할 수 있을지 걱정했다. 하지만 지도 교수인 찰스 가먼Charles Garman은 제자들에게 절대 걱정하지 말라고 조언했다. 모든 경력의 처음을 항상 성공적으로 시작할 필요는 없다. 그는 학생들에게 말했다.

"경력은 마치 물과도 같다. 경력을 얻는 데 필요한 모든 것은 앞을 향해 흘러가며, 특별한 사건이 일어나면 그 자리에 머물기도 한다. 또 주류의 흐름에 순응해야 할 때도 있다."

그 흐름에 맞추어 자신을 맡기다 보면 언젠가 자연스럽게 기회가 온다.

1901년에 젊은 청년이었던 쿨리지는 이 원리가 증명된 상황을 직접 경험했다. 윌리엄 매킨리가 재선에 성공하여 두 번째 임기를 시작한 지 몇 달 지나지 않아 암살당하는 사건이 일어나면서 부통령인 시어도어 루스벨트가 미국의 최연소 대통령으로 당선된 것이다. 훗날 쿨리지의 전기 작가인 에어아미티 슐라에스는 이렇게 기록했.

'운명이 개입되었다. 루스벨트가 흐름을 타고 있었고 그는 운 좋

게도 대통령이 되었다.'²

그로부터 22년 후, 1923년에 51세의 쿨리지에게도 같은 일이 일어났다. 워렌 하딩이 심장마비로 사망하자 그 당시에 부통령직을 맡았던 쿨리지가 그의 자리를 물려받았다. 쿨리지는 부통령으로서 정치계에 영향력이 거의 없었다. 그는 최고의 자리에 오르기 위해 미끄러운 기둥에 매달려 기를 쓰고 올라갈 사람이 아니었다. 그의 갑작스러운 대통령직 승격은 전혀 기대하지 못한 일이었다. 연속되는 사건들의 흐름 속에서 자기 자신을 지키며 때를 기다렸지만 그는 결코 효율적이거나 계획적인 경력을 쌓지 못했다. 그에게는 목표도 기한도 없었다. 그런데 오히려 그런 상황이 그에게 유리하게 작용했다. 두히그의 동기들처럼 쿨리지 역시 경력에 대해 의도적으로 접근하고 고민했다면 이렇게 성공적인 경험을 하지 못했을 수도 있다. 쿨리지의 경우 목표를 달성하기 위한 직접적인 길을 택하지 않은 것이 오히려 성공의 길을 열어준 셈이다.

이런 종류의 진로는 전적으로 운에 달려 있다. 쿨리지가 대통령이 된 것은 운명의 수레바퀴 때문이었다. 하딩이 죽지 않고 계속 살아 있었다면 쿨리지는 다음 선거 때 퇴임했을 것이다. 레이 크록과 캐서린 그레이엄의 경우도 가만히 생각해보면 운이 따라준 것이 그들의 성공에 결정적인 역할을 했다. 물론, 그 운을 얻기 위해 구체적으로 무엇을 준비해야 하는지 몰랐지만 그들은 적어도 운을 맞이할 준비는 했다.

이러한 준비 과정은 다양한 형태를 취한다. 심리학자 리처드 와이즈먼은 운이 좋은 사람이라고 부유한 사람은 아니라고 주장한다. 이들은 스스로 행운을 만드는 부류다. 행운아들은 외향적이며 인간

관계에 적극적이다. 그들은 바디 랭귀지를 통해 사람들이 자신에게 말을 걸도록 유도하는 재주가 있다. 운이 좋은 사람은 운이 없는 사람보다 두 배 더 웃는다. 그리고 가장 중요한 점은 운이 좋은 사람들은 안전하고 오래 지속되는 애착 관계를 잘 구축한다.[3] 반면에 불운한 사람들은 훨씬 더 신경질적이며 새로운 경험에 대해 덜 개방적이다.[4]

중요한 점은 다가오는 행운을 맞이할 준비가 되어 있어야 한다는 것이다. 요행은 누구에게나 일어날 수 있다. 레이 크록은 미국에서 태어났다는 특권 외에 남들과 다른 엄청난 특권을 가진 인물은 아니었다. 그는 스스로 행운을 쟁취했다. 왜냐하면 그는 그 행운을 누릴 준비가 되어 있었기 때문이다. 크록은 평범한 일을 하는 것처럼 보여도 언젠가는 맥도날드 기업이 세계적으로 성공할 수 있도록 기본적인 기술을 연마하고 끊임없이 다듬는 일을 게을리하지 않았다. 캐서린 그레이엄도 마찬가지로 준비 과정을 보냈다. 그는 자신이 할 수 있는 모든 일에 집중했다. 그다음 작업에 대해서는 걱정하지 않았다. 그런 식으로 그는 매 순간 최선을 다하는 자세로 행운을 준비했다. 비효율적인 준비 과정이란, 최종 목표를 미리부터 계획한다기보다는 미래에 다가올 기회를 준비한다는 의미에 더 가깝다.

우연의 연속

마야 안젤루Maya Angelou의 삶은 우연한 사건의 연속이 큰 변화를 가져온다는 걸 여실히 보여준다. 그녀는 30대가 되어서야 글을 쓰고 싶다는 야망을 깨달았다. 그전까지 그녀는 캘리포니아에서 댄서로 활동했다. 그녀는 작가 존 킬렌스John Killens가 자신과 같은 도시에 산다는 걸 알고 자신이 쓴 원고를 보냈다. 그는 그녀에게 뉴욕으로 이사를 가라고 조언했고 그렇게 안젤루는 할렘 작가 모임에 합류했다. 그 모임에서는 그녀의 작품에 대한 피드백과 지원을 아끼지 않았다. 몇 년 후, 그녀의 소설가 친구인 제임스 볼드윈James Baldwin이 한 저녁 식사에 그녀를 초대했다. 그 자리에는 작가이자 편집자인 주디 파이퍼Judy Feiffer도 함께 했다. 그녀는 안젤루의 놀라운 인생 이야기에 깊은 감명을 받았고 이내 출간을 제안했다. 그녀는 랜덤하우스 출판사의 편집자에게 안젤루를 소개했다. 그렇게 안젤루는 40세에 첫 작품 『새장에 갇힌 새가 왜 노래하는지 나는 아네』를 세상에 발표했다.[5] 만약 마야 안젤루가 제임스 볼드윈과의 저녁 식사 자리에 가지 않았다면 또 다른 기회의 여신이 그녀의 손을 잡았을지는 알 수 없다. 하지만 그녀가 얻은 행운은 결코 우연이 아니었다. 그녀는 수년간 사회적 관계에 신경 썼고 인맥을 쌓았다. 그녀가 저녁 식사 자리에 함께했을 때 비로소 그녀는 자신의 이야기로 사람들을 매혹시킬 수 있었다. 아무나 그런 자리에 초대받는 것이 아니다. 자신이 쓴 작품을 기꺼이 사람들에게 보여주고 조언을 구하고 작가 모임에 가입한 결과가 마침내 빛을 발휘할 계기를 만든 것이다.

안젤루는 인맥을 탄탄히 쌓아나갔을 뿐만 아니라 그 인맥을 이용할 줄도 알았다. 비록 작가로서의 경력을 늦게 시작했지만 와이즈먼이 말한 것처럼 '행운의 네트워크'가 그녀에게 따라준 시점에 출판의 인연이 닿은 것이었다. 우리가 모두 마야 안젤루처럼 될 수는 없으며 누구나 제임스 볼드윈과 친구가 될 수 있는 것은 아니다. 하지만 당신이 참여를 거부한다면 이 세상은 결코 당신에게 관심을 가지지 않을 것이다. 새뮤얼 존슨은 말했다.

"많은 사람은 세상이 자기를 신경 쓰지 않고 방치한다고 불평해요. 하지만 정작 당신은 세상의 관심을 끌기 위해 얼마나 노력했는지 묻고 싶군요."[6]

이것은 결코 냉소적인 발언이 아니다. 마야 안젤루는 책을 쓰려는 의도를 갖고 저녁 식사 자리에 가지 않았다. 자고로 최고의 네트워킹은 원래 의도치 않게 발생하는 법이다. 와이즈먼이 말했듯이, 운이 좋은 사람은 여유가 있고 불안해하지 않는다. 그들은 마법의 순간을 찾아 헤매는 데 평생을 보내지 않는다. 그 대신에 보고 싶은 것을 찾으려고 하기보다는 거기에 있는 것을 본다. 결과적으로, 그들은 자연적으로 발생하는 모든 기회에 훨씬 더 수용적이다.[7] 당신은 기회를 쫓아다니기보다 기회가 나타나면 잡을 준비를 해야 한다.

행운을 내 편으로

오늘날 행복한 우연을 뜻하는 '세렌디피티serendipity'라는 단어는 본래 '우연한 사고와 지혜로 발견되는 것'을 의미한다. 결국 우연한 사고를 제때 발견할 수 있는 기술을 터득하는 것이 중요하다. 행복한 사고란 신이 인간에게 무작위로 던져주는 변덕스러운 선물이 아니다. 그것을 발견할 줄 아는 눈을 가진 현명한 사람에게 그 행운이 나타난다. 신경학자 제임스 오스틴은 그의 저서 『추적, 기회, 그리고 창의성Chase, Chance, and Creativity』에서 '탐구적 행동'이 행운을 찾는 결정적 단서라고 말한다. 그는 자신의 이론을 뒷받침하기 위해 행운의 특징을 크게 네 가지로 구분했다.

첫 번째는 바로 모든 사람에게 일어날 수 있는 순수한 사고의 발생 가능성이다.

두 번째, 행운을 만날 기회는 오스틴이 '모션motion'이라고 부르는 것과 관련이 있다. 무언가를 발견하고 싶다면 계속 찾아 나서야 한다. 오스틴은 불분명하고 안절부절못하게 하는 일이더라도 진취적으로 움직인다면 예상치 못한 기회를 찾는 데 도움을 줄 수 있다고 강조한다.[8]

세 번째로, 운이 좋은 사람은 '특별한 수용성'을 행운의 요소로 가지고 있다. 이런 행운의 기회는 준비된 마음가짐이 필수다.

마지막으로 오스틴은 우리가 스스로 행운을 만드는 방법에 대해 알려주는데, 우리가 무엇을 하고 우리가 어떤 사람인지에 따라 좋은 기회를 직접 끌어올 수 있다는 것이다. 그는 '우리는 행운을 만들고 그것을 운명이라 부른다'라는 벤저민 디즈레일리의 말을 인용한다. 당신이 행동하는 방식에 따라 당신에게 다가올 기회의 종류도 달라진다. 어떤 사람에게는 행운인 상황이 다른 사람에게는 전혀 다르게 작용한다. 오스틴은 이러한 가변성을 식물의 돌연변이와 비교한다. 희귀하지만 유용한 유전적 돌연변이를 가지고 있어서 악천후에 더 잘 적응하는 식물도 있다. 극한의 기후 조건에서만 이 식물의 번성 능력이 드러나는데, 외부 환경의 변화가 없다면 그 능력은 휴면 상태에 머물렀을 것이다.[9]

이 책을 통해 우리는 다양한 유형의 행운이 존재한다는 사실을 알았다. 순전히 우연에 의한 행운도 많다. 그러나 맥도날드의 가능성을 발견하고 안절부절못했던 레이 크록처럼 바쁘게 움직이는 사람이 너무 많다. 또 마거릿 대처나 캐서린 그레이엄처럼 기회를 얻기 위해 구체적으로 준비한 사람들도 있다. 그녀들의 특이한 성격이 그런 상황을 만드는 데 일조했다고 볼 수 있다. 그들은 자신이 누구이고 어떻게 행동하는 인간인지 알고 있었기에 한편으로는 운이 좋은 사람들이다.

직업과 카오스 이론

계획되지 않은 경력은 생각보다 더 평범하다. 당신이 접하는 사연마다 특별하게 들리겠지만 대부분의 경력이 우연의 영향을 강하게 받는다고 말하는 이유가 있다. 심리학자 로버트 프라이어와 짐 브라이트는 직업과 관련하여 카오스 이론을 개발했다.[10] 카오스 이론에 따르면, 모든 시스템은 본래 불확실하다. 우리를 둘러싼 모든 시스템(가족, 경제, 직장, 지역사회)은 복잡하고 역동적이다. 그것들은 많은 부분으로 구성되어 있고, 각각은 영향을 주고받을 수 있으며, 모두 다른 속도로 변화한다. 인간도 어떤 면에서는 복잡한 역동적 시스템이다. 그래서 인생은 예측할 수 없다. 너무나 많은 시스템이 혼재된 세상이기에 가변적인 외부 환경에 영향을 받을 수밖에 없는 것이다. 당신의 직업 역시 복잡하고 역동적인 시스템 중 하나이다. 당신이 승진의 사다리를 오르기 위해 얼마나 신중하게 계획을 세웠는지 모르겠지만, 그 과정에는 다양한 변수들이 발생한다. 당신이 볼 때 전혀 상관없어 보이는 것들이 당신의 경력에 영향을 끼칠 수

있다.[11]

　많은 것들이 경력에 영향을 미칠 수 있기 때문에 프라이어와 브라이트는 직업 상담사에게 좁은 범위의 관련 요인들을 보지 말라고 조언한다. 대신에 가족, 어린 시절, 취미, 독서 습관, 일반적인 관심사, 인생의 중요한 사건들과 비극적인 사건들을 이해하기 위해 보다 광범위하게 접근하기를 권한다. 진로는 너무 복잡하고 혼돈의 영향을 받기 쉽기 때문에 한 가지 상황이 한 가지 결과로 이어지는 것은 아니다. 따라서 누군가가 직업을 갖는 과정이 다른 이에게는 전혀 다른 여정으로 펼쳐질 수 있다.

　카오스 이론가들은 직업을 비선형 시스템으로 여긴다. 선형 시스템에서는 일이 정기적으로 주어지므로 예상과 예측을 할 수 있다. 각 열의 숫자를 합산하면 맨 하단의 총 수치와 일치하는 셈이다. 그러나 비선형 시스템에서는 작은 변화가 불균등한 방식으로 영향을 미칠 수 있다. 프라이어와 브라이트는 회사 직원이 퇴사를 결정할 수밖에 없게 만드는 심각한 회의 상황을 예시로 제시했다. 그것은 직장 내 상해와 같은 중차대한 일과는 다르지만 결과적으로 볼 때는 동일한 결과를 가져온다. 직업이란 시스템은 매우 작은 것에도 민감하게 반응할 수 있으며, 오히려 큰 변화 이후에 더 안정적인 스탠스를 유지하기도 한다.

　중요한 것은 혼돈이 무작위를 의미하지 않는다는 사실이다. 비선형 시스템에서는 작은 변화가 큰 차이를 가져오며 종종 복잡하지만 아름다운 패턴을 탄생시킨다. 폐, 구름, 나무의 반복적인 패턴처럼 말이다. 이들은 가까이에서 보면 매우 유사한 모양이 반복되는 것을 확인할 수 있는데, 가장 작은 나뭇가지는 가장 큰 가지와 매우 유사한 패턴을 만든다. 이렇게 패턴을 확장하는 복잡한 방식은 눈송이처럼 작은 물질이 그토록 복잡할 수 있고, 정맥과 동맥 같은 거대한 체계가 몸 안에 들어갈 수 있는 이유다. 이처럼 반복되는 형태의 패턴을 '프랙탈fractals'이라고 한다. 이 프랙탈은 비선형이다.

직업의 카오스 이론은 프랙탈 패턴에 대한 아이디어를 통합한 것이다. 각각의 직업을 상황에 따라 올라가고 내려가는 선으로 생각하기보다는 프랙탈 패턴처럼 바라보는 것이다. 유사한 패턴이 반복되면서 복잡한 구도로 확장된다. 한 그루의 묘목에서 시작한 나무가 점점 생장해서 거대한 나무들이 캐노피를 이룬다. 일단, 사람들이 보여주는 여러 종류의 직업적 패턴을 관찰하면 우리는 그들의 경력을 하나의 궤적으로 단순화시키는 것이 아니라 매우 복잡하고 창발적인 진화로 해석하는 경향이 있다.

앞으로 우리는 그레이엄과 크록의 인생처럼 프랙탈형 패턴이 반복되는 사연을 또 접하게 될 것이다. 돌이켜보면 복잡해 보이지만 분명한 메시지가 있는 삶의 이야기들이다. 당신이 과거를 어떻게 바라보느냐에 따라 과거는 미래의 서막이 될 수 있다. 그레이엄과 크록의 경력은 궤적으로 보면 예측하기도 어렵고 설명하기도 복잡하다. 반면에 일련의 프랙탈적 패턴으로 보면 그들의 주변 상황이 바뀜에 따라 그들의 직업도 발전하였음을 알 수 있다. 이것은 쿨리지의 접근 방식을 매우 합리적으로 만드는 단서가 된다. 우리는 다가올 미래가 과거에 일어났던 일에서 비롯된다는 걸 이해하면서 그와 동시에 불확실성을 고려 대상으로 삼아야 한다. 당신은 미리 카오스를 예상하고 대비해야 하는 것이다. 세네카가 이런 말을 했다.

'우리의 성격을 망치는 것은 바로 과거를 되돌아보지 않는다는

사실이다. 미래를 위한 모든 계획은 과거에 달려 있다.'¹²

계획되지 않은 경로를 택한다는 것은 경험하는 변화에 따라 직업이 달라질 수 있다는 것을 의미한다. 그렇다고 직업을 무작위로 선택한다는 말은 아니다. 마야 안젤루는 저녁 식사 자리에서 우연한 만남이 계기가 되어 일생일대의 큰 변화를 이뤄냈다. 찰스 두히그는 동창회에 참석한 동기들로부터 비선형적인 영향을 받았다. 경력은 서로 다른 두 지점 사이에 일직선을 그리기에는 너무 복잡한 궤도를 가진다. 또 미래에 대해 확실한 예상을 하기에는 변수도 너무 많다. 방향을 확실히 정하지 않은 사람들이 오히려 성공하는 것도 그 때문이다. 그리고 실패가 성공으로 이어지는 이유이기도 하다. 질서가 혼돈에서 나오는 것처럼 실패로부터 새로운 기회와 배움이 탄생한다. 폴라로이드 카메라의 창업자이자 CEO인 에드 랜드Ed Land는 사무실 벽에 다음과 같은 문구를 걸어놓았다.

'실수는 하나의 사건이다. 아직 당신에게 유리한 쪽으로 흐르지는 않았지만, 곧 그럴 수 있는 장점들을 내포하고 있는 이벤트다.'¹³

대기만성형 사람은 경력이 비선형적이라는 사실을 받아들일 줄 안다. 찰스 두히그의 동기들도 그 점을 인정했다. 계획이 미비한 경로를 통해 행운의 기회를 가질 수도 있기 때문이다. 그들은 직업이 비선형적이고 혼란스럽다는 사실에 익숙해졌다. 많은 사람들은 선형적인 직업을 기대한다. 가령, 대학 학사를 졸업하고 대학원 과정을 마치고 취직 후 매년 꾸준한 속도로 승진하고 원하는 시기에 결혼 상대를 만나게 되는 것을 목표로 한다. 하지만 그런 사람일지라도 비선형적인 길에 적응해야 한다. 카오스 이론은 우리에게 쿨리지의 접근 방식이 적극적이고 유용한 전략이 될 수 있다는 걸 알려준다. 내적으로 혼란스러운 시스템 안에서는 계획되지 않은 경로를 따르는 것이 오히려 합리적일 수도 있다.

쿨리지는 대통령이 되겠다는 목표를 세우지 않았지만, 대통령이 되었다. 레이 크록은 자신이 진정으로 무엇을 찾는지 모른 채로 맥도날드 프랜차이즈를 성공시켰다. 마야 안젤루는 출판사를 적극적으로 찾지 않았지만, 자신에게 맞는 편집자를 만났다. 간접적인 직업 경로와 계획되지 않은 준비 덕분에 어쩌면 우리는 혼란스러움에 대비하고 그것에 맞서는 방법을 배울 수 있다.

적극적으로 활동할 때

직업과 관련한 카오스 이론과 오스틴의 행운 이론이 만나 개인의 역할이 완성된다. 우연한 사건은 우리 모두에게 일어나며, 혼돈은 피할 수 없다. 두 이론 모두 행운이 따르려면 적극적인 활동이 중요하다는 걸 보여준다. 인생은 혼란스러운 비선형이다. 우리는 그 사실을 인지하고 그 안에 숨겨진 장점을 이용해야 한다.

2장에 등장한 주식 중개인 크리스 가드너를 떠올려보자. 카오스 이론을 적용하면 그의 계획되지 않은 경력이 이해된다. 그의 진로는 가정 교육, 자격 조건, 인간관계, 육아 등 삶에 변화가 일어날 때마다 궤도를 벗어났고 방향을 다시 설정해야 했다. 그러다가 마침내 주식 중개업자로 일하게 되었는데, 그의 변화에 가장 큰 영향을 끼친 것은 어느 날 페라리 옆을 지나치던 순간이었다. 페라리를 운전한 남자는 행복해하면서 점심을 먹고, 그의 일을 설명하고, 자신의 회사에 대해 소개했다. 그것은 순전히 우연에 의한 행운이었다. 물론, 가드너에게 불행한 순간도 찾아왔다. 새 직장으로 출근하자마자 자신을 고용한 매니저가 해고되었고 자신도 직장을 다시 잃었기 때문이다.

그러나 가드너의 개방적인 마인드는 뜻밖의 행운을 가져다주었다. 그 행운은 오스틴이 말한 '불안하지만 진취적인' 행동의 결과물이다. 가드너의 이야기에는 에너지가 넘친다. 그는 말 그대로 결코 포기하는 법이 없었고 요령을 부리는 일도 없었다. 동거녀가 아들을 데리고 집을 나갔을 때도 그는 좌절하지 않고 수도 없이 면접을 보며 삶의 끈을 놓지 않았다. 마침내 그는 적절한 기회를 얻는 데 성공했다. 전화벨이 시도 때도 없이 울릴 정도로 그는 최고의 브로커로 급부상했다.

마지막으로 가드너는 페라리와 페라리의 운전자, 그리고 페라리를 타는 기회에 대하여 '특별한 수용력'을 가졌다. 대부분의 사람들에게 페라리는 단지 자동차일 뿐이었다. 하지만 새로운 삶을 찾고 목표에 도달하기 위해 열심히 일하는 야심 찬 이 남자에게 그것은 하나의 변화를 상징했다.

"그때 난 결심했어요. 내 인생에서 두 번째로 중요한 결정이었죠. 난 무슨 일을 하든 꼭 월드 클래스의 자리에 오를 거예요."[14]

가드너가 자신의 중개 회사를 오픈한 날은 주식 시장 역사상 최악의 날로 기록되었다.

중개업을 시작한 날이 1987년 10월 19일이었다. 검은 월요일. 주식 시장은 508포인트 하락했다. 자본을 조달하기에 적절한 타이밍이 아니었다. 설상가상으로 나는 잠재 고객을 만나는 자리에 20분이나 지각했다. 고객은 제시간에 오지 않는 사람에게 어떻게 자기 돈을 맡겨 일을 처리할 수 있게 하겠냐며 항의했다.[15]

그때 이후, 가드너는 시계를 두 개씩 차고 다니며 '무슨 일이 있어도 일찍 도착하는 사람'으로 유명해졌다. 이것이 바로 그의 성격이 행운과 상호 작용하는 방식이다. 우리가 알 수 있고 통제할 수 있는 것에는 한계가 있다. 직업에 대한 카오스 이론과 오스틴의 행운 이론에 따르면, 불확실성을 예상하고 이에 대비하는 것이 중요하다. 그렇게 함으로써 우리는 변화의 흐름에 자신을 내맡기며 더 많은 것을 받아들일 수 있는 열린 사람이 될 것이다.

혼자 있는 시간

이처럼 계획되지 않은 준비에서 중요한 요소는 물러서는 시기를 아는 것이다. 탐험가 오드리 서덜랜드Audrey Sutherland는 자신의 회고록에 '우리는 매일 일을 하고, 결혼 생활을 잘 유지하며, 정치, 그릇된 가치, 사소한 것들이 판치는 세상에서 깊이와 평온과 의미를 찾기 위해 심판대에 서 있다'라고 기록했다. 이제부터 혼자 있는 시간이 지니는 유익함에 대해 살펴보겠다.

웬디 베케트Wendy Beckett는 평생 수녀로 일한 후 60대에 세계적인 TV 스타가 되었다. 첫 방송을 하기 전까지 그녀는 영국 노퍽에 있는 카르멜 수녀원에서 거의 25년 동안 트레일러 안에서 은둔자로 생활했다. 웬디 수녀는 방송에 출연하기 전까지 한 번도 텔레비전을 본 적이 없었다. 1982년에 BBC 방송국 창립 60주년을 기념하는 저녁 만찬에 초대된 그녀는 현장에서 세계적인 행사장 영상을 처음 관람했다. 1마일을 4분 안에 달리는 경주 게임과 잉글랜드가 첫 우승한 월드컵 경기 영상이었다.[16] 웬디 수녀가 트레일러에서 살았을 때는 보통 하루에 한 사람도 겨우 볼 정도였다.

웬디 수녀는 어렸을 때부터 수녀가 되고 싶어 했다. 그녀의 어머니는 그런 얘기를 하는 딸을 '참 이상한 아이'로 묘사했다.[17] 그녀는 어머니의 도움으로 17세에 수녀원에 들어갔다. 그 후, 수녀원에서 그녀를 옥스퍼드대에 보냈고, 그곳에서 그녀는 영문학과 수석을 차지했다. 대학 시절에 그녀는 누구와도 이야기하지 않았고 친구도 사귀지 않았다. 그녀는 오직 수녀로서 평생 살겠다는 서약을 지키고 싶었다. 그녀는 20년 넘게 남아프리카에 있는 수녀원 학교에서 교편을 잡았다. (그곳에서 태어난 그녀는 스코틀랜드에서 성장했다.) 그녀는 세 번의 심각한 전신 발작을 일으킨 후 매일 7시간씩 기도하며 은둔자 생활을 했다. 아침식사는 커피로 대신했고, 점심에는 리비타 크래커, 저녁에는 저지방 우유 1리터를 마셨다. 하느님의 뜻을 따르는 일에만 전념하는 이 은둔의 삶은 그녀가 원했던 모든 것이었다. 그녀는 스스로를 '아주 비천한 사람'으로 표현했다. 또 '여러 모로 부족한 여자', '너무 나약해서 금욕적인 구속이 필요한 인간으로 여겼다. 그래서 수녀가 되는 것이 자신에게 꼭 필요한 직업적인 소명을 이루는 길'이라고 확신했다.[18]

그러다가 그녀는 1980년에 50세의 나이에 미술 공부를 시작했다. 가장 놀라운 것은 그녀가 TV 프로그램 진행을 맡기 전까지는 자신을 사로잡은 예술 작품을 어느 것도 직접 본 적이 없었다는 것이다. 그녀의 첫 쇼 프로그램인 〈웬디 수녀의 오딧세이Sister Wendy's Odyssey〉의 기획 의도는 은둔자 수녀가 자신이 좋아하는 예술 작품을 태어나서 처음 보는 상황을 시청자들에게 보여주는 것이다.[19] 웬디 수녀의 텔레비전 출연, 특히 인터뷰에서 가장 주목할 만한 것은 그녀가 얼마나 행복한가 하는 점이다.

블레이크 숄Blake Scholl이 초음속 항공기 스타트업을 설립했을 때 그는 비행 경험도 없었으며 항공 분야와 관련된 기술을 배운 적도 없었다. 그는 첫 1년 동안 열심히 관련 서적을 읽고, 실험하고, 전문가들과 이야기를 나눴다.

나는 전문 서적을 읽기 시작했다. 만약 그 책이 전혀 이해되지 않았다면 나는 당장 그 책을 버리고 다른 책을 사서 원리가 이해될 때까지 읽고 또 읽었을 것이다. 나는 비행기 디자인 수업을 들었고 여러 변수에 따라 비행기의 작동 상태가 어떻게 달라지는지 스프레드시트 모델을 직접 설계했다. 지하실에서 나 혼자 이 모든 것을 독학으로 깨우쳤다.

하지만 마하 초음속 항공기 비행은 10년 넘게 문제 해결에 대한 진전이 없었다. 그는 누군가 아음속 비행기를 만들었을 거라는 가정하에 사업을 시작했다.

'나는 2주 동안 초음속 비행에 대한 자료를 찾아보면서 왜 아무도 슈퍼소닉 비행을 시도하지 않는 건지, 왜 사람들이 그 계획이 무모하다고 생각하는 건지 무척 궁금했어요. 하지만 내가 내린 결론은

사람들이 온통 진부한 통념에 빠져 있다는 거였어요.'

편견을 깨고 싶었던 숄이 마침내 설립한 스타트업 붐Boom은 이제 두 개의 주요 항공사(유나이티드United와 아메리칸American)와 계약을 체결했다. 붐은 두 회사에 소비자 항공편을 위한 초음속 제트기를 제공하고 있다. 2003년에 콩코드Concord가 철수한 이후 처음 있는 일이다.

블레이크 숄의 흥미로운 성공담은 웬디 수녀와 공통점이 있다. 웬디 수녀가 천주교에서 깊은 동기 부여를 받았다면 숄은 개인의 행동과 사고의 명확성을 강조하는 도덕적 철학을 고수한다. 웬디 수녀가 기도와 명상을 하며 은둔 생활을 했던 것처럼 말이다. 숄은 말했다.

"어떤 주제에 대해 완전히 이해할 때까지 계속해서 의구심을 풀며 물고 늘어질 줄 알아야 한다. 정식 교육을 받은 적이 없는 내용도 마찬가지다. 그렇게 할 때 당신은 실제로 많은 것을 배울 수 있다."[20]

숄도 웬디 수녀도 해당 분야에서 공식 승인되거나 실력을 인정받은 전문가는 아니다. 하지만 그들은 혼자만의 기간을 가지고 난 후 자신의 작업에 대해 누구보다 열정적인 에너지를 쏟고 독창성을 발휘했다.

웬디 수녀와 블레이크 숄은 모두 실무에 들어가기 전에 딥러닝deep learning에 충분한 시간을 보낸 그 분야의 아웃사이더들이었다. 트레일러와 지하 실험실에서 지냈던 그들은 칩거 기간을 통해 행운의 변화를 맞이하게 된다.

실패가 꽃피우는 시기

뒤늦게 구불구불한 여정 속에서 실패를 통해 축적된 경험으로 자신의 소명 의식을 가지게 된 사람들이 많다. 그들은 중년의 나이에 창업에 뛰어들었다. 물론, 젊은 창업가들의 이야기도 들으면 귀가 솔깃해지지만, 나이 많은 창업가들의 사례는 우리에게 더욱 강렬한 인상을 남긴다. 허버트 보이어Herbert boyer는 40세에 제넨텍Genentech을 설립했으며, 회사는 나중에 470억 달러에 매각되었다. 또 데이비드 더필드David Duffield는 64세에 워크데이Workday를 설립했고, 현재 기업 가치는 430억 달러 이상이다.[21] 투자가 줄리안 로버트슨Julian Robertson은 48세에 자신의 헤지펀드 회사를 설립했고, 2007~2008년 서브프라임 모기지 사태 동안 은퇴 이후 최고의 거래 수익을 올렸다.[22] 빌 프랭크Bill Franke는 미국 학교에 다니기 전에 브라질에서 홈스쿨링을 했다. 그는 스탠퍼드대를 졸업하고 군대에서 3년을 보낸 후 변호사가 되었다. 이후 기업 인수 및 합병과 관련된 일을 하다가 임산물 회사를 인수해 CEO가 되었다. 그는 자신이 법률보다 사업을 더 좋아한다는 사실을 뒤늦게 발견했다. 시카고의 한 회사와 합병 협상을 하다가 퇴사를 결심한 그는 50세에 자신의 투자 회사를 만들었다. 몇 년 후 그는 파산 직전인 아메리카웨스트항공America West Airlines을 인수했다. 60대에도 그는 항공사를 대상으로 한 투자 회사를 차렸다. 그는 위즈 에어Wizz Air, 타이거 에어웨이즈Tiger Airways, 스마트Smart 등 여러 저가 항공사에 투자했고, 저예산 여행 산업에 붐을 일으킨 선구자가 되었다.[23]

이 모든 경우에 기업가들은 기회가 왔을 때 실행에 옮길 수 있는 기술과 경험을 축적해야 한다. 실패를 통한 학습을 바탕으로 이들은 스스로 행운을 만들고 쿨리지처럼 그 행운의 바닷속에 빠져 헤엄 칠 수 있어야 한다.

경제학자 피에르 아줄레, 벤자민 F. 존스, J. 대니얼 킴, 하비에르 미란다는 2007년부터 2014년까지 270만 명의 창업자들이 미국에서 시작한 고성장 기업의 사례들을 살펴보았다. 회사가 내는 세금, 경제 활동 인구, 특허 자료들을 분석하여 경제적으로 영향력 있는 회사, 생활 수준을 개선해준 '성장 지향적 회사'를 설립한 창업자들의 평균 연령대를 측정했는데,[24] 최소 1명 이상의 직원을 고용하며 사업을 계속한 기업가의 평균 나이가 41.9세였다. 그중에 가장 크게 성장한 기업의 창업주들은 45세가 평균이었다. 이 표본에서 가장 빠르게 성장하는 1,700개의 신생 기업(상위 0.1퍼센트)의 설립자는 평균 연령이 45세였다.[25] 게다가 50세 창업자는 30세 창업자보다 회사를 성공적으로 매각할 가능성이 두 배나 높았다.[26] 직관적인 예상과 달리 기술 창업자들의 결과도 비슷하다. 최첨단 기술 고용 분야의 창업자는 미국 전체 평균보다 약간 나이가 많은 경향이 있으며, 특허 회사 창업자는 평균 연령이 44.3세로 가장 나이가 많았다.[27] 물론 빌 게이츠나 마크 저커버그처럼 젊은 나이에 큰 영향을 미치는 비즈니스를 창출한 이들도 있다. 하지만 평균적으로 젊은 사람보다는 중년층이 고성장 비즈니스를 시작하는 경우가 더 많다.

실패의 경험과 그것으로부터 배우는 것은 차이를 만든다. 소매 기업가들을 분석한 결과, 두 가지 이상의 사업을 시작한 경험이 있는 창업자들이 그렇지 않은 이들보다 성공률이 더 높았고 사업을 중도에 포기하는 확률도 더 낮았다. 이들이 경험을 통해 축적한 기술이 결과적으로 비즈니스 성공에 기여한 것이다.[28] 마이클 램지가 티보를 설립하게 된 이유를 들어보자. 그는 20대에 미국으로 건너가 휴렛 팩커드에 입사했다. 그 후, 스타트업에 잠시 근무했다가 다시 휴렛 팩커드로 돌아왔다. 하지만 그는 도저히 대기업 문화에 적응할 수 없었고 결국 복귀한 지 1년도 안 되어 다시 소규모 회사인 SGI로 이직했다.

그는 휴렛 팩커드에서 만난 동료들과 나중에 티보를 설립했다. SGI에서 램지는 어떻게 컴퓨터 기술을 그 분야에 접목할 수 있을지 고민했다. 전 직장 동료였던 짐 바톤Jim Barton은 주문형 비디오 서비스VOD를 제작한 경험이 있었다. 그러던 어느 날, 바톤과 램지는 점심을 먹으면서 서로의 경험을 공유했다. 그러면서 티보 사업에 대한 아이디어 개발에 착수하기 시작했다. 처음에는 투자를 받기 위해 고군분투했는데 그들의 사업 아이디어가 너무 복잡했기 때문이다. 우리가 잘 아는 티보 사업체가 인정받기 전에 그들은 사업 초기 단계에 많은 시행착오를 거쳐야 했다. 만약 그들의 전문적인 경험이 뒷받침되지 않았다면 그들은 결코 창업에 성공하지 못했을 것이다.

뜻밖의 정치 기회들

레이 크록처럼 오랜 견습 기간을 보낸 기업가들은 자신의 행운을 스스로 만들곤 한다. 이때 기술력, 네트워크, 자본이 더 많이 축적될수록 더 많은 기회를 포착하고 활용할 수 있다. 정치인들 역시 이와 비슷한 방식으로 기회를 준비한다. 따라서 일부러라도 칩거 기간 또는 광야 기간을 종종 가질 필요가 있다. 하지만 캘빈 쿨리지의 사례에서 본 것처럼, 정치계에서는 행운의 수레바퀴가 더 많이 작동된다.

여성들은 미망인의 승계라는 과정을 통해 미국 하원에서 처음으로 중요한 존재가 되었다. 1917년과 2000년 사이에 37명의 미망인이 사망한 국회의원 남편의 직위를 이어받았다. 그 기간에 사망한 남성 국회의원들 가운데 총 298명에게 정치 활동이 가능한 배우자가 있었지만 그중 14퍼센트만이 정치 활동에 참여했다. 그러나 이는 의회에서 일한 여성들 중 많은 비율을 차지한다. 1962년에 여성 국회의원의 45퍼센트가 미망인 승계를 통해 국회의원이 된 여성들이었다. 이 여성들 중에는 엘리트 출신도 있었는데 이들은 자선 활동, 정치 위원회 활동, 교육 및 지역 사회 활동에 적극적이었다. 이들은 고인이 된 남편이 정계에 있는 동안 개인 비서나 캠페인 관리자로 일한 경험이 있었다. 오랜 견습 기간 덕분에 하원의원 일을 잘 할 준비가 되어 있었던 것이다. 이들이 의회에 입성하기까지는 운이 좋았던 것도 한몫했다.[29]

미망인 승계는 더 이상 여성 참정권이 있는 국가에서 주요 메커니즘이 아니다. 또한 의회 의원들의 평균 연령이 점점 높아지고 있긴 해도 현직에서 사망하는 경우가 훨씬 적기 때문에 미망인 승계는 어쩌면 바뀔 수도 있다. 오늘날 여성들은 스스로 정치에 참여할 수 있는 권리를 훨씬 더 많이 갖게 되었다. 남편이 정계에 있다 하더라도 말이다. 이러한 변화의 바람과 함께 다양한 여성이 국회의원이 되었다. 최근에 미망인 출신의 여성 국회의원은 아프리카계 미국인 한 명밖에 없었다. 정치적 경력을 쌓고 싶어 하는 흑인 여성에게는 운명의 수레바퀴 효과 외에는 달리 방법이 없었던 것일까! 미망인 승계 제도 방식은 쿨리지와 루스벨트가 선택한 방식과 같은 맥락에서 이해할 수 있다. 정치계는 갑작스럽게 사건이 발생하고 예상치 못한 변화가 일어나는 곳이다.

기회를 얻기 위해 운때가 맞을 수 있도록 준비하고 노력하되 출세 제일주의자의 모습은 피한다면, 앤드루 보너 로Andrew Bonar Law처럼 경력을 쌓을 수 있다. 그는 영국 보수당 당수를 지낸 정치인으로, 건강이 악화되어 사직하기 전까지 제1차 세계대전 동안에 부총리, 1922년에 총리를 지냈다. 과거 글래스고에서 제철 상인으로 일했으며 40세 이전까지 정치계에 발을 들인 적이 없었다.

앤드루 보너 로는 기억력이 무척 뛰어났는데 메모 없이도 하루 물자 거래량과 수익을 정확하게 기억했다. 이러한 재정적인 실무 능력 덕분에 제1차 세계대전 동안 재무부에서 일하면서 전문가에게 맞서 금리 결정에 대한 요구를 하기도 했다. 또한 그는 존 메이너드 케인스와 협력하며 효과적인 정책을 만들었다. 의회에서 그는 금융 및 경제 정책과 관련하여 언변이 뛰어났다. 항상 세부 사항들을 잘 숙지했는데 지금이나 그때나 정치인의 자질을 갖춘 보기 드문 인물이었다. 글래스고에서 무역업을 할 때 그는 사업상 기회가 주어지면 항상 법정에 찾아갔다. 그렇게 그는 언변술을 연마했다. 그는 정식 대학 교육을 받지 못했지만 에드워드 기번Edward Gibbon의 『로마제국 쇠망사』를 25세가 되기 전에 세 번이나 읽었다. 얼스터의 장로교 집안에서 태어난 그는 제2차 세계대전 직전에 영국 내에 아일랜드 자치 분쟁으로 혼란스러웠던 시기의 역사에 대해 진지하게 생각했다.

앤드루 보너 로는 주말마다 꿩 사냥을 즐기던 귀족 가문 출신과는 거리가 먼 완고한 캐나다인이었다. 그는 보수당의 전형적인 지도자와는 거리가 멀었다. 로의 선임자들이 성대한 정찬 파티를 즐기며 사회적 네트워크를 구축했다면 그는 술은 입에도 대지 않았으며 음식도 거하게 차려 먹는 걸 좋아하지 않았다. 그의 직속 선임자였던 아서 밸푸어는 지능은 뛰어났지만 행동이 비효율적이었고 그의 기교 섞인 완곡어법은 대중의 호응을 얻는 데 실패했다. 하지만 로는 곧은 말을 하는 사람이었고, 그의 말은 마치 안갯 속의 뿔피리 소리처럼 울림이 있었다.

마침내 그는 1900년에 국회의원에 당선되었고, 1906년에 그림자 내각의 주요 직책을 맡았다. 42세에 정치판에 입문한 이래로 아무런 지지 기반도 없는 그가 놀랍게도 1911년에 정부 지도자로 임명되었다. 다른 두 지도자 후보는 무능했고 그들의 경쟁은 당을 분열시킬 위험이 있었다. 1906년 총선거 결과, 보수당 역사상 최악의 투표 결과가 나왔다. 자유주의자들이 보란 듯이 그들을 짓밟고 올라갔다. 새롭게 창설된 노동당이 더 많은 의석을 차지했다. 로는 그 당시에 잘 알려진 인물이 아니었는데 다른 두 명의 후보가 당 분열을 걱정하며 지도부 경선을 그만두자 로는 보수당의 지도자로서 선택되는 보기 드문 기회를 얻었다.

마찬가지로 캘리포니아의 새뮤얼 하야카와 Samuel Hayakawa 상원의원도 예상치 못한 일을 겪었다. 1929년에 그는 박사 학위를 위해 캐나다에서 미국으로 이주한 영어 교수였다. 그는 루스벨트 행정부가 일본계 미국인에게 부과한 전시 제한 조치 때문에 48세가 된 1954년에야 미국 시민이 되었다. 1968년 62세의 나이에 그는 샌프란시스코 주립 대학의 총장 대행에 임명되었다. 그 당시에 하야카와는 흑인 강사의 부당 해고와 아프리카계 미국인 연구학과 국제 학생 수의 부족이 원인이 되어 발생한 학생 파업에 반대했다. 그는 총학생회의 시위와 연설을 금지했고, 수백명의 사람들이 체포되었다. 12월에는 그의 사진이 전국적으로 퍼졌다. 사진 속에는 그가 급진주의적 학생들이 타고 있는 선전 트럭 위로 올라가 확성기와 연결된 방송 케이블을 홱 낚아채는 장면이 담겨 있었다.[30] 텔레비전이 없었다면, 익명의 어느 교수의 행위로 회자되고 끝났을 사건이었다. 하지만 이미지의 시대에 이 단순한 행동은 대중을 사로잡아 그의 인생을 바꾸어 놓았다.

총장 취임 첫날, 그는 의기양양하게 빵모자를 쓰고 샌프란시스코 캠퍼스에 들어섰다. 그는 학생들과 대화를 나누려 했지만 확성기 소리 때문에 잘 들리지 않았다. 약간 짜증이 난 그는 스피커 배선을 뽑아 버리고 얘기를 계속했다. 방송국 카메라가 그의 행동을 계속 찍었다. 하야카와를 비롯해 현장에 있던 사람들은 그 일을 심각하게 여기지 않았다. 하지만 전국 TV 시청자들은 키 165센티미터, 몸무게 65킬로그램의 딱 봐도 왜소해 보이는 한 남자가 시위대를 압도하는 눈빛으로 째려보는 장면을 똑똑히 보았다.[31] 그때부터 하야카와는 '반항아 학생들을 통제하는 권위적인 성인 아이콘'이 되었다.[32] 그렇게 미디어는 그를 정치인으로 만들었다. 그는 학생들과 맞짱 뜬 그 날을 '열 살 생일 파티 이후로 내 인생에서 가장 흥미진진했던 하루'였다고 묘사했다.

하야카와는 1년 만에 대학 총장 대행이 된 세 번째 사람이었다. 학생들과 투쟁하는 동안 그는 늦게까지 일하고 늦게 일어나는 습관을 버리고 일찍 자고 일찍 일어났다. 그는 젊은 시절 일본인 혈통 때문에 직업 선택에 제약을 받을 거라는 얘길 들었다. 그러나 그는 1973년까지 대학 총장을 역임했고 1976년에 상원의원에 출마했다. 70세의 나이에 처음으로 공화당원이 되었다. 경쟁자였던 두 후보자가 훨씬 더 유명했지만, 표가 두 쪽으로 갈리면서 그가 운 좋게 38퍼센트의 득표율로 당선되었다. 정치적인 배경이 그전까지 전무했지만 앤드루 보너 로가 그랬던 것처럼 경력 부족이 오히려 유리하게 작용했다.[33] 하야카와는 한 번의 임기가 만료되고 난 후, 1982년 재선의 기회를 스스로 포기했다. 왜냐하면 상원에서 그가 낮잠을 자는 모습이 공중파를 타면서 그의 지지율이 하락했기 때문이다.[34] 그의 나이도 걸림돌로 언급되었다. 새 임기가 시작되면 그는 76세였다. 급진적인 학생들의 확성기 플러그를 뽑은 지도 벌써 13년이 흘렀다.[35] 그가 대중의 주목을 받게 했던 문화는 자취를 감추었다. 그는 급진적인 학생들에게 맞서는 소신 있는 어른이 아닌 '상원의 잠자는 새뮤얼 아저씨'로 전락했다. 운명의 수레바퀴가 또 한 번 회전했고 그렇게 그의 정치 인생은 끝났다.

이런 종류의 기회는 정치판에서 흔히 발생한다. 해리 트루먼Harry Truman과 드와이트 아이젠하워Dwight Eisenhower를 늦은 나이에 성공하게 만든 것은 제2차 세계대전이었다. 만약 이 두 사람이 50세 전에 죽었다면 한 명은 지역 선거구 의원으로, 다른 한 명은 중위군 장교로서 세상에 이름을 알리지 못했을 것이다. 트루먼은 잘 알려지지 않은 인물이었기 때문에 부통령 후보로 그의 이름이 처음 거론되었을 때 루즈벨트가 한 말은 그에 대해 잘 모른다는 것뿐이었다. 그는 그저 트루먼이 최악의 후보자는 아닐 거라고만 생각했다.[36] 아이젠하워는 자신의 잠재력을 키워준 장성들과 멘토들의 지도하에 전쟁 전략을 수년간 배웠다. 하지만 16년 동안 승진 기회는 없었다. 만약 전쟁이 일어나지 않았다면 그는 조용히 퇴역했을 것이다.

트루먼과 아이젠하워는 자신의 일에 누구보다 진심이었다. 그들은 독학을 했고, 근면성실하며, 의지력이 강한 남자들이었다. 트루먼은 캔자스 시티에 새 법원을 지을 당시 책임자로 일했다. 그는 여러 도시를 다니며 법원 건물들을 직접 보고 자신이 원하는 건축가를 찾아다녔다. 1940년 상원의원 시절, 그는 육군 캠프를 시찰하기 위해 1만 마일을 직접 운전하기도 했다. 또 아이젠하워는 전쟁 무기에 특히 관심이 많았는데 조지 패튼과 함께 탱크의 구성 부품들을 확인하기 위해 직접 분해하고 재조립했다.37 그는 나중에 전차가 현대전에 필수라는 걸 예견했다. 제2차 세계대전의 잔인한 필수품이 된 탱크는 최고 수뇌부의 독단주의를 무너뜨리기 전까지 도입이 거부되었다.

괴짜들의 성공

이 책에 소개된 많은 성공한 인물들은 하나같이 자신의 일에 진심이었다. 그게 바로 평범한 일반인과 구별되는 점이다. 다른 고객들보다 더 많은 밀크셰이크 믹서기를 주문했다는 이유로 그 햄버거 가게를 보기 위해 전국을 가로질러 달려온 레이 크록을 생각해보라. 그는 맥도날드를 발견한 순간, 신의 계시처럼 거부할 수 없는 영감을 받았다. 탱크를 해부해보려는 아이젠하워의 의지에는 신참 육군 장교라기보다는 아마추어 과학자에 가까운 뭔가가 있었다. 페넬로페 피츠제럴드는 교육자로서 바쁜 일상을 보내는 와중에도 짬을 내어 여러 유럽 언어를 공부했다. 디자이너 베라 왕Vera Wang은 신부 개개인에게 안성맞춤인 웨딩드레스를 제작하고 싶었지만 뜻대로 잘 되지 않아 좌절했다. 하지만 그 답답함이 성공의 발판이 되어 지금은 웨딩드레스 산업에 혁명을 일으킨 성공한 여성 사업가가 되었다.

이러한 집착은 쉽게 알아채기 어렵다. 피츠제럴드의 친구들은 그녀의 특이한 생활 방식과 자녀들의 상태에 주목했지만, 그녀가 언어와 문화에 대해 지니는 집착에 대해서는 잘 몰랐다. 크록의 아내는 비교적 성공한 판매원이 왜 햄버거 사업에 매달리는지 이해할 수 없었다. 아이젠하워 세대의 군인들 중에서는 군대를 떠나 더 많은 돈벌이를 원하는 사람들이 많았다. 늦게 피어나는 재능을 발견하기 위해서는 지속적인 관심과 특정 대상에 소중한 시간을 할애할 수 있는 의지가 있어야 한다. 그러면 탱크를 순수한 호기심만으로 분해하는 것이 전혀 이상해 보이지 않는다.

인내심보다 중요한 것은 무엇에 인내하는가이다. 대기만성형들은 종종 너무 환상에 가까운 목표를 좇거나 아예 목표가 없는 것처럼 보인다. 그들은 현재의 기회를 놓치더라도 더 큰 목표를 향해 나아가길 바란다. 성공이 전혀 보장되지 않은 상태인데도 말이다. 이는 늦은 나이에 성공하는 방법이 될 수도 있지만 수많은 실패와 절망의 원인이 되기도 한다. 대기만성형 중에는 특이한 괴짜들이 참 많다. 그리고 운명이 개입할 때, 그들이 가진 그 특이함이 보상을 받는다.

마거릿 대처의 경력에도 몇 차례 운명이 개입했다. 만약 그런 사건들이 없었다면 그녀는 결코 '철의 여인' 대처 여사가 되지 못했을 것이다. 이 장에서 살펴본 것처럼, 기회는 준비된 마음을 선호한다. 그런 면에서 대처는 준비를 게을리하지 않았다. '진지한 성찰에 드는 시간은 결코 낭비가 아니다'는 그녀가 가장 좋아하는 명언 중 하나였다. 그녀의 성공을 제대로 이해하려면, 그녀에게 무슨 일이 일어났는지보다는 그녀가 무엇을 끈질기게 했는지 살펴보면 된다.

05

기회는 자기 확신으로
완성된다

마거릿 대처가 늦깎이 정치가라고 하면 고개를 갸우뚱할지 모르겠다. 그녀는 50세에 영국 보수당의 지도자가 되었다. 이는 보수당 당수의 평균 연령과 비슷했다. 대처가 총리로 선출되기 몇 주 전까지, 아무도 그녀의 당선을 예상하지 못했다. 대처의 전기 작가인 찰스 무어의 말을 빌리자면, '그녀의 위대함은 그녀가 50세 되기 전까지는 아무도 예상하지 못했다.' 심지어 그녀의 능력을 믿었던 사람들조차도 그녀가 영국의 총리가 될 것이라고는 전혀 상상하지 못했다.

그녀는 1950년과 1951년, 다트퍼드에서 낙선한 뒤 1954년 오핑턴에서는 후보 선출에서 탈락했다. 그러다가 1959년 핀츨리에서 34세에 국회의원에 당선되었다. 그 후 15년의 세월이 더 흐르고 나서야 그녀는 영국 보수당의 당수가 되었다. 그녀는 어렸을 때 총리가 되고 싶다는 꿈을 꿔본 적이 없었다. 1959년 국회의원으로 당선되었을 때도 언젠가 이 나라의 총리가 될 수도 있다는 가능성을 머릿속에 떠올려보지 않았다. 여성 총리는 평생 생각해보지 못한 일이었다.[1] 대처가 교육부 장관으로 재직하고 있었을 때, 그녀의 가장 큰 야망은 최초의 여성 장관이 되는 것이었다.[2]

1945년 선거 때, 마거릿 대처는 활발한 정치 활동을 펼치는 젊은 여성이었다. 그녀는 20대 초반에 콜체스터의 정치 토론회에서 발언권을 가진 적도 있었다. 또 1949년에는 다트퍼드의 국회의원이 되면서 '승리자' 타이틀을 얻었다. 전 국회의원 인치라이의 밸푸어 경은 그녀에 대해 '젊고 훌륭한 후보자다. 언변이 뛰어나고 인상이 좋으며 예리하다. 자신이 다루는 주제에 대해 잘 아는 사람이니 잘 지켜보고 격려해야 한다'고 말했다. 1951년 선거 이후, 다트퍼드 보수당 지부는 그녀를 '나이를 뛰어넘는 경험과 지식이 풍부한 놀라운 젊은 여성'으로 묘사했다. 그리고 그녀를 시야에서 놓쳐서는 안 된다며 추천했다. 하지만 유권자들은 그녀를 다시 뽑을 수 없었다. 그것은 그녀가 결혼했기 때문이다.[3]

그 어느 것도 그녀의 늦은 성공을 예측하는 데 별 도움이 되지 않았다. 그녀는 점점 시선을 받지 못했다. 1954년 오핑턴에서도 선택되지 못했다. 그녀는 보수당 중앙 사무실에 '앞으로 몇 년간 국회의원은 접고 변호사 생활을 이어갈 생각입니다'[4]라고 편지를 써서 보냈다. 그로부터 15개월 후, 그녀는 후보자 명단에 다시 등재해달라고 요청했다. 단 안전한 보수당 의석에만 한정하여 요구했다. 그녀는 더는 실패하고 싶지 않았다. 보수당은 그저 '당신의 이름을 잊지 않겠다'고만 약속했다.[5] 홀로 투쟁해야 하는 사람은 대처만이 아니었다. 1952년 몇몇 여성 의원들이 보수당 지부에 불만을 토로하는 편지를 썼다. 여성 후보들에게는 절망적인 자리만 주어졌고 계속해서 반복적으로 경선을 벌여야 했기 때문이다.[6]

마거릿 대처는 항상 '여성 후보자'로 거론되었다. 이는 그녀가 받은 찬사를 폄하하는 표현이었다. 메이드스톤 지부는 그녀가 보모를 고용했음에도 불구하고 하원의원과 어머니 역할을 동시에 잘할 수 있을지 회의적이었다.[7] 그녀가 선거구에서 보수당 후보로 지명되었을 때 지역 내 여성 의원에 대한 반발이 거세게 일어났다. 그녀가 승리한 이후에 위원회는 결국 만장일치 투표 방식을 철회해야 했다.[8] 그 당시에 그녀는 자필 편지에서 '후보자로 지명된 후에도 여전히 여성에 대한 편견이 계속되고 있다는 걸 뼈저리게 느끼고 있다'고 고백했다. 같은 편지에서 그녀는 자신이 후보자 명단을 담당하는 도널드 카베리가 추천한 옷을 입고 있었다고 적었다.[9] 또한 대처는 카베리에게 '지난 30년 동안 자신이 이룬 성과가 별로 없는 것 같다'고 하소연했다.[10] 하지만 그것은 사실이 아니었다. 그녀는 옥스퍼드에서 생활했고, 두 군데 회사에서 화학자로 일했다. 의회에 두 번 출마했으며 법정 변호사 자격도 취득했다. 그런데도 그녀는 항상 자신에게 더 많은 것을 기대했다. 그렇지 않았다면 어떻게 영국을 대표하는 수상이 될 수 있었겠는가.

선거 후보자 보고서에서는 '대처가 22명의 후보자 중에 유일한 여성 후보로서 최종 선택을 받았다는 사실만으로도 그녀의 강인함을 여실히 말해준다'라고 기록되어 있다.[11] 하지만 세간에 잘 알려진 것처럼 그녀는 결코 '철의 여인'이 아니었다. 상류층 남성 위주의 세계에서 중산층 출신의 여성이 살아남기까지 얼마나 힘들지 그녀는 잘 알았다. 그곳의 남성들은 정서적, 심리적, 성적으로 복잡한 감정을 표출했다. 만약 그녀가 그들에 맞서 싸우지 않고 후퇴했다면 지도자로서 역량을 발휘하지 못했을 것이다.

대처의 실행력

마거릿 대처의 업무 실력은 과소평가를 받아왔다. 1972년《더 선》은 그녀를 영국에서 가장 인기 없는 여성이라고 보도했다. 교육부 장관 시절, 그녀가 학교의 무료 우유 급식을 전면 중단하는 결정을 내렸기 때문이다. 보수당의 당수 에드워드 히스는 자신의 내각에 여성을 두는 것을 중요하게 생각했으며,[12] 교육부야말로 정치계에 새롭게 떠오른 신인 여성인 대처에게 가장 적합한 부서라고 판단했다. 원래 에드워드 히스는 대처를 1966년 그림자내각의 '국정의 대표 여성'으로 만들 생각이었다. 하지만 계획한 대로 되지는 않았다. 그가 그녀에게 사회보장 비서관을 제안했지만, 그 자리가 여성들에게만 부여되는 직위라는 이유로 대처는 그 제안을 거절했다.[13] 정확히 출처를 확인하기는 어렵지만 대처는《핀츨리 타임스》를 통해 여성 정치인들이 사회 및 보건 정책에 적합하다는 견해는 일종의 성차별적 발언이며, 앞으로 여성 정치인들은 금융과 국방 분야에 대해서도 충분히 전문가가 될 수 있다고 주장했다.[14] 얼마 되지 않아, 영국 주재 미국 대사관에 있는 제1비서인 윌리엄 J. 갤러웨이William J. Galloway가 대처에게 출장비를 지원할 테니 워싱턴 D.C.에 방문할 것을 제안했다. 그녀의 능력을 알아본 보기 드문 일이었다.

갤러웨이는 대처의 강한 의지와 높은 도덕적 기준, 엄청난 자신감, 그리고 의견 표현을 주저하지 않는 결단력에 큰 감동을 받았다.[15] 하지만 그는 그녀를 똑똑한 지식인으로 평가하지는 않았다. 그와 동일한 관점에서 정치 분석가 알프레드 셔먼도 대처를 '아이디어가 뛰어난 사람이라기보다는 신념이 대단한 사람'이라고 표현했다. 찰스 무어도 그녀에 대해 이렇게 말했다.

"마거릿 대처는 항상 생각하고 또 생각했어요. 무엇이 옳을까? 무엇이 최고의 선택일까? 문제가 무엇일까? 해결책은 무엇일까? 그녀는 회의적인 철학적 질문이나 순수한 지성주의를 논하는 사람이 아니었어요. 그녀는 단지 눈에 보이는 결과를 원했어요."[16]

그녀를 리더로 만든 원동력은 강한 의지, 강철같은 도덕성, 그리고 결과를 얻는 것의 중요성에 대한 믿음이었다. 1971년 영국 정부는 과학 분야의 지원금 배분 방식을 변경하자는 안을 제시했다. 순수 과학 연구와 실용적인 실천 사이에 여러 문제가 발생하면서 정부는 연구 자금의 시장화를 노렸다. 이 안건은 소수의 전문 기관에 막대한 영향을 미쳤고 정치적인 논쟁으로까지 번졌다. 이때 마거릿 대처는 과학 발전에 책임이 있는 교육부 장관으로서 처음에는 시스템을 변경해서는 안 된다는 입장을 취했다. 반면에 연구 기관은 자금 시장이 소수의 소규모 조직에 유리한 방향으로 조성되는 상황을 우려했다. 더 큰 규모의 과학 기관들이 자유롭고 독립적인 연구를 하는 데 방해가 될 수도 있기 때문이다. 이 문제와 관련하여 토론이 진행되는 동안 대처는 갑자기 견해를 바꿨다. 의사록에는 이렇게 기록되어 있다. '농업연구위원회, 의학연구위원회, 자연환경연구위원회는 주로 응용 연구를 다루는 조직이 될 것이다. 그렇게 되면 연구 분야가 고객과 계약자 사이의 계약 관계처럼 시장이 형성될 것이다.'[17] 존 에이거 교수는 대처가 이때 처음으로 자원 할당 모델의 대안으로 시장을 선택했다고 보았다.[18]

이 일화는 대처의 성격을 잘 보여준다. 존 에이거가 말했듯이 그녀는 과학을 부의 원천으로 보았으며, 공공의 지갑을 열어도 되는 정당한 지출 목록으로 판단했다. 더 나아가 그녀는 경제적 자유주의에 대한 확신을 굳혔다. 과학 정책을 위해 시장이 동원될 수 있다면 시장 경제는 어디서나 효용성을 가질 수 있다고 보았기 때문이다.[19] 대처는 이데올로기를 실행에 옮기는 능력이 뛰어났다. 그렇다고 그녀가 프리드먼을 모방하거나 하이에크를 따라하는 것은 아니었다. 그녀는 그저 자기만의 방식으로 문제에 접근했다. 그녀는 자신이 구성한 정부 내각의 구성원들과는 차원이 달랐다.

그녀는 과거에 플라스틱 회사와 식품 제조회사인 J. 라이언스에서 연구원으로 일한 경험이 있었다. 그녀는 그곳에서 실용적인 것과 이론적인 것을 접목하는 능력을 길렀다. 그녀는 과학적 연구의 본질이 무엇인지를 꿰뚫고 있었기 때문에 그 분야의 문외한인 사람들이 절대 이해할 수 없는 특수성을 잘 알고 있었다.[20]

그녀와 함께 일했던 모든 사람은 그녀의 꼼꼼한 성격에 강렬한 인상을 받았다. 캐링턴 경은 대처 총리에 대해서 '매우 날카로운 지성을 가졌으며 남의 말을 잘 경청했다'라고 묘사했다.[21] 또 찰스 무어는 '하나의 관심사를 끈기 있게 밀어붙이는 정치인은 흔치 않다. 그런 면에서 그녀는 관저에서 무슨 일을 하든 늘 일관성을 잃지 않았다'라고 말했다.[22]

마거릿 대처는 총리 재직 기간 동안 모든 서류를 철저하게 관리하며 세부 사항도 놓치지 않고 확인했다. 그녀는 엄청난 양의 서류를 읽고 주석을 작성하는 것은 물론 중요한 문장에 밑줄을 긋고 물결 모양의 기호를 넣어 승인과 비승인을 일일이 다 표시할 정도로 꼼꼼했다. 그녀는 문서들을 분석하고 수정했으며 작성자에게 더 많은 정보를 요구했다. 그녀는 이념으로 세상을 바꾸려면 의사결정을 잘 내려야 한다는 사실을 정확히 알고 있었다.[23] 통화주의, 자유 시장, 개인의 자유와 같은 개념도 중요하지만 이러한 이념이 세상을 바꾸려면 똑똑한 지식인이 아니라 현명한 의사결정자가 필요했다. 그녀의 생각이 현실로 이뤄질 수 있었던 것은 방대한 서류 작업과 의사결정, 대중과 소통하는 기회의 장이 있었기 때문이다. 그녀는 진지하게 생각하는 지혜로움이 있었으며 지성미는 좀 부족하더라도 정치적인 감각이 있으며 깊이 있게 세상을 보는 눈을 가졌다. 그녀만큼 자신이 생각한 것을 행동으로 밀어붙이는 사람은 아무도 없었다.[24]

쿨리지, 트루먼, 그리고 보너 로에 이르기까지 이들은 모두 '수완이 좋은' 인물들이었다. 그들은 성실했다. 쿨리지는 미국 연방 예산의 지출을 줄이기 위해 예산 국장과 매주 회의를 열어 정부의 규모를 줄이려고 최선을 다했다. 그가 이룬 업적들은 대부분 에이브러햄 링컨의 정책을 모델로 삼은 것이었다. 그는 스스로 그 당시 최고 관리자임을 입증했다.[25] 전화 요금 및 교통비 삭감, 계약 재협상, 효율적인 물류 장비 배송을 통해 쿨리지는 30억 달러의 정부 예산을 투자해 30만 달러의 흑자를 냈다.[26]

마찬가지로 보너 로 역시 제1차 세계대전 당시 일하는 기계처럼 열심히 일했다. 그가 국가 재정을 관리하던 시절, 그의 사무실에는 항상 서류들이 어지럽게 흩어져 있었다. 그는 로이드 조지의 부관으로 일하면서 매일 아침 그와 전쟁 수행에 대해 의논했다. 이처럼 진정한 지도자가 되려면 세부 사항을 살펴보고 결정을 내릴 수 있어야 한다. 원칙만 가지고는 나라를 통치할 수 없다. 현실적인 실천이 수반되어야 한다.[27]

비판의 시간들

마거릿 대처는 작은 마을에서 태어났다. 종교적으로 독실한 사업가 집안에서 자란 그녀는 자신의 소명 의식을 경제적인 관점이 아닌 도덕적인 관점에서 찾으려 했다. 그녀는 자신의 연설문 작성자였던 페르디난드 마운트에게 자신의 진짜 임무는 '행동과 책임의 기준을 회복하는 것'이라고 말했다. 마운트는 그녀가 몇 시간 동안 열변을 토하는 손님들과의 회의가 끝나면 신발을 벗고 편한 자세로 스카치 한 잔을 마시며 마치 처음 만난 사이인 것처럼 수다를 떨었다고 말했다.[28]

마운트는 그녀가 지닌 대화법의 문제로 스몰 토크에 대한 센스가 부족한 점을 꼽았다. 그녀는 역설적인 표현이나 중의적인 의미, 절제된 언어, 반어법에는 도통 관심이 없었다. 그래서 모든 국민이 가십으로 좋아할 만한 주제에 대해서는 서툴렀다.[29]

히스와 화이트로가 그녀의 내각 영입을 그렇게 꺼려했던 것은 당연하다. 그녀는 주변 동료들조차도 피곤하게 했다. 하지만 당신이 마거릿 대처가 이룬 업적을 달성하려면 특별나게 진지한 사람이 되어야 한다. 그것은 간단하지도 쉽지도 않은 부분이다. 그녀는 결코 현실에 순응하며 살지 않았다. 자신의 진지한 성격에 방해가 되는 요소가 있다면 절대 가만두지 않았다.

정치학을 다소 늦게 시작한 대처가 지도자의 자리에 섰을 때, 많은 여론이 리더십 부족을 지적하며 그녀를 조롱하고 비판했다. 사실, 대처가 상대적으로 세련되지 못한 부분은 장점이었다. 1966년, 《핀츨리 타임스》는 그녀가 '블루 스타킹bluestocking(여류 문학인이나 사상과 학문에 관심이 많은 여성 지성인을 이르는 말)'이 아니라고 단도직입적으로 썼다. 솔직히 평소 옷차림이나 공격적인 질문 방식, 정치적 주제에 대한 현실적인 접근 방식을 볼 때, 대처는 결코 순수한 학문을 연구하는 학자 스타일은 아니었다.[30]

갤러웨이는 대처와 그의 남편인 데니스Denis와 종종 교제를 나눴으며 그들 부부에 대해 잘 알았다. 그는 과거를 회상하며 1960년대 중반에 '대처의 모습은 나중에 총리가 되었을 때와 다르지 않았다'고 회상했다. 즉, 그녀는 누구에게나 자신의 견해를 망설이지 않고 얘기하는 성격의 소유자였다. 그녀는 하원의 다른 여성 의원들과 달랐다. 그녀의 강한 캐릭터와 공격적인 화술 때문에 주변 동료들은 그녀를 별로 좋아하지 않았다. 또 갤러웨이는 그녀를 추종한 최초의 인물이 바로 짐 프라이어였다고 회상했다. 나중에 내각에서 의견 차이로 대립하게 되긴 했지만 말이다. 어쨌든 갤러웨이의 증언에 따르면, 프라이어가 그녀의 영입에 반대하던 테드 히스를 설득해서 그녀를 그림자내각에 앉힌 것이었다. 짐 프라이어가 본 대처는 토론에서 자기주장을 하는 데 거리낌이 없었다. 그녀는 계속해서 히스의 심기를 불편하게 만들었는데 결국 짐이 중간에 개입해서 그녀를 제명의 위기에서 구해줘야 했다. 대부분은 대처의 평소 외적인 모습이나 그녀가 남성 정치인들을 짜증 나게 하는 면 때문에 그녀에 대한 선입견을 가질 수밖에 없었다. 그러다 보니 미래의 그녀를 보지 못했다. 심지어 그녀에게 관심이 많았던 갤러웨이조차 그녀의 실체를 제대로 알지 못했다.

주부 수사법

주어진 일을 완수해냄으로써 대처는 보수당 대표가 되기 위한 발판을 쌓아나갔다. 총선 며칠 전 TV 인터뷰에서 그녀는 자신의 경력에 대해 이렇게 말했다.

"나는 여러 단계를 거쳐왔어요. 먼저, 하원 의원, 국회 비서, 장관을 역임하면서 각각의 자리에 필요한 업무를 담당했죠. 내가 생각해도 맡은 일을 충실히 잘 해낸 것 같아요."

그녀는 자신의 신념에 따라 결정을 내리는 사람이었다. 그녀는 이렇게 말했다. "나는 야당을 좋아하지 않아요. 다만 나의 신념을 행동으로 옮길 기회를 잘 이용하고 싶을 뿐이에요." 대처는 자신이 국가를 위해 할 수 있는 역할에 대해 확실한 신념을 가지고 있었다. 어쩌면 열일곱, 열여덟 살 때부터 이미 그런 신념이 마음속에 자리 잡고 있었는지도 모른다.[31]

어린 자녀 때문에 정치적인 경력을 미루었다고 말한 그녀는 영국 중산층 주부라는 위치를 유리하게 사용했다. 1951년의 선거는 '주부들의 선거'라고 부를 정도로 여성 후보자들이 과거에 비해 많았다. 마거릿 대처는 자신을 주부로 표현하지는 않았지만 대공황 이후 토리당이 즐겨 썼던 이른바 주부 수사법은 대처에게도 유리했다. 그녀는 1950년 선거 연설에서 다음과 같이 말했다. "모든 주부에게 묻고 싶습니다. 설탕 가격이 인상되는 반면 품질은 떨어지길 바라십니까?"[32]

1966년에 그녀는 《핀츨리 타임스》에서 여성들은 '남성들보다 가족 문제에 대해, 특히 가족의 건강과 복지 문제에 대해 더 잘 이해하고 있다'고 말했다.[33] 또한 그녀는 1970년대에 한 선거 연설에서 '20년 만에 최악의 인플레이션이 다시 찾아왔다. 연금 수령자와 주부들은 물가 상승으로 인한 추가 실링을 쓸 수밖에 없어 무기력해졌다'[34]라고 털어놓았다. 또한 그녀는 자녀를 둔 어머니와 주부들에게 자신의 신뢰도를 알리기 위해 1950년대에 자녀가 어려서 정치 활동을 포기했던 일을 이야기하곤 했다.[35]

대처가 야당의 지도자였을 때 그녀의 홍보 담당자인 고든 리스는 지미 영의 라디오 프로그램과 노동당에 투표하는 주부들이 좋아하는 잡지에 그녀를 조심스럽게 출연시키기도 했다.[36] 1978년 보수당은 《코스모》에 퀴즈를 담은 포스터를 게재했다. 다음의 세 사람 중 가족 장보기에 대해 누가 가장 잘 알 것 같은지 묻는 퀴즈였다. a번은 제임스 캘러핸(대처의 라이벌), b번은 당신의 남편, c번은 마거릿 대처였다.[37] 1979년, 그녀는 식량을 비축했다는 언론의 비난에 대해 '글쎄요, 당신은 그것을 사재기라고 부르겠지만 저는 그것을 신중한 주부가 된 것이라고 말하고 싶군요.'[38]라고 반박했다. 놀랍게도 그녀는 대표직에 오르기 3개월 전에 한 잡지와 인터뷰를 했다. 곧 50세인 그녀는 곧 60세를 앞둔 남편 데니스와 함께 인플레이션에 대한 대비책으로 향후 10년간 쓸 시트와 수건을 사놓는다고 했다.[39] 비록 그녀가 앞으로 15년, 20년 더 일하고 싶다고 말했지만, 이는 6개월 안에 야당 대표가 되리라는 기대를 품은 여성의 말은 아니었다.

흥미롭게도, 그 인터뷰에서 그녀는 장관으로서 위원회 임명을 해야 할 때 은퇴하는 사람들을 어떻게 보았는지도 이야기했다.

> 저는 산업계나 상업계에서 막 은퇴한 사람들의 이름을 추천하고 싶어요. 이들은 귀중한 경험을 가진 사람들이니까요. 하지만 그들의 이름을 거론하면 너무 나이가 많지 않느냐는 말들을 하곤 하죠. 정말 끔찍한 딜레마가 아닐 수 없어요. 우리가 그들의 재능과 기술, 그리고 경험을 잘 활용하지 않는다면, 그들이 우리에게 줄 수 있는 조언을 우리 스스로 박탈하는 것이 될 겁니다.[40]

마거릿 대처는 대기만성형의 옹호자였다. 그녀의 주부 수사법은 그녀의 선택이 핵심 신념과 경험에 뿌리를 두고 있음을 보여주었다. 대처가 한 기자에게 말한 것처럼, 그녀는 워킹맘으로 살던 당시에 자신이 마치 롤러스케이트를 타고 집 안을 돌아다니는 듯했다.[41] 일하는 엄마로서의 그녀의 경험과 정체성에서 끌어낸 비유와 수사법은 다른 남성 경쟁자들보다 유리하게 작용했다. 이 모든 것은 그녀가 계획하지 않은 경력을 쌓는 동안 얻은 실질적인 학습이었다.

대처의 핵심 신념은 단순히 표를 얻는다는 의미에서만 유익한 것이 아니었다. 인플레이션 대책이나 주택담보대출 세금 공제 여부, 냉전 종식 방법 등 여러 쟁점에 대한 그녀의 접근 방식에 도움을 주었다. 그녀가 성공할 수 있었던 까닭은 그녀가 유행을 선도하는 사상가가 아니었기 때문이다.

운명의 개입

래드브록스는 그녀가 승리하기 4개월 전, 1974년 10월 차기 보수당 대표가 되기 위해 그녀와 50 대 1로 맞섰다. 그 당시에 키스 조셉만이 테드 히스를 대체할 수 있는 후보자였다.[42] 1975년에 출간된 전기에 따르면, 대처는 당 대표 선출 전까지도 거의 알려지지 않았었다.[43] 해외에서도 확실히 그랬다. 그녀가 1967년과 1969년 미국을 방문했을 때, 워싱턴 정부는 그녀를 충분히 중요한 인물이라고 여기지 않았다.[44]

에드워드 두 캔이 출마하지 않기로 결정하자, 에어리 니브는 그녀의 리더십 캠페인을 주도하며 그녀를 지지했다. 니브는 자신의 일기장에 대처는 '운이 좋은 사람'이지만 '홍보용으로는 까다로운 사람'이라고 적었다. 당 대표 선출을 두 달 앞두고 그는 대처가 '만장일치로 선출될 가능성은 없으며' 히스의 주가가 국회의원들 사이에서 상승 중이라고 썼다.[45] 니브는 대처를 동료 과학자로서 존경했지만 그녀를 온전히 지지하는 것은 망설였다. 그녀의 지지자들조차도 그녀의 재능에 대해서는 확신하지 못했다.[46]

그뿐만이 아니었다. 히스는 《데일리 익스프레스》와 전국 연합에서 당원들을 대상으로 실시한 여론 조사에서도 압도적인 지지를 얻었다. 대처는 키스 조셉을 지지했다. 당 대표로 선출되기 3개월 전인 1974년 11월 초, 그녀는 말했다. "이 보수당은 여성을 받아들일 준비가 아직 되어 있지 않아요. 언론은 아마도 나를 십자가에 못 박을 것입니다.'⁴⁷ 그러다가 키스 조셉이 논란의 여지가 있는 연설을 한 후 경선에서 탈락하자 11월 20일, 대처가 입후보에 올랐다. 운명이 개입한 일이었다.

불과 한 달 전만 해도, 에어리 니브는 일기장에 '우리는 화이트로, 조셉, 카르카, 마거릿 대처와 같은 후보자에 대해 이의 제기를 할 만한 것들을 발견할 수 없다'⁴⁸라고 썼다.《이코노미스트》는 대처에 대해 '그 자리에 오를 자격이 충분하지만 무해하게 패배할 후보자'⁴⁹로 묘사했다. 에드워드 두 캔은 후보자 자리를 유지할지 말지를 몇 주 동안 고민했다. 그를 지지하는 유권자들이 그의 주위를 맴돌았다. 1975년까지만 해도 대처는 인지도가 매우 낮았을 뿐만 아니라 TV나 대중과 소통을 잘하는 인물도 아니었다.⁵⁰ 그런데 그런 그녀가 선거에서 승리를 거두었다. 여러 이유가 있겠지만 에어리 니브의 기여도가 매우 컸다. 그는 사람들에게 대처를 뽑지 않으면 매우 인기 없는 히스와 꼼짝없이 함께해야 할 것이라고 경고했다. 니브는《이브닝 스탠다드》에서 히스의 지지도를 일부러 부풀리면서 다른 국회의원들을 긴장하게 했다. '히스에게 아직 가능성이 있다고 예상한 일부 남성 유권자들은 지체할 시간 없이 마거릿 대처에게 투표했다.'⁵¹

유일하게 대처가 차기 야당 대표가 될 것이라고 예언한 사람은 바로 토리당 소속의 고위 인사였다. 1972년 마가데일 경은 점심 식사에 초대한 손님들에게 대처가 히스 자리를 대신할 것이라고 말했다. 그녀가 야당 대표가 되기 3년 전 일이었다. 물론, 그가 그 얘기를 할 때 얼마나 진지하게 했는지는 모르지만 대처를 미래의 총리로 예언했다는 점이 놀라웠다. 1958년에 그녀는 핀츨리 지역구의 후보로 선출되었다. 이것은 그녀가 잉글랜드의 총리가 될 것이라는 예측이었다.[52]

대처의 당선 예상은 심사숙고한 예측이었다기보다는 공허한 수사처럼 들렸다. 그러한 예상에도 불구하고 지역 선관위원장의 투표 집계 비리 의혹이 터지면서 결국 마거릿 대처가 핀츨리의 유일한 후보자로 선출되었다. 위원장의 집계 조작으로 그녀의 두 라이벌의 투표가 무효화 처리되었기 때문이다. 특정 후보자에게 특혜를 준 것이 역으로 다른 상대에게 유리해진 형세로 바뀐 것이었다. 결과적으로 마가데일 경의 예측이 핀츨리 지역구 선견자의 예상보다 더 신뢰를 얻었다. 마가데일 경의 점심 식사에 초대된 손님들에게 대처는 매우 특별한 지도자감으로 보였다.[53] 핀츨리에서의 선거, 키스 조셉의 후퇴와 에어리 니브의 도움까지 그녀에게는 운명의 개입이 필요했다.

스스로를 증명하는 과정

1958년에 대처가 핀츨리에서 완승을 하지 못한 이유는 여전히 많은 보수당 당원들이 여성 후보를 원하지 않았기 때문이다. (그녀를 반대한 다수의 사람이 보수당 협회 관계자들의 아내들이었다.) 지난 14년 동안 여성 하원의원이 배출되었지만, 여전히 여성 지도자에 대한 인식은 쉽사리 바뀌지 않고 있었다.

그녀의 당선은 인생의 여러 도전 중 첫 시작에 불과했다. 연설문 작가인 로널드 밀러는 당선 후에도 여전히 '일부 남성들이 남성우월주의적 방식을 고수하며 놀랍게도 테드 히스에게 여전히 충성심을 표명했다고 전했다.'[54] 켄 클라크 의원은 대처가 사망한 후 이렇게 회상했다. '뒤쪽 벤치에 앉은 노인들의 대화를 우연히 듣게 되었는데, 대처가 런던에서 선거 활동을 했으니 뽑힌 거지, 잉글랜드 북부 지방에서 출마했다면 결코 여성 총리로 뽑히지 않았을 것이라고 했다.'[55]

1977년, 야당 대표가 된 지 2년이 지났지만 그녀는 그림자내각 구성원들의 신뢰를 얻지 못했다. 저명한 변호사인 헤일샴 경과 귀족 캐링턴 경은 대처에 대한 확신이 없었기에 이를 두고 논의를 했다. 그들은 정당이 우익화되는 것을 걱정했다. 그리고 그녀가 '정치에 대해 제대로 알지 못한다'고 생각했다. 그들은 그녀보다 일을 더 잘할 수 있는 남자들이 있는데도 다시 지도자를 뽑을 수 없는 것이 안타까웠다.[56] 그녀가 1983년 선거에서 압도적으로 승리하기 전에 두 남자 모두 대처 밑에서 일했다.

캐링턴은 대처를 향한 양면적인 감정을 떨쳐내지 못했다. 1980년대 초 그가 외무장관일 때 한 동료에게 '저 빌어먹을 멍청한 프티 부르주아 여성 때문에 나에게 또 문제가 생긴다면, 난 당장 이곳을 떠나겠어'[57]라고 말했다. 이런 식의 비판은 대처를 오랫동안 괴롭혔다. 1974년 에녹 파월은 그녀가 지도자가 된 기회를 얻은 것을 대놓고 무시했다. 그는 그녀의 발음과 외모를 지적하며 '저런 모자와 억양을 도저히 참아줄 수가 없다'[58]고 말했다. 하지만 대처는 자신의 이러한 특징을 잘 이용해 자신이 속물주의와는 거리가 먼 사람이라는 인식을 심어주었다. 1978년에 대처의 내각에서 일한 조지 영거는 그림자내각의 회의 도중 대처의 감정 변화에 대해 '다시 한 번 나는 대처 여사의 냉정함을 의심할 수밖에 없었다. 그녀는 모든 사안에 대해 논쟁을 벌였고 꼬투리를 잡았다. 한마디로 피곤한 지도자 스타일이었다'라고 고백했다.[59] 대처가 1979년 선거에서 우승하기 전에 짐 캘러헌도 이와 비슷한 분석 결과를 내놓았다. 데이비드 캐너딘은 이렇게 말했다. '그녀의 선배 동료 대다수는 끝까지 히스의 충성스러운 지지자로 남았다. 그중 단 한 명인 조셉만이 그녀에게 표를 주었다. 선거에서 승리하고 나서도 대처는 끝까지 주변 동료들에게 리더 대접을 받지는 못했다.'[60]

비록 그녀가 총리직에 선출되었지만 대처의 성공이 그녀의 능력 덕분이라고 여기는 사람은 거의 없었다. 스스로를 증명하고 신뢰할 수 있는 리더가 되기 위해 그녀는 열심히 일했다. 그녀는 바바라 캐슬의 헤어스타일로 바꾸며 크게 변신을 꾀했고, 국립 극장에 가서 목소리 톤을 낮추는 스피치 레슨도 받았다. 고든 리스는 그녀가 억양을 고치는 데 도움을 주기도 했다.[61]

이것은 여성에게 일어나는 필연적인 결과였다. 그녀의 남성 전임자들이 무슨 옷을 입었는지 기억하는 사람은 아무도 없었다. 대처의 전체 경력을 보면, 여성 정치인이 남성 동료들보다 외모나 옷차림에 더 많은 신경을 쓸 수밖에 없는 것이 현실이었다. 여성 의원이 연설을 할 때는 아무리 짧은 연설이라도 입은 옷에 대한 평가가 보도 자료에 언급되는 시절이었다.

대처가 정치에 있어 외모의 중요성을 이해하는 방식은 그녀의 헤어스타일과 목소리 톤보다 더 중요했다. 그녀는 다른 지도자들보다 TV 방송의 구조적인 방식에 대해 잘 이해했다. 그녀는 자신이 정확해야 한다는 것을 깊이 의식했다. 그녀는 연설할 때 자세히 설명하는 내용적 측면도 중요하지만 강한 신념을 직관적으로 보여주는 이미지도 중요하다고 여겼다.[62] 그런 점에서 대처의 외모는 바바라 캐슬과 비슷했다. 남성 동료들이 점심을 먹는 동안 캐슬은 혼자서 통계 자료와 공식 보고서를 분석하며 시간을 보내는 워커홀릭 정치인이었다. 바바라 캐슬을 따라하는 전략은 확실히 영향력을 발휘했다. 캐슬과 대처는 둘 다 주부 수사학의 중요성을 알고 있었다. 1945년 선거를 앞두고 캐슬은 남편의 구멍 난 양말을 꿰매는 모습을 사진으로 찍기도 했다.[63]

강력해지는 리더십

대처가 유럽 전역 국가를 방문한 것도 그녀의 인지도 향상에 중요한 역할을 했다. 그녀는 유럽뿐만 아니라 중동, 아시아, 미국을 방문했으며 1975년에 로널드 레이건 대통령을 처음 만났다. 그녀가 당 지도자로 성장하는 과정에서 그녀의 통화 정책과 재정 정책이 전혀 지지받지 못했던 시절도 있었다. 1978년, 그 유명한 불만의 겨울이 시작되었고, 영국 여기저기에서 파업이 일어났다. 환경미화원들은 쓰레기 수거를 거부했고 무덤 파는 일꾼들도 파업을 선언했다. 인플레이션은 13퍼센트를 넘어섰다. 그러나 대처는 이 위기를 기회로 이용했다. 그리고 이것은 약 10여 년간 각 정당의 정치인들이 해결하지 못했던 고질적인 문제들의 서막일 뿐이었다.

대처는 뛰어난 연설가가 되었다. 1970년, 당 본부는 그녀의 선거

공약 방송을 보고 나서 불만족을 표시했다. 로널드 밀러는 그녀가 텔레비전의 영향력을 전혀 모른다고 비난했다. 대처가 '말을 지나치게 많이 하는 바람에 방송 내내 그녀의 모습이 부자연스럽게 보였고 자의식이 너무 강한 사람'으로 비쳤기 때문이다. 그녀가 총리가 되었을 때, 밀러는 이제야 드디어 그녀가 '노력 끝에 숙련된 연기자처럼 모든 사람과 대화할 준비가 된 것 같다'라고 말했다.[64] 또한 대처는 하원에서 노동부 장관인 데니스 힐리를 제압하는 발언으로 대중의 신뢰를 얻었다. 데니스 힐리가 그녀가 가진 특권을 무시하고 성차별적인 발언을 하자 그녀가 반박했다.

"몇몇 총리들은 거시 경제 정책을 펼쳤고 또 다른 이들은 세제 개혁을 발표했죠. 그런데 당신의 발언은 그냥 싸구려네요."

그림자내각의 재무부에서 일했던 고리 경은 대처를 '하원에서 데니스 힐리를 말로 두들겨 패는 유일한 사람'으로 기억했다. 사기가 저하된 토리당은 두 차례 선거에서 패했다. 히스는 나약한 리더로 전락했으며 그를 대체할 만한 후보가 별로 없었다. 그러다가 무리 중 한 명이 갑자기 준비된 자세를 취하며 멋진 모습으로 국회의 능력 있는 장관을 보기 좋게 눌러주자 그들은 어리둥절했다. 고리 경은 대처가 보여주는 에너지와 목표 의식이 하원의 뒷자리에 다시 활기를 불어넣었다고 생각했다. 대처는 그녀답게 더 많은 걸 알아갔고, 자신에게 주어진 임무를 잘 완수했다.[65] 그녀의 긴 견습 기간, 작업 습관, 디테일에 대한 이해력 덕분에 그녀는 예상치 못한 기회를 포착할 수 있었다.

그녀는 과세, 지출 및 인플레이션에 대한 자기 생각을 굽히지 않았다. 그녀의 박학다식한 정보와 논리적인 주장은 모든 정당의 의원들을 놀라게 했다. 보너 로가 명성을 얻은 방식으로 반향을 일으킨 것이다. 그녀는 구체적인 정책적 주장을 자유에 대한 철학적 주장과 연결시키는 것을 두려워하지 않았다. 자신의 고유한 목소리를 찾으려고 노력했고 그런 모습이 그녀를 더욱 인기 있게 만들었다. 비록 당신이 그녀의 말에 동의하지 않더라도 그녀의 주장은 충분히 설득력이 있었다. 전기 작가 존 캠벨이 말했듯이, 사람들은 그녀의 확신이 아니라 그녀의 설득력에 표를 던진 것이었다.[66]

이러한 설득력은 점점 더 강력해지고 명확해졌다. 그녀의 웅변술은 청중을 웃게 만드는 유머러스함까지 겸비했다. 거기에는 그녀의 아포리즘, 도덕적인 것과 실제적인 것을 구별하고 결합하는 능력, 디테일 살리기, 솔직한 변론, 본능적인 타이밍, 진지함과 무표정, 이 모든 것들이 결합되었다. 이러한 모든 특성은 1975년 이후에 나타난다. '서구 세계의 철의 여인'이라는 수사학적 표현이야말로 그녀의 경력을 명확히 정의해준다. 그 시절 마거릿 대처가 남긴 어록은 한두 가지가 아니었다. '당신이 원하면 예전처럼 되돌아가도 됩니다. 하지만 절대 여자를 되돌릴 수는 없을 겁니다', '다른 대안은 없어요', '테러리즘으로 민주주의를 파괴하려는 모든 시도는 결국 실패할 것입니다', '말로 표현된 것은 남자에게 물어보시고, 행동으로 옮겨진 것은 여자에게 물어보세요', '사람들은 자유롭게 선택할 수 있을 때 자유를 선택하지요.' 등이 있다. 아마 가장 유명한 어록은 유럽연합 집행위원회에서 제안한 아이디어를 듣고 그녀가 한 말 '아니요, 아니요, 아닙니다'일 것이다.

1970년대 후반, 인플레이션이 극에 달하면서 경제가 붕괴된 것도 그녀의 재능을 확인하는 계기가 되었다. 리더로서 신뢰할 만한 대

타가 부재했던 것 역시 대처에게는 적절한 결핍이었다. 대처는 운명이 개입했을 때 준비가 되어 있었다. 그녀는 싸움을 피하거나 포기하고 싶어 하는 사람들에게 둘러싸여 있었다. 그녀는 1981년 예산안의 정치적 원동력이었다. 또 그녀는 포클랜드 전쟁에 맞서 결단력 있는 태도를 보였다. 광부 파업에 반대하면서 자신의 정신력을 보여주기도 했다. 그녀는 화이트홀을 돌아다니며 '모든 소득자는 소유자'라고 외칠 정도로 선견지명이 뛰어난 사람이었다. 또 자신이 악이라고 생각하는 것에 확고히 맞서는 정치인이었다. 넬슨 만델라의 자유를 옹호하며 그로부터 찬사를 받았으며, 그녀의 냉전 종식 전략은 미하일 고르바초프와 로널드 레이건으로부터 인정을 받았다. 또 자크 들로르가 유럽연합 집행위원회가 회원국을 위한 법안의 80퍼센트를 창설해야 한다고 주장했을 때 그녀는 유럽연합이 서구의 자유를 동유럽까지 확장해야 한다고 발언하기도 했다. 영국 리베이트를 확보한 사람도 그녀였다. 많은 비난을 받았지만 결코 그 정책은 뒤집히지 않았다. 마거릿 대처는 폴란드 정부의 금지령에도 불구하고 직접 그단스크 조선소를 방문하겠다고 고집했다. 결국 그녀의 방문으로 조선소 노조와 정부 간의 대화가 촉진되면서 자유화 과정의 수순을 밟게 되었다. 폴란드 유럽의회 의원 라데크 시코르스키는 대처에 대해 '철의 장막 뒤에 있는 사람들을 위해 나타난 그녀는 요한 바오로 2세, 로널드 레이건과 더불어 서방의 운명을 바꾼 반공주의적 성 삼위일체의 일원이었다'[67]고 말했다.

    윌리엄 J. 갤러웨이의 말에 따르면 그녀는 국가의 위상을 높이고 국제 문제에서 무시할 수 없는 존재가 되었다. 그는 대처가 이룬 업적에 대해서 '한 국가가 당면한 문제를 가장 눈에 띄게 전환한 모범 사례'로 평가했다. 영국의 다른 평론가들보다 갤러웨이는 확실히 마거릿 대처가 세계 정세에 중요한 영향력을 행사했다는 사실을 분명하게 짚어냈다. 특히, 포클랜드 분쟁을 통해 '영국의 제국주의는 더는 존재하지 않지만 영국이 여전히 최고 국제 평의회에서 중요한 위치에 자리하고 있다는 것을 상기시킬 수 있는 계기가 되었다. 또 영국군의 존재 가치를 다시 한번 증명할 수 있었다.'[68]

흔들림 없는 확신

대처가 시도한 개혁안에 대해서는 많은 이견이 있었다. 그녀는 자신의 결정이 확실하면 절대 타협하지 않았다. 대처가 등장하기 전에도 영국은 분쟁의 불씨를 안고 있었고 그녀의 재임기간 내내 이런 상황은 계속되었다. 대처주의Thatcherite로 불리는 그녀의 정책들은 차기 정부에 의해 도전받지는 않았지만 영국 정치에서 거의 호평을 받지 못했다. 하지만 그러한 불협화음 속에서도 대처는 대쪽 같은 성격을 고수했다. 좋든 나쁘든 자신이 주장하는 모든 것을 가능하게 만든 그녀의 강한 캐릭터는 논쟁의 여지가 없었다. 한마디로 그녀는 천하무적의 상징이었고, 단단한 체력과 완고한 결단력의 소유자로 이름을 떨쳤다.

그렇게 되기까지는 많은 배움이 필요했다. 1971년 그녀는 학교 우유 무상 급식을 중단했다. 그전까지는 인지도가 별로 없었던 그녀는 그 사건을 계기로 '대처 아주머니, 우유 강탈자'라는 꼬리표를 얻게 되었다. 반발이 너무 심해 하마터면 파면당할 뻔했다. 또 여성

혐오가 심한 언론사가 그녀를 마녀사냥의 대상으로 삼기도 했다. 총체적 난국의 상황이었다. 그녀를 아는 주변 사람들은 그녀가 늘 지쳐 있었다고 말했다. 당시 그녀는 정치를 그만둘까도 고민했다. 《데일리 메일》의 칼럼니스트인 진 룩은 '마거릿 여사. 당신의 용기를 더 보여주세요. 블로 램프처럼 비평에도 굴하지 않는 불타는 바바라 캐슬을 기억하세요'라고 글로 썼을 정도다. 그녀는 그 과정을 무사히 통과했다. 오히려 우유 사태가 마거릿 대처를 불굴의 의지를 가진 지칠 줄 모르는 사람으로 만들었다.

1970년대 초 그녀의 인생에 중요한 또 다른 사건이 일어났다. 대처의 각오를 확실히 보여주는 명장면이 탄생했는데 바로 그녀가 탱크에 올라탄 모습이다. 1972년에는 공식 석상에 진주 목걸이를 착용하지 말아 달라는 권고를 받았다. 세상 물정 모르는 상류층 부인의 도도한 이미지를 연출해 그녀에게 좋을 것이 없다는 이유에서였다. 하지만 그녀는 잠시 고민하다가 "아니요, 싫어요! 빌어먹을 난 계속 그렇게 할 겁니다. 그 목걸이는 내 남편이 준 결혼 선물이에요. 내가 착용하고 싶을 때 언제든지 내 맘대로 찰 거예요."라고 맞받아쳤다.

로널드 밀러는 그녀에 대해 이렇게 회상했다. '그녀가 결의를 다지며 언성을 높일 때마다 목소리 톤이 높아졌으며 흥분한 탓에 밝은색 머리카락이 격하게 흔들렸다. 하지만 그렇다고 그런 모습을 인신공격하는 경멸로 해석한다든가 상대와 절대 타협하지 않겠다는 의도로 오해할 필요는 없다.'[69] 그녀는 당 본부에서 패션 조언까지 받았던 여성 후보에서 철의 여인 대처 여사로 확고하게 이미지를 굳히게 되었다.

1971년 한 무리의 학생들이 '대처는 물러나라! 사회주의여, 만세'라고 외쳤다. 이에 대해 그녀는 '대처는 여기 영원히 있을 것이다!'라고 응수했다. 이후 그녀는 여러 차례 불편한 시위를 마주해야 했는데 1985년에 그녀는 그런 시위에 맞서는 것이야말로 '총리로서 최고의 훈련 중 하나'라고 말했다.[70] 또 1989년에 한 인터뷰에서 그녀는 과거보다 일에 더 집중할 수 있게 되었으며 이는 여러 해 동안 터득한 것이라고 말했다.[71]

인내, 배움, 아이디어, 에너지, 결단력의 조합이 고위 내각 경험도 없고 지지 기반도 매우 적었던 50세의 그녀를 아무도 예상하지 못한 상태에서 위대한 세계 지도자로 만들었다. 대처는 운이 좋았다. 하지만 그렇다고 인생을 수동적으로 살지도 않았다. 캐링턴 경은 '대처는 행운을 사용할 줄 알았고, 결단력이 있고 용감한 여자'[72]였다고 말했다. 존 캠벨이 말하길, '그녀는 스스로 자신의 운을 만들었고 다른 사람들이 피한 기회를 잡았으며 그들이 망설이는 사이에 흔들림 없는 확신으로 그 기회를 이용했다.'[73]

운명이 개입할 때마다 그녀는 준비되어 있었다.

SECOND ACT

3부

누구와 어떻게 연결될 것인가

◦ 06 ◦

한 사람과의 만남이 인생을 바꾼다

 마거릿 대처에게는 또 다른 장점이 있었다. 바로 그녀의 인맥이었다. 아마 에어리 니브가 없었다면 대처는 대표 선거에서 자기 자신을 잘 홍보하지 못했을 것이다. 니브는 웨스트민스터의 티모임이나 복도에서 만나는 국회의원들에게 테드 히스가 자신의 표 수를 과장하고 있다면서 오히려 대처가 훌륭한 후보라고 안심시켰다. 히스는 무능한 지도자였지만 기득권층의 지지를 받고 있었다. 균형의 축을 움직이기 위해 대처에게는 네이브의 인맥이 필요했다.

 20세기 동안 영국 보수당은 세 번의 충격적인 지도자 교체를 경험했다. 1940년에는 처칠이 신뢰할 수 없는 인물이라는 폄하를 받는 상태에서 총리직을 맡았다. 그리고 우리가 4장에서 보았듯이 1906년에는 앤드루 보너 로가 다른 후보가 없어서 어쩔 수 없이 지도자가 되었다. 대처처럼 둘 다 '외부인들'이었다. 처칠은 유화 정책을 반대하는 정치인으로 유명했다. 로는 예리한 재정 실무 능력 때문에 진지하다는 평가를 받았다. 반면에 영국 최초의 여성 총리인 대처는 특별한 이점이 없었다. 그녀는 니브의 인맥에 전보다 훨씬 더 의존했다.

대처는 우익 의원들과의 인맥에서 자신의 위치를 확보하긴 했지만 사실상 니브와 아주 가깝지는 않았다. 무어의 말을 인용하자면, 니브의 일기장에는 그가 그녀를 총선 후보로 받아들였다는 내용이 들어 있다. 하지만 그녀를 선호하지는 않았다. 니브가 자신의 인맥을 이용하여 보수당의 후보자로 대처를 홍보할 수 있었던 이유는 크게 세 가지다.

첫째, 그와 대처는 소위 사회학자들이 말하는 '약한 유대'를 가진 사이였다. 두 사람은 에드워드 맥알핀을 통해 서로를 알게 되었다. 그로부터 10년 후, 그들은 법정 변호사 프레데릭 로톤의 제자라는 공통점을 가지게 되었다.

두 번째, 그는 권력 기관에서 통제력을 가진 인물이 아니었다. 니브는 진급을 하지 못했다. 하지만 그는 존경받는 전쟁 영웅이었다. 이 말은 그가 보수당 내 여러 네트워크에 한 자락 걸치고 있다는 뜻이었다.

마지막으로 니브는 의원들 사이에서 결정적인 영향력을 행사하는 인물이었다. 히스에서 대처로 정권이 바뀌기 전에 그는 히스에 맞서는 키스 조셉, 윌리엄 화이트로, 에드워드 두 캔을 설득했다. 그는 보수당에 대해 잘 알았다. 성실한 전쟁 영웅이라는 명성에 힘입어 그는 보수당 위원들에게 영향력을 행사하는 주요 인사가 되었다. 중요한 점은 니브는 정보 분야에서 일한 경력이 있었다.

히스의 캠페인을 조직하던 짐 프라이어는 보수당의 모든 의원들이 니브의 사무실에 드나든다는 사실을 알고 있었다. 니브가 히스는 할 수 없었던 일들을 보수당의 여러 네트워크 사이를 오가며 해낸다는 얘기였는데, 프라이어 입장에서는 왜 그런지 이유를 알 수가 없었다. 니브의 전기 작가는 그 이유가 니브의 과거 스파이 경력 때문이라고 주장했다. 니브는 '허위 정보 유포 및 조작, 정보 왜곡'에 뛰어났다. 보수당에서 그가 차지하는 자리는 독특하게도 네트워크의 중심부가 아닌 가장자리에 있었다. 그 말은 곧 그가 원내 총무 사무실에 대한 정보를 수집할 수 있는 완벽한 위치에 있다는 뜻이었다. 그는 원내 총무실보다 더 많은 것을 알고 있다고 여겨졌다. 그는 웨스트민스터에서 최상의 정보 네트워크를 가졌다.

그는 대처를 설득하여 그녀의 신념에 대해 전략적으로 모호하게 행동하도록 했는데, 사형 찬성과 친유럽 정책을 너무 강조하지 않도록 설득했다. 그 덕분에 그녀는 히스의 독불장군 같은 태도와는 정반대인 리더로서 경청하는 사람으로 보여졌다. 니브는 잠재적 유권자들이 무엇을 듣고 싶어 하는지 잘 알고 있었다. 이 중요한 네트워크가 없었다면 대처는 결코 총선에서 승리하지 못했을 것이다.

대처의 캠페인 관리자로서 니브가 내세운 세 가지 원칙은 매우 효과적이었다. 다양한 그룹 간에 영향력을 발휘할 수 있는 약한 유대 관계가 네트워크의 작동 방식에 중요했다. 네트워크는 종종 연결을 강조한다. 하지만 실제로 중요한 차이를 만드는 것은 연결 그 자체가 아니라 영향력을 가지는 것이다. 대기만성형 사람들이 새로운 영역에 진입하는 데 이 영향력은 매우 중요하다.

영향력은 대개 위대한 정치 운동에 필수적이다. 영국에서 최초로 노예 폐지 운동을 주장한 지도자 그랜빌 샤프의 시도는 효과가 없었는데 그 이유는 그가 대중을 설득하는 데 실패했기 때문이다. 또 시기적으로도 타이밍이 좋지 않았던 것도 한몫했다. 그의 운동이 주목받기에는 같은 시기에 너무 많은 사건이 벌어지고 있었다. 또한 그는 다른 사람들의 눈에 신앙심이 너무 강한 기독교인이었다. 그는 영국 국교회의 주교를 설득하는 데 너무 많은 시간을 보냈다. 또 변화에 대한 명확한 메시지가 부족했다. 그는 왕권과 미국 독립 전쟁에도 관심이 많았다. 대체로 그는 너무 산만하고 생각이 모호한데다가 고집이 셌으며, 사람들에게 영향을 미치기에는 너무 비현실적인 사고 체계를 가졌다.[1] 물론, 노예제도의 비도덕적 의식을 담은 일련의 사상과 문화는 나중에 성공적인 개혁가들에게 영향을 미쳤다.

역사학자 나이얼 퍼거슨은 미국 독립전쟁, 개혁운동, 산업혁명과 같은 중요한 역사적 사건에서 네트워크의 중요성을 보여주었다. 미국 독립전쟁 중 영국군의 진격을 예고하기 위해 마을을 달리며 외친 폴 리비어의 유명한 메시지 '영국군이 오고 있다'는 구성원 간의 연결이 얼마나 중요한지 보여준다. 또 제임스 와트의 증기 기관차 발명에는 글래스고대학의 교수들과 버밍엄의 루나 협회Lunar Society(영국 산업혁명의 중심지였던 버밍엄 지역의 신흥 지식인 계층의 모임)의 연계가 결정적인 역할을 했다. 사람들 사이에 정보를 전달하고, 계급과 사회적 장벽을 넘나드는 능력은 네트워크의 영향력을 더 넓게 퍼지도록 해준다.

약한 유대

물리학자 제프리 웨스트는 70대에 도시를 연구하기 시작했고 한 법칙을 발견했다. 바로 도시의 규모가 두 배로 커지면, 경제지표는 1인당 15퍼센트 증가한다는 것이다.[2] 웨스트는 《뉴욕 타임스》에서 '이 놀라운 공식은 왜 사람들이 대도시로 이동하는지를 보여준다. 당신이 같은 사람을 두 배 더 큰 도시로 이동시키면 우리가 측정할 수 있는 모든 경제 수치의 15퍼센트 이상을 획득하게 된다'[3]라고 말했다. 아마도 잠재적인 늦깎이 성공자들이 해야 할 것은 일단 더 큰 도시로 이사하는 것일 것이다.

이 네트워크는 앞서 언급한 약한 유대에 의존한다. 지인이나 넓은 네트워크 안에 있는 특별히 가깝게 지내지는 않는 사람들이 약한 유대에 해당한다. 당원이 갑자기 직무 중 사망했을 때, 그의 미망인이 남편의 빈 자리를 대신해 저녁 정찬에 참여하는 경우가 있다. 그런 이유로 마야 안젤루도 고인이 된 남편을 대신하여 저녁 만찬에 참석했다. 가장 큰 차이를 가져오는 연결은 가장 친한 친구나 배우자가 아니라 바로 이런 식으로 연결되는 약한 유대 관계다.

우리는 네트워크의 가장 강력한 유대가 아닌 약한 유대를 통해 일자리를 얻는다. 흥미롭게도 서로 아는 사람이 10명 있는 사람이 1명 있는 사람보다 일자리를 구해줄 가능성이 두 배 더 높다. 물론 분야에 따라 다를 수 있지만 결론을 도출하는 과정은 일관적이다. 당신에게 변화가 필요하다면, 당신을 잘 알지 못하는 사람들을 통해 그것을 이룰 확률이 더 높다.

그 이유는 간단하다. 바로 정보 때문이다. 당신과 가까운 상대는 이미 서로를 너무 잘 알고 있고 강한 유대를 맺고 있다. 반면에 약한 유대는 서로에게 더 많은 새로운 정보를 제공하고 강한 유대와 비교했을 때 당신이 알지 못하는 기회와 연결해줄 수도 있다. 그리고 좋은 소식은 당신이 강한 유대보다 약한 유대를 더 많이 가지고 있다는 점이다.[4]

이러한 약한 유대를 통해 17세기에 과학 지식이 유용하게 전파되었다. 왕립학회의 설립으로 네덜란드 과학자 안토니 판 레이우엔훅 Antonie van Leeuwenhoek의 서한들은 지식 교류의 거대한 네트워크의 한 부분을 이루었다. 그가 제공한 정보들은 학회 회원들에게만 전달되는 것이 아니라 그들의 약한 유대에도 보내졌다. 이런 방식으로 레이우엔훅이 제안한 혁신적인 치료법 중 하나인 통풍 치료법이 널리 퍼졌다. 왕립학회와 인연을 맺은 다른 과학자들 역시 여러 나라의 정보들을 수집하여 연구에 활용할 수 있었다.[5] 이러한 종류의 네트워크는 훗날 찰스 다윈에게 매우 요긴하게 쓰였다. 그는 『종의 기원』을 집필하기까지 많은 정보들을 서한을 통해 수집했다.

안토니 판 레이우엔훅은 올바른 영향력과 네트워크 접근성이 어떻게 늦깎이 성공을 촉진할 수 있는지 증명하는 하나의 사례다. 그는 16세에 포목 상인 밑에서 도제 생활을 시작했으며 실 측정기를 사용하여 직물의 품질을 평가했다. 28세에 그는 렌즈 실험을 시작했다. 36세에는 영국을 방문해 암석을 연구했다. 41세에는 자신이 만든 현미경을 세상에 공개했다. 그 당시에 레이우엔훅은 과학계에 알려진 인물이 아니었다. 그의 첫 서한이 왕립학회의 《철학회보 Philosophical Transactions》에 실리기까지 8개월이 걸렸다. 그 후, 영국의 현미경 기술을 발전시킨 선구자 로버트 후크 Robert Hooke가 레이우엔훅의 실험을 반복했다. 그 결과, 안토니 판 레이우엔훅은 《철학회보》의 주요 기고가로 칭송받았다. 그의 인생 2막은 그때부터 시작되었다. 그는 작은 렌즈로 직물의 품질을 검사하는 것으로 시작했지만 결국 이전보다 더 강력한 최소 266배 배율로 대상을 확대하는 최초의 현미경을 만드는 데 성공했다. 그의 발명품으로 들여다본 것들은 그때까지 세상에 존재를 알리지 않은 것들이 많았고 이름조차 없는 것들이었다.

42세에 그는 호수에서 채취한 물방울을 관찰했고 그 속에 아주 많은 미세한 동물들이 존재하는 것을 확인했다. 이것이 미생물학의 기초를 마련했다. 그로부터 2년 후, 그는 박테리아를 발견했는데, '눈으로 보기에 너무 작아서 100마리를 일렬로 놓아도 모래 한 알보다 작다'고 묘사했다. 최근 전기 연구를 한 저자들은 이렇게 썼다. '안토니 판 레이우엔훅은 뛰어난 관찰력을 지녔다. 그는 렌즈를 통해 본 것의 크기를 직접 계산했다. 모래알이나 수수 알갱이와 크기를 비교할 뿐만 아니라 머리카락의 너비와도 비교했다.' 그의 발견에 대해 학회는 적극적으로 반응했다. 그는 자신의 주장을 검증하기 위해 더 많은 정보를 요청받았다. 또한 그는 남성의 정자를 발견했고, 혈액, 소의 쓸개, 동물의 배설물, 개구리 창자, 본인의 설사와 치석까지 자세히 관찰했다.[6]

적절한 문화, 멘토, 동료, 영향력이 없었다면 그의 초기 발견은 꽤 오랜 시간이 걸렸을 것이다. 또한 관련 네트워크에서 그를 받아들였을 때, 그는 자신의 발명을 매우 생산적으로 활용할 수 있었다. 이 과정은 니브가 마거릿 대처에게 취했던 태도였다. 그는 그녀와 연결되어 있었고 두 사람에게는 공통분모가 있었다. 하지만 그녀가 지도자로 당선되는 데 도움을 주기 전까지는 가까운 사이가 아니었다. 바로 그 점이 중요했다. 그녀는 하나의 네트워크 중심이 아닌 여러 네트워크의 가장자리에 있는 누군가가 필요했다.

좋은 네트워크 위치

성공하려면 네트워크의 어느 위치에 있어야 할까? 중심일까, 아니면 가장자리일까? 영국에서 여러 분야에 성공하려면, 런던으로 가서 그 환경에 속하는 것이 최상이다. 네트워킹은 예술가든, 과학자든, 기술자든, 제빵사든 창의적인 사람이 되는 데 매우 중요하다. 네트워크에 속해 있는 것만으로도 당신의 아이디어에 영향을 줄 수 있으며 어떤 작업이 중요한지 피드백도 얻을 수 있다. 우리는 모두 집에서 창의적인 작품을 만들 수 있다. 그러나 그 작업이 복잡한 실제 환경에서 테스트를 받기 전까지는 그것이 정말로 독창적이거나 흥미로운지는 알 수 없다. 이렇듯 네트워크는 정보를 조정한다. 심리학자 미하이 칙센트미하이는 '창의성은 주변 동료의 지지를 얻지 못한다면 결코 새로운 것을 탄생시킬 수 없다'[7]라고 말했다. 니브도 동료들의 지지를 받지 못했다면 결코 마거릿 대처를 지도자로 만드는 데 일조하지 못했을 것이다. 마찬가지로 안토니 판 레이우엔훅도 자신의 아이디어를 왕립학회에 알리지 못했다면 결코 미생물학을 발전시키지 못했을 것이다.

미하이 칙센트미하이는 장기적인 연구를 통해 창의적인 작업에 영향을 미치는 인정의 중요성을 깨달았다. 그와 공동 연구자들은 미대를 졸업한 학생들의 10년 후 예술 활동을 살펴본 결과, 창의적 잠재력이 높게 나온 학생들이 그렇지 않은 학생들보다 예술 활동 경력이 더 길지 않다는 걸 발견했다.[8] 창의적 잠재력은 생각했던 것보다 그리 신뢰할 만한 지표가 아니었다. 칙센트미하이는 '예술적 창의성이 존재하려면 그에 적절한 청중이 있어야 한다'라고 강조했다. 또한 적절한 활동을 하는 것만으로는 충분하지 않으며 어느 정도 영향력도 필요하다.

창의성은 상호작용의 결과다. 칙센트미하이는 '당신의 창의적인 아이디어로 이 세상을 설득할 수 없다면, 우리가 어떻게 당신이 그것을 가졌다고 인정할 수 있겠는가?'[9]라고 말했다. 이와 관련하여 놀라운 결과를 확인할 수 있는 사례 연구가 있다. 상위 20퍼센트에 속하는 갤러리에서 작품을 전시하면서 경력을 시작한 예술가는 그렇지 않은 예술가보다 이후 훨씬 더 성공적인 경력을 쌓아갔다. 이 연구에 따르면, 그들 중 약 60퍼센트가 경력 내내 높은 평판을 유지했다. 반면에 0.2퍼센트만이 하위 40퍼센트 갤러리에서 작품을 전시했다.[10] 작품의 질적 가치는 네트워크의 질적 가치와 밀접한 관계가 있다. 이 연구는 성공의 길이 중심에 있다는 걸 시사한다. 변두리 예술가들이 네트워크의 중심으로 나아가기란 쉽지 않다.

사실, 둘 다 장점이 있다. 네트워크의 핵심부에 있으면 작품에 대한 신뢰와 지원을 보장받을 수 있다. 반면에 네트워크의 가장자리에 있으면 다른 종류의 네트워크들과 연결되어 다양한 영향을 받을 수 있다. 네트워크의 중심에 있는 사람들은 서로 매우 비슷하지만 가장자리에 있는 사람들은 각자 차별화된 관점을 가질 수 있다.

전공 분야가 서로 다른 사람들이 함께 일할 때 더 엄청난 효과를 볼 수 있다. DNA는 생물학자 제임스 왓슨James Watson과 물리학자 프랜시스 크릭Francis Crick이 함께 발견한 것으로 알려졌지만, 사실 이들은 화학자 로잘린드 프랭클린Rosalind Franklin에게 도움을 받았다. 또 월트 디즈니Walt Disney는 다른 사람들과 협력하면서 자신의 아이디어를 실현해나갔다. 이처럼 주변인들과 협업은 진취성과 자기 주도성을 강화한다.

네트워크에서 가장 좋은 위치는 양 끝도 중심도 아닌 그 중간 어딘가이다.¹¹ 알베르트 아인슈타인은 다른 물리학자들의 연구를 기반으로 하여 에른스트 마흐Ernst Mach, 막스 플랑크Max Planck, 헨드릭 로렌츠Hendrick Lorentz, 앙리 푸앵카레Henri Poincare 등 여러 학자의 아이디어를 재결합했다. 한 사회학자가 말한 대로, 이들은 '이전에 나온 것에 너무 익숙해서 아인슈타인의 새로운 조합이 그 부분들의 합보다 더 크리라는 것을 미처 보지 못했다.'¹² 아인슈타인은 그러한 통찰을 얻기까지 충분히 독립적이었다. 그 역시 기존 아이디어에 익숙하지만 새로운 이론을 만들 준비가 되어 있었다. 만약 그가 네트워크의 중심에 있었다면 일반적인 합의점에 너무 얽매일 수밖에 없었을 것이다.

늦게 성공하는 사람들은 대개 이러한 위치에 있다. 영화 스튜디오의 홍보 담당자, 에바 두버네이Ava DuVernay는 영화 제작의 중심도 변두리도 아닌 중간 위치에 있었다. 그녀는 자신도 충분히 영화를 만들 수 있다는 사실을 깨닫고 서른 살에 처음으로 카메라를 들었다. 그녀는 네트워크의 영향을 받을 만큼 가까이 있었으면서도 충분히 차별화될 수 있을 만큼 독립적이었다. 그녀는 이렇게 말했다.

"훌륭한 영화 제작자들과 가까이 지내고 그들의 촬영 세트 현장을 방문하면서 보고 경험한 것들은 영화 학교와는 달랐지만 매우 값진 것들이었어요. 저는 주변부에 있는 것만으로도 배울 수 있는 것들이 있었어요. 그리고 그것을 의도적으로 연구와 실습에 결합했어요."13

코로나 백신 개발자인 카탈린 카리코Katalin Karikó는 자신의 분야에서 전문가였음에도 불구하고 인정을 받지 못했다. 그러다가 파트너십을 맺으면서 네트워크의 중심에 충분히 가까워질 수 있었다. 이로 인해 그녀는 연구를 지속할 수 있었고 바이오텍 스타트업이라는 새로운 네트워크의 중심으로 이동하는 중요한 순간을 맞이했다.

마찬가지로 에어리 니브도 히스 밑에서 기득권을 가진 정치인이 될 만큼 입지가 올라간 적이 없었다. 그는 히스를 지지하는 조직의 핵심 인물이 아니었다. 다만 당 내 여러 영역을 오가며 주변인으로서 자신의 위치를 전략적으로 활용했을 뿐이다. 다양한 이데올로기를 가진 여러 정당의 의원들이 왜 굳이 니브의 사무실을 찾는지 궁금했던 짐 프라이어는 바로 여기에서 그 이유를 찾았다. 니브는 원내 총무가 알지 못하는 것들을 많이 알고 있었다. 그렇게 해서 대처의 정치를 전략적으로 배치할 수 있었던 것이다. 그가 당의 엘리트 중심에 있었더라면 대처에게는 훨씬 쓸모가 없었을 것이다.

커넥터와 영향력

말콤 글래드웰은 『티핑 포인트』에서 커넥터Connectors라고 불리는 사람들을 식별했다. 커넥터는 사람들을 알아가는 것을 즐기며 다른 사람이나 장소, 아이디어를 연결하는 데 타고난 재능을 가진 이들이다.[14] 대부분의 사람들에게는 고된 일처럼 보이는 것이 커넥터에게는 전혀 문제가 되지 않는다. 커넥터는 평균 이상으로 많은 사람과 연락을 유지한다. 어디를 가든 흥미로운 대상이나 사람을 발견하면 네트워크의 또 다른 누군가에게 알려준다.

이 개념은 스탠리 밀그램이 진행한 실험에 기반한다. 밀그램은 캔자스와 네브래스카에서 무작위 추출한 대상자들에게 편지를 보냈다. 편지에는 수신자들이 실험 대상으로 선정되었음을 명시하고 해당 편지를 매사추세츠주 케임브리지에 있는 신학생이나 보스턴의 주식 중개인에게 보내달라고 부탁했다. 이때 구체적인 주소는 알려주지 않았다. 수신자가 해당 인물을 알면 직접 보내면 되지만, 그렇지 않으면 그를 알 만한 주변 지인에게 편지를 보내야 했다. 그런 식으로 편지의 3분의 1이 목적지에 도착했으며 모두 10명 이내의 사람들을 거쳐 도착했다.

이 실험 사례를 통해 그 유명한 6단계 분리 법칙이 증명되었다. 이 규칙은 약한 유대를 통해 작동한다. 연결망의 시작 지점에 있는 사람은 마지막 지점에 있는 사람을 알지 못한다. 따라서 이 둘의 관계는 가까운 친구나 가족 사이의 유대보다 약하다. 앞에서 살펴본 대로, 네트워크를 효과적으로 이용하려면 이러한 약한 유대를 잘 활용해야 한다.

하지만 모든 약한 유대가 동일하지는 않다. 최근 후속 연구에서는 밀그램의 실험을 따라 하여 편지 대신 2만 4,000개의 이메일을 사용했다. 그중 3,084개의 이메일만이 목표에 도달했다. 상당히 낮은 성공률이었다. 이 실험이 실패한 원인은 연결이 부족해서가 아니다. 이메일을 전달하지 않은 사람 중 단 1퍼센트만이 보낼 사람을 생각해낼 수 없어서라고 답했다. 그 외의 다수는 실험에 관심이 없거나, 귀찮아서, 아니면 너무 바빠서, 깜짝했거나 이메일이 스팸으로 분류되어버린 경우 등등 메일을 보내지 않은 이유가 다양했다.

이번 실험은 6단계의 분리 법칙을 어느 정도 확인해주면서 동시에 네트워크가 실제로 작동하게 하는 것이 얼마나 어려운지를 보여준다. 네트워크가 실제로 작동하기 위해서는 무엇보다 끈기가 필요하다. 누구와 연결해야 하는지를 아는 것과 그 연결을 구축하기 위한 시간과 에너지와 의향을 가지는 것은 다른 문제다. 당신은 적절한 사람을 찾아서 적절한 질문을 적절한 타이밍에 해야 한다. 그리고 상대가 당신을 돕고 싶어 하는 의지가 있어야 하며 이는 올바른 방식으로 영향을 미쳐야 한다.

우리가 6단계 분리 법칙에 따라 서로 연결되어 있다는 것은 사실이다. 하지만 우리와 연결된 모든 사람이 우리에게 호의를 베풀지는 않을 것이다. 세상은 좁지만 동시에 바쁜 곳이다. 당신이 아는 사람들이 당신을 어떤 기회와 연결시켜줄 수도 있지만 그것이 항상 보장되는 것은 아니다. 그리고 어떤 경우에는 그 기회가 별로 중요하지 않을 수도 있다.

밀그램의 발견을 재현한 이메일 실험에서, 커넥터의 중요성은 상당히 낮았다. 밀그램의 편지들 중 많은 수가 글래드웰이 말하는 커넥터와 유사한 '하이퍼 커넥티드 피플 hyper connected people'로 이루어진 소수의 허브를 통해 전달된 반면, 이메일의 경우에는 전체 중 5퍼센트 미만이 그렇게 했다. 당신이 알고 있는 커넥터들을 떠올려보자. 그들은 당신에게 많은 추천을 해주지만, 당신은 그중 일부만을 수용할 뿐이다. 가령, 당신이 커넥터들에게 추천받은 모든 맛집, 프로그램, 사람과 장소들을 다 경험한다면 당신은 다른 일을 거의 하지 못할 것이다. 커넥터들은 실제 존재하지만, 대개 영향력이 부족하다. 그들은 더 이상 예전처럼 연결의 중심이 아니다. 우리는 인터넷에서 낯선 사람들에게 더 많은 추천을 받고 있다. 그들이 특정 주제에 대해 얼마나 신뢰할 만한지는 평점, 팔로잉, 샘플링을 통해 쉽게 파악 가능하다.

차이를 만드는 것은 최종 목표에 도달할 가능성을 조금이라도 높이는 것이다. 만약 내가 당신에게 영어를 쓰지 않는 원주민에게 이메일을 전달하라고 요청한다면, 당신은 어디서부터 시작해야 할지 모를 것이다. 하지만 인구통계학적으로 당신과 더 유사한 누군가에게 이메일을 보내라고 요청한다면, 전달할 사람을 떠올리기가 더 쉬울 것이다. 사회학자이자 네트워크 과학 전문가 던컨 와츠는 목표 대상을 대학 교수로 할 때, 다른 직업군보다 더 많은 이메일을 받은 것을 확인했다. 이 실험에 참여한 대부분이 대학 교육을 받았기 때문이다. 노르웨이의 베테랑 군인이나 에스토니아의 기록 보관소 소장보다는 대학 교수를 연결하기가 훨씬 더 쉬웠다.[15] 커넥터는 자신이 최종 목표와 비슷한 환경에 있을 때 가장 유용한 존재가 될 수 있다. 우리가 관심을 가져야 할 것은 단순히 연결이 아니라 영향력이다. 당신이 연락하고자 하는 사람들에 대해 적절한 영향력을 가진 커넥터를 찾아야 한다.

3단계 네트워크

사회과학자 니콜라스 크리스타키스와 제임스 H. 파울러는 네트워크에 6단계 분리 법칙이 적용될 수 있다 하더라도 영향력은 오직 3단계만 있다는 사실을 발견했다. 일반적으로 한 친구가 다른 친구에게 영향을 주면 그 친구는 또 다른 친구에게 영향을 준다. 당신은 당신의 형제자매에게 어느 정도 영향력을 미칠 수 있다. 그러면 그 형제자매들은 당신을 신뢰한다는 전제 아래 자신들의 친구에게 무언가를 전달할 수 있다. 그리고 그 친구가 다시 그것을 누군가에게 전달할 수 있다. 하지만 당신과의 연결은 더 약해졌다. 이 정보가 가지는 신뢰도는 단계를 거치면서 감소한다. 크리스타키스와 파울러는 정보가 네트워크를 따라 이동할수록 어린이들이 귓속말로 메시지를 전달해서 맞추는 게임처럼 신뢰가 떨어진다는 것을 발견했다. 또한 네트워크가 3단계 내일 때 훨씬 더 안정적이었다. 친구와 가족은 쉽게 바뀌지 않는다. 하지만 3단계를 넘어서면 사람들 사이에 이동과 변동의 폭이 더 커진다. 연락이 두절되고 사망하거나 이사 또는 이직으로 네트워크에 변화가 생긴다. 이러한 불안정한 연결은 훨씬 더 적은 영향을 미친다.[16]

따라서 약한 유대가 더 유용할 가능성이 크지만 4단계 이상으로 넘어가면 확실한 영향을 미칠 가능성은 더 떨어질 수밖에 없다. 이것이 바로 '네트워킹의 역설'이다. 그렇기 때문에 당신이 비록 세계의 부와 권력의 주요 중심지에서 사실상 6단계 떨어져 있더라도 그들의 파티에 초대받지 못하는 이유다.

에어리 니브는 이런 점에서 완벽한 위치에 있었다. 전쟁 영웅이자 존경받는 의원으로서 그는 다른 의원들 사이에서 발언권을 가졌다. 하원 의원들 사이에 여러 변동이 있지만, 그 당시 보수당은 니브처럼 대지주가 아닌 중산층 출신이 다수를 차지하는 비교적 안정된 조직이었다. 또한 그는 리더십에 도전할 여러 인물에게 영향을 미칠 수 있는 위치에 자리를 잘 잡고 있었다.

이러한 원칙은 정치뿐만 아니라 다양한 분야에 적용된다. 앞서 언급한 것처럼 예술 네트워크는 주변 인물을 통하지 않고 중심으로 사람들을 끌어들이는 경우가 많았다. 하지만 가장 잘 알려진 늦깎이 화가, 모지스 할머니의 경우 네트워크 주변부에 있던 영향력 있는 인물이 그녀의 삶에 큰 변화를 가져왔다.

화가 모지스 할머니

비효율성에 관한 장에서 이미 살펴본 것처럼, 당신의 소명이 나중에 명확해질 수도 있다. 어떤 사람들은 어렸을 때 자신의 열정을 발견하지만 중간에 방해 요소를 만나며, 또 다른 사람들은 관심사가 나중에 생기기도 한다. 일단, 관심이 생기면 성공을 위해 알맞은 네트워크 연결을 찾는 것이 필수적이다. 애나 메리 로버트슨 모지스 Anna Mary Robertson Moses, 일명 모지스 할머니로 잘 알려진 그녀는 78세에 그림을 그리기 시작했다. 그리고 어느 날, 우연히 그녀의 작품을 발견한 귀인 덕분에 그녀는 세계적으로 유명해졌다. 그녀가 그림을 시작하게 된 동기는 순수한 예술적 소명이 아니라, 그녀의 큐레이터인 오토 칼리르 Otto Kallir가 말한 것처럼 '평생 일하며 치열하게 산

노인이 한시도 가만히 있지 않으려는 강렬한 충동'이었다.[17]

1860년에 태어난 모지스는 열두 살 때부터 가정부로 일하기 시작했다. 그녀는 자신의 첫 직업을 '요리, 가사 노동, 예절 교육, 외부 세계와 교류하는 법을 알 수 있는 좋은 학습'이라 불렀다.[18] 그녀는 농부의 아내가 되었고, 열 명의 자녀를 낳았지만, 그중 다섯 명이 어릴 때 죽었다. 그녀는 평생을 뉴욕 외곽의 작은 시골 마을에서 보냈다. 그녀는 매우 오래 살았는데 세 명의 자녀가 그녀보다 먼저 죽었다. 1927년에 남편이 죽고 장남과 며느리가 농장을 떠맡았다. 모지스는 할 일이 없어지자 '뭐라도 해야겠다는 마음으로 그림 그리기를 시작했다.'[19] 사실, 그녀는 어린 시절부터 그림에 관심이 있었다. 아버지가 집으로 가져온 종이에 그림을 그려 농장의 가구에 붙여놓곤 했다. 모지스가 약 60세였던 1918년과 1920년에 그린 두 작품 모두에 테이블과 벽난로가 담겨 있다. 칼리르는 '독학으로 그림을 그리는 예술가들의 작품에서 좀처럼 찾아볼 수 없는 독특한 회화적 기법'[20]을 그 속에서 발견했다.

모지스 할머니 주변에는 또래 모임도 별로 없었다. 하지만 운 좋게도 그녀는 독학으로 혼자서 그림을 터득했으며, 그녀의 인생에 운명적으로 개입한 세 사람을 만났다. 그중 두 명은 그녀가 아는 사람이었고, 다른 한 명은 모르는 사람이었다. 모지스 할머니는 60대 후반에 자수를 먼저 시작했다. 그녀의 자수 작품에서 본 이미지가 훗날 그녀의 그림에서도 자주 등장했다. 그녀의 여동생은 언니의 뛰어난 자수 실력을 보고 그림을 그려보라고 권했다. 게다가 손가락 관절염이 심해지면서 모지스 할머니는 바늘을 잡는 대신 붓을 들 수밖에 없었다.

운명을 바꾸는 만남

그녀의 그림을 본 가족들은 큰 감동을 받았다. 그녀의 아들과 며느리는 여성 문화장터에 전시하기 위해 그 그림들을 가져갔다. (여성 문화장터는 여성들이 집 밖에서 일하지 않고도 집에서 만든 물건을 팔아 돈을 벌 수 있도록 도와주었다.) 그 작품은 어느 날 약국에 들른 루이스 칼도르Louis Caldor의 시선을 사로잡았다. 행운의 기회가 드디어 찾아온 것이었다. 칼도르는 그 당시에 뉴욕시 수자원국에서 근무하는 엔지니어였는데 취미로 예술 작품을 수집했다.[21] 모지스 할머니가 그린 그림은 젤리와 러그 카펫 사이에 전시되어 있었다.[22] 배가 아파 약국을 찾았던 칼도르는 그 그림들을 보고 각각 3달러와 5달러를 내고 바로 구매했다.[23] 그는 약국 주인에게 그림을 그린 화가가 누군지 알아냈고 모지스 할머니를 찾아가 그녀의 그림을 10점 더 샀다.[24]

칼도르는 일 년 동안 모지스 할머니의 작품을 뉴욕 미술계에 홍보했지만 성과를 거두지 못했다. 그러다가 거의 포기 직전에 현대미술관MoMA에서 익명의 화가들을 위한 전시 소식을 들었다. 그는 모지스의 작품을 이 전시의 큐레이터인 시드니 재니스Sidney Janis에게 가져갔다. 그 결과, 모지스의 그림 석 점을 미술관에 전시하는 데 성공했다. 재니스 역시 미술 수집가로 그동안 그는 모지스와 비슷한 화풍의 '원시주의' 또는 '초원주의' 스타일의 패트릭 J. 설리반Patrick J. Sullivan, 윌리엄 도리아니William Doriani와 모리스 허시필드Morris Hirshfield의 그림을 수집해왔다. 그는 나중에 모지스의 작품도 수집했다.[25]

칼도르는 결국 모지스의 예술을 이해할 수 있는 적절한 사람을 찾았다. 재니스는 모지스가 필요로 했던 신뢰도를 가지고 있었다. 그는 현대 미술 컬렉션에 대한 감각을 인정받아 현대미술관의 자문위원이기도 했다. 그 이후 몇 년 동안 재니스는 평론가들의 비판에도 불구하고 '원시주의', '독학 예술' 운동을 예찬했다.[26]

칼도르는 계속해서 모지스를 격려하며 그녀의 작품을 소개할 장소를 물색했다. 그러던 어느 날, 민속 예술을 장려하는 새 갤러리를 오픈한 오토 칼리르에 대해 듣게 되었다. 낮에는 일하느라 약속을 잡을 수 없자 칼도르는 칼리르를 저녁에 만났고, 그의 차 뒷좌석에 있는 모지스의 그림들을 손전등으로 비춰 보여주었다. 칼리르는 자신이 직접 전시할 그림을 고르는 조건으로 모지스의 개인전에 동의했다.[27]

모지스 할머니는 다 아는 그림들이라고 말하면서 자신의 첫 번째 전시회에 일부러 참석하지 않았다. 하지만 그녀는 두 번째 전시회에는 참석했다. 그녀는 몇 년 전에 지역 박람회에 출품해 상을 받은 수제 과일잼을 전시회장에 가져갔다. 정작 그 박람회에서 그녀의 그림들은 진가를 인정받지 못했었다.[28]

모지스 할머니야말로 네트워크에서 적절한 사람을 찾은 완벽한 예다. 그녀의 잼이 그림보다 더 주목받은 것은 그녀의 작품이 적절한 사람들에게 전시되지 않았기 때문이다. 지역 박람회에 참여한 현지인들은 모두 예술계 네트워크의 외부에 있었다. 마찬가지로, 그녀가 뉴욕 예술계 중심부로 바로 들어갔다면 그녀는 완전히 길을 잃을 뿐만 아니라 유행에 뒤떨어진 작품이라는 혹평을 받을 수도 있었다.

칼도르는 예술 분야의 중간 지점에 딱 맞게 있었다. 그는 핵심 인물은 아니었지만, 뉴욕 예술계에 대해 충분히 잘 아는 사람이었다. 그래서 그는 그녀의 작품을 알아봐 줄 적임자를 찾고 적절한 방식으로 작품을 선보였다. 그는 포기하지 않았고 적절한 전시회를 찾아보고 수집가로서 작품을 진지하게 받아들이도록 다른 사람들을 설득하는 데 영향력을 발휘했다. 아마 칼도르가 없었다면, 모지스의 그림이 칼리르와 재니스의 눈에 띄기 어려웠을 것이다. 그들은 모지스 할머니에게 신뢰를 주고 그녀의 명성을 가속화시킨 핵심 네트워크의 적소에 있던 사람들이었다. 실제로 모지스 할머니는 유명인이 되는 것에 별로 열광하지 않았고 뉴욕이란 도시를 별로 좋아하지 않았지만, 자신의 명성이 가져다주는 세간의 관심을 즐겼다. 칼리르는 이를 하나의 전환점으로 바라보았다. '예술가들의 시선이 자연의 광활한 풍경으로 향하듯이, 그녀의 그림에서 새로운 개념이 드러났다.'[29] 모지스는 10년 넘게 자수와 회화를 통해 자신의 예술 작업을 꾸준히 이어왔다. 그러다가 동일한 주제에 대해 반복적으로 작업하기 시작했는데, 이는 앞으로 11장에서 살펴볼 프랭크 로이드 라이트Frank Lloyd Wright의 작업 방식이기도 하다.

모지스의 그림에는 비슷하게 겹치는 이미지들이 있었다. 그녀의 그림이 인기를 끌게 되면서 잠재적 구매자들에게 특정 풍경을 그려달라는 의뢰를 계속 받았는데, 그녀는 내키지 않았지만 거절하기는 어려웠다.[30] 그래서 그녀는 매번 대상의 구도를 다르게 배치했다. 예술계 네트워크에 그녀의 존재가 알려진 이후에도 그녀는 계속해서 실력을 키웠고 그럴수록 그녀의 작품은 점점 더 대중화되었다.

물론, 운이 성공의 모든 것은 아니다. 모지스는 기회를 최대한 활용했고, 그 속에서 안주하지 않고 열심히 일하고 또 일했다. 100세에도 여전히 오전 6시 30분에 일어나서 그림을 그렸다. 간단한 아침 식사를 한 후, 10시쯤 커피를 마시며 휴식을 취했다가 정오까지 다시 작업실에서 시간을 보냈다. 그녀는 점심을 든든하게 먹었다. 오후에도 그림을 좀 더 그렸으며, 몇 시간 동안 낮잠을 잘 때도 있었다. 손님이 찾아오지 않는 날에는 오후 5시 30분까지 계속 그림을 그렸다. 저녁 식사 후에는 라디오와 텔레비전을 감상했고, 오후 9시에 잠자리에 들었다. 그녀의 아들이 말해준 모친의 일과다.[31]

그녀는 종종 혼합한 물감을 낭비하지 않으려고 여러 그림을 동시에 작업했다.[32] 그리고 100세가 넘어서도 25점의 그림을 더 그렸다.[33] 그녀의 영향력은 지금도 계속 이어지고 있다. 2008년《뉴욕 타임스》는 '집으로 가는 긴 여정: 뉴욕 인근의 노인 예술가들'이라는 전시회에 대해 보도했다. 이 전시회는 뉴욕에 거주하는 20명의 노인 예술가들의 작품을 선보였다. 보도 기사에는 노년기에 창의적인 문화 활동이 신체 및 정신 건강에 좋다는 놀라운 연구 결과도 포함되어 있었다.《뉴욕 타임스》는 '모지스 할머니의 후손들'[34]이라는 제목으로 보도 기사를 내보냈다. 모지스 할머니는 예술가로서 세상의 인정을 받았다. 그녀가 95세가 되었을 때《뉴욕 타임스》는 '누구나 열심히 노력하면 그림을 그릴 수 있다'는 그녀의 생각을 다루었다.[35]

07

당신이 쌓아온
축적된 시간의 힘

영국 작가이자 사전 편찬자인 새뮤얼 존슨Samuel Johnson의 초기 편지에는 그가 위대한 작업을 준비한다는 언급이 없다. 그는 무명 시절 적은 보수를 받으며 기사를 작성하는 것 외에는 이렇다 할 삶의 궤적을 그리지 못했다. 이러한 고된 삶은 젊은 존슨에게 큰 영향을 끼쳤다. 마치 물병에 자갈을 떨어트려 하나씩 쌓아가듯, 그의 실망감은 점점 축적되어 그의 에너지를 고갈시켰다. 만약 그가 마흔에 죽었다면 그는 몇 편의 시와 전문가들만 읽는 기사만 남겼을 것이다. 그가 유명해지기 전까지 그는 실패자였다.

그는 런던에서 가난하게 살았던 청년 시절을 평생 원망했다. 런던으로 오기 전에 학교를 설립하고 운영했지만 실패했고, 그 과정에서 그는 아내의 돈을 다 탕진해버렸다. 그 후, 그는 희곡 〈아이린

Irene〉을 발표했다. 이 작품이 세기의 위대한 비극이 되기를 기대했지만, 성공은커녕 재상연되지 않았다. 그가 시인이자 친구인 리처드 새비지와 어울려 밤마다 술을 마시고 런던 거리를 배회하게 된 것은 그때쯤이었다. 그의 나이 30대 초반이었고, 아내와 떨어져 살던 시절이었다. 두 사람의 우정은 나중에 『새비지의 생애 The Life of Savage』라는 책에 고스란히 기록되었다. 영어로 쓰여진 위대한 전기 문학의 시초가 되는 작품이었다. 그로부터 몇 년 후, 존슨의 전기를 쓴 제임스 보스웰 James Boswell은 존슨의 그 당시 심정을 절망적인 사자들과 싸우는 콜로세움의 검투사로 묘사했다.

> 그의 마음은 로마의 거대한 원형 극장, 콜로세움을 닮았다. 중앙에는 그의 판단력이 서 있었고 그의 마음은 강력한 검투사처럼 그를 덮치려는 두려움과 맞서 싸웠다. 대결이 끝나면 그는 그 야수를 다시 우리로 몰아넣는다. 하지만 아직 죽지 않은 야수는 호시탐탐 그를 공격했다.[1]

존슨은 평생 강한 저항의 태도를 유지했다. 1784년, 그는 친구에게 자신의 마지막 병에 대해 '나는 곧 그것에게 정복당하겠지만 절대 먼저 항복하지는 않을 것이다'라고 고백했다.[2]

불안정한 생활

우리가 새뮤얼 존슨에 대해 생각할 때 두 가지 사항에 주목할 필요가 있다. 하나는 그가 불안정한 경력 속에서 자신을 위대하게 만든 네트워크를 조직했다는 점과 다른 하나는 나이가 들면서 정신적 쇠퇴를 겪는다는 사실을 그가 강하게 부인했다는 점이다.

존슨은 《젠틀맨스 매거진》의 편집자 에드워드 케이브Edward Cave 덕분에 작가로서는 첫 기회를 얻었다. 1734년, 25세의 청년 존슨은 처음으로 케이브에게 편지를 썼다. 말하자면 주제넘은 행동이었다. 지방 출신의 무명 작가가 다짜고짜 정기 기고를 제안한 것이니 말이다. 그는 케이브에게 답장을 요청했다. 그 후 3년 동안 두 사람 사이에 어떤 서신이 오갔는지는 기록으로 남아 있지 않다.

그는 케이브에게 편지를 쓰기 전에는 빈둥거리며 시간을 보냈다. 스물다섯의 나이에 대학 학위도 없었다. 그는 불행한 학교 교사였으며(그는 운 좋게도 학사 학위 없이 교편을 잡을 수 있었다.) 문학 경력에 대해서도 진지하게 계획하지 않았다. 나쁜 시력, 발작 증상, 부족한 사업 수완, 우울증과 나태함, 그리고 해야 할 일에 대해 거만한 태도는 그의 미래가 낙관적이지 않다는 것을 의미했다.

그러던 그가 연상의 여인, 엘리자베스Elizabeth, 줄여서 테티Tetty를 만나 사랑에 빠졌다. 그를 진정으로 사랑한 유일한 여자였을지 모른다. 갑자기 그는 일자리를 찾기 위해 글을 썼고, 학교를 설립했다. 결혼 생활은 존슨을 새롭게 만들었고 그는 나태함에서 벗어났다. 그의 첫 문학 작업은 포르투갈 예수회 수도사가 아비시니아로 떠난 여행기를 번역한 일이었다. 새뮤얼 존슨을 연구한 학자, 제임스 클리포드는 존슨 고유의 기본 어조와 형식이 그 책의 서문에 나타난다고 말했다. 그의 다음 프로젝트는 르네상스 시대 고전 학자인 안젤로 폴리치아노Agnolo Politian의 라틴어 시 전문을 편집하는 것이었다.

구독이 부족하면 프로젝트는 자동 중단되는 식이었다.

1737년에 그의 학교는 문을 닫았다. 존슨은 일을 찾아 런던으로 떠났다. 그가 찾는 것은 사실 명성이었다. 작가들은 왜 런던으로 가는 걸까? 그는 다시 케이브에게 편지를 썼다. 케이브가 '문필가들에게 특별한 격려를 제공하는 것'을 언급하면서 자신을 '런던의 이방인'이라고 표현했다. 그는 『트렌트 공의회의 역사 History of the Council of Trent』를 번역하고 싶다고 제안했지만 그에 대한 답은 받지 못했다. 1738년, 29세의 그는 케이브의 잡지에 중요한 첫 시를 발표했다. 〈런던London〉이라는 제목의 시였는데 고대 로마의 풍자 시인 유베날리스Juvenalis의 풍자시를 기반으로 한 작품이었다. 이 시는 훌륭했지만, 사실 존슨은 시인이 아니었고, 그의 명성에 이렇다 할 영향을 미치지는 못했다.

아이러니하게도 그는 학교에서 계속 일자리를 찾았다. 그는 관련된 학위가 없는데도 법률 분야에서도 일하고 싶어 했다. 그의 글쓰기 커리어가 이미 시작되었지만, 그것이 그의 1순위 선택은 아니었다. 존슨이 자신이 선택한 직업에 완전히 적응하기까지는 꽤 오랜 시간이 걸렸다. 그의 이름으로 책이 제대로 출간되기 시작한 것은 10년 뒤인 1748년 드디어 〈인간 욕망의 허무함 The Vanity of Human Wishes〉이란 시를 발표했을 때였다.

존슨이 작가가 되고 싶어 하지 않았다는 사실이 이상하게 들릴 수 있다. 그는 자신이 변호사가 되어야 했다고 생각했다. 1778년에 거의 50년 만에 옥스퍼드 시절의 친구를 만났을 때 존슨에게 '만약 네가 변호사가 되었다면 대법관이 되어 귀족으로서의 위엄을 갖추었을 것'이라고 말하자 그는 '이미 늦은 일인데 왜 구태여 그런 말을 해서 나를 열받게 하는 건가'라며 버럭 화를 내기도 했다.

존슨은 보스웰이 말한 '머릿속에 떠다니는 숭고한 야망'을 가진 남자였다. 그래서 이 야망이 가야 할 길을 잃었을 때 문학이 명성을 얻도록 그를 이끌었다. 존슨은 '모든 사람은 주어진 조건에 따라 존재한다'고 말했다. 우울증, 가난, 자격 미달, 그리고 방어적인 자부심은 존슨이 전문직에서 성공하는 것을 방해하는 요소들이었다. 지인이었던 윌리엄 쇼는 존슨이 성격상 아랫사람들에게 부탁을 잘 못했다고 말했다. 그가 관리자에게 매달리거나 거침없이 자기 생각을 말하는 재주가 없었기 때문에 그의 연극 〈아이린〉이 기대했던 것보다 성공하지 못했다는 지적도 있다.[3] 한마디로 그는 인맥 관리에는 서툴렀다.

런던에서의 시간

하지만 존슨은 최선을 다해 삶에 정진했다. 그는 자신의 존재 조건을 최대한 활용했고 인간이 한 가지 일을 수행하기 위해 태어난 것이 아니라는 사실을 알고 있었다. 존슨은 런던 생활 초반에 많은 어려움을 겪으면서 상업적인 사람이 되었고 방대한 독서를 했으며, 인생에 대한 지식을 얻었다. 런던에서 이런 시기를 겪지 않았다면 그는 결코 작가가 될 수 없었을 것이다. 그의 무명 시절은 목적 없는 무의미한 삶의 시기가 아니었다.

보스웰과 나눈 대화에서 존슨은 자신이 15~25세 사이에 외딴 섬에 살았어도 지금과 같은 존재가 되었을 것이라고 주장했다. 그랬어도 그는 지금처럼 책을 많이 읽었을 것이다. 하지만 25~35세 사이에 런던에서의 다채로운 경험이 없었다면 매우 다른 사람이 되었을 것이다. 그는 런던에서 배운 정신력이 모든 것을 더 빠르고 더 활기차게 만들었다고 고백했다.⁴ 존슨은 생의 모든 것이 런던 변화가인 채링 크로스에 있다고 생각했다. 그는 런던을 제대로 알려면 웅장한 장소뿐만 아니라 좁은 골목길과 샛길도 알아야 한다고 말했다. 한 번은 가난한 창녀를 집으로 데려와 건강이 회복될 때까지 몇 주 동안 보살펴준 적도 있었다. 존슨은 선술집 분위기를 참 좋아했다. 그는 보스웰에게 '참 굉장한 경험이었어요. 런던에서 나눈 가장 문학적인 대화는 바로 왕립 거래소에서 수금원으로 일하던 잭 엘리스와 술집 테이블에서 나눈 이야기였죠'라고 말했다.⁵ 그는 '대도시는 삶을 공부하는 최고의 학교'라고 믿었다.⁶ 존슨은 학문적인 독서뿐만 아니라 삶을 연구하면서 비로소 자기 존재를 찾았다.

어린 존슨에게 옥스포드는 삶의 전부였다. 그 시절에 맺은 교우 관계는 안정감과 사회적 지위를 의미했다. 그러나 그곳에서 그의 재능은 좁은 경로로 발휘될 수밖에 없었을 것이다. 그의 능력이 어떠한 대상과 충돌하여 불꽃을 피우는 기회는 그만큼 줄어들었을 것이다. 그런 의미에서 런던은 존슨을 좀 더 나은 영향력 아래 두었다. 찰스 두히그가 동창회 모임에서 만난 대기만성형 인물들처럼 존슨도 젊은 시절에는 직업적인 확신을 갖지 못했지만, 활동 초기에 겪었던 혼란과 타협에서 장점을 이끌어냈다.

런던의 상업 문화에 적응한 존슨은 학문적인 예리함을 잃지 않으면서도 독자를 위한 작가로 발전했다. 수도원의 고립된 어둠 속에서는 결코 《램블러Rambler》에 글을 쓸 수도 『사전Dictionary』을 편찬

할 수도 없었을 것이다. 런던이 그의 재능을 알아보게 했다. 『사전』 출판 기획을 맡았던 서점 주인, 로버트 도슬리가 그를 도울 수 있는 정확한 위치에 있었다. 런던은 계속해서 새로운 작가와 새로운 계획을 찾는 도시였다. 그는 그 흐름에 따라 몸을 맡겨야 했다. 스티브 잡스가 말한 것처럼 '뒤를 돌아보며 점들을 연결하기'의 좋은 사례였다. 옥스퍼드의 계급과 구속에서 벗어나 런던의 기회와 요구 및 자발성으로 옮겨감으로써 존슨은 영향력, 문화, 지식, 그리고 인맥을 얻었다. 모든 대화, 글쓰기, 서점들이 그의 경력을 만들었다.

존슨은 중년이 되기 전까지 그가 필요로 했던 기회를 얻지 못했었다. 하지만 『사전』을 편찬하기로 선택한 것은 운보다 더 중요한 것이었다. 존슨은 상업적 마인드를 가지게 되었다. 그는 서점 주인의 아들로 태어나 대학 학위를 따지 못했다. 옥스퍼드에서 장학금을 받는 데 실패하자 작가로서 생계를 유지해야 했고, 출판사와 계약한 여러 시인들의 전기를 모아 책으로 출간했다. 그가 쓴 『시인들의 생애Lives of the Poets』는 혁신적인 작품으로 손꼽힌다.[7] 『사전』 편찬은 학문적인 목적도 있지만 상업적인 목적도 분명 있었다. 서적상들이 존슨을 선택한 이유는 그에게서 사전 편찬에 필요한 탁월한 능력을 발견했기 때문이다.

사전 프로젝트의 시작

존슨은 '그럽 스트리트 문학계Grub Street literati'라는 작은 네트워크에서 재능 있는 작가로 알려졌다. 하지만 그 이상도 그 이하도 아니었다. 그가 제안한 주요 프로젝트들 중 어느 것도 제안 단계를 넘지 못했다. 게다가 그는 대부분 그것을 익명으로 작성했다. 『사전』은 서적상들이 고안한 프로젝트였다. 존슨은 서점과 출판사를 동시에 운영하는 출판인 로버트 도슬리와 친했다. 다른 서적 상인들과 유대 관계가 끈끈했던 도슬리는 존슨에게는 없는 기업가 정신을 가지고 있었다. 그가 아이디어를 처음 제안했을 때 존슨은 좋은 생각이긴 하지만 자신이 감당할 수 있는 일은 아닌 것 같다고 생각했다.[8] 하지만 도슬리는 존슨을 잘 알았다. 존슨의 작품 〈런던〉의 판권을 샀던 도슬리는 게으르고 책벌레 같은 작가를 구슬려 그 프로젝트를 맡게 하는 방법을 알고 있었다. 도슬리는 다른 서점 상인들이 이 프로젝트에 투자할 수 있도록 설득했다. 어떤 면에서 그는 존슨의 대리인이자 출판인이었다. 실제로 존슨은 그를 자신의 후원자라고 불렀다.

도슬리는 자신의 훌륭한 인맥들을 활용해 경력을 쌓아왔다. 그는 노팅엄셔에서 런던으로 이사하여 문학계 인맥이 탄탄한 찰스 다티크네이브의 집에서 일자리를 얻었다. 그 당시에 도슬리는 시인으로 활동했는데 다티크네이브를 통해 동시대의 위대한 시인 알렉산더 포프를 만났다. 포프는 도슬리가 연극 공연을 올릴 수 있도록 도왔고 그가 서적 판매업을 배울 수 있게 했다. 도슬리는 그 시대의 많은 유명 작가들의 작품을 출판했다. 그러면서도 항상 새로운 희곡과 시집에 대한 아이디어를 내놓았다. 그는 존슨의 시집 『인간 욕망의 허무함』과 희곡 『아이린』을 출판했다. 『사전』이 출간될 무렵에 도슬리는 런던에서 가장 저명한 책 판매인이었다.[9]

이것이 바로 존슨의 뛰어나지만 다소 게으른 재능이 필요로 했던 연결 고리였다. 존슨은 도슬리의 비전을 현실로 만들 수 있는 역량을 지니고 있었다. 런던에서 과연 누가 그걸 할 수 있겠는가? 존슨은 그 시대에 가장 방대한 지식을 가진 사람이었다. 지식에 굶주린 사람들의 시대였다. 사람들은 신문, 책, 설교, 안내 책자, 사전에 목말라 있었다. 지식의 체계화 시대가 드디어 도래한 것이다. 존슨의 『사전』이 세상에 나오기 20년 전, 칼 린네Carl Linnaeus가 모든 식물과 동물을 위한 분류 체계를 만들었다. 그로부터 약 10년 후, 제임스 쿡James Cook이 첫 번째 항해를 떠나 세계 곳곳에서 천 개가 넘는 식물 표본과 수백 가지의 광물, 동물, 특히 조류와 어류 표본을 추출했다.[10] 그 시절에는 귀족들이 달걀, 조개껍데기, 건축물의 파편, 예술품, 화석, 조각품 할 것 없이 잡다한 것들을 취미로 모았다. 이러한 문화가 널리 퍼진 덕분에 관련 인쇄물과 표본을 수집하기 위한 스크랩북이 인기를 끌었다.[11] 존슨은 이를 '사전의 시대'라고 부르며 지리 사전과 과학 사전 편찬을 장려하고 지원했다.[12]

1764년에 조슈아 레이놀즈Joshua Reynolds 경은 존슨을 위해 저녁 만찬 사교계 모임인 '클럽the Club'을 창설하여 지적 활동을 도모했다. 그 모임에 속한 에드먼드 버크Edmund Burke는 근대 보수주의를 창시한 정치 철학가이자 연설가였다. 또 애덤 스미스Adam Smith는 경제학의 아버지로 불리는 인물이었다. 찰스 버니Charles Burney는 이탈리아와 프랑스에서 음악이론서를 펴냈으며, 레이놀즈는 미술 교육에 혁명을 일으키면서 왕립 예술원을 설립했다. 클럽 모임에서 존슨의 지식은 매우 폭넓어서 모든 회원들 사이에서 독보적이었다.

걸어다니는 사전

존슨을 특별하게 만든 것은 그의 독학 능력이다. 그는 몇 명의 문학 조수들에게 인용구를 자르고 정리하고 붙이는 작업을 맡겼다. 자료를 읽고 인용구를 선택하여 글을 쓰는 일은 모두 존슨이 직접 했다. 그 결과, 그전에는 볼 수 없었던 체계적인 영어 참고 자료를 만들어냈다. 존슨은 표제어 밑에 여러 변형된 형태의 단어들을 추가로 배치했다. 이 방법은 영어 사전학의 큰 방향을 제시했다.[13] 존슨은 1만 6,000개의 인용구를 선택했다. 도덕적이고 문학적인 지혜가 담긴 문구들을 제시하였고 이는 영어 작문의 표준을 정하는 데 큰 도움이 되었다. 이 모든 것들이 온전히 존슨의 머리에서 나온 것이었다. 『프랑스 아카데미 사전Dictionnaire de l'Académie française』이 완성되기까지 55년이 걸렸고 49명이 참여했다고 알려져 있었다. 반면에 존슨은 9년 만에 영어 사전을 완성했으며 6명의 작업자가 참여했다. 디드로Diderot가 『백과사전Encyclopédie』을 편찬했을 때 140명의 작가들의 도움을 받았다. 또 1880년대에 헨리 머레이Henry Murray가 『옥스포드 영어 사전Oxford English Dictionary』을 집필했을 때는 750명이 작업에 참여했다.[14]

존슨을 중심에 있게 하고, '사전 존슨'으로 만든 것은 그의 방대한 독서량 덕분이었다.[15] 그는 젊은 시절부터 다양한 책을 읽었다. 사람들이 잘 읽지 않는 책들도 읽었는데, 존슨이 옥스퍼드대에 입학했을 때 애덤스 박사는 이곳에 가장 적합한 사람이 왔다고 말했다.[16] 입학 첫날 밤에 존슨은 잘 알려지지 않은 작가인 마크로비우스의 글을 인용했다. 나중에 애덤스 박사는 보스웰에게 '어떻게 그 젊은 학생이 마크로비우스에 대해 알 수 있는지 매우 놀랐다'[17]라고 말했다.

존슨은 젊은이들에게 책을 다양하게 읽어야 한다고 여러 번 말했다. '청년은 하루에 다섯 시간씩 책을 읽어야 한다. 그래야 다양한 지식을 쌓을 수 있다.'[18] 청년 새뮤얼도 그렇게 했다. '어렸을 때 책을 진짜 열심히 읽었다. 돌아보면 서글픈 생각도 들지만 내가 지금 알고 있는 것들을 열여덟 살 때도 알고 있었던 것이 사실이다.'[19] 그렇다고 그는 청춘에 대해 큰 애착을 느끼지 않았다. 그는 『플루타르크Plutarch』에 인용된 '나이를 먹을수록 나의 학문이 자란다'[20]는 솔론의 말에 동의했다. 지식은 그 자체로 습득되어야 한다. 그것은 출세주의가 아니다. 존슨은 어떤 연구 계획도 고수하기가 불가능하다는 것을 알았다. 그는 한 번도 이틀 연속으로 똑같은 계획을 고수한 적이 없었다.[21]

존슨이 알고 있는 주제의 범위는 놀라울 정도로 광범위하다. 1734년 그는 『아비시니아 여행The Voyage to Abyssinia』을 영어로 번역했다. 1740년대에 그는 스웨덴의 왕 찰스 12세에 관한 희곡을 쓰고, 영국 의회의 역사를 저술하겠다고 제안했다.[22] 또 1743년에 그는 의학 사전 집필에도 참여했다. 1755년에 그는 발명가 재커라이어 윌리엄스Zachariah Williams의 경도 이론을 홍보하는 두 권의 소책자를 작성했다. 그는 종종 제임스 보스웰에게 상세한 법률 의견도 제공했다. 그뿐만 아니라 신학에 정통한 그는 다른 사람들의 설교문을 대신 써주고 돈을 벌었다. 그는 한때 『기억의 역사History of Memory』를 쓰겠다는 아이디어를 낸 적도 있다.[23] 보스웰은 존슨이 번역, 철학, 지리학, 기사도와 베네치아의 역사, 서신과 잠언 선집, 속담, 고

대 역사 사전 등 다양한 분야에 대한 아이디어를 가지고 있었다고 기록했다.[24]

그의 친구였던 힐 부스비가 장 문제가 생기자 존슨은 오렌지 껍질로 만든 혼합물을 추천하면서 복용 방법에 대해 세세한 지침을 주기도 했다. (따뜻한 포트 와인은 괜찮지만 설탕은 안 되며 모과 시럽은 괜찮을지 모른다고 했다. 그러면서 '자신이 그 맛을 별로 좋아하지는 않는다'고 덧붙였다.) 그는 이 레시피를 완성하기까지 의학 상식을 많이 참고했다.[25]

존슨은 수학에도 능했다. 그는 정신적으로 불안해질 때마다 머릿속으로 산술 계산을 하는 버릇이 있었다. 친한 친구인 헤스터 피오치는 그에게 정신적으로 힘들 때마다 온종일 방에 틀어박혀서 무엇을 하는지 물었다. 그러자 그는 그녀에게 계산표를 보여주면서 영국 국가 부채의 은화 가치로 구의 모양을 만들었을 때 그 크기가 얼마인지 계산한 것이라고 설명했다. 그는 피오치와 대화를 나누면서 어떤 숫자가 무한할 수 있는지 설명하였고 심지어 숫자 16에 관한 논문까지 썼다.[26]

존슨은 어디를 가든지 항상 배움의 대상을 찾았다. 1778년 군부대를 방문했을 때, 그는 예순을 바라보는 나이였다. 그는 탄환 무게와 효과적인 사정거리 등 군사 훈련의 여러 측면에 대해 질문했다. 그는 화약에 대해서도 잘 알았으며 군사 주제에 대해 다방면으로 토론했다. 늦게까지 군사 재판을 지켜보기도 했다.[27]

존슨은 젊은 시절 몇 달을 함께 보낸 사촌 코르넬리우스 포드에게 '모든 과학의 일반 원칙을 습득해야 한다'는 조언을 들었다. 그는 어떤 한 주제에 대해서만 정통한 사람보다 일반적인 지식을 골고루 아는 사람이 되어야 한다고 강조했다.[28]

존슨은 페이지를 살짝 훑어보는 것만으로도 바로 요지를 파악할 수 있는 희귀한 능력을 가졌다. 물론 그것이 방법론적인 접근법은 아니었다. 반면에 그는 책이나 시를 끝까지 읽은 적이 없었다. 그는 그리스어로 『오딧세이』를 완독하는 데 실패하기도 했다. 한 분야에 대해 체계적인 연구 방식을 계획하더라도 결국에는 포기하고 끝나기 일쑤였다.[29] 그는 집중력이 약했으며 여러 책을 동시에 읽는 습관을 지니고 있어서, 한 권을 읽다가 갑자기 내려놓고 다른 책을 꺼내서 읽는 경우가 많았다.[30] 하지만 애덤 스미스는 자신이 아는 사람 중에서 책을 가장 많이 읽는 사람이 존슨이라고 생각했다. 그는 독서에 대한 자부심이 대단했으며 기억력도 뛰어났다. 조슈아 레이놀즈의 누이는 그런 존슨을 보면서, 어떤 내용을 암기하기 위해 같은 글을 두 번 반복해서 읽을 필요가 없는 사람이라고 생각했을 정도였다.[31]

사전의 탄생과 그 이후

그는 어렸을 때부터 광범위하고 몰입도 높은 학습을 시작했다. 존슨은 서점에서 살다시피 했는데 서점을 운영하던 아버지는 분야를 가리지 않고 모든 주제의 책들을 서점에 비축해 두었으며 의학, 동물학, 문법에서 종교학까지 다양한 주제의 책을 출판했다.[32] 서점을 찾는 고객들은 구석에 웅크리고 앉아 초롱초롱한 눈동자로 책을 읽는 소년을 기억했다. 소년은 마치 걸신들린 듯 책에서 눈을 떼지 않았으며, 이따금 몸이 불편하면 자세를 바꾸곤 했다. 어린 소년은 종종 역사서, 여행서, 로맨스 소설에 심취했다. 심지어 일요일에 교회에 갈 시간에도 그는 흉터와 곰보자국이 있는 얼굴로 넋이 나간 듯 책에 빠져 있었고, 동네 들판을 거닐며 그곳에서 책을 읽곤 했다. 그는 평생 주머니에 작은 책을 넣고 다녔다.

그는 학창 시절에 밝은 학생이었다. 그의 부모는 친구들과 이웃들 앞에서 아들의 암기 실력을 자랑하듯 뽐냈다. 어린 시절의 경험 때문일까. 이 소년은 어른이 되어서도 그때 한 행동들을 습관처럼 계속 반복했다. 25세 때 존슨은 잠시 한 귀족 가정에서 교사로 일했는데, 일요일마다 그 집 식구들과 함께 교회에 갔다. 그는 집으로 돌아오는 길에 교회에서 들은 설교의 중요한 부분을 거의 그대로 반복하면서 일부 내용에 대해 비판하고 추가 내용을 덧붙이면서 교리를 더 심화시키곤 했다.[33] 그럼에도 불구하고 아무도 그의 재능이 그의 한계를 뛰어넘을 것이라고는 예상하지 못했다. 그의 머릿속에 축적된 모든 지식이 어디에서 어떻게 쓰일지 누가 알 수 있었겠는가?

이러한 존슨의 광범위한 지식이 빛을 발하면서 그토록 놀라운 작업인 『사전』이 탄생하게 된 것이다. 매우 문학적인 작품임에도 불구하고 보스웰은 그 책이 '추상적인 과학적 개념을 명확하게 표현한 작품'[34]이라고 칭찬했다. 사전 전집에는 총 11만 6,000가지 이상의 인용문이 수록되어 있는데, 주로 일반 교육 및 참고 문헌의 자료로 사용되었다.[35] 토머스 칼라일은 존슨에 대해 '사실과 진실이 가득한 사람'[36]이라고 표현했다. 그만큼 그의 『사전』은 정의의 명확성과 통찰력이 빛나는 성공적인 방법론의 완결판이었다고 칼라일은 평가했다. 『사전』에는 훌륭한 지성인, 진정성 있는 한 남자의 흔적이 고스란히 담겨 있다.[37] 이렇게 존슨은 깊이 있는 학문에 대한 접근성,

예리한 문체, 독창적이고 유용하며 진지하고 재미있는 책을 내놓았다. 다양한 분야를 섭렵한 그의 방대한 독서 덕분이었다. 그 결과, 그는 유명인사가 되었고 나이가 들수록 더 큰 명성과 인기를 얻었다.

하지만 성공은 그런 게 아닐 수도 있다. 존슨은 『사전』 편찬 작업에 대부분의 수입이 지출되었다. 사전 편찬을 도와주는 문학 조수들에게 임금을 주어야 했기 때문이다. 그래서 『사전』을 편집하는 동안 추가 생활비를 충당하기 위해 《램블러》에 일주일에 두 번씩 글을 기고했다. 도덕, 철학, 문학, 종교 등 여러 주제를 다루었는데 이후 《램블러》의 글들은 그가 남긴 위대한 작품들로 손꼽혔으며 말년에는 그를 더 유명하게 만들었다.

존슨의 글들이 활동 초기부터 독자들에게 인기를 끌었던 것은 아니다. 존슨은 어떤 때는 매우 심각한 주제들을 글로 쓰기도 했다. 비록 《램블러》가 잘 팔리는 잡지는 아니었지만 수시로 지역 신문에 그의 글들이 사전 허락 없이 실리는 일들이 벌어지곤 했다. 엘리트 계층 사이에서 인정받은 작가가 된 존슨은 자신의 성취를 피부로 느꼈다. 하루는 그의 아내가 그에게 '예전에도 당신의 글을 좋게 생각했지만 이 정도로 잘 쓰는 사람인 줄은 미처 상상도 못했다'[38]고 말했다.

하지만 마흔 살의 그는 성공하지 못한 시인이자 극작가였다. 통속적인 예술가로 돈벌이에 연연했을 뿐이다. 그러던 그가 드디어 영어로 쓰여진 위대한 문학 전기 『새비지의 생애』를 발표했고 〈런던〉은 그의 선집에 나중에 수록되었다. 하지만 여전히 성에 차지 않은 무명 작가의 결과물에 불과했다. 거의 2년 동안 『사전』 작업에 매달렸던 그는 전체 작업 계획을 다시 조정했다. 『사전』 집필을 마무리하기 전에 그의 아내가 죽었고 이어서 그의 멘토였던 에드워드 케이브도 세상을 떠났다. 마침내 『사전』 편집을 끝난 직후, 그는 채무자로 기소되어 감옥에서 밤을 보냈다. 탈고 후 여름 휴가 계획을 짰지만, 여행은 물 건너갔다. 그 대신 그는 다시 돈을 벌기 위해 일터로 복귀했다.

정신은 늙지 않는다

존슨은 자신의 정신이 무너질까 늘 긴장했다. 1754년에 그의 동료 시인 윌리엄 콜린스가 정신병동에 갇히게 되었다. 그로부터 2년 후, 그는 그 친구에 대해 이야기하며 '도덕주의자들은 모두 불확실한 운명과 아름다움의 덧없음을 이야기한다. 하지만 그보다 더 무서운 것은 마음의 힘도 똑같이 변할 수 있다는 사실이다. 나타났다가 홀연히 사라지거나 활활 타오를 수도 있는 생각의 흐름을 이해해야 한다'[39]고 말했다. 몇 년 후, 존슨이 발표한 철학 소설 『라셀라스Rasselas』에서 임락이라는 인물이 그와 비슷한 이야기를 하는 대목이 나온다. 이 시기에 존슨은 『사전』, 《램블러》, 『인간 욕망의 허무함』 등 여러 주요 작품을 연달아 발표하면서 왕성한 작품 활동을 했다. 그리고 참고 문헌, 저널리즘, 시집 등 세 가지 종류의 정기 간행물 작업에도 참여했다. 그런 다음에는 셰익스피어의 전집을 편집하는 일도 했다. 그리고 자신의 작품 『아이들러The idler』와 『라셀라스』도 다시 손봤다. 그렇게 15년 동안 놀라운 일들을 해냈다. 그는 자신의 정신이 불타올라 소멸되는 건 아닐까 걱정했다.

1762년, 53세의 존슨은 마침내 그의 모든 작업을 마쳤다. 그는 유명했지만 그가 기대했던 것만큼은 아니었다.《램블러》는 시대에 뒤떨어졌다는 평을 받았다. 그는 자신의 나태함에 대해 불안감을 느꼈다. 신이 주신 재능을 낭비하는 것이 두려웠다. 죽기 전에 그 재능을 제대로 쓰지 못해 행여나 지옥에 떨어지지는 않을까 말이다. 그래서 그는 68세의 나이에도 『시인들의 생애』를 집필해보라는 출판업자 세 사람의 의뢰를 받아들였다. 그는 그 책을 집필한 해부터 기도와 명상을 꾸준히 하며 작품 활동을 이어갔다.

존슨은 『시인들의 생애』를 쓰는 동안에도 원고와 편지를 주의 깊게 읽었다. 그는 타고난 연구가이자 메모하는 것이 몸에 밴 꼼꼼한 사람이었다. 해리엇 커클리에 따르면, 그는 글을 쓰는 과정에서 일정한 틀을 유지하며 오래된 자료를 평가하고 새로운 자료를 모으는 일에 매달렸다.[40] 몰입도 높은 학습 방식을 추구했던 유년기의 독서 패턴이 그의 인생에 큰 영향을 끼친 것이었다.

서점에서 보낸 어린 시절은 50년이 넘는 세월이 흐른 뒤에도 그의 삶에 중요한 역할을 했다. 그 시절 서점에서 습득한 문학적 지식이 그의 남은 인생에서 알게 된 지식보다도 더 많았다. 17세기 작가들에 대한 은밀한 이야기에 귀를 기울였던 어린 시절의 존슨 덕분에 그는 나중에 문학적 소양을 갖춘 어른으로 자랄 수 있었다.[41]

그는 나이를 먹는다고 해서 꼭 지적 능력이 떨어진다고 믿지 않았다. 그는 은퇴를 앞두고 자신이 여전히 훌륭한 학자임을 보여주려고 했다. 『시인들의 생애』를 쓰는 것은 그의 힘이 절대로 쇠퇴하지 않았음을 증명하는 것이었다. 존슨이 그 작품을 쓰기 시작한 지 2년 후에 그 주제에 대해 나눈 대화를 보스웰이 고스란히 기록으로 남겼다.

우리는 노년에 대해 이야기했다. (이때 존슨은 70세였다.) 존슨은 '노년기에 정신이 둔해지는 이유는 그것을 사용하지 않기 때문이며 그것은 본인 자신의 문제'라고 말했다. 그러자 주교는 '늙은 사람은 어쩔 수 없이 얻는 것보다 잃는 속도가 더 빠르지 않나요?'라고 물었다. 존슨은 '저는 그렇게 생각하지 않아요. 얼마든지 노력으로 막을 수 있는 일이라고 생각해요'라고 대답했다. 그러자 옆에 있던 또 다른 사람이 나이 들어서 무감각해지는 것은 오히려 행복한 일이라고 말했다(고상한 말투였지만 경멸하는 어조가 전혀 없지는 않았다). 존슨은 이에 반박했다. "아니죠, 이성적이지 않다면 결코 행복하지 않을 겁니다." 그러자 세인트 애서프의 주교가 다시 물었다. "그럼 당신의 소원은 나이가 들수록 계속 배우는 것이겠군요." 존슨은 대답했다. "네, 그렇습니다, 주교님."[42]

또 다른 대화에서도 정신의 쇠퇴에 관해 존슨은 매우 비판적이었다. 한 번은 데리대학의 학장이 존슨과 얘기하다가 인간은 45세가 넘으면 더는 발전할 수 없다는 말실수를 했다. 존슨은 그 패배주의적 발언과 태만에 경악하며 반박했다.

"절대 그렇지 않아요. 당신이 48세인 걸로 아는데 얼마든지 노력하면 발전할 수 있습니다. 나는 당신이 그렇게 해주기를 바랍니다."[43]

존슨 입장에서는 현실에 만족하며 노력을 중단하는 것은 결코 용납될 수 없는 일이었다. 그는 그런 생각 자체가 망상이라고 생각했다. 주어진 상황에 전반적으로 만족한다고 말하는 사람들 역시 알고 보면 결코 현재에 만족해하는 사람들이 아니다. '그런 사람들도 항상 새로운 계획을 짠다. 새로운 것을 가꾸고 미래를 위한 준비를 하기 마련이다.'[44] 어떤 면에서 '노동은 우울함을 예방한다'고 말할 수 있다. 그것이 직업이 가지는 최대 장점 중 하나일 것이다.

『시인들의 생애』는 존슨에 대해 많은 단서를 제공한다. 존슨이 1777년에 새해를 맞이하여 쓴 글을 보면, '오, 주여, 나날이 거듭될수록 나의 결심이 더욱 굳건해지게 해주소서'라고 기도했다. 같은 해 4월 6일, 그는 아침 8시에 일어나서 일기를 쓰고, 성경 구절을 읽고, 공개석상에서 더 많이 예배를 드리겠다는 다짐의 글을 썼다. 이어 부활절에는 『시인들의 생애』에 대한 계약을 마치고 이런 글을 썼다. '나는 한동안 괴로운 시간을 보냈으나 드디어 원하는 것을 손에 얻었다. 나는 내가 오랫동안 누렸던 것보다 더 고요한 평화가 깃들기를 신께 기도드린다.'[45]

그의 결심은 종종 우리가 발전하는 데 도움이 되긴 하지만 결코 완전한 목표를 이루게 하지는 못한다. 지혜는 평생의 과업이기 때문이다. 그는 훌륭한 작가가 되려고 노력한 것이 아니라 좋은 사람이 되기 위해, 차분한 마음을 갖기 위해, 그리고 자신의 평화를 얻기 위해 일을 해왔다. 우리가 이미 살펴본 것처럼, 일은 그가 결심에 부응하도록 도와준 메커니즘이었다. 그는 진정으로 훌륭한 문학 전기는 아직도 쓰이지 않았다고 주장했다. 그렇기에 변화의 기회는 늘 있는 것이었고, 그는 늘 자기 자신을 바꾸려고 노력했다. 존슨은 과거에 여러 번 실패했고 게으르게 살았으며 자신의 기대에 부응하지 못했다. 하지만 그렇다고 끝이 아니다. 언제든 다시 시작할 수 있다. 이런 생각을 담아 발표한 글이 바로 『포프의 생애 Life of Pope』였다. 존슨은 그 작품에서 다음과 같이 썼다.

> 우리가 하는 모든 긴 작업은 지체될 수밖에 없는 이유가 수백 가지, 아니 수천 가지다. 처음에 목표했던 마감 날짜에 맞춰서 일을 끝내기에는 예기치 못한 변수와 장애물들이 언제든 발생할 수 있기 때문이다. 그래서 작업 수행자는 시간이라는 적에 맞서 싸워야 한다. 다행히 그 적은 사상자를 발생시키지 않는다.[46]

모든 긴 작업은 수천 가지 이유들로 시간이 지체되기 마련이다. 존슨처럼 직업적으로 대기만성형인 사람들에게 해당하는 말이다. 그는 선한 도덕을 배우고 실천하는 일에 평생을 바쳤다. 로렌스 립킹이 말했듯이, '그는 지혜로운 현인이자 조언자였으며 위선과는 거리가 먼 도덕주의자였다. 또한 대중들의 일상적인 문제에 대해 함께 고민한 훌륭한 인간'이었다.[47]

인생이라는 긴 작품

전기 작가로서 존슨은 '저속한 위대함'은 멀리하고 오로지 '일상의 소소한 세부 사항'[48]에 관심이 많았다. 그의 작품 『새비지의 생애』에서 문학과 시민 역사에 등장하는 영웅들은 그들이 성취한 업적보다 더 극심한 고통을 겪은 인간적인 모습으로 그려진다.[49] 존슨의 생애도 마찬가지다. 그의 끊임없는 결심이 결국 새뮤얼 존슨을 가장 중요한 사람으로 만들었다.

그의 편지에는 삶을 더 낫게 만들기 위한 크고 작은 도덕적인 조언들이 가득하다. 옥스퍼드에서 새 경력을 시작한 친구에게 그는 새로운 경험에 대한 강한 인상들이 뻔한 관습으로 굳어지기 전에 생생한 상태일 때 얼른 기록으로 남겨야 한다고 조언했다.50 또 수년간 여동생과 대화하지 않는 다른 친구에게 동생과 화해할 수 있는 방법을 알려주었다. 둘 사이가 안 좋은 이유가 만약 친구 잘못이라면 '그녀에게 친절을 베푸는 변화된 모습을 보여주는 것이 오빠의 의무일 것,' 만약 여동생이 비난을 받아야 하는 상황이라면 오빠로서 '용서의 미덕을 행사할 절호의 기회'를 갖게 된 셈이라고 말이다.51

또한 존슨은 글쓰기의 최종 목적이 가르침이라고 주장했다.《램블러》의 목표는 실용적이고 철학적인 지혜를 전달하는 것이다. '나태한 잠과 잘못된 방향으로 흘러가는 근면함의 탕진은 인생의 유한성을 망각하게 만든다.' 그리고 '행복을 잃어버릴까 두려워 행복을 차마 손에 얻지 못하는 것 또한 매우 비합리적인 생각이다.' 존슨은 현실적인 소설을 새로운 방식으로 쓰길 원했으며, 이 세상에 존재하는, 있는 그대로의 인물을 그리고 싶었다. 또 한 번도 표현된 적 없는 수많은 캐릭터를 자기 손으로 창조하고 싶어 했다. 그는 성격이 너무나 포악해서 그가 가진 결점을 혐오하는 것마저 잊게 만드는 그런 캐릭터를 만들고 싶었다.52

보스웰이 쓴 존슨에 관한 전기가 그토록 훌륭한 명작이 된 이유도 바로 여기에서 기인한다. 그 책에는 존슨의 실천적 지혜가 고스란히 담겨 있기 때문이다. 보스웰은 '존슨이 실제로 비즈니스를 좋아했으며 그의 지혜가 실제 생활에 적용되는 걸 무척 좋아했다'라고 말했다. 특히, 존슨은 진실성에 대해 무척이나 집착한 것으로 유명하다. 아주 사소한 실수라도 그냥 넘기는 법이 없었다. 그는 이렇게 말했다.

'진리의 일탈, 그 끝이 어디일지는 아무도 모른다.' 그는 기분 조절에 대해서도 할 말이 많았다. '생기는 곧 예술이며 습관에 크게 좌우된다.' 또 개인의 성격을 통제하는 것에 대해서 그는 '주목받고 싶어하는 것은 인간의 본성이다. 그래서 현명한 사람들은 스스로 그것을 교정하려고 애쓰며 자가 치유를 시도한다'라고 설명했다. 그의 도덕적 조언은 거의 모든 대상을 다루고 있는데 그가 보스웰에게 쓴 내용처럼 '덧없는 인생에서 우리는 자신과 친구들을 위해 최선을 다해야 한다'는 생각으로 통합된다. 존슨은 고대의 지혜를 그대로 답하는 철학자가 아니었다. 보스웰이 말한 것처럼 그는 인간이라면 겪게 되는 삶의 공통분모에 대해 누구보다 잘 알았고 그것을 묘사하는 걸 좋아했다.[53]

존슨은 대기만성형 사람들에게 필요한 통찰력을 갖고 있었다. 재능은 가지고 있는 것만으로는 충분하지 않다. 그것을 갈고 닦으며 노력해야 한다. 그 어떤 것도 주의력 부족을 채울 수는 없다. 그리고 오랫동안 지속된 태만과 불규칙한 습관은 지식을 쓸모없게 만들 뿐만 아니라, 재치 있고 재능 있는 천재성을 경멸하게 만들 위험이 있다.

성공에 이르는 지름길은 없다. 우리의 삶은 잘 살았다면 하나의 긴 작품으로 완성될 것이다. 새뮤얼 존슨의 충고를 잘 들어야 한다. 문제가 닥치면 잘 해결하고, 일하고, 또 실패하면 다시 해결책을 찾으면 된다. 우리는 단지 야망을 위해서가 아니라, 더 나은 행운을 바라기 위해서 그렇게 해야 한다. 언젠가 더 이상 생명이 유지되지 않는 가망 없는 순간이 도래할 것이기 때문이다. 우리가 할 수 있는 것은 그저 우리의 삶을 기억하는 것뿐이다. 또한 우리가 각자의 삶을 즐거운 추억으로 기억하면 그것이 곧 미덕이 될 것이다.[54] 우리는 계속해서 일을 하고 노력하며 살아야 한다. 우리의 관점과 지평을 확장하며 풍부한 지식과 다양한 경험을 쌓아야 한다. 단순히 열망을 충족시키기 위함이 아니라 그렇게 함으로써 생의 마지막 순간에 우리가 그동안 살면서 한 일을 깨닫기 위해서다.

4부

인생의 전환점에서 해야 할 일

08

당신을 바꾸고 싶다면
주변을 바꿔라

네트워크의 역할 외에도 우리가 존슨의 삶에서 배울 수 있는 두 가지 교훈이 있다. 첫째, 우리가 경험한 문화는 우리가 하는 일에 큰 영향을 미친다. 우리를 둘러싼 상황에 따라 우리의 정체성이 바뀔 수 있다는 얘기다. 둘째, 우리의 정신력은 나이를 먹는다고 필연적으로 감소하지 않는다. 성과를 더 많이 낼수록 우리의 삶은 더 성공할 수 있다.

새뮤얼 존슨은 자기 의지로 런던에 갔고 그곳에서 천천히 변화했다. 프리랜서 작가의 삶은 그에게 상업 활동의 필요성을 가르쳐 주었고 네트워크를 형성하여 독자의 요구에 부응하는 방법을 익히게 했다. 그는 옥스퍼드의 보금자리를 떠나 낯선 환경에 적응하며 자기 계발에 힘썼다. 당신이 어떤 사람들에게 둘러싸여 있는지, 어떤 환경에 처했는지가 매우 중요하다. 그로부터 당신의 영향력이 형성되기 때문이다.

당신이 일이나 생활 방식을 바꾸고 싶다면, 당신의 주변 인물부터 바꿔야 한다. 괴테는 '당신이 가장 많은 시간을 누구와 보내는지 말해주면 당신이 누구인지 말해줄 수 있다'라고 말했다. 이 영향력은 두 가지로 나뉘는데, 주변 사람이 서로 영향을 미치는 방식과 주변 문화가 개인의 발전에 영향을 미치는 방식이다. 이 두 가지 형태의 영향력에서 우리가 발견한 것들이 결국 우리 자신을 변화시킬 수 있다.

그룹의 힘

화가와 문인들을 비롯해 동종업계 사람들은 조직을 형성하여 서로 협력하고 격려한다. 물론 그런 그룹에 속하지 않아도 성공할 수 있다. 또 그룹의 일원이 되었다고 성공을 보장하는 것은 아니다. 하지만 나와 맞는 적절한 사람들과 그룹을 형성하면 성공의 효과가 더 확실해진다. 사회학자 마이클 P. 퍼렐은 지난 10~15년 전부터 예술가 그룹이 소셜 네트워크를 통해 활성화되었다고 말했다. 우정과 일을 결합한 형태의 그룹이 만들어지면 여러 사람이 공유하는 비전이 작업의 길잡이 역할을 한다. 각 회원은 그룹이 기대하는 역할을 하고 대인 관계의 역학적 구조는 아이디어와 피드백을 교환하는 중요한 역할을 한다. 이렇게 탄생한 그룹은 새로운 문화를 만든다. 그룹에 속한 사람들은 공유된 목표, 공통의 비전, 그리고 지켜야 하는 규율에 의지한다. 특히, 예술가들에게 공유된 가정은 스타일에 관한 것이지만, 과학자들에게는 새로운 방법론이나 모델 역학에 관한 것일 가능성이 높다. 퍼렐은 이는 멘토를 갖는 것과 다르다는 사실을 분명히 했다. 소위 말하는 멘토란, 자기보다 나이가 많고 경험이 많으며 사람들에게 맞는 직업을 안내하는 사람이다.

이러한 그룹이 만들어지기까지 큰 노력이 필요한데, 인상파와 잉클링스파(영국 옥스퍼드 대학교의 문학 토론 모임), 이 두 예술 그룹이 대표적인 예다.[1] 1992년 클린턴 선거 캠프나 맨해튼 프로젝트 그룹도 있다. 맨해튼 프로젝트는 우정 역학에 의존하는 동료들끼리 목표를 공유했다는 점에서 퍼렐이 정의한 측면을 갖추고 있었다. 반면에 클린턴 캠페인과 같은 사례들은 그룹의 규모가 점점 더 커지면서 그룹의 역학 구조상 더 높은 성취를 추구한다는 점에서는 퍼렐이 주장한 것과 다르다.[2] 물론 일을 시작하고 혁신적인 조직이 되기 위해서는 소수의 핵심 인물이 필요하며 이들이 힘을 합쳐 세상을 함께 바꾸기도 한다.

퍼렐의 주장에 따르면, 이러한 유형의 그룹은 보통 20~30대 초반에 주로 만들어지는데[3] 예외적으로 존 로널드 로얼 톨킨J. R. R. Tolkien은 40대에 잉클링스파 모임을 시작했다. 또 조셉 콘래드Joseph Conrad도 30대 후반부터 글을 쓰기 시작했고, 40대 초반에 이르러서야 영국 남부 해안가 라이에 있는 문학 서클에 들어갔다. 그 모임의 다른 두 명이 바로 포드 매독스 포드Ford Madox Ford(26세)와 헨리 제임스Henry James(55세)였다. 나이 차가 많이 나긴 했지만 세 명의 작가는 서로 협력하며 조직을 운영했고 각자 자신의 정체성을 확립하려고 노력했다. 콘래드와 포드는 본격적으로 자신의 경력을 쌓아갔고 제임스는 직업적인 좌절을 겪은 후 재기를 꿈꾸고 있었다. 그래서 이유

는 다르지만 이 그룹에는 두 명의 대기만성형이 있었다.⁴

또 다른 두 명의 회원인 H. G. 웰스H. G. Wells(33세)와 스티븐 크레인Stephen Crane(28세)도 성공한 작가의 대열에 합류했다. 이 문학 그룹은 회원들끼리 서로의 작품을 읽고 비평했다. 소설이 빅토리아 시대의 도덕화를 넘어서서 어떻게 진화할 수 있는지에 대한 비전을 구상하기도 했다. 웰스는 제임스에게 영감을 받아 자신의 스타일을 연마했다. 또한 제임스는 웰스처럼 환상적인 소재로 이야기를 쓰고 싶었다. 포드는 콘래드와 제임스를 모방했다. 그들 중 몇몇은 제임스의 혁신적 관점을 접목하여 전지적 서술자의 시점이 아닌 주변 인물의 시점에서 이야기를 전개시켰다.

이러한 상호 영향에도 불구하고 이 그룹은 계속 유지될 수 없었다. 성공한 그룹에는 평화주의자가 늘 필요한 법이다. 하지만 라이 문학 모임에는 그런 사람이 없었다. 그룹은 의기투합하지 못했으며, 1874년 전시회에서 미술계에 혁명을 일으킨 인상파 미술가들처럼 세상을 바꾸지는 못했다. 인상파 화가들은 상호 영향을 주고받으며 서로의 경력에 변화를 주었다. 10년이 넘는 세월 동안 작품을 같이 읽고, 문학 토론을 하고, 서로 협력하는 모임은 계속 있었다. 그들의 작품은 그룹의 영향을 받지 않을 수가 없었다. 심리적 공포와 도덕적 딜레마, 서사적 구조의 화자, 해설의 시간 이동, 점진적인 효과 강화, 사건과 이야기의 줄거리 설정과 같은 여러 문학적 요소들의 사용을 공유하기 때문이다. 더 큰 그룹에서는 다양한 연령대의 구성이 문제가 되기도 했지만 콘래드와 포드 사이에서는 유익한 역동성을 창출해냈다. 포드는 '수년간 내가 쓴 모든 단어는 콘래드에게 큰 소리로 읽어준다는 상상을 하면서 쓴 어휘들이었다'⁵고 말했다.

콘래드 역시 그와의 끈끈한 파트너십을 통해 『로드 짐』과 『어둠의 심장』 같은 작품을 완성했는데, 포드와 함께하는 10년의 세월 동안 가장 왕성한 작품 활동을 했다. 이들처럼 비록 나이 차가 많이 나더라도 두 사람이 비슷한 열망과 비슷한 경력 단계에서 원만하게 협업한다면, 얼마든지 둘 다 높은 성과를 거둘 수 있다.

콘래드와 포드야말로 대기만성형의 모범 사례가 되지 못할 이유가 전혀 없다. 퍼렐은 다음과 같이 말했다.

> 나는 대기만성형 사람들이 서로 동등한 상태에서 생산적인 협력 네트워크를 형성할 수 있다고 항상 생각해왔다. 내가 조사하거나 참여한 대부분의 대기만성형 그룹을 보면 각자가 전문성을 가진 컨설턴트들의 모임 같았다. 작품을 완성하기 위해 각자가 가진 부품들을 추가하는 식으로 말이다. 마치 영화를 만드는 스태프나 건축가와 건설자들 같았다.[6]

인간의 기대 수명이 길어질수록 사람들은 직업을 더 많이 바꾼다. 이때 같은 협업 그룹이 새롭고 전문적인 관심사를 추구하는 사람들에게 영향력을 미치는 기회가 더 많아질 것이다. 퇴직 연령대가 된 사람들 역시 신체 활동이나 문화적 취미 생활에 전념할 수 있는 클럽에 더 많이 참여한다. 그들이라고 왜 생산적인 활동, 발명, 새로운 아이디어와 제품 창조에 관심이 없겠는가? 만약 이 연령대의 그룹이 라이 문학 서클처럼 다른 연령대의 젊은이들과 협력할 기회가 주어진다면, 얼마든지 인상적인 경험과 에너지를 결합할 수 있을 것이다.

훌륭한 문화권

사람들이 행동하는 방식은 그 주변 사람들에게 특정 신호를 보낸다. 예를 들어 직장에서의 영향력은 거의 불가피한 것이다. 기업은 이러한 신호를 활용하여 좋은 결과를 얻을 수도 있고, 정반대로 최악의 결과를 얻을 수도 있다. 픽사에서는 영화 제작이 들어가면 초반 작업 때, 모든 직원이 영화에 대한 비전을 제시하고 피드백을 요청받는다. 이때 회사 간부가 좋은 아이디어를 낸 직원의 제안을 채택할 수 있다.[7] 심리학자 에이미 에드먼슨은 '심리적 안정감psychological safety'이라는 개념을 정의했는데, 이는 자신의 생각에 대해 무반응하거나 조롱하지 않는 분위기에서 편하게 아이디어를 제공할 수 있는 감정 상태를 말한다. 에이미 에드먼슨은 '심리적 안정감이 생기면 솔직하고 개방적인 모습을 가지게 되고, 상호 존중이 가능한 환경을 조성할 수 있다'고 말했다. 그렇다고 회사 사람들을 편한 친구처럼 느껴야 하고 조직 분위기가 항상 차분한 상태여야 한다는 말은 아니다. 대니얼 코일은 훌륭한 문화권 속에 있다는 느낌은 순탄함을 말하는 게 아니라 존경하는 사람들과 힘든 문제를 함께 해결해나가는 느낌에 더 가깝다고 덧붙였다.[8]

또한 문화란 훨씬 더 넓은 의미에서도 중요하다. 투자자이자 수필가인 폴 그레이엄은 레오나르도에게 왜 밀라노에는 피렌체만큼 예술가들이 없는지 물었다. 15세기의 밀라노는 피렌체만큼 컸다. 피렌체는 레오나르도와 브루넬레스키, 미켈란젤로, 도나텔로를 비롯한 르네상스 예술가들을 탄생시킨 본고장이었다. 하지만 밀라노는 그렇지 않았다. 이 두 차이점은 어디에서 오는 것일까? 밀라노가 피렌체보다 인구가 훨씬 더 많으니 통계학적으로 계산해도 레오나르도 같은 화가가 수백 명은 있어야 할 것이다. 하지만 실제로 그런가? 그레이엄은 이렇게 말했다.

> 재능 있는 사람들이 함께 일하는 집단보다 더 강력한 것은 없다. 상대적으로 유전자에 의한 결정론은 별로 중요하지 않다. 레오나르도가 피렌체가 아닌 밀라노 부근에서 태어났다고 해서 그의 유전적 요소가 그의 재능을 보상하기에는 역부족이다. 오늘날 우리는 많은 곳을 돌아다녀 보지만 결국 위대한 작업은 몇몇 지역에 국한되어 불균형적으로 이루어진다는 걸 알 수 있다. 예를 들어, 바우하우스, 맨해튼 프로젝트, 뉴요커, 록히드의 스컹크 웍스, 제록스 파크를 예로 들 수 있다.[9]

당신과 함께 일하는 사람들은 당신에게 큰 영향을 미친다. 마찬가지로 문화적 특징도 중요하다. 때로는 이 주제와 관련된 연구에 대해 확실한 결론을 내리기가 어려울 때도 있다. 타이거 우즈가 토너먼트에 불참하게 되자 그의 라이벌 선수들이 더 나은 기록을 보여주었다는 연구 사례가 있다. 그들이 슈퍼스타의 존재감에 얽매이지 않았기 때문이다. 하지만 그 연구 결과를 기정 사실로 인정하기에는 다소 억지가 있다. 따라서 그것을 일반화시키는 것은 위험할 수 있다.

때로는 단순히 나쁜 영향을 주는 사람들과 함께 일하지 않는 것이 최상의 선택이 될 수도 있다. 한 대규모 연구에 따르면, 해로운 직원들은 다른 동료들까지도 유해한 존재로 만들며 그에 대한 이직

비용을 증가시킨다. 해로운 직원들이 끼치는 부정적인 영향이 매우 크기 때문에 회사로서는 유해한 직원을 정상적인 평균 직원으로 대체하는 것이 두 배 이상 더 낫다. 실제로 유해한 직원을 뽑지 않는 것이 상위 1퍼센트의 슈퍼 인재를 뽑는 것보다 회사에 훨씬 더 유리하다는 연구 결과도 있다.[10]

심리학자 테레즈 아마빌과 스티븐 크레이머가 직장 문화가 생산성에 미치는 영향을 연구했다. 두 사람은 직장인들이 작성한 1만 2,000건의 일기를 분석한 결과, 내면의 감정 상태가 긍정적인 직원이 더 생산적이라는 사실을 발견했다. 자신의 업무가 거부당하는 기업 문화에서 일하는 것은 부정적인 피드백을 만들어내지만, 긍정적인 문화에서는 긍정적인 피드백을 형성한다. 프로젝트를 방해하거나 일상적인 소소한 발전을 저해하는 종류의 관리 방식은 결과적으로 낮은 생산성으로 이어지며 직원들에게 부정적인 내적 감정 상태를 촉진한다.[11]

누구와 함께 일하는가

협업은 학계의 생산성을 향상시킨다. 1950년 이후 발표된 수천만 건의 논문을 분석한 연구에 따르면, 인문학 분야에서 공동 저자 형태의 그룹이 개인 저자보다 더 많은 양의 논문을 발표했다. 반면에 순수 과학 분야에서는 개인 저자가 성공적인 논문을 더 많이 발표해왔다. 하지만 최근 20년간 그룹이 개인을 능가하는 패턴이 명확해지고 있다. 가장 성공적인 특허들은 대개 개인이 아닌 그룹에서

더 많이 나왔기 때문이다.[12]

　금융 경제학 분야에서 활동하는 약 1만 5,000명 학자들의 약 5,000편의 연구 논문에 실린 감사의 글을 분석한 결과, 네트워크에서의 위치가 생산성에 영향을 미칠 수 있다는 사실을 발견했다. 선행 연구에서 본 것처럼, 유명인사와 밀접한 관계에 있으면 결과물이 향상될 수 있다. 사회적 네트워크에서도 비슷한 원리가 적용된다. 여기서 사회적 네트워크란, 공동 저자보다는 감사의 글에 등장하는 비공식적인 관계를 의미한다. 사회적 네트워크에서의 위치가 개인의 생산성을 예측하지는 않는다. 하지만 인맥이 좋은 학자들로부터 피드백을 받은 논문이 그렇지 않은 논문보다 더 많은 영향력을 가질 수 있다. 자신의 동료들에게 영향을 미칠 수 있는 사람은 우수한 학술지에 논문을 발표할 가능성이 더 높다는 것을 증명한 연구 결과도 있다. 이것은 인과 관계는 아니지만, 영향력이 곧 생산성의 일부라는 걸 보여주는 사례다.[13] 최근 연구에 따르면, 흑인 학생들이 학교생활 초기에 흑인 담임 교사를 만났을 때가 그렇지 않은 경우보다 고등학교를 졸업하고 대학에 진학할 가능성이 더 높게 나왔다. 지속적인 영향력이 발휘된 결과다.[14] 연구 저자들은 멘토링을 통해 교실 밖에서도 이와 비슷한 효과를 기대할 수 있다고 제안했다.

　우리가 모든 결과를 문자 그대로 다 받아들이지는 않더라도, 누구와 함께 일하는지가 정말 중요하다는 사실을 알 수 있다. 단순히 또래 압력의 문제가 아니다. 당신이 누구와 교류하는지는 당신이 세상에 대해 얻는 정보에 영향을 미친다. 당신이 아는 사람들은 단순히 그들의 의견으로 당신에게 영향을 미치는 것이 아니다. 그들은 당신이 세상을 다른 방식으로 경험하도록 돕는다. 예를 들어, 광고업계에 종사하는 사람을 알지 못한다면 광고가 지루하다고 생각할 수 있다. 하지만 그쪽 업계에 종사하는 사람들과 교류하고 친해지면 그 생각이 바뀔 수 있다. 심지어 직업을 바꾸는 일까지 고려할 수 있다. 이렇게 사람들을 알면 알수록 당신은 더 큰 샘플을 얻게 된다. 즉, 더 많은 사람을 만나면서 그 분야에 대해 더 많이 알게 되는 것이다. 이것은 또래 압력의 직접적인 영향이 아니라 당신이 네트워크를 통해 세상을 '샘플링'하는 간접적인 영향을 말한다.[15]

또래 효과

또래 효과peer effect는 강력한 힘을 발휘한다. 이 효과를 연구하는 경제학자들은, 룸메이트와 전공이 같은 학생들이 그렇지 않은 학생들보다 전공을 유지할 가능성이 더 높으며 룸메이트 중 한 명이 전과를 할 경우, 다른 학생들도 전과를 할 가능성이 더 높아진다는 사실을 발견했다.[16] 2001년 버지니아주의 23개 대학의 컴퓨터 공학 및 생물학과에서 진행한 설문 조사를 기반으로 한 연구에 따르면, 남초가 심한 학과에서 더 많은 여학생이 중퇴를 하는 것으로 밝혀졌다. 반면에 생물학 전공자 중에는 여학생의 비율이 더 높았는데 이 학과 교수진의 성비가 다른 곳보다 좀 더 균형적이었기 때문이다.[17] 또한 술을 마시는 룸메이트가 있는 경우, 특히 대학에 오기 전부터 술을 마셨던 룸메이트와 같이 사는 학생의 경우에는 평균 성적이 전보다 떨어질 수 있다는 사실도 밝혀졌다. 여기서 중요한 점은 이러한 효과가 어떤 이에게는 적거나 거의 없을 수도 있지만, 다른 이에게는 매우 클 수 있다는 점이다.[18] 이것들은 획일적이고 예측 가능한 방식으로 작동하는 종류의 효과가 아니다. 그것들은 필연적인 연쇄반응이 아니라 우리에게 추세와 가능성을 보여준다.

하버드대 경제학 라즈 체티 교수와 다른 경제학자들은 아이들의 학교 성적이나 경제 형편에 따라 나중에 발명가나 혁신가가 될 가능성의 정도를 예측할 수 있음을 발견했다. 또 다른 주요 예측 변수는 이 아이들이 혁신가와 접촉하는지의 여부다. 그들은 '만약 소년들이 남성 발명가와 접촉하는 것만큼 소녀들이 여성 발명가와 접촉할 수 있다면 성비 격차는 절반으로 줄어들 것'이라고 말했다. 저소득층 가정이나 소수 민족 출신의 사람들은 혁신가나 발명가와 접촉할 가능성이 낮다. 그만큼 혁신이나 발명에 성공할 비율도 낮아진다. 이것은 바로 '잃어버린 아인슈타인'이라고 부르는 현상으로 이어진다. 잃어버린 아인슈타인은 과소평가 받는 집단에 속한 나머지 발명가로서의 실력이 있음에도 불구하고 그 가능성을 펼치지 못하는 자들을 가리키는 말이다.[19] 또한 라즈 체티는 저소득층 가정의 아이가 고소득층 가정의 아이와 친구가 될 때, 나중에 더 높은 소득을 가질 가능성이 높아진다는 사실도 발견했다. 전자가 후자에게 직업이나 대학에 대한 정보를 얻게 되면서 인생에 대한 열망과 신념이 바뀔 수 있으며, 심지어 여러 기회 요소들과 연결될 수도 있다.[20]

우리는 우리가 인식하는 것보다 더 많은 영향을 받는다. 이는 지난 역사를 보면 더욱 분명해진다. 『시학』에서 아리스토텔레스는 인간이 지구상의 생명체 중 모방을 가장 잘한다고 말했다. 또한 존 스튜어트 밀이 말한 것처럼, 역사의 주된 교훈은 바로 인간의 성향이

외부 환경에 쉽게 영향을 받는다는 점이다.²¹

성취를 이룬 사람들은 높은 성취를 조장하는 문화와 연쇄적인 가르침 속에서 협업하는 경향이 있다. 도나텔로가 베르톨도 디 조반니를 가르쳤고, 그는 다시 미켈란젤로를 가르쳤다. 플라톤이 소크라테스의 제자였다면, 아리스토텔레스는 플라톤의 제자였다. 역사학자이자 사회철학자인 랜달 콜린스는 창의성은 개인들 사이에 무작위로 발생하는 것이 아니라 여러 세대를 거쳐 연쇄적으로 형성된다고 했다. 미주리주의 생물학 연구소에서 거티Gerty와 칼 코리Carl Cori 부부는 향후 노벨상 수상자가 될 사람들을 교육했는데, 일부 노벨상 수상자들은 자신의 스승과 멘토를 선택하는 데 매우 신중했다. 이들은 위대한 철학자를 탄생시키는 가르침의 연쇄 작용과 비슷한 시스템을 가진다. (많은 수상자들이 이러한 연결을 가지지 않는다는 점도 알아둘 필요가 있다. 네트워크 연결은 이용하면 유익하지만 꼭 거쳐야만 하는 배타적 경로는 아니다.)²² 기업가 패트릭 콜리슨은 이것이 과학적 성공의 중요한 부분이라고 믿었다. 그는 이렇게 말한다. '위대함이 어떤 때와 장소에서는 일어나고 다른 곳에서는 일어나지 않는지 설명할 때, 특정 인물들에 의해 정립된 연구 문화와 직접적 경험을 통해 전달되는 암묵적인 지식이 아마도 중요할 것이다.'²³

또래 문화의 영향력이 얼마나 중요한지는 실제로 존슨이 옥스퍼드가 아닌 런던에 있으면서 얼마나 많은 이득을 봤는지를 확인하면 쉽게 이해될 것이다.

낯선 환경과 기회

어느 날 갑자기 회사의 책임자가 된 캐서린 그레이엄처럼 하루아침에 새로운 삶에 던져진다고 상상해보자. 당신이라면 어떨까?

1940년대 미국에서 징집된 많은 청년들은 시스템의 실패로 불우한 환경에서 자랐으며 안정된 가정과 좋은 교육의 혜택을 받지 못했다. 그런 이들이 군대에 들어가자, 이전에 없었던 규율, 리더십, 조직, 팀워크, 협력, 책임감, 목적이 따르는 환경에 놓이게 되었다. 물론 징집이나 전쟁을 찬성한다는 얘기가 아니다. 하지만 제대로 교육을 받지 못한 사람들이 새로운 문화를 접하고 인생의 전환을 경험하게 되었을 때 어떤 일이 일어날 수 있는지 확인할 수 있다. 군대의 중요한 특징 중 하나가 바로 지위의 평등이다. 그들의 배경이나 과거가 그들 사이에서 더 이상 고려되지 않는다.

경제 대공황 시대에 태어나 제2차 세계대전과 한국 전쟁에서 복무한 남성 중 일부를 조사한 한 사회학자는 불우한 배경을 가진 남성들이 군 복무 후 사회적 능력이 향상되고 심리적 건강이 개선되었다는 사실을 발견했다. 이들은 군대에서 배운 기술 훈련 덕분에 직업적 성과도 향상되었다. 제대군인지원법 덕분에 대학에 진학하는 것뿐만 아니라 많은 참전용사들이 고등학교를 졸업하고 공예나 직업 훈련을 받았다. 군대는 이 삶에서 저 삶으로 전환하는 가교 역할을 했다. 그들의 미래에 제한이 있는 것처럼 보일 때 변화가 일어났다.

이미 직업이 있고 가정을 이룬 22세 이상의 남성들의 경우에는 군 복무가 오히려 방해가 될 가능성이 컸다. 그러나 실망스러운 인생을 사는 사람들에게는 오히려 군 입대가 삶의 경로를 개선했다. 물론, 군 복무에 부정적인 영향도 있다. 특히 30대에 전투를 경험한 남성들이 나중에 아내와 이혼할 가능성이 더 높았다. 하지만 나이와 경험에 상관없이 삶의 경로를 바꾸는 것은 얼마든지 가능하다. 당신이 환경을 더 많이 바꿀수록 당신 자신도 더 많이 변화시킬 수 있다. 예를 들어, 미국에서는 해외 복무 경험이 있는 비행 청년들이 1944년 제대군인지원법이 제공하는 교육 기회를 더 많이 활용했다. 사회학자들은 이 결과에 대해 급진적인 변화를 가져오는 해외 복무 경험은 특히 범죄 기록을 가진 사람들에게는 인생의 전환을 가져올 수 있는 디딤돌 역할을 제공한다고 설명했다.[24] 이는 사람들이 그들에 대해 생각하는 방식과 그들이 스스로에 대해 생각하는 방식을 변화시켰다.

비슷한 예로, 줄리아 차일드Julia Child는 프랑스에 있는 동안 레스토랑 음식을 맛보고 현지 시장을 다니며 프랑스 요리 학교도 다녔다. 먹는 것을 좋아하던 그녀는 직접 요리하고 음식에 관한 글을 쓰는 것을 좋아하게 되었다. 그녀가 프랑스로 가게 된 것은 외교관인 남편이 프랑스로 발령을 받았기 때문이다. 단순한 전환이 일생일대의 중대한 전환으로 바뀌면서 그녀는 전과 완전히 다른 사람이 되었다. 이후 줄리아 차일드는 90세까지 TV 요리 프로그램을 진행했다. 캐서린 그레이엄처럼 줄리아 차일드도 부유한 특권층의 양육 방식 때문에 성장하면서 다소 억눌려 있었다. 그녀는 20대에는 매우 사교적이었지만 한 가지에 몰입하는 타입은 아니었다. 그러나 프랑스에 머물면서 무언가를 하고 싶다는 강력한 동기 부여를 느낀 것이다.

나만의 도약대

굳이 해외에 나가지 않더라도 당신의 환경은 바뀔 수 있다. 대공황 시절, 경제적으로 어려움을 겪었던 남성들은 폭력적이고 더 나쁜 부모와 배우자가 될 가능성이 더 높았다. 반면에 요즘 10대인 Z세대는 2008년 금융 위기의 여파 속에 성장했기 때문에 이전 세대보다 재정적으로 더 신중하다는 평가를 받고 있다. 환경의 누적 효과 역시 중요하지만 얼마든지 바뀔 수 있다. 줄리아 차일드가 미국으로 돌아오기 전에 프랑스에서 오래 생활하면서 공부한 것처럼, 군 복무를 통해 인생 경로를 전환하기까지는 수년이 걸린다. 많은 여성이 제2차 세계대전 동안 이와 같은 경험을 했다. 예를 들어, 옥스퍼드 대학교는 많은 남성 철학자들이 부재하자, 필리파 풋Philippa Foot, 아이리스 머독Iris Murdoch, 엘리자베스 앤스컴Elizabeth Anscombe과 메리 미즐리Mary Midgley 등 그 세대의 가장 저명한 여성 철학자 네 명에게 발전의 기회를 제공했다. 그 결과, 그녀들의 삶은 전과 다른 궤적을 그리게 되었다. 새로운 맥락과 상황에 자신을 내어놓는 것은 시간이 흐를수록 일상이 다르게 채워질 수 있다는 것을 시사한다. 따라서 전환의 순간을 찾는 것은 지금과는 전혀 다른 사람이 되기 위해 필수적이다.[25]

그런 순간이 칼 번스타인Carl Bernstein에게도 일어났다. 그는 워터게이트 스캔들을 파헤친 기자 중 한 명으로 유명하다. 하지만 폭로가 있기 한 해 전에 회사에서 해고될 위험에 처했었다. 그가 디테일에 소홀하고 마감일을 자꾸 어긴다는 이유에서였다. 그는 워싱턴 D.C. 지역의 이야기를 보도하는 메트로 섹션에서 일하는 게 지겨워 스타일 섹션으로 전근을 요청했다. 그의 평판은 하락하고 그의 초과 근무 시간과 추가 비용 내역은 다른 직원들보다 두 배나 많았다. 그는 장거리 취재를 위해 차를 렌트하고 거액의 주차비를 회사에 청구하기도 했다. 결국, 1971년에 그는 몇 달 동안 작업한 보고서를 제출하지 못하게 되면서 최악의 상황에 몰렸다. 그는 편집장 해리 로젠펠드의 호출을 받았다. 그는 번스타인에게 《워싱턴 포스트》를 떠나든가 아니면 생산적인 기자가 되라는 말을 들었다. 그 말에 큰 충격을 받은 그는 앞으로 달라지겠다고 대답했다.

그로부터 1년이 흘러 그는 워터게이트 사건을 맡게 되었고 호랑이가 줄무늬를 바꾸듯 개과천선했다. 만약 그가 해고되었거나 스타일 섹션에서 일했다면 그는 결코 워터케이트를 폭로한 기자가 되지 못했을 것이다. 번스타인은 그 후에도 가끔씩 동료들을 짜증나게 했지만 이전의 그와는 달랐다. 그는 워터게이트 스캔들을 다루면서 천천히 변화했다. 그리고 이제는 새로운 경력 궤도를 가진 예전과 전혀 다른 모습의 기자가 되었다.[26]

우리는 인생을 살면서 많은 전환점을 맞는다. 결혼하고, 아이를 낳고, 이직하고, 폐경을 맞이하고, 정신 건강에 문제가 생기기도 하고, 새로운 동네로 이사를 가기도 하며, 해고를 당하거나 은퇴를 한다. 이 모든 과정이 다 변화의 기회들이다. 모두에게 전적으로 좋은 경험, 나쁜 경험을 나누는 것은 별 의미 없다. 다만 당신의 동기 부여가 표출되는 방식이 달라질 수는 있다. 동일한 사건이 누구에게 일어나느냐에 따라 현저하게 다른 영향을 미칠 수 있기 때문이다.

심리학자 제이 벨스키와 그의 동료들은 '차별적 감수성'이란 개념을 만들었다. 이 개념에 따르면, 외부 환경에 영향을 받는 정도가 사람마다 다르며 특정 그룹이 다른 이들보다 더 민감하게 반응한다. 예를 들어, 어린 시절에 받았던 스트레스가 어떤 사람에게는 매우 나쁜 영향을 미치지만 또 다른 사람에게는 거의 영향을 미치지 않는다. 모든 부모는 동일한 환경이 각 자녀에게 서로 다르게 영향을 준다는 걸 잘 알고 있다. 외부적 영향을 쉽게 받는 사람과 타격을 전혀 안 받는 사람으로 이분화할 문제가 아니다. 세상에는 다양한 사람들이 서로 다른 요소에 영향을 받으며 살아간다. 어떤 사람은 부모의 영향은 받지만 동료의 영향은 잘 받지 않는다. 또 그 반대의 경우도 있다. 음악에는 영감을 받지만 그림에는 별로 영감을 받지 않는 사람들도 있다. 대부분의 사람들은 벨스키가 '모자이크'라고 부르는 존재들이다. 깔끔한 패턴에 맞추기보다는 여러 방식으로 다양한 것들에 영향을 받기 때문이다. 한 연구에 따르면, 어린이의 7퍼센트는 부모와 또래 집단 모두에게 영향을 많이 받는 반면, 10퍼센트는 둘 다 영향을 받지 않으며, 또 15퍼센트는 또래 집단에게는 크게 영향을 받아도 부모에게는 별로 영향을 받지 않는 것으로 밝혀졌다. 그 반대의 경우는 19퍼센트였다. 또 다른 연구에서는 6.5퍼센트의 어린이들이 유년기의 역경에는 취약하지만 청소년기에는 그렇지 않다는 것이 밝혀졌다. 반대인 경우는 6.7퍼센트였다. 어떤 사람들은 자신의 주변 환경에 취약하지만 그렇지 않은 사람들도 있다. 많은 사람들이 서로 다른 시기에 서로 다른 종류의 영향을 받는다.[27] 그래서 사람마다 인생의 주요 전환점이 찾아오는 순간이 다르고 그것이 인생에 미치는 영향도 다르다.

뱀파이어로 산다면

 당신이 지금과 전혀 다른 사람이 되는 것은 한순간 갑자기 시작될 수도 있다. 그것 역시 변화의 한 과정이다. 종종 우연히 변화가 찾아오기도 한다. 줄리아 차일드는 프랑스 루앙에 있는 라 쿠론 식당에서 점심을 먹던 날, 처음으로 프랑스 요리의 진가를 발견하고 사랑에 빠지기 시작했다. 그녀가 37세 때였다. 그녀는 그날 우연히 그곳에 간 것이다. 그녀가 요리를 직업적으로 생각하게 된 것은 친구인 시몬 벡과 루이제트 베르톨의 영향이었다. 그녀는 친구들과 함께 프랑스의 명문 요리 학교인 르 코르동 블루에 입학했다. 그들은 10년 동안 틈틈이 기록한 레시피들을 모아 책으로 출간했다. 그 책이 바로 세기의 베스트셀러인 『프랑스 요리의 기술』이다.[28]

 그 영감의 순간이 없었다면 줄리아 차일드는 결코 독립적인 사교계 인사나 정부 관료의 아내에서 요리사이자 베스트셀러 작가, TV 스타로 변신할 수 없었을 것이다. 그녀는 삶의 변화를 받아들인 중년부터 죽기 전까지 쉼 없이 일했다. 그녀가 의도적으로 그러한 변화를 유도한 것이 아니었다. 우리는 종종 달라지고 싶다고 생각할 때, 어떤 현실이 새롭게 펼쳐질지 알 수 없다. 그저 자신에 대한 믿음 하나로 변화의 도약대에 오르는 것이다.

 철학자 L. A. 폴은 이를 '뱀파이어 문제'라고 부르며, 뱀파이어로 변신하는 사고 실험으로 설명했다. 당신이 원한다면 뱀파이어가 될 수 있다고 상상해보자. 불멸의 존재이자 화려한 밤을 지배하는 군주가 되는 것이다. 우아하면서도 동시에 유혹적인 기회가 될 것이다. 또 엄청난 힘을 가질 수도 있다. 하지만 다른 생명의 피를 마셔야 하고 햇빛을 피해야 한다. 당신은 절대 죽지 않으며 영원히 살게 된다. 뱀파이어가 되기로 결정하기 위해 당신이 무엇을 알아야 하는지 아는 것은 불가능하다. 왜냐하면 진짜 뱀파이어가 되기 전까지는 그것의 실체를 알 수 없기 때문이다. 인간의 관점에서 피를 마시는 행위는 사악하게 들린다. 하지만 뱀파이어 입장에서는 피가 맛있는 음료일 것이다. 인생에서 수많은 선택권이 있지만 겪어 보기 전에는 그 선택에 대해 판단할 수 없다. 그것이 바로 뱀파이어 문제가 말하고자 하는 메시지다. 폴은 '우리가 직접 경험을 하기 전까지는 그 경험이 우리에게 무엇을 제공할지 미리 알 수 없으며, 따라서 경험 말고는 다른 출처로부터 정보를 얻어낼 수 없다'[29]고 말한다. 새로운 삶이 어떨지 알 수 있는 유일한 방법은 그 삶을 일단 살아보는 것이다.

자기 계발의 삶

하지만 우리가 하는 수많은 결정이 뱀파이어 문제로만 해결되지는 않는다. 어떤 것들은 상황이 역전되기도 하고 중간에 방향이 조정되기도 한다. 또는 애당초 뱀파이어 문제처럼 변화를 경험하지 못하는 사람들도 많다. 대가족에서 성장하고 형제자매가 아이를 낳고 키우는 것을 보고 자란 사람에게는 부모가 된다는 변화가 인생에서 큰 전환으로 보이지 않을 수도 있다. 그들은 새로운 현실이 익숙했기 때문이다. 어쩌면 캐서린 그레이엄에게 일어난 삶의 변화도 그랬을 것이다. 1991년에 그녀는 자서전에 필요한 자료를 수집하기 위해 《워싱턴 포스트》의 이전 편집자와 인터뷰를 한 적이 있다. 그녀는 그에게 '아무것도, 정말 아무것도' 모른 상태에서 자신이 《워싱턴 포스트》의 책임자가 되었다고 말했다. 그러자 그는 그렇지 않다고 반박했다. 그녀가 이전부터 친부와 남편을 통해 신문사의 도전 과제에 대해 '내면의 눈'으로 바라보고 있었다는 것이다. 그녀도 그 말에 동의하며 그런 상황이 그녀에게 '간접적인 정보'[30]를 전달해주었다는 것을 인정했다. 그녀는 회사의 다른 직원들에 비해 정보력이 많이 부족했다. 그리고 신문사의 생리를 잘 이해하고 적응할 수 있을지 걱정하며 자신의 능력에 대해 확신을 갖지 못했다. 그래서 오랜 시간 신경과민 상태에서 학습을 이어가야만 했다. 그레이엄은 '자기만의 방식대로 느끼는 것 외에는 달리 할 일이 없었다. 그러다가 점차적으로 주변 상황들이 정리되기 시작했다'라고 말했다. 그녀는 지속적으로 주변 대상에 대해 관심을 가졌으며 눈길을 사로잡는 대상들이 하나둘씩 모이면서 그녀가 배워야 하는 것들의 퍼즐이 완성되기 시작했다.[31]

철학자 아그네스 캘러드가 '자기 계발 self-cultivation'이라고 부르는 변화에 접근하는 이 방법은 우리 모두에게 열려 있다.[32] 격렬한 운동, 낯선 음악, 코딩 배우기 등 취향을 계발하는 것은 뱀파이어가 되기로 결정하는 것과는 결이 다르다. 샘플링을 통해 당신은 이 새로운 것이 어떤 것인지 알 수 있다. 체육관에 가고, 랩을 듣고, 파이선 코딩을 하면서 말이다. 또한 샘플링은 기존의 선호도를 기반으로 이뤄질 수 있다. 반드시 낯선 미지의 세계로 꼭 들어가야 하는 것은 아니다.

우리의 삶이 일단 안정적으로 정착되면, 우리는 새로운 영역에 뛰어들어 위험을 감수하는 것을 점점 꺼리게 된다. 제한된 기술과 경험을 가진 21세의 젊은이가 새로운 경력에 도전하는 것은 가능하지만, 20년 후에 동일한 사람이 경험 많은 전문가가 되어서 다시 견습생으로 돌아가는 것은 훨씬 더 힘든 일이다. 어느 분야나 무언가를 완벽하게 잘하는 것은 어렵다. 그리고 능숙해진 후에는 새로운 일에 서투른 상황을 주저할 수밖에 없다. 이것은 뱀파이어 문제와는 반대 상황이다. 지난번에 고군분투했던 것을 알고 있기에 다시는 그 일을 반복하고 싶지 않은 것이다.

행동 과학자, 저커 덴렐과 가엘 르 맹은 이러한 결과치를 '역량의 함정competency trap'[33]이라고 불렀다. 어느 한 가지 일에 능숙해지면 다른 것에 능숙해지는 것이 어렵다. 일단, 경력에 몰두하여 전문가가 되면, 새로운 것을 배우는 동안 미숙한 상태의 시기로 되돌아가는 것이 더 어려워진다. 일단 능숙해지면 무능력하다는 것이 얼마나 불쾌한지 알기에 애써 피하고 싶어진다. 큰 변화를 맞이할 때, 뱀파이어 문제든 아니든, 우리는 어느 정도 경험치가 쌓이면 더욱 신중해질 수밖에 없다. 우리는 실패가 무엇인지 잘 알고 있다. 그래서 다시는 그런 일을 겪고 싶어하지 않는다. 이러한 현상은 마크 트웨인의 관찰에서 유래한 '뜨거운 난로 효과'로 잘 알려져 있다.

> 우리는 경험을 통해 얻은 지혜를 그 안에서 멈추도록 주의해야 한다. 그렇지 않으면 뜨거운 난로 위에 앉은 고양이처럼 될 수 있다. 그 고양이는 그 경험 이후로 다시는 난로 위에 올라가지 않는다. 어떤 의미에서는 좋은 현상이라고 볼 수도 있다. 하지만 그 고양이는 이제 차가운 난로 위에도 결코 앉지 않게 될 것이다.[34]

해리 로젠펠드는 《워싱턴 포스트》의 채용 과정에서 경험한 사례를 이야기하며 '뜨거운 난로 효과'가 지닌 문제점을 보여주었다. 로젠펠드는 똑똑하고 근면하긴 하지만 신문사의 빠른 속도에 적응하지 못해 몇 주만에 학계로 다시 돌아간 박사 졸업생들을 채용한 적이 있었다. 그 후에 다른 박사 출신의 지원자와 면접을 했지만 고용하지 않았다. 그는 가능성 있는 후보자였지만, 마크 트웨인의 실험 속 고양이 사례처럼 다른 박사 졸업생에게 기회를 주기에는 어딘가 석연치 않았기 때문이다. 이는 결과적으로 큰 실수였다. 그 후보자가 바로 리차드 번스타인Richard Bernstein으로 그는 다른 곳에서 뛰어난 기자 경력을 쌓았다.[35]

어떤 길을 선택할지 결정할 때, 우리는 어떤 길이 최상인지 알지 못해 갈팡질팡한다. 요리사가 되는 것, 물리학을 공부하는 것, 배관공이 되는 것, 이 세 가지 선택 사항이 있다고 가정해보자. 당신은 이 중에서 배관공이 되는 것이 최선이라고 생각한다. 배관 기술학교에 다니면서 당신은 곧잘 적응하긴 했지만 뛰어난 실력을 가진 것은 아니라는 사실을 깨닫는다. 개선의 여지도 보이지 않자 당신은 점점 더 지루해진다. 그렇다고 이 일이 자신에게 맞지 않다는 것을 깨닫기 위해 굳이 다른 직업적 대안을 시도할 필요는 없다.

결국, 당신은 요리 학교로 진로를 전환한다. 처음에는 모든 것이 순조롭게 잘 진행된다. 실력도 점점 향상되고 무엇보다 당신은 그 일을 즐긴다. 하지만 요리 학교가 최고의 선택인지는 물리학을 시도하지 않는 한 알 수 없다. 이런 경우에는 당신이 요리를 계속할 가능성이 더 크다. 왜냐하면 물리학이 여러 모로 더 나은 선택이 될지 몰라도 일단 요리를 배우는 과정은 물리학보다 더 빠르기 때문이다.

위에 설정된 세 가지 선택에서는 당신이 이미 배관공을 시도했기 때문에 물리학뿐만 아니라 요리를 시도해볼 기회가 적다. 당신은 이미 한 번의 실패를 경험했기 때문에 그런 어려움을 또다시 겪고 싶지 않을 것이다. 하지만 최고의 접근 방식은 두 가지를 모두 시도하는 것일 수 있다.

처음에는 잘 풀리지 않는 일이더라도 장기적으로 그것이 제일 나은 선택이 될 수도 있다. 하지만 이 사실을 깨닫기가 어렵다. 계획의 우선순위를 정할 때나 어떤 기술에 투자할지, 어떤 커리어를 따를지 고민할 때도 마찬가지다. 당신이 상대적으로 덜 잘하는 일을 선택하는 것이 단기적으로는 좋은 생각이 아닐 수 있지만 그 반대일 수도 있다. 어떤 종류의 연습이 성과를 낼지 미리 알 수 없다는 것이 우리가 의사 결정을 할 때 직면하는 가장 어려운 문제 중 하나다.

중요한 것은 불확실성이 우리의 기본값이 되지 않도록 하는 것이다. 새로운 것을 시도할 때 무능함을 느끼는 것에 편안해질 필요가 있다. 우리가 다양한 분야로 확장할수록 우리가 정말 잘하는 것을 발견할 수 있다. 우리는 현재의 전문성을 개발하기까지 오랫동안 무능한 시간을 보내야 한다. 때로는 다시 무능해질 준비가 필요하다. 맥도날드 사업을 위해 수년간 도전한 레이 크록을 떠올려보라. 그는 학습의 시기, 실수의 시기, 시행착오의 시기를 거쳤다. 그는 초기 경력과 똑같은 강도로 그 시기를 보냈다. 그는 '역량의 함정'에 빠져 있을 수도 있었다. 그러나 맥도날드 주차장에서 갑작스러운 영감을 받는 순간, 그는 '자기 계발'의 긴 여정에 기꺼이 뛰어들었다.

인생에서 늦게 꽃피우는 사람들은 자기 계발에 많은 시간을 보낸다. 그들은 삶을 긴 유기적 과정으로 경험하는데, 여기서 결정은 이전의 경험에서 나온다. 그들은 항상 자기 자신이 되려고 노력 중이다. 어떤 이들의 삶은 결정적인 순간에 크게 변한다. 영감이 떠오르고, 운명의 수레바퀴가 돌아간다. 또 어떤 이들은 천천히 진화한다. 불규칙하지만 의식적이고 계획적으로 변화하는 것이다. 이처럼 인생의 전환이 일어날 때는 갑작스러운 영감과 느린 변화가 동반된다.

당신은 운이 바뀌기를 기다릴 필요가 없다. 다음 장에서 살펴볼 오드리 서덜랜드는 여성 모험의 영웅이자 선구자가 되었다. 그녀는 낯선 상황에 자신을 내던지는 데 비범한 능력이 있다. 60대에 알래스카 지역 800킬로미터를 혼자서 카약을 타고 횡단했다. 또 70대에 이어 80대 초반까지 혼자 카약 횡단에 성공했다. 그녀는 스스로에게 영감을 주었다. 하나의 간단한 모토로 그것을 해낸 것이다. 그저 가라. 혼자서 가라. 지금 가라.

09

지금 혼자서
이 순간을 살아라

1957년, 서른여섯 살의 나이에 이혼하고 네 명의 아이들을 혼자서 키우며 학교 상담사로 풀타임으로 일하던 오드리 서덜랜드는 하와이 몰로카이 섬을 비행기로 지나가며 그곳에 직접 가고 싶은 갈망이 생겼다. 하지만 몰로카이 해안가는 바다로만 접근할 수 있었다. 보트를 빌릴 만한 돈이 없었던 그녀는 직접 헤엄쳐 가기로 결심했다.[1]

1958년의 시도가 실패한 이후, 그녀는 마흔두 살이 되던 해인 1962년에 드디어 그 섬에 도착했다. 무모한 여정이었다. 그녀는 장담할 수 없지만 희망을 품고 파도가 잔잔한 여름 바다로 갔다. 3시간이 지나면 바위 사이를 흐르는 매끄러운 바닷물이 8피트 높이의 거대한 파도로 변할 수도 있었다.[2] 오드리 서덜랜드는 평범한 탐험가가 아니었다. 무엇보다도 그녀는 이 수중 여행에 대해 미숙한 상태에서 이 모험을 결심했다.

서덜랜드가 그렇게 대담한 일을 한 것은 그뿐만이 아니었다. 1980년 쉰아홉 살의 나이에 다니던 직장을 그만두고 알래스카와 브리티시 컬럼비아 해안 800킬로미터를 혼자 카약으로 여행했다. 하와이와는 극명하게 대조되는 매우 차가운 물에서의 첫 모험이었다. 그 도전 역시 비행기 창문 밖을 내려다보다가 영감을 받아 떠난 것이었다.[3] 그녀는 20년 동안 알래스카와 브리티시 컬럼비아로 수차례 여행을 떠났다. 2001년, 여든 살의 그녀는 프랑스의 베제르강을 따라 카약 여행을 했고, 그다음 해에는 알래스카에서 65마일을 노를 저어 이동했다.[4]

서덜랜드의 탐험 정신은 그녀의 유년기에서 쉽게 찾을 수 있다. 그녀는 여름에 오두막에 놀러 가면 주변 숲을 탐험하며 많은 시간을 혼자 보냈다. 다섯 살 때 아버지가 돌아가신 후로도 그녀의 어머니는 야외활동을 즐겨 했다. 서덜랜드는 혼자서 식량을 구하고 맨몸으로도 생존할 수 있는 사람으로 성장했다. 멀리 떠나고 싶은 본능이 그녀에게 깊이 뿌리박혀 있었다. 열네 살 때는 혼자 오두막에서 나와 14마일 떨어진 샌 고고니오 산 정상까지 올라간 적도 있었다. 그녀의 친구들은 그녀가 평생 평범함과는 거리가 먼 매우 독특한 삶을 살았다고 입을 모아 말했다.[5]

앞장에서 보았듯이, 사람은 전환의 순간을 맞이한 이후 변하기 마련이다. 그리고 천천히 오랜 기간에 걸쳐 자신 안에 있는 새로운 무언가를 키워나간다. 오드리에게는 이혼이 삶에 찾아온 전환의 순간이었다. 그녀는 자녀들을 데리고 오아후 섬의 북쪽 해안가로 이사했다. 몇 년 후, 아이들이 자립적으로 지낼 수 있는 나이가 되자, 그녀는 더 의미 있는 탐험에 도전하기 시작했다. 그녀는 늘 하이킹과 수영을 좋아했다. 야생의 장소에 매료된 그녀는 80대에 알래스카로 탐험을 떠날 때까지 항상 활기차게 생활했다. 나이는 절대 장애물이 아니다. 그녀의 딸은 《뉴욕 타임스》와의 인터뷰에서 '어머니가 도전을 계속하시는 건 아마도 그 일을 하기에는 아직 나이가 많지 않다는 거겠죠'[6]라고 말했다. 서덜랜드의 아들, 조크 역시 어머니는 항상 모험심이 많았는데 누구도 그녀가 80대에 알래스카와 브리티시 컬럼비아 해안을 탐험하게 될 것이라고는 예상하지 못했다고 회상했다.[7] 오드리 서덜랜드는 많은 사람들이 그런 것처럼 야외 활동을 즐기는 사람이었다. 그는 인생의 황혼기에 늦깎이 탐험가로 여생을 보냈는데 미지의 땅을 홀로 여행하며 곰, 범고래, 늑대를 만났다.

오드리는 모험에 대한 감각이 뛰어났다. 친구 샌포드 렁은 그녀가 어려운 상황을 헤쳐 나가는 방법을 본능적으로 알고 있었다고 회상했다. 몰로카이에서 3피트 높이의 파도를 헤치며 함께 노를 저었던 렁은 오드리가 파도가 몰아치는 곳에 사는 토종 바위게들처럼 상륙을 위해 민첩하게 움직였다고 전했다.[8]

그녀의 모험심은 어려서부터 싹이 보였다. 결혼 후 어업 종사자 남편의 아내로 살면서 활동 범위에 제약이 있었지만 그런 삶 역시 그녀의 초기 탐험의 밑거름이 되었다. 그녀처럼 고립된 해안으로 헤엄쳐 가서 몇 년 동안 꾸준히 탐험하는 사람은 실제로 그리 많지 않다.

오드리는 몰로카이 여행을 위해 1924년에 제작된 지도를 사용했다. 다른 지도는 구할 수가 없었다. 또 그녀는 산행 도중 오염된 물을 먹고 식중독에 걸리는가 하면, 단발 엔진 우편 비행기를 타고 나병환자촌을 방문하기도 했다. 또 은둔 생활을 하는 철학자가 칩거하는 동굴에 머문 적도 있다. 그녀는 몰로카이에 가기 위한 준비 작업으로 하와이의 다른 지역을 4년 동안 탐험했다. 드디어 1962년, 그녀는 몰로카이로 떠났다. 그녀는 가파른 절벽을 따라 암벽 등반을 하고 필요할 때만 수영을 하기로 결정했다.

첫 번째 시도

그러나 그녀의 첫 번째 시도에는 여러 가지 문제점이 있었다. 그녀는 겨우 3일 휴가를 얻었는데 시계를 깜박 잊고 가져가지 않았다. 또 깨끗한 물을 찾지 못해 어느 날 밤에는 식사조차 할 수 없었다. 게다가 그녀가 수영하는 동안 뒤에 매달아 둥둥 뜨게 해놓은 배낭에 물이 침투하면서 옷과 카메라가 젖는 사고도 발생했다.[9] 또 탈수 증상이 있는데도 무모하게 60피트 높이를 올랐다가 정상에서 10피트 남겨두고 발 디딜 곳이 없어졌다. 다시 내려갈 수도 없게 된 그녀는 50피트 아래 평평한 지반을 향해 가방을 던졌다. 가방은 부서졌고 안에 있던 물건들이 바다로 흘러갔다. 그녀는 몸을 웅크리고 최대한 바깥쪽으로 뛰어내렸다. 그러나 간발의 차로 난간을 놓치는 바람에 물속에 빠지고 말았다. 흩어진 물건들을 다시 모은 후, 그녀는 해변에서 기절했다. 지나가던 배가 그녀를 구조했고, 그녀는 3년 동안 그곳을 다시 찾지 않았다.[10]

그 당시에 오드리 서덜랜드는 범상치 않긴 했지만 탐험가의 내공이 쌓이지는 않았었다. 첫 몰로카이 탐험에서 자신의 한계를 깨닫고 그녀는 더 준비할 수밖에 없었다. 몰로카이 탐험에 대한 회고록인 『나의 카약을 패들링하기Paddling My Own Canoe』의 말미에서 그녀는 다른 탐험가들과 자신을 비교했다. 그녀는 자신의 책이 지나치게 전문화된 건 아닐까 생각했다. 그녀와 비슷한 사람들이 있었지만, 하와이의 따뜻한 바다에서 수영하고 노를 젓는 것과 아이다호강에서 카약을 타는 것은 매우 달랐다. 여기서 우리는 베티 캐리Berry Carry를 언급하지 않을 수가 없는데 그녀는 브리티시 컬럼비아의 내륙 수로를 더그아웃 카누(통나무를 파서 만든 길쭉한 쪽배)로 이동했다. 사실 그것도 카약 타기였다. 그로부터 10년 후, 오드리 서덜랜드도 처음으로 차가운 바닷물에 들어갔다. 오드리는 '얼음같이 차가운 물과 7피트에 달하는 조수 간만의 차가 있었다'고 기록했다.[11]

60세 알래스카를 탐험하다

1980년, 60세의 오드리는 알래스카를 비행기로 지나가며 20년 전에 몰로카이에서 경험했던 것과 같은 깨달음을 또 얻었다. 수년 동안 산, 황야, 바다가 이어진 곳을 찾아 헤맸고 바로 그런 곳이 여기에 있었다.[12] 그녀는 케치칸에서 스캐그웨이에 이르는 해안선을 탐험하는 두 달간의 원정을 위해 직장에 무급 휴가를 요청했다. 그리고 여행 준비를 위해 24개의 해도와 49개의 지형도를 주문했다. 1967년부터 바다에서 이용했던 팽창식 카약은 몰로카이 탐험 이후 3년간 사용한 것으로 항해에 충분했다. 그것은 말아서 들고 다닐 수 있을 만큼 충분히 가벼웠다. 그녀는 지도를 보는 것을 음악가들이 악보를 보는 것에 비유했다. 그녀의 상상력은 이미 알래스카 상공을 날고 있었다. 하지만 현실은 책상 앞이었다. 그녀는 그 순간 자신이 뚱뚱하고 나약하고 창백하고 비열한 존재 같다고 느꼈다.[13]

하지만 휴가가 거절되었다. 그녀는 집으로 돌아와 벽에 붙여놓은 버킷 리스트를 확인했다. 앞으로 5년 동안 꼭 하고 싶은 25가지 일을 적은 목록이었다. 그중 첫 번째가 '알래스카에서 카약 타기'였다. 그녀는 거울 속 자신에게 말했다. '너도 점점 나이를 먹고 있구나, 안 그래? 지금 당장 육체적인 일을 해야 해. 책상 앞에서 하는 일은 나중에 해도 늦지 않아.'[14] 그렇게 오드리 서덜랜드는 자녀들이 성인이 되고 일 년 정도 무보수로 살만큼 돈을 모으자 사직서를 제출했다. 그녀는 비로소 진정한 자유를 느꼈다.

하와이에서 그녀는 맨발로 카약을 타는 경우가 많았다. 하지만 이곳 알래스카는 아니었다. 그녀의 경량 보트로는 출발부터가 쉽지 않았다. '장갑을 끼는 동안 맞바람이 불었다.'[15] 이 항해는 어떤 이에게는 미친 짓이거나 터무니없이 위험한 것으로 보였다. 실제로 현지 카약 가이드인 켄 레그혼이 치차고프 섬 근처에서 항해가 거의 끝나가던 그녀를 본 적이 있었다. 그녀는 흠뻑 젖은 채 바람을 맞으며 노래를 부르고 있었다. 레그혼은 나중에 그녀에 대해 이렇게 말했다. "그녀를 처음 봤을 때, 분명 제정신이 아닌 사람이라고 생각했어요. 항해 준비가 완벽하게 된 사람도 아니라고 생각했죠. 그런데 나중에 그녀가 나보다 장거리 해상 카약 경험이 더 많은 사람이란 걸 알게 되었지 뭐예요."[16]

팽창식 카약을 이용한 항해는 여행에 대한 혁신적인 접근이었다.

대부분의 팽창식 카약은 수영장에서나 사용했기 때문이다. 오드리의 독창적인 장비 시스템은 몇 주 동안 자급자족 여행을 가능하게 했다. 그녀는 정기적으로 20마일을 매일 카약으로 이동했다.[17] 오드리가 60대와 70대에 팽창식 카약을 타고 알래스카와 브리티시 컬럼비아를 혼자서 여행할 수 있었던 이유는 도전을 위해 끊임없이 자신을 훈련했기 때문이다. 경험 많은 어부들이 "당신이 저 카약을 타고 800마일을 노를 저어 이동한다고요? 바로 미친 사람이란 소리를 들을 겁니다"라고 말했던 바로 그 팽창식 카약을 타고 말이다. 몰로카이에서 50피트 높이의 절벽에서 뛰어내린 두려움을 극복한 덕분에 그녀는 혼자서 알래스카 탐험에 성공한 최초의 여성 탐험가, 오드리 서덜랜드로 성장할 수 있었다.

자신의 능력을 뛰어넘는 힘

1980년대 후반에 오드리는 지구 물리학자이자 환경과학자인 닐 프레이저와 친구가 되었다. 그는 그녀에게 브리티시 컬럼비아의 외딴 군도인 하이다 과이를 탐험하는 작은 보트 탐험가들을 위한 가이드북『보트 캠핑 하이다 과이Boat Camping Haida Gwaii』의 원고를 보냈다. 이것이 지도를 중심으로 맺어진 우정의 첫 시작점이었다. 닐과 오드리는 함께 브리티시 컬럼비아와 알래스카 해안의 대형 지도를 만날 때마다 펼쳐놓고 열심히 분석했다. 그뿐만 아니라 그들이 발견한 오두막과 캠핑장 정보도 교환했다. (그 당시 브리티시 컬럼비아에서는 산림 벌목이 한창이어서 괜찮은 캠핑장을 찾기가 어려웠다.) 오드리는 지도에 이동 경로를 표시했고 두 사람은 몇 시간 동안 지형에 관해 토론했다. 이 둘은 하와이에서 공통의 관심사를 가진 유일한 친구 사이였다.

그녀는 항상 제자들에게 배가 뒤집힌 채로 물 속에서 보우라인을 맬 수 있어야 한다고 말했다. (물론, 그녀는 알래스카에서 그것을 시험하고 싶지는 않았다.) 하지만 실전에서는 이보다 더 힘든 일도 많았다. 닐은 항해가 거듭될수록 더 많은 것을 배울 수 있다고 말했다. 우리는 탐험을 하면서 자연 속으로 우리의 의식을 확장하고 본능적으로 조건에 반응하게 된다. 이것은 메모를 통해 습득할 수 있는 지식이 아니라 일종의 '제2의 천성'이 된다. 오드리는 다른 수상인들이 혀를 내두를 정도로 혼자서 노를 저으며 놀라운 항해 능력을 키웠다. 심지어 닐 프레이저도 그녀가 몰로카이까지 헤엄쳐서 갔다는 얘기를 듣고 '나라면 절대 하지 않을 일!'[18]이라고 딱 잘라 말했다.

이것이야말로 초기 능력을 뛰어넘는 자기 계발의 한 예다. 오드리가 다양한 방식으로 탐험을 하면 할수록 알래스카 해안을 홀로 이동하는 카약 탐험가로서 역량은 향상되었다. 그 누구도 도전해본 적 없는 일을 오드리는 해냈다. 오드리는 특이한 구석이 있었고, 야외 활동을 좋아했으며, 혼자 있는 시간을 즐겼다. 하지만 그녀가 혼자 몰로카이와 알래스카를 탐험할 줄은 아무도 예상하지 못했다.

철학자 애그니스 캘러드는 자기 계발은 기존의 선호를 바탕으로 자신을 개선하는 것이라고 설명했다. 운동이 평소 관심사라면 스포츠 강좌에 가는 등 적극적으로 운동에 대한 취향을 키울 수 있다. 여기서 캘러드는 자신이 원하는 것과 자신이 아닌 다른 사람이 바라는 욕망을 구별한다. 이 구별법을 이분법적인 변화로 해석할 필요는 없다. 캘러드가 말했듯이, '우리의 관점은 시간이 지날수록 조금씩 변하기 마련이다. 우리는 그렇게 천천히 바뀌며 각자의 인생을 살아간다.'[19] 누구에게나 변화의 순간이 찾아오겠지만 결국 변화라는 것은 인생 전반에 걸쳐 일어나는 지속적인 과정이다.

프란시스 은가누Francis Ngannou는 유럽으로 이주하는 과정에서 끔찍한 일을 겪었다. 그의 인생에 큰 전환이 일어난 시점이었다. 그는 카메룬에서 자랐고 열 살 때부터 모래 광산에서 일했다. 학교에 가려면 두 시간씩 걸어가야 했다. 스물두 살에 처음으로 복서가 되기 위한 훈련을 시작했으며, 열심히 돈을 모아 스물여섯 살에 고국인 카메룬을 떠났다. 밀수꾼들은 그가 알제리 국경을 넘도록 도와줬다. 목숨을 건 위험한 탈출이었다. 드디어 그는 모로코에 도착했다. 하지만 크게 다치는 바람에 병원으로 이송되었고, 유럽으로 밀입국을 시도한 혐의로 경찰에 체포됐다.

1년이 지나 세 번의 탈출 시도를 했지만 그는 계속해서 실패했다. 결국 그는 바닷길을 이용해 탕헤르로 넘어갔다. 하지만 그곳에서도 매번 유럽으로 넘어가려는 시도는 벽에 부딪쳤다. 그럼에도 실패의 경험을 교훈 삼아 그는 스스로 뗏목을 조종할 만큼 항해 실력을 길렀다. 드디어 7번의 시도 끝에 유럽에 발을 내디뎠다. 두 달 후 스페인에서 피난민 입국 심사를 받은 후 프랑스로 건너간 그는 바로 체육관 코치를 찾아갔다. 그는 스물일곱 살의 나이에 처음 종합 격투기 훈련을 시작했고, 현재 헤비급 세계 챔피언이 되었다.[20]

이 책에 소개된 많은 사람처럼 그 역시 자신의 삶을 바꾸기로 결심했다. 그리고 이것은 목숨을 건 결정이었으며, 끔찍한 시련을 통해 지속적인 변화를 이루는 과정이었다.

인생의 결정적 전환점

인생의 주요 전환점은 샘플링과 함께 시작될 수 있다. 예를 들어, 당신이 추리 소설 읽는 것을 좋아한다고 하자. 당신이 좋아하는 소설을 각색한 영화가 개봉해서 보기로 했다. 이 과정에서 자기 계발이 이뤄진다. 당신의 관심 영역을 소설에서 영화까지 확장시켰기 때문이다. 거기에서 더 나아가 진정한 영화광이 되려면 스스로 영화에 대한 열망이 생겨야 한다. 그래야 당신은 그 후로도 계속해서 수많은 영화를 감상하고, 여러 장르와 영화 역사에 대해 배우고, 고전 영화도 볼 것이다. 진지한 영화광이 되기까지는 오랜 시간이 걸린다. 캘러드가 중요하게 생각하는 것은 열망을 가지고 세상을 새로운 방식으로 보는 것이다.[21] 그러기에 우리는 먼저 세상을 샘플링 해야 한다. 그런 다음에 우리의 관심사를 확장하면 더 광범위한 변화 단계를 시작할 수 있다.

닐 프레이저가 오드리 서덜랜드를 묘사하는 방식도 이와 같은 맥락에서 살펴볼 수 있다. 오드리는 알래스카 상공을 비행하면서 변화의 순간을 경험했다. 하지만 그것은 1960년대부터 거슬러 올라가는 길고 지속적인 전환 과정의 일부였다. 그녀는 캘러드가 말하는 열망을 실천으로 옮긴 사람은 아니었다. 왜냐하면 그녀는 결코 탐험가가 되고 싶다는 꿈을 꾸지 않았기 때문이다. 그 대신에 그녀는 끊임없이 자기 계발을 했고, 자신의 관심사를 점점 새로운 것, 특별한 것으로 확장해 나갔다. 여행이 거듭될수록 그녀의 의식이 확장되면서 그녀는 점점 자신의 본능을 연마했고 새로운 방식으로 세상을 바라보기 시작했다. 두 번째 몰로카이 여행을 마치고 팽창식 카약을 타면서 그녀는 책상에 앉아 있는 동안 치유되고 있는 멍과 상처보다 몰로카이의 '부드러운 힘'이 더 설득력이 있다고 판단했다.

4장에서 살펴본 반복될수록 더 복잡한 형태를 띠는 프랙탈 패턴처럼, 오드리 서덜랜드 역시 자신의 한계점을 만나고 새로운 습관과 본능을 터득하면서 점점 더 뛰어난 탐험가로 발전해 나갔다. 그녀의 모든 준비와 연습뿐만 아니라 여행에서도 전환은 여러 해에 걸쳐 일어났다. 그녀는 이렇게 썼다. '이제 무엇을 해야 하는지 알고 있다. 지금까지 지나온 힘겨운 여정 속에서 많은 것을 배운 덕분이었다.'[22]

그러나 무엇보다 가장 결정적인 전환점은 바로 그녀의 이혼이었다. 그녀는 제2차 세계대전 이후 존 서덜랜드와 결혼했다. 그 역시 모험심이 강한 사람이었다. 그는 1937년부터 1938년까지 하와이의 와이키키를 방문해 서핑을 배웠다. 전쟁이 일어나기 전에 그는 캘리포니아에서 서퍼로 활동했고 부부는 그곳에서 함께 살았다. 1942년에 장교가 되기 전에 그는 해안 경비대에서 근무했다. 또한 그는 1950년부터 1954년까지 한국에서 군 복무를 했다. 1952년에는 온 가족이 캘리포니아에서 하와이 오하우 섬으로 이사했다. 존은 어부에서 군사 해양 기술자까지 다양한 직종에 종사했다. 1957년, 힘겨운 부부 생활에 종지부를 찍은 후 존은 캘리포니아로 돌아갔고 오드리는 아이들과 함께 하와이에 머물기로 했다. 존은 양육비를 거의 주지 않았고 자녀들을 다시 만나러 오지도 않았다.[23] 1957년은 오드리가 전남편과 갈라선 해이기도 했지만 상공에서 내려다본 몰라카이 섬을 방문해야겠다고 결심한 해이기도 했다.

인생의 전환점이 찾아오자 그녀는 차가운 알래스카 바다에서 수

천 마일을 노로 젓는 사람으로 성장했다. 과거에 비효율적인 준비를 감내하고 전혀 예상하지 못한 일을 수행하기 위해 꾸준히 자기계발을 한 결과였다. 수영선수이자 탐험가였던 그녀는 교육자이기도 했다. 하와이에 처음 정착했을 때 그녀는 초등학교 보조 교사였다. 싱글맘이 된 오드리는 전문 수영 강사가 되었다. 그러고 나서 석사 과정을 수료한 후에는 전문 상담사로 일했다. 그녀는 상담사로 일하면서 자신이 하와이를 탐험하는 것만으로는 성에 차지 않는다는 사실을 깨달았다. 그녀는 1988년에 기자인 린다 대니얼에게 '사람들이 인생에서 무엇을 해야 하는지 계획하도록 돕는 일을 하면서 나 역시 내 인생을 되돌아보았다. 무엇을 해야 하는지 정작 나는 잘 알고 있는지 자신에게 의문이 들었다'고 말했다. 결국 상상 속에서 끝없이 방황하는 동안 회사원으로서 자신의 삶에서 느끼는 괴리감이 그녀가 회사를 그만두고 알래스카로 떠나게 만든 것이다.[24]

이 순간 무엇을 할 수 있는가

카약과 탐험 전문 커뮤니티에서 유명해지면서 그녀는 자신이 한 여행 이야기를 나누는 모임을 가지기 시작했다. 그녀는 사람들에게 팽창식 카약의 사용법을 가르쳤다. 1980년대 후반에 그녀가 닐 프레이저를 만나게 된 것도 그 모임에서였다. 그때는 바다 카약이 지금처럼 인기를 끌기 전이었다. 그녀의 강연은 단순히 정보를 제공하는 것에서 끝나지 않았다. 그녀는 일종의 전도사였다. 강연이 끝날 즈음, 그녀는 사람들에게 "눈을 감고 잠시 조용히 앉아 계세요.

지금 당신에게 500만 달러가 있다고 상상하세요. 그 돈으로 무얼 하고 싶은지 생각해보세요"라고 말했다. 잠시 후, 그녀가 다시 입을 열었다. "이제 다시 눈을 뜨고 말해보세요. 500만 달러가 없어도 당신이 하고 싶은 그 일을 방해하는 요소가 무엇인지 생각해보시기 바랍니다."25 그렇게 말하면 종종 사람들이 실소를 터트렸다. 하지만 오드리는 사람들이 두려움에 사로잡히지 말고 기꺼이 자신의 꿈을 따라야 한다고 생각했다. 강연이 끝난 후에 그녀는 꿈을 방해하는 요소가 무엇인지 물었다. 누군가 자리에서 일어나 말하길, 자기에게는 아내와 대학생 자녀, 노부모가 있다고 대답했다. 아마 많은 사람들이 동일한 대답을 할 것으로 예상되었다. 우리에게 지불해야 할 청구서가 쌓여 있다면 우리의 꿈을 좇는 것은 어려운 일이다.

싱글맘 오드리 서덜랜드는 전남편으로부터 양육비를 거의 받지 못했다. 늦게 퇴근하는 날이 많아 아이들이 저녁을 요리해야 했다. 집은 너무 외딴곳에 있어서 몇 년 동안 텔레비전 수신이 제대로 잡히지 않을 정도였다. 그녀의 아들은 빵을 사기 위해 자전거로 시내까지 2마일을 달려야 했다. 그녀는 자녀들이 자립할 수 있는 나이가 될 때까지 기다렸고 직장을 그만두어도 생활에 문제가 없을 정도로 돈을 저축했다. 그녀는 석사 학위를 취득하기 위해 8년 동안 시간제 아르바이트도 했었다. 그녀의 과거를 듣고 나자, 사람들이 꿈을 좇는 데 방해가 된다고 말한 요소들이 설득력 있게 들리지 않았다.26 그녀는 사람들에게 되물었다. "여러분 자신에게 물어보세요. 내가 지금 달성한 것이 내 목표의 어떤 부분인가? 나중에 나의 최종 목표를 이루기 위해 지금 이 순간 나는 무엇을 할 수 있을까?"27

그녀가 한 말은 크리스 가드너가 사람들에게 건넨 조언과 같다.

그녀가 강조한 삶의 태도 덕분에 그는 성공적인 주식 중개인이 되었다.

최근에 한 젊은 남자와 이야기를 나누었는데, 나는 그에게 자기 자신에게 두 가지 질문을 해보라고 말했다. 양치질하는 동안 내일 자신이 무엇이든 할 수 있는 세상이 된다면 가장 먼저 무엇을 할 것인가? 두 번째 질문은 내일 그 일이 가능할 수 있도록 오늘 하루 무엇을 했는가?[28]

힘차게 늙어가는 전략

오드리는 생을 마감하는 순간까지 이런 태도를 유지하며 살았다. 로렌 워커가 쓴 『힘차게 늙어 가기 Aging with Strength』의 후기 프로필에도 그 이야기가 언급된다.

81세의 오드리에게는 생물학과 동물학을 배우고 싶은 목표가 생겼고, 그 목표를 달성했다. 또 그녀는 알래스카를 패들링으로 항해한 탐험 이야기를 책으로 쓰고 싶어 했다. 그로부터 10년 후인 2012년에 그녀는 파타고니아 컴퍼니에서 『패들링 노스 Paddling North』를 출간했다. 그 후에도 미래의 목표에 관해 이야기하면서 오드리는 웃으며 말했다. "내 나이가 이제 91세예요. 이제는 계획이 많지가 않아요. 그래도 알래스카는 꼭 다시 돌아가고 싶어요."[29]

오드리는 60대, 70대, 그리고 그 이후에도 자신이 한 일을 성취할 수 있었다. 왜냐하면 그녀는 항상 나중에 목표를 달성할 수 있는 무언가를 지금 배우고 있었기 때문이다. 한 인터뷰에서 오드리가 이런 말을 했다. "당신이 할 수 있느냐, 할 수 없느냐는 문제가 아닙니다. 당신이 진정으로 하고 싶은 것을 결정하고 어떻게 그것을 실현시킬 수 있을지 판단하는 것이 문제인 거죠. 성공을 맛보았다면 당신은 그 성공이 준 기쁨의 의미가 무엇인지 잘 아실 거예요."[30]

4장에서 우리는 우연성의 역할과 직업의 카오스 이론을 살펴보았다. 오드리의 충고는 결국 당신이 미래의 어느 날, 목표를 달성하기 위해 지금 당신이 할 수 있는 일을 하는 것이 중요하다는 사실을 말해준다. 이 이론의 핵심을 이해했다면 나중에 누군가가 당신에게 조언을 원할 때 오드리가 해준 말을 그대로 전달해주면 된다.

심리학자 로버트 프라이어가 카오스 이론을 고려하여 만든 경력 개발 전략의 내용은 다음과 같다.

1. 지금 정말 중요한 것이 무엇이고 일이 그것에 어떻게 들어맞는지 알아내라.
2. 기회에 대해 열린 마음을 유지하라.
3. 여러 가지 가능성을 가정하고 시도하라.
4. 그 가능성 중 일부는 실패할 것이라는 걸 예상하라.
5. 실패를 통해 생존하라.
6. 무엇이 효과가 있고 무엇이 효과가 없는지 알아내고 피드백을 분석하라.
7. 효과가 있는 것을 적극적으로 활용하고 그 결과를 조사하라.
8. 개선할 수 있는 요소들을 결합하고 계속 추가하라.
9. 다시 1번으로 돌아가서 전 과정을 다시 반복하라.[31]

이것이 바로 오드리의 방식이다. 진로 상담사였던 그녀는 어쩌면 이 이론을 이미 알고 있었거나 스스로 직관했던 것 같다. 이런 식으로 그녀는 자신과 알래스카 사이의 모든 장애물을 헤쳐 나갔다.

아마도 그녀가 직면한 가장 지속적인 문제는 두려움이었을 것이다. 그녀의 첫 솔로 여행은 열네 살 때 어머니와 말다툼을 한 후 집에서 8마일 떨어진 들판으로 가출했을 때였다. 그녀는 자신을 둘러싸고 있는 이글거리는 눈빛이 사자라고 생각하며 겁에 질린 채 들판에서 잠을 잤다. 잠에서 깨어난 그녀는 자신이 방목하는 소 떼 한가운데 있는 것을 발견했다. 그녀는 그 순간 인간이 무서워하는 것은 실제로 매우 평범한 대상들에 지나지 않는다는 걸 깨달았다.[32]

그로부터 50년이 지난 후 그녀는 알래스카로 향하면서도 비슷한 두려움을 느꼈다. 만약 관리를 못 해 배가 뒤집히기라도 한다면 얼음처럼 차가운 바닷물에 빠지는 것은 치명적일 수 있다. 그녀는 어렸을 때부터 자신의 두려움을 스스로 다스리기 시작했다. 그리고 생의 마지막 3분의 1에 이르러서도 여전히 그렇게 하고 있었다. 그녀는 알래스카로 떠나기 전에 카약을 가지고 집에서 가까운 바다로 갔다. 그리고 일부러 배를 다섯 차례나 전복시켰다. 그 연습 덕분에 실제로 알래스카에서 배가 전복되는 사고가 발생해도 그녀는 반사적으로 몸을 일으킬 수 있었다. 당연히 그 순간 그녀는 두려움을 느꼈다. 하지만 사전 준비를 했기 때문에 그 두려움에 당황하지 않았다.[33]

두려움을 다스리는 이와 같은 연습을 통해 소 떼가 있는 곳에서 잠을 잤던 10대 소녀는 나이가 들어 20피트 떨어진 곰 옆에서 사진을 찍는 할머니가 되었다. 그녀는 '세상에는 오로지 하나의 두려움밖에 없다. 그것은 바로 미지의 것에 대한 두려움'이라고 말했다. 그녀는 탐험 중에 덩치가 그레이트 데인(독일의 초대형 경비견)만 한 늑대를 포함하여 많은 야생동물들을 만났는데, 그녀가 여자여서 그런지 동물들이 그녀를 덜 위협적인 존재로 보는 것 같았다고 생각했다. 그녀는 《바다 카약커Sea Kayaker》란 잡지에 글을 기고하면서 농담조로 이렇게 썼다. '바다 상어의 공격은 매우 드문 일이긴 하지만 전 세계적으로 상어의 공격 대상 가운데 90퍼센트가 남성이라는 점에 주목할 필요가 있다. 통계상 바다에서 헤엄치는 남성과 여성의 비율이 60 대 40이라고 한다면 상어가 유독 남성을 공격한다는 이야기다. 이는 바다에 누구와 함께 들어갈지 선택하는 데 도움이 될 수 있다.'[34]

할 수 있는 일부터

오드리의 또 다른 롤모델로는 스코틀랜드 태생의 미국 환경 운동가, 존 뮤어John Muir[35]가 있다. 뮤어처럼 오드리도 지형학, 지질학에 관심이 많았다. 그녀는 자신이 탐험하는 지역의 식물학적 세부사항에도 호기심이 많았다. 오드리는 자기 자신과 자신이 겪은 일화를 하나의 이야기에 통합했다. 그러나 그것은 그녀가 탐구를 어떻게 수행했는지 보여주는 것이지, 자신의 영혼을 드러내거나 사회에 대한 철학적 반응이 아니었다. 오드리는 자연을 보살피고 배려하는 환경 운동을 옹호했지만 환경에 대한 글을 쓰는 참여 작가는 아니었다. 짐 크라우스는 오드리가 『패들링 노스』를 집필하기까지 그녀의 글쓰기 과정을 기억했다. 그녀는 여행 일지를 토대로 원고를 작성했는데 2년에 걸쳐 진행된 모험 이야기를 정리하면서 자칫 허구적인 내용이 가미되면 어쩌나 걱정했다.36 이것은 회고록 작가들이 어떤 일이 일어났을 때 정확히 다시 설명하기보다는 정확한 인상을 주기 위해 하는 일반적인 일이다. 하지만 그녀는 교사로서 살아온 경력 때문에 글쓰기에서도 그녀의 직업 정신이 드러날 수밖에 없었다. 왜냐하면 그녀는 적어도 자기 자신에 대해서는 현실에 충실하고 유용한 글을 쓰고 싶었기 때문이다. 야생 장소에 대한 경험은 평생 잊을 수 없는 소중한 추억이 되었고, 그 경험이 그녀의 진짜 본모습을 찾는 데 도움을 주었다.

그녀는 높은 상공을 비행할 때까지만 해도 자신의 본능을 다스리지 못했었다. 그녀는 세상에 초연해서 살던 사람이 결코 아니었다. 높은 파도와 길 잃은 곰을 만났을 때 어떻게 해야 살아남는지 본능적으로 아는 모험심 강한 인간이었다. 그녀는 자연의 가혹하고 위험한 측면도 잘 알았지만 명상에 잠기게 하는 고요한 측면도 잘 알았다. 세네카가 말했듯이, 불은 금을 단련한다.

오드리는 인간이 세상을 통제할 수는 없지만 자기 자신은 통제할 수 있다는 스토아 학파의 이상을 믿었던 것 같다. 그녀는 자식들이 우울해할 때 할 줄 아는 것들을 나열하라고 가르쳤다. 그것은 현실적으로 할 수 있는 일에 집중하라는 합리주의에 근거한 전형적인 금욕주의적 명령을 가리킨다.37 실제로 그녀는 곰을 만났을 때, 자신에게 닥친 현실을 직시하고 자신은 위험하지 않으며 그 동물이 무섭지 않다는 것을 본능적으로 그 곰에게 보여주었다. 그녀는 자신의 책에서 부정적인 목소리와 긍정적인 목소리가 마음속에서 동시에 들릴 때가 자주 있다고 고백했다. 그럴 때마다 그녀는 긍정적이고 실용적인 목소리에 귀를 기울였다. 자신이 한 선택에 집중하면서 오드리는 금욕주의자가 되려고 노력했다.

그녀는 스토아 학파의 핵심 미덕에 초점을 맞추어 간소한 삶을 추구했다. 그녀는 집에서 직접 목공 일을 했는데 군용 막사를 개조한 적도 있었다. 또 그녀의 캠핑 장비들은 중고품 가게를 샅샅이 뒤져 구한 것들이었다. 여행 작가 폴 서루와 한 인터뷰에서 그녀는 '알래스카를 여행하는 동안 하루에 3달러로 살았다'[38]고 말했다. 영국인 모험가 앨러스테어 험프리스는 오드리가 남긴 명언 중에서 가장 좋아하는 문구가 '나는 도망칠 필요가 없다. 그저 목적지에 도착하면 된다. 그것이 바로 단순한 삶에 이르는 길이다'[39]라고 자랑스럽게 얘기했다. 이는 원래 로마 제국 시대의 스토아 학파였던 황제 마르쿠스 아우렐리우스가 한 말로 알려졌다. 무엇보다도 그녀는 확장된 의식을 통해 자연과 조화를 이루는 삶을 예찬했다.

오드리는 스토아 학파의 이론을 유용하게 썼다. 그녀는 배 뒤집기 훈련을 통해 자신의 두려움을 극복하는 요소로 삼았다. 마르쿠스 아우렐리우스가 한 이 말을 그대로 실천에 옮긴 것이다. '당신의 책임감은 개별적인 부분으로 나눌 수 있다. 그것들에 집중하고 일을 체계적으로 마무리하면 된다.'[40] 그렇게 그녀의 알래스카 모험이 시작되었다.

그녀의 가장 유명한 인용문은 바로 이 말일 것이다. '진정한 안전은 자신의 고유한 불을 피우고 그 안에서 평화를 찾는 능력일 것이다. 이때 필요한 것은 기술과 유머, 그리고 용기일 것이다.' 고대 로마의 스토아 철학자인 세네카는 '인류의 가장 큰 축복은 바로 우리 안에, 우리 손에 있다'고 말했다. 스토아 학파들은 우리에게 닥칠 수 있는 모든 나쁜 일들을 미리 생각하여 어려움을 예상함으로써 운명에 대비하라고 조언한다. 그렇게 함으로써 역경이 닥쳐도 태연하게 대처할 수 있다. 오드리는 '어떤 일을 시작하기 전에 발생할 수 있는 모든 상황을 미리 가정해본다. 그렇게 바람과 조류의 경로를 사전에 예상해본다.'[41]

그녀는 거울 속 자신의 모습을 보며 '너도 점점 나이를 먹고 있구나, 안 그래? 육체적인 일은 지금 당장 하는 게 더 좋아. 책상 앞에서 하는 일은 나중에 해도 늦지 않아'[42]라고 중얼거렸다. 확실히 오드리는 스토아 학파에 가깝다. 운명은 당신의 팔꿈치에 있다고 마르쿠스 아우렐리우스가 말했다. 죽음이 당신을 덮치는 날이 언젠간 올 것이다. '아직 당신이 살아 있고 능력이 있는 동안에는 잘 지내야 한다.'[43] 그녀는 평생 건강한 신체를 가졌다. 그게 다 변화의 순간을 잘 수용하는 그녀의 정신적인 태도 덕분이었다. 오드리는 육체든 영혼이든 어떤 시련에도 절대 항복하지 않았다. 그녀는 스토아 학파에 영향을 받아 알래스카 여행에 대해 스스로에게 영감을 불어넣었다. 오드리가 아내와 자녀, 노부모를 부양해야 하는 남자에게 한 조언을 다시 떠올려보라. 그가 자신의 목표를 향해 달릴 수 있도록 그녀는 '나는 지금 어떤 목표를 달성할 수 있을지, 스스로에게 물어보세요'라고 말했다.

이 질문은 세네카가 『인생의 짧음에 대하여』에서 한 물음과 일맥상통한다. '자네는 무엇을 보고 있나? 어떤 목표를 향해 가고 있는가? 미래는 온통 불확실하다. 지금, 이 순간을 즉각적으로 살아라.'

문제를 부분적으로 쪼개고 우리가 현재 할 수 있는 것부터 먼저 시작하라. 우리는 이 순간을 즉각적으로 살아야 한다. 늦게 성공하는 사람이 되는 한 가지 비결이 여기에 있다. 오드리 서덜랜드가 자기 자신을 가꾸고 금욕적으로 생활하며 탐험가가 된 것처럼 당신도 심플하게, 혼자서, 지금 즉시 행동하면 된다. 그것이야말로 지금, 이 순간을 온전히 사는 방식이다.

10

더 많이 할수록
더 많이 성공한다

 새뮤얼 존슨과 마찬가지로 오드리 서덜랜드는 끈기의 이점에 대한 연구 대상이다. 두 사람 모두 나이를 먹는다고 해서 속도를 늦춰야 한다고 생각하지 않았다. 그들은 계속해서 활동하면서 큰 이익을 얻었다. 그들이 일생 동안 길러온 능력들은 나이가 들어서도 계속해서 발전했다. 이번 장에서는 우리의 정신적 능력이 나이가 들면서 어떻게 쇠퇴하는지 알아보며 우리가 더 많은 일을 할수록 성공할 가능성이 더 높아진다는 사실을 확인할 것이다. 불가피한 쇠퇴에 대해 걱정하기보다는 최대한 오래 일하는 것을 목표로 삼아야 한다. 이러한 지속성이 생산적인 이득을 가져온다.
 늦게 꽃피는 재능을 발견하는 데 가장 큰 장애물은 나이가 들수록 기대치가 낮아진다는 점일 것이다. 우리는 중년이 되면 허리가 아프고 기억력이 나빠지며, 자녀들이 직관적으로 익히는 기술을 어떻게 사용하는지 이해하지 못한다고 농담처럼 말한다. 늙은 개에게 새로운 재주를 가르칠 수 없다는 말이 있는 것처럼 말이다. 2019년에 아서 C. 브룩스는 《애틀랜틱》에 '당신의 직업적 쇠퇴가 생각보다 (훨씬) 더 빨리 다가오고 있다'는 제목의 칼럼을 썼다. 그리고 2022년에는 이러한 불가피한 쇠퇴를 주제로 한 책을 출간했다. 브룩스는 우리가 경력을 바꿀 수 있다는 데는 낙관적이지만 인지적 쇠퇴에 대해서는 지나치게 결정론적인 입장을 취한다. 그렇지만 17세보다 70세 때 창의성과 유능함이 무조건 뒤떨어지는 것은 아니다.

지능에는 '유동형 지능'과 '결정형 지능', 이 두 가지 종류가 있다. 유동형 지능이란 새로운 정보를 받아들이고 그것을 이해하고 조작하는 능력을 말한다. 이는 즉각적으로 생각하는 지능이다. 반면에 결정형 지능은 어휘와 같은 지식의 축적이다. 이는 습득하고 배우는 지능이다. 과학적 연구에 따르면, 유동형 지능은 비교적 젊은 나이에 쇠퇴하기 시작하지만, 결정형 지능은 우리의 삶에서 훨씬 더 늦게까지 강화된다.

그림 10.1의 그래프를 보면, 결국 늙은 개에게 새로운 재주를 가르칠 수 없다는 결론을 내리고 싶을 수도 있다. 브룩스의 조언은 유동형 지능이 덜 요구되고 결정형 지능이 더 필요한 직업군으로 바꾸라는 것이다. 하지만 유동형 지능과 결정형 지능의 구분(새로운 문제를 처리하는 능력과 특정 분야의 전문가가 되는 것의 차이)은 명확하지가 않다. 과연 저 세 개의 선으로 이뤄진 간단한 그래프만으로 우리의 지능을 파악할 수 있을까? 지능은 이런 단순한 구분보다 더 복잡하며 이 그림이 보여줄 수 있는 것보다 실제로 개인차의 변수는 훨씬 더 크다.

그림 10.1 유동형 지능과 결정형 지능의 발달과 쇠퇴

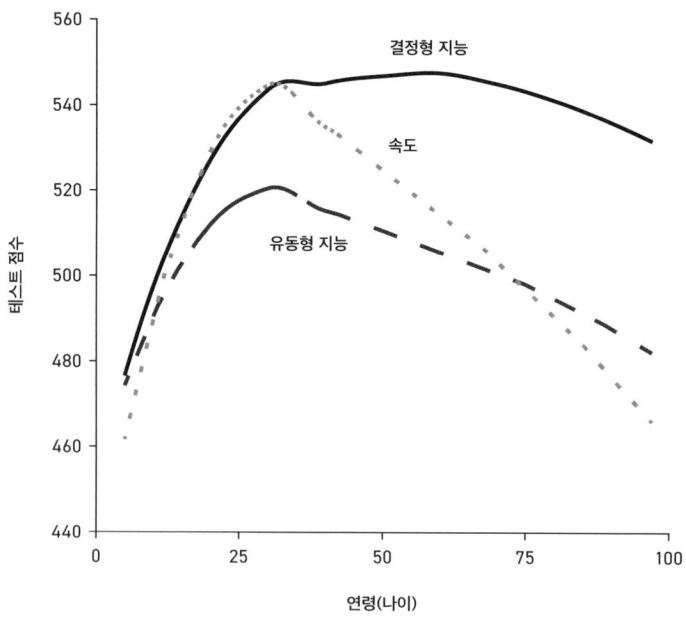

출처: 스튜어트 리치, 《지능: 중요한 모든 것Intelligence: All That Matters》(2015년)

중년의 뇌

신경학자 조지 바조키스는 뇌 구조의 변화를 연구하며, 특히 신경을 둘러싸는 물질인 미엘린myelin에 주목했다. 나이가 들수록 우리는 전두엽과 측두엽에 더 많은 미엘린을 획득하는데, 50세쯤에 최고조에 이른다. 이 전두엽과 후두엽은 기억, 의사 결정, 언어 처리와 감정 기능을 담당하는 곳으로 이곳의 확장은 깊이 있고 종합적인 사고를 가능하게 한다. 바조키스는《타임》지와의 인터뷰에서 '중년이 되면 뇌에 있는 모든 정보를 일상에서 매 순간 최대한 활용할 수 있는 능력을 갖추게 된다. 생물학적으로 그것이 지혜다'라고 말했다.[1] 이러한 정보의 활용은 매우 중요하다. 퍼즐의 마지막 조각을 맞추거나 정보와 아이디어 사이의 연결을 확인하는 순간처럼 통찰의 순간은 마음속의 서로 다른 정보 조각들이 연결될 때 다양한 방법으로 생겨난다.

　이것을 다양한 지식 클러스터cluster의 연결이라고 생각하자. 우리 마음속에 있는 모든 정보들 사이의 연결망은 하나의 형태로 균일하지 않다. 서로 밀접하게 연결되어 있지만 서로 다른 클러스터와는 잘 연결되지 않은 정보의 클러스터와 허브가 있다. 한 지식 클러스터를 다른 클러스터와 연결할 때 통찰의 순간이 발생한다. 하지만 이러한 연결고리를 만들기 위해서는 우리의 정신적 네트워크를 통한 긴 연결 과정이 종종 필요하다. 인터넷 연결도 이와 유사하다. 서로 연결된 웹사이트의 클러스터가 존재한다. 경제 블로그, 패션 사이트, 시장 해설 사이트의 클러스터는 각각의 영역 내에서 강력한 연결 세트를 가지고 있지만 클러스터 간에는 잘 연결되지 않는다. 각 클러스터에는 다른 사이트보다 훨씬 더 많이 연결된 허브 사이트가 있다. 이러한 허브가 서로 연결되면 클러스터들이 더 긴밀하게 정렬된다. 그래서 경제 블로거들이 패션 시장에 대한 지식에 더 쉽게 접근할 수 있게 된다.

　당신의 뇌도 유사하게 작용한다. 서로 다른 정보 조각들이 관련성이 약할수록 당신의 뇌에서 덜 연결된다. 회계사로서 업무에 대해 알고 있는 모든 것은 한 클러스터에 집결되어 있다. 만화나 카약에 대한 모든 것들은 다른 클러스터에 있다. 이 두 클러스터를 연결하는 것은 경제 블로그와 주방용품 웹사이트를 연결하는 것만큼 간단하거나 직관적이지 않다. 지식 네트워크의 개념을 고안한 학자인 멜리사 실링이 말했듯이, 일단 서로 다른 지식 네트워크를 연결하면 그전까지 고려되지 않았던 관계들이 갑자기 명백하게 보일 수 있다.

이러한 종류의 연결은 창의적인 통찰의 핵심에 있으며 결정형 지능만큼이나 유동형 지능에 의존한다. 당신의 지식 저장소가 클수록 다양한 정보 클러스터를 연결하여 더 많은 이익을 얻는다. 상대적으로 두 개의 작은 정보 클러스터를 연결하는 것보다 두 개의 더 큰 정보 클러스터를 연결하는 것이 창의적인 통찰을 유도할 가능성이 더 크다.[2] 일단, 당신의 업무 클러스터와 취미 클러스터 사이에 어떤 연결을 발견하면, 각 주제에서 아는 것이 많을수록 더 많은 연결을 만들 수 있다. 다양한 지식 영역 사이의 연결을 만드는 것이야말로 또 다른 돌파구를 찾는 방법이다

다양한 전문 분야를 탐구하도록 스스로를 자극할수록 새로운 발견을 할 가능성이 높아진다. 레오나르도 다빈치나 미켈란젤로와 같은 예술가들이 사소한 변화를 주며 끊임없이 그림을 그리는 과정에서 통찰을 얻었던 것도 이 때문이다. 이와 같은 방식으로 미켈란젤로는 누드화를 그리면서 얻은 통찰을 건축 설계에 적용했다. 또 음악가 브라이언 이노Brian Eno와 예술가 페터 슈미트Peter Schmidt는 이러한 연결을 장려하는 '오블리크 전략'이라는 이름의 카드 세트를 고안했다. 창의적인 사고가 막히게 되는 경우, '지루한 일을 해라', '같은 것을 반복해라', '반대로 해라', '악보 음표를 덜 사용해라', '오래된 아이디어를 사용해라', '갑작스럽고 파괴적이며 예측 불가능한

행동을 해라', '모든 것을 합쳐라'와 같은 지시 사항이 적힌 카드를 랜덤으로 뽑는다. 이 카드는 예상치 못한 연결과 아이디어를 자극한다.

지식 클러스터들 사이에서 이전에 보지 못한 연결을 만드는 것은 빠른 처리 속도나 뛰어난 기억력을 가지는 것보다 훨씬 더 가치 있을 수 있다. 중요한 점은 지능을 어떻게 사용하는가이지, 원래 가지고 있는 능력 수준이 아니다. 브룩스의 조언은 많은 사람들에게 유용할 수 있다. 늦게 꽃피우는 시기를 촉발할 수도 있다. 하지만 우리의 정신 능력에 쇠퇴가 불가피하다는 생각부터 경계해야 한다.

11세 때 지능은 달라졌을까

1932년 6월 1일, 1921년에 태어나 스코틀랜드에서 학교에 다니는 거의 모든 학생들이 '모레이 하우스 12번 검사'라는 동일한 지능검사를 받았다. 이는 IQ를 측정하는 입학시험과 유사했다. 남학생과 여학생 숫자를 거의 고르게 배분하여 총 8만 7,408명의 학생들이 테스트에 참여했다. 1947년에도 똑같은 검사를 실시했는데, 이번에는 1936년생 7만 805명의 학생들이 포함되었다. 에든버러대 이안 디어리Ian Deary 교수와 지능 연구자들은 오랜 세월이 흐른 뒤, 수백 명의 테스트 참여자들에게 연락을 취하여 11세에 했던 것과 같은 테스트를 다시 실시했다. 이는 70년이 넘는 기간 동안 지능이 어떻게 변화하였는지를 보여준다. 그 결과가 그림 10.2에서 나타난다.

디어리와 그의 동료들은 사람들의 IQ 점수가 어린 시절이나 노

그림 10.2 모레이 하우스 12번 검사로 측정한 IQ 점수

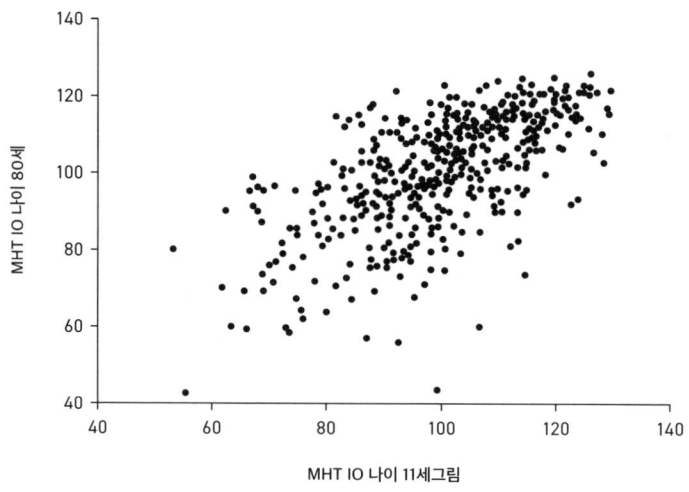

출처: 이안 디어리 외, '1932년과 1947년, 스코틀랜드 정신 연구소에서 추적 연구한 유년기 지능이 노년기에 미치는 영향', 《성격 및 사회 심리학 저널Journal of Personality and Social Psychology》(2004년)

년기 중 언제 더 높은지는 조사하지 않았다. 그 대신, 수십 년의 세월이 흘러도 사람들이 비슷한 수준을 유지했는지에 더 관심이 있었다. 유년기에 높은 점수를 받은 사람이 나이 들어서도 여전히 높은 점수를 유지할까? 또 어렸을 때 낮은 점수를 받았던 사람이 노년기에 중간이나 낮은 점수를 받았을까?

이를 위해 그들은 먼저 각 연령별 원점수를 평균 100으로 표준화했다. 그런 다음에 참여자들의 유년기와 노년기 점수 패턴을 비교했다. 앞의 그림에서 대각선에 가까운 사람들은 상대적으로 점수의 변동이 적은 경우다. 반면에 대각선 위에 있는 사람들은 노년기에 점수가 더 높았고, 대각선 아래에 있는 사람들은 유년기에 점수

가 더 높았다. 전반적으로 많은 변동이 있었다는 것이 중요한 발견이었다.

가로축을 보면, 11세 때 측정한 IQ를 나타낸다. 100은 평균 IQ를 의미한다. 그래프 위쪽을 보면, 11세 때 IQ가 100인 사람들이 80세 때 40에서 120까지 큰 폭으로 달라지는 것을 확인할 수 있다. 사람들의 IQ가 11세 때와 80세 때 거의 같아지는 경향을 보이고 있긴 하지만, 이것이 절대적인 불변값은 아니다. 평균은 많은 변동성을 내포하고 있다.

흥미로운 점은 11세와 80세 사이의 점수 차이를 설명하는 것이다. 이 변동폭은 유전적인 요인일까? 아니면 환경적 요인의 변화 때문일까? 그 질문에 디어리는 '노년기의 지능 테스트 점수 중 약 절반은 유년기의 지능과 직접적인 관련이 있지는 않다'[3]고 대답했다. 즉, 점수의 변동 중 절반은 (나이가 들어 점수가 올라가든 떨어지든) 그들의 어린 시절 지능으로 설명할 수 있다. 하지만 나머지 절반은 다른 요인으로 설명해야 한다. (다른 연구에서는 70대의 인지 변화가 유년기의 인지 능력과 직접적인 관련이 없다는 것을 발견했다.)[4]

특히 디어리와 그의 연구팀은 인생 전반에 걸쳐서 기준선 이하로 떨어지는 위험 요인과 상대적 개선과 관련이 있을 수 있는 보호 요인에 관심을 가졌다. 어린 시절에 평균 100을 받은 사람들이 노년이 되어 그보다 높은 점수를 받는 경우 (즉, 대각선 위에 있는 사람들이 이에 해당한다.) 그들 스스로가 지능을 향상시킨 것인지, 아니면 그들의 의지와는 상관없는 것인지 생각해보자.

우리는 적절한 활동을 통해 노화와 함께 발생하는 인지적 쇠퇴를 예방할 수도 지능을 개선시킬 수도 있다. 디어리는 이를 '마법의 해결책이 아닌 한계 이득'이라고 표현했다. 사실 이 영역은 아직 우리에게는 잘 이해되지 않는 미지의 분야다. 최근 한 연구 그룹이 말한 것처럼 아직은 관련 증거가 불완전한 경우가 많다.[5]

80대 노인이 60대와 같은 인지 기능을 가진 슈퍼에이저Super Agers를 연구한 결과, 술을 적당히 마시고, 규칙적으로 운동하고, 활발한 정신적 활동을 하며, 좋은 사회적 관계를 유지한 것으로 나타났다. 슈퍼에이저들은 다른 사람들보다 뇌 물질이 더 느리게 감소한다. 하지만 다른 연구들과 마찬가지로 정확한 인과 관계를 밝히기란 쉽지 않다. 무엇이 특정 개인의 인지적 쇠퇴를 막을 수 있을지 확신할 수는 없지만, 대부분 이러한 과학은 건강한 몸에 건강한 정신이 깃든다는 상식을 반영한다. 최근 연구 결과에 따르면, 여러 요인들이 결합될 때 확실히 가장 큰 차이를 만드는 것으로 드러났다. 잘 자고, 꾸준히 운동하고, 금연하고, 건강한 식습관을 갖는 것이다.[6] 대부분의 요인들이 누적되면서 비로소 효과를 발휘한다. 장기간 음주를 하지 않는 경우에도 긍정적인 효과가 나타났다.[7]

능력의 최고조 시기

많은 연구들이 연령대에 따라 여러 인지 능력들이 발휘되는 최고조의 시기가 다르다는 것을 보여준다. 새로운 것을 이해하는 능력, 즉 정보 처리 속도는 18~19세에 최고조에 이른다. 안면 인식 능력과 단기 기억력은 30대 초반까지 계속 향상될 수 있다. 하지만 타인의 감정 상태를 판단하는 능력은 40대나 50대에 최고조에 달한다.

또 어휘력은 늦으면 60대나 70대에서도 최고조에 이를 수 있다. 사회적 통념과는 달리, 뇌 활동의 고기능에 대한 잠재력은 50대에 최고조에 이르며 90대까지도 계속 높은 수준을 유지할 수 있다.[8]

최근에 16세부터 89세까지 모든 연령대의 사람들을 대상으로 장단기 기억의 다양한 측면을 실험한 결과, 유동형 지능의 저해 요소에 대해 재고하게 되었다. 이 테스트는 단어의 개념 정의를 비롯해 일반적인 상식, 산술, 비교 문제(예: 포크와 수저는 어떻게 다른가요?)를 비롯하여 실험자가 세팅한 큐브 순서를 역순으로 바꾸기, 그림에서 빠진 부분 찾기, 블록 도형 패턴 맞추기, 2초 동안 얼굴 인식하고 다른 얼굴과 구별하기, 가족 사진 인물 맞추기, 방금 들었던 이야기를 다시 말하기 등 문제 유형이 더욱 다양했다. 이 테스트는 유동형 지능과 결정형 지능의 차이를 구별한다. 어휘력, 정보력, 이해력, 연산, 유사성 문제의 최고 점수는 전반적으로 높은 연령대에서 나왔다. 그림 10.3은 문제 유형별로 최고 점수가 나오는 연령 분포도를 보여준다.

가족사진을 보고 그림 속 사람들과 그들의 활동을 다시 기억하는 유동형 지능 과제가 가장 밑에 있으며 전성기는 10~20대인 것을 알 수 있다. 반면에 어휘력과 일반 상식에 대한 문제는 50대와 60대 그 이상일 때 최고조에 달한다. 모든 결과치를 단순하게 초반의 유동화와 후반의 결정화로 이분화할 수는 없다.

연구원들은 세 가지 작업에 대한 샘플 온라인 테스트를 대규모로 실행했다. 그들에게 1부터 3까지 숫자를 보여주고 각 숫자에 대한 기호를 제공하여 얼마나 빠르게 숫자와 기호를 매칭시키는지 처리 속도를 테스트했다. 또 시각적 기억과 언어적 단기 기억을 테스

그림 10.3 　문제 유형별 최고 점수가 나오는 연령대

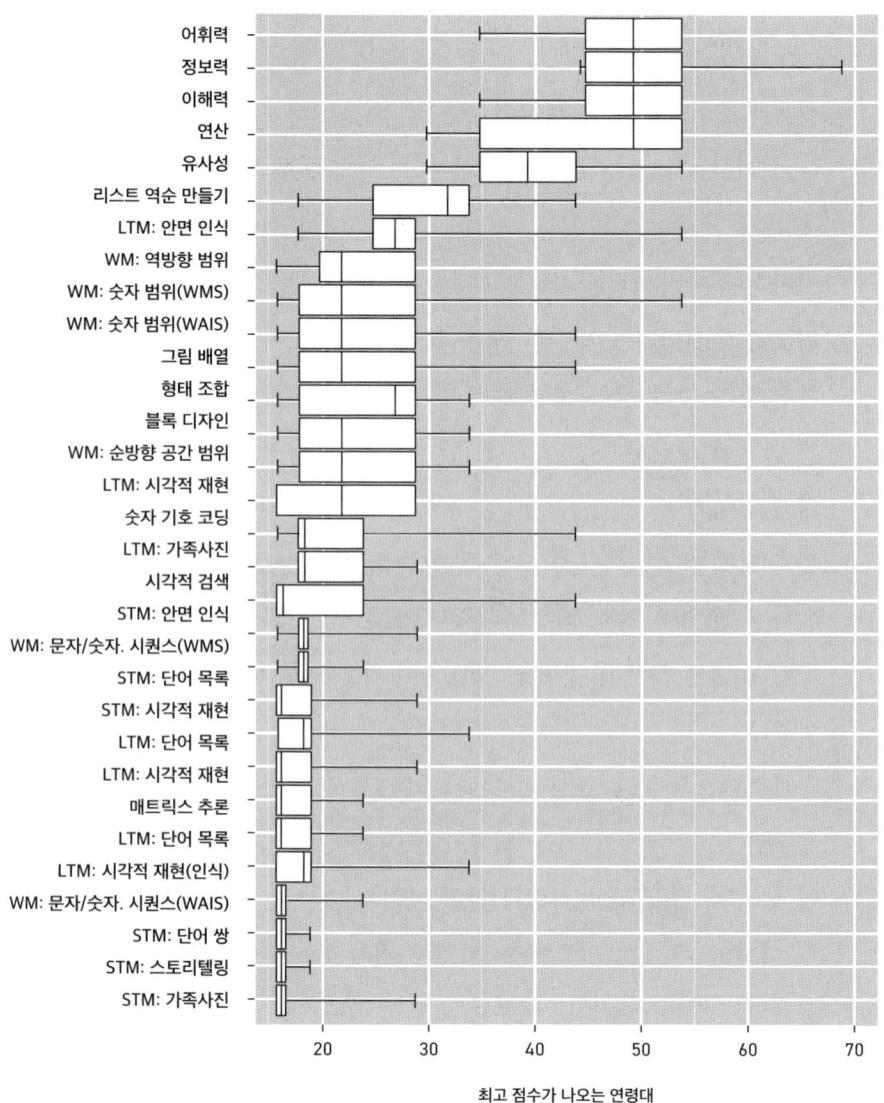

최고 점수가 나오는 연령대

출처: 조슈아 K. 하트숀과 로라 T. 저민, '인지 기능은 언제 절정에 이르는가? 인생 주기에서 여러 인지 능력의 비동기적 상승과 하락', 《심리 과학Psychological Science》(2015년)

트했다. 시각적 기억 테스트는 일단 생소한 모양의 그림을 치운 뒤 다른 모양의 그림을 보여주면서 같은지 아닌지 말하게 했다. 언어적 단기 기억은 숫자 목록을 제공한 다음 똑같이 반복하게 하는 식으로 테스트했다. 마지막으로 사람들의 눈 사진을 보여주고 그 사람이 느끼는 감정을 알아맞히는 테스트도 실시했다.

테스트 결과, 정보 처리 속도(숫자와 기호 매칭)가 기억력(다른 그림 고르기, 숫자 목록 암기)보다 더 이른 나이에 최고조에 도달하는 것으로 나타났다. 두 가지 모두 유동형 지능에 속한다는 공통점이 있긴 하지만, 최고조에 이르는 연령대는 서로 다르다. 유동형 지능이 일찍 쇠퇴한다는 생각은 옳지 않다. 지능은 다양한 측면을 가지며, 전 연령대에 걸쳐 최고조에 달한다. 이 연구의 저자는 '모든 인지적 과업에서 최고조에 달하는 나이는 정해져 있지 않으며, 대부분의 인지적 과업에서 최고조에 달하는 연령대는 다양하다'[9]고 주장했다.

국제학술지 《네이처 인간 행동 Nature Human Behavior》의 최근 연구에 따르면, 인간의 정신적 속도는 30대부터가 아니라 60대부터 느려진다. 이 연구의 공동 저자들은 과거의 표본 사례가 얼마나 제한적이었는지 보여준다. 그들은 이제 더 광범위한 데이터들을 이용하여 과거의 청년과 노년을 대상으로 한 비교 연구가 아닌 모든 연령대의 성인들을 대상으로 테스트를 실시했다.[10] 이 연구의 가장 흥미로운 점은 복잡한 결정을 내릴 때 결정에 대한 신중함이 20대 초반부터 증가한다는 것이었다. 그림 10.4를 보면, 나이가 들수록 점점 더 선택에 조심스러워진다는 걸 알 수 있다.

이 연구는 이미 조사된 다른 연구의 인지 능력 테스트 결과를 참고한 것이다. 이 결과가 연령대별 정신적 속도의 변화에 대한 지능

그림 10.4   연령대별 결정에 대한 신중함

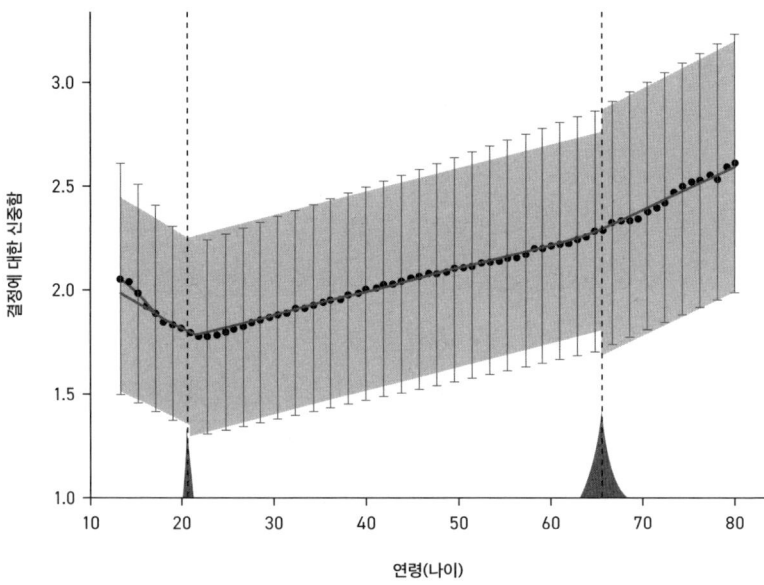

출처: 미샤 폰 크라우스, 스테판 T. 라데프 및 안드레아스 보스, '100만 명 이상의 참가자를 분석한 결과, 60세까지 높게 측정되는 정신 속도', 《네이처 인간 행동Nature Human Behavior》(2022년 5월)

연구가들의 기존 입장을 바꾸게 할지는 미지수다. 기존의 증거 자료들이 실제로 이 결과에 부합하지 않기 때문이다. 사실 언제, 그리고 어떻게 우리가 결정을 내리는 데 더 느려지는지, 정신적 속도 또는 신중함이 우리를 느리게 하는지, 그리고 우리의 높아진 신중함이 바뀔 수 있는지는 확인할 필요가 있다.

물론, 조심해서 나쁠 건 없다. 나이가 어릴 때는 대다수가 무모한 결정을 내린다. 매사에 신중하게 살기에는 한계가 있다. 왜 사람들이 나이가 들수록 학술 및 과학 연구를 덜 하는지 이론상으로 분석한 결과, 나이가 들수록 새로운 아이디어를 무시할 가능성이 더 크기 때문이다. 그들은 새로운 무언가에 뛰어들 만큼 자신감을 갖기에는 너무 많은 것을 알고 있다. 하지만 늦게 꽃피우는 사람들은 오랫동안 하고 싶었지만 할 수 없다고 느꼈던 일을 마침내 해낸 자들이다.

지능이 높은 사람보다

IQ는 중요한 지수다. 직업적 성공을 예측하게 하는 강력한 지표이기 때문이다. 그러나 그것만 중요한 것은 아니다. 예를 들어, 사교성을 알아보는 IQ 테스트는 없다. 인간은 복잡한 사회적 관계를 맺으면서 더 많은 인지 능력을 갖춘 더 큰 두뇌를 갖게 되었다.[11] 복잡한 사회적 관계를 잘 관리하면 노동 시장에서 특별 대우를 받는다. 이러한 능력을 갖춘 영업사원과 리더들은 신중하고 통찰력 있게 복잡한 사회적 관계망을 관리한다. 이런 부류의 사람들이 똑똑하지 않은 것은 아니다. 하지만 IQ만으로는 충분하지 않다는 걸 강조하는 것이다. 수치로 가늠할 수는 없지만 사교성과 같은 정신적인 능력도 중요하다. 사람들은 나이가 들수록 사회적 관계에서 자신이 느끼는 감정을 점점 더 중요하게 생각한다. 그들이 속한 네트워크가 강할수록 인지 저하가 덜 나타난다. 예를 들어, 혼자서 활동하는 것보다 단체로 봉사 활동을 하는 것은 인지 활성화를 촉진한다. 또 사람은 나이가 들면서 선택적 기억을 하며 자신의 기억에 대해 긍정적으로 인식한다. 앞으로 인생의 남은 시간이 점점 짧아지고 있다는 인식에 대한 반사 작용일 수도 있다. 여러 경험을 하면서 삶을

바라보는 관점이 개선되고, 주어진 시간이 짧다는 것을 깨닫고, 인생에 더 의미 있는 일에 집중한다.[12]

물론, 인생 초반에 감정적으로 불안한 시기를 겪은 노인들은 나이가 들어도 부정적인 감정을 자주 경험한다. 하지만 인지 기능이 변하는 과정에는 분명 장점들이 있다. 오랫동안 수렵과 채집 생활을 한 인간은 나이가 들수록 육체노동의 강도가 약해지고 그 대신 이야기를 하는 구술 문화의 전문가가 된다. 그 결과, 여러 세대를 거쳐 지식이 전수되는데, 특히 조부모가 손자들에게 여러 지식을 전달한다. 이것은 나이가 들수록 결정형 지능의 역할이 커지고 있음을 보여준다. 또 우리의 능력을 상황에 맞게 조정하는 방식은 우리가 얼마나 똑똑한지만큼 중요할 수 있다.[13] 노인들이 자신의 경험치를 잘 활용하여 세상에 더 잘 적응한다는 주장은 나이가 들수록 갈등 해결에 더 능숙하다는 연구 결과에 부합한다.[14]

지능은 성공의 한 부분일 뿐이다. 정신 속도는 당신이 학습하고 발전하는 능력 향상에 중요한 역할을 한다. 하지만 그것은 인지 능력과 연습만으로는 충분하지 않다. 동기 부여, 인내심, 노력, 호기심, 개방성 등 여러 성격 요인이 동반되어야 한다. 가령, 강력한 단기 기억력을 가진다는 것은 악보를 처음 보자마자 즉석에서 바로 연주를 할 수 있는 데 도움이 된다. 하지만 그런 능력이 없는 상태에서는 처음 보는 악보를 연습하지 않고 훌륭한 연주를 할 수는 없게 된다. 당신에게는 인지적 운명이 없다. 단지, 상황과 성격 요인의 상호작용이 차이를 만들어낸다. 심리학자 웬디 존슨이 말했듯이 '사람은 어떤 상황에서든 지능과 능력이 미치는 범위에서 얼마든지 표현할 수 있다.' 어떤 사람은 잠재력을 충분히 발휘하지만 그렇지 않은 사람도 있다는 걸 우리는 잘 알고 있다. 인지 저하는 그 퍼즐의 한 조각일 뿐이다.

여기서 요점은 그래프의 하락 패턴을 있는 그대로 받아들여서는 안 되며 어쩌면 당신에게는 해당하지 않을 수도 있다는 것이다. 순수한 지능에 중요성을 덜 두는 또 다른 이유가 있다. 능력이 뛰어난 사람들이 항상 명성을 얻기 위해 자기 발전을 하는 것은 아니다. 때때로 그들에게는 그에 필요한 필수적 성격 요소가 부족하다. 성취도가 높은 사람이 되기 위해서는 예상치 못한 성장 스토리가 결정적인 역할을 한다. 어쩌면 단순히 똑똑한 사람보다 특이한 사람에게 더 재능이 따른다.[15]

나이가 들면 어쩔 수 없이 인지 능력이 떨어질 수밖에 없다는 포괄적인 얘기를 맹목적으로 믿지 말고, 스스로를 적응력을 갖춘 사람으로 보아야 한다. 관심 주제, 환경, 협력자, 작업 대상을 바꾸면 우리의 정신적 능력과 상관없이 의미 있는 차이를 만들 수 있다. 성취는 정신적 능력을 높은 수준으로 유지하는 것 외에도 적응 능력을 계속 유지하고 상황에 맞게 조정할 수 있는지에 따라 좌우된다.

성공의 확률

'성공의 일정한 확률' 이론에 따르면, 우리가 논문이든 작곡이든, 뭔가를 더 많이 시도할수록 나이와 경력에 상관없이 성공할 확률은 높아진다. 시도를 중간에 멈추는 사람보다는 계속해서 노력하는 사람이 더 많은 실패를 하지만 그만큼 더 많은 성공을 거둔다. 이는 딘 키스 사이먼튼과 같은 심리학자들이 수십 년 동안 자세히 설명하고 주장한 이론이다. 영국의 경제학자 로널드 코스Ronald Coase가 좋은 예다. 경제학자들은 종종 젊었을 때 중요한 업적을 이룬다. 그의 두 비평 논문 「기업의 본질The Nature of the Firm」과 「사회적 비용의 문제The Problem of Social Cost」는 각각 27세와 50세에 출간되었다. 혁명적인 이 두 편의 논문 덕분에 그는 1991년에 노벨 경제학상을 수상했다. 코스의 이론은 재산권의 본질에 대한 근대 미시경제 이론의 중요한 부분을 차지했다. 그가 성공한 결정적인 요인은 그가 이미 성공했다는 이유만으로 일을 멈추지 않았다는 점이다.

'성공의 일정한 확률' 이론에 따르면, 당신이 목표를 향해 더 많은 화살을 쏠수록 당신은 과녁의 정중앙을 더 많이 명중할 것이다. 심리학에는 인간의 재능이 어떻게 발전하는지에 대한 또 다른 유명한 법칙이 있다. 말콤 글래드웰이 대중적으로 설파한 '1만 시간의 법칙'으로, 어느 분야든 통달하려면 10년 동안 의식적인 연습이 필요하다는 개념이다. 이 10년은 탁월함을 달성하는 데 필요한 수천 가지 지식들을 습득하기에 충분한 시간이다. 이 지식들은 체스 패턴, 악보, 비즈니스 아이디어, 글쓰기 기법 등이 될 수 있다.

이 10년 법칙은 매우 구체적이다. 딘 키스 사이먼튼은 다수의 클래식 음악을 만든 120명의 작곡가를 연구했다. 그들은 연습을 시작하여 작품을 만들어내기까지 2년부터 42년까지 다양한 시간이 걸렸다. 심리학자 앤더스 에릭슨은 국제 피아노 대회에서 우승한 피아니스트들이 2만 시간에서 2만 5,000시간을 연습에 투자했을 것이라고 말했다. 반면에 숫자 암기 대회에서 우승한 세계 챔피언은 단, 200시간의 연습으로 성공했다.[16] 연습 시간의 차이가 있을 때, 이것은 구체적인 규칙보다는 더 많이 시도할수록 성공할 확률이 더 높다는 기본 아이디어를 더욱 강화시켜준다. 즉, 의식적이든 아니든, 성공하기 위해서는 많은 연습이 필요하다.

의식적인 연습이 일부 분야에서만 유용할 수 있다고 주장하는 데에는 이유가 있다. 2014년의 한 메타 연구 결과 '의식적인 연습은 게임에서 성과의 26퍼센트, 음악에서는 21퍼센트, 스포츠에서는 18퍼센트 그리고 교육에서는 4퍼센트, 직업에서는 1퍼센트 미만의 차이를 나타낸다'[17]는 것이 밝혀졌다. 체스처럼 확실성이 높은 활동에서는 전문성을 쌓기 위한 의식적인 연습이 효과적이다. 하지만 불확실성을 다뤄야 하는 환경과 직업에서는 연습은 덜 유용할 수 있다. 예일대학의 한 연구에서는 이에 대해 이렇게 설명했다. '전문 지식이 때때로 정확한 자기 지식을 이끌어낼 수 있지만, 동시에 능력의 착각을 일으킬 수도 있다.'[18] 의식적인 연습과 평생학습을 구분하는 것이 사소하게 보일 수 있지만 이는 정확한 일을 배우는 것과 새로운 것에 적응하는 법을 배우는 것의 차이로 볼 수 있다. 대기만성형에게는 후자가 더 중요할 수 있다. 딘 키스 사이먼튼은 노벨상 수상자들이 피아니스트나 골프 선수들처럼 연습하지는 않는다고 말했다.[19]

우리는 모두 따를 수 있는 규칙과 성공의 공식을 원한다. 그러나 이러한 지침은 보편적으로 적용하기에는 너무나 세부적이다. 자세히 들여다보면, 그것들은 겉으로 보이는 것만큼 객관적이지 않다. 10년의 법칙, 의식적인 연습, 그리고 성공의 일정한 확률 이론은 모두 동일한 일반적인 관점을 고수한다. 성공의 주요 요소 중 하나는 앉아서 일을 하는 것이다. 무엇을 하느냐가 중요하지 언제 시작하느냐는 중요하지 않다. 시간을 많이 투자할수록 성공적인 무언가를 할 가능성이 높아진다. 그것이 연습의 결과일 수도 있고, 운일 수도 있고, 결단력일 수도 있으며, 재능일 수도 있다. 또는 이 모든 것이 합쳐진 것일 수도 있다. 이것으로부터 확고한 규칙을 세우려는 것은 어리석은 일이다. 그러기에는 변수가 너무 많다. 최근 한 사회학 연구에 따르면, 작가들이 나이가 들수록 작품의 변화가 적다고 한다. 책의 주제는 나이가 들수록 점점 더 비슷해지며, 작가가 30대에 접어들면 변화 속도는 현저히 느려진다.[20] 하지만 연구자들은 이 결과 내에서 큰 차이를 발견했다. 많은 작가들이 나이가 들어서도 지속적으로 변화를 추구하고 있었다.[21]

이 책에서 논의된 많은 발견들도 마찬가지다. 어떤 주요 규칙이든 그 안에는 엄청난 변수가 존재한다. 이러한 '규칙'을 추세나 경향으로 생각해야 한다. 인간은 고유하며 각기 다른 프로젝트를 개별적으로 수행하고, 특정 목표를 가지고, 각자의 상황에 따른 환경에서 일한다. 체스처럼 매우 구체적인 활동의 경우, 어릴 때 시작한다는 조건 하에 그랜드마스터가 되기까지 평균 1만 2,000시간의 연습량이 필요하다.[22] 그러나 대부분의 사람들과 활동에 있어서 그러한 구체적인 수준은 별로 도움이 되지 않는다. 인간은 너무나 복잡한 존재이기 때문이다.

과학자들의 성공이 늦어진 이유

과학과 수학은 젊은이가 나이 든 사람보다 더 많은 돌파구를 만들 수 있다고 여겨지는 분야다. 아인슈타인은 '서른 살 전에 과학에 큰 기여를 하지 못한 사람은 그 후에도 할 수 없을 것'이라는 유명한 말을 했다. 수학자 고드프레이 하디의 '수학은 젊은이의 게임이다'라는 말은 지금까지도 회자되고 있다. 이러한 견해는 예전만큼 주류는 아니지만 여전히 통용된다. 많은 과학 분야에서 여전히 젊은이들의 민첩성이 요구되기 때문이다. 그러나 젊음은 생각보다 본질적인 강점이 덜하다. 그 외에 다른 부대 조건들이 뒷받침되어야 한다. 당신이 살고 있는 시대, 문화, 당신이 연구하는 문제들, 그리고 아마도 가장 중요한 것은 당신의 태도일 것이다. 당신 자신의 태도에 따라 여러 나이를 거쳐 인생의 여러 단계에서 얼마든지 번영을 지속할 수 있다.

아인슈타인이 젊은 천재였다는 것은 누구나 알고 있다. 반면에 코페르니쿠스는 예순 살이 되어서야 행성 운동 이론을 완성했다는 것은 간과된다. 또 오르간 연주자 윌리엄 허셜William Herschel의 취미는 천문학이었다. 그는 조지 3세로부터 지원금을 받으며 천문학에 전념할 수 있었는데, 그가 천왕성을 발견했을 때가 마흔세 살이었다. 위대한 과학적 발견을 꼭 어린 천재들만 하는 것은 아니었다.

1905년 이전에는 화학자 중 69퍼센트, 의학자 중 63퍼센트, 물리학자 중 60퍼센트가 40세 이전에 한 연구로 노벨상을 받았다. 30세 이전에 한 연구로 노벨상을 수상한 경우는 약 20퍼센트였다. 반면에 20세기 말이 되면서 30세 이전의 연구로 노벨상을 수상한 경우는 거의 없었다. 물리학에서는 40세 이전에 위대한 업적을 이루는 것이 한 세기 전보다 약 3분의 1정도 줄었다. 노벨상을 수상한 연구가 이뤄진 평균 연령이 의학은 7년, 화학은 10년, 물리학은 13년이나 더 높아졌다. 가장 놀라운 점은 20세기 초 노벨화학상을 수상한 연구의 66퍼센트가 40세 이전에 완성되었다는 것이다. 그런데 20세기 말에 이르자, 그 수치가 거의 0에 가까워졌다.[23]

과학자들의 성공이 늦춰진 이유 중 하나는 바로 20세기 과학자들이 '지식의 부담'을 느꼈기 때문이다. 더 많은 돌파구가 생길수록, 개인은 혁신적이라는 평가를 받기 전에 배워야 할 것이 많았다. 연구에 따르면, 한 수학자가 저명한 저널에 처음으로 단독 저술한 논문을 게재하기까지 평균 연령이 1950년대에 30세에서 2013년에 35세로 늘어났다. 비슷한 현상이 1970년에서 2014년 사이에 경제학자들에게도 일어났다. 노벨상 수상자들의 연령대가 높아질수록 교육에 4년의 시간을 더 보낸다는 연구 보고도 있다.[24]

켈로그 경영대학원의 공동 연구자들은 계몽주의 시대의 과학 전문화가 사람들의 경력을 재편성했다고 말한다. 박사 학위가 있어야 하고, 동료 평가를 받고, 제도적 어려움을 뛰어넘어 종신 재직권을 얻는 것은 혁신이 일어나는 연령대에 영향을 미친다. 전문 기관은 경력의 속도를 높일 수 있다. 코페르니쿠스는 과학자가 되기 전에 대성당을 관리했다. 만약 그가 21세에 근대 박사 학위를 취득할 수 있었다면, 그는 돌파구를 더 일찍 찾았을 수도 있다. 누가 알겠는가? 경력 초반에 요구사항이 계속 쌓일수록 창조적인 이바지를 하기까지 더 오랜 시간이 걸린다.

과거보다 요즘 들어 물리학자에게 더 어려운 기본 개념이 요구된다면 경력의 발전 속도도 그만큼 느려질 것이다. 그러나 이것도 개인차가 있다. 데이비드 갈렌슨의 아이디어는 예술가뿐만 아니라 과학자에게도 적용된다. 그는 실험적 사상가와 개념적 사상가를 구별한다. 실험적 사상가는 보통 성공을 향해 점진적으로 일하는 데 종종 천천히 성공한다. 배울 것이 너무 많거나 습득 속도가 느리기 때문이다. 반면에 개념적 사고를 하는 사람은 초기 비전을 완성하기 위한 초기 학습량이 상대적으로 적다. 급진적인 새로운 이론을 펼치기 위해 항상 모든 세부 사항을 다 이해할 필요는 없다.

갈렌슨은 이 이론을 검증하기 위해 노벨상을 받은 경제학자들을 연구했다. 그 결과, 실험적 사상보다 개념적 사상을 가진 경제학자들이 20년 더 일찍 중요한 업적을 이루었다.[25] 물리학과 수학 분야의 노벨상 수상자들이 종종 역사와 의학 분야의 수상자보다 더 젊은 나이에 연구를 수행하는 이유가 바로 그것이다. 수학은 개념적이지만 의학은 실험적이다. 그러나 이러한 차이점이 절대적인 것은 아니다. 각 분야 어디나 실험적이고 개념적인 사상가가 있다. 이들의 가장 중요한 작업이 언제 이루어질지는 상대적이다. 더 젊을 때일 수도 있고 늦은 나이일 수도 있다.

수학자의 나이

20세기 초반은 젊은 물리학자들이 획기적인 발견을 도모하는 시기였다. 양자 이론이 대두되면서 그 전의 많은 지식을 무용지물로 만들었다. 불확정성 원리로 유명한 베르너 하이젠베르크Werner Heisenberg는 스물다섯 살 때 전자기학에 대한 개념적인 지식과 연구가 너무 부족한 나머지 박사 학위를 취득하지 못할 뻔했다. 과학적 위업을 이루기 위해 젊어야 한다는 규칙은 없다. 실제로 많은 서구권 국가와 같은 고령화 사회에서는 나이 많은 과학자들에게서 획기적인 돌파구가 나올 가능성이 더 높을 수 있다.

이어서 당신이 일하는 문화권도 성공 가능성을 좌지우지한다. 1964년부터 2014년 사이에 노벨상을 받은 모든 과학 연구의 3분의 2가 전 세계 인구의 5퍼센트를 차지하는 미국에서 이뤄졌다.[26] 과학적 성공을 제대로 이해하려면 전반적인 규칙과 평균 수치도 중요하지만, 개인적인 사례도 살펴볼 필요가 있다. 켈로그 경영대학원의 공동 연구자들은 '나이와 과학적 천재성의 상관관계는 경험적으로 차이가 있는데, 시대가 지날수록 개인차가 크다'[27]고 말했다.

위대한 수학자들은 젊어야 한다는 생각도 이제 옛말이다. 수학자 고드프레이 하디가 쓴 수사학 에세이 『어느 수학자의 변명』을 보면 근거 없는 주장들이 가득하다. 수학이란 '젊은이의 게임'이란 표현도 그렇다. 책에서 저자는 '50세 넘은 남자가 수학의 중요한 진보를 이룬 사례를 지금껏 본 적이 없다. 성인이 되면 수학에 흥미를 잃고 포기하기 마련이다. 그것은 수학 분야에서든, 개인 자신에게든 크게 심각한 문제는 아니다'라고 했다. 아이러니하게도 하디는 자신이 대기만성형임을 인정했다. 그와 협력한 수학자 존 에덴서 리틀우드John Edensor Littlewood와 스리니바사 라마누잔Srinivasa Ramanujan 덕분에 그는 '자신이 늦게라도 성숙해질 수 있었으며 마흔이 조금 넘은 나이지만 최선을 다했다'고 썼다.

한때 하디의 협력자였던 리틀우드Littlewood를 비롯하여 50세 이후 중요한 작업을 수행하는 여러 수학자들의 사례에도 불구하고, 젊은이의 아이디어는 여전히 수학에서 특권을 누리고 있다.[28] 권위 있는 수학상인 필즈상은 마흔 살 이하의 수학자들에게 수여된다. 처음에 필즈상이 제정되었을 때의 취지는 이미 유명한 수학자가 아니라 실력이 과소평가된 수학자, 미래의 가능성이 있는 수학자에게 상을 수여하는 것이었다.

최초의 필즈상 위원회는 캐나다 수학자 존 찰스 필즈의 '수학 분야에 뛰어난 이론을 발견한 국제상'이라는 슬로건을 그대로 따랐다. 필즈가 남긴 메모에 따르면, 수상 대상을 '이미 이루어진 업적을 기리는 것'과 '더 나은 성과를 내도록 장려하는 것'으로 나누었다. 1936년 첫 번째 시상에 이어 두 번째는 제2차 세계대전으로 지연되면서 1950년이 되어서야 이루어졌다.

1950년에 심사위원회는 선별 기준을 논의했다. 하랄 보어 의장은 로랑 슈바르츠라는 젊은 수학자에게 메달을 주고 싶었다. 또 다른 유력한 후보자는 앙드레 베유였다. 보어는 42세로 연령 제한을 제안했는데 앙드레 베유가 지난해에 43세였기 때문이다. 보어는 국제 정치적인 이유와 '더 나은 성과를 위한 장려' 측면에서도 나이는 최종 승리자를 결정하는 중요한 기준이라고 여겼다. 그는 자신이 제안한 후보자가 승리할 수 있도록 신경을 썼다. 결국, 심사위원회의 정치 공작으로 필즈상은 젊은 수학자들을 위한 상으로 확정되었다. 1966년에는 연령 제한을 마흔으로 정했다.[29]

그리고 이는 최고의 수학은 젊은이들이 한다는 인상을 심어주는 결과를 낳았다. 그러나 나이와 수학적 생산성의 쇠퇴 사이에는 아무런 관련이 없다. 1978년 사회학자 낸시 스턴은 수학, 나이, 생산성에 관한 논문을 발표했다. 그녀는 수학자들이 다양한 연령대에 쓴 논문의 수를 집계한 결과, '나이와 수학적 생산성 사이에 뚜렷한 상관관계가 없다'는 결론을 내렸다. 표 10.1은 수학자는 나이에 상관없이 생산적일 수 있다는 결과를 보여준다.[30]

표 10.1 **나이와 수학적 생산성(1970~1974년)**

나이	단독 논문 개수	공동 논문 개수	전체 논문 개수	표본 개수
35세 이하	3.27	1.73	5.12	101
35~39세	3.97	3.36	7.33	96
40~44세	3.24	2.94	6.24	67
45~49세	2.37	1.13	3.49	63
50~59세	2.16	3.03	5.22	73
60세 이상	3.43	2.69	6.11	35
전체	3.11	2.39	5.64	435

출처: 낸시 스턴, '연령과 수학 성취도: 과학 사회학의 사례 연구', 《과학 사회학 연구 Social Studies of Science》(1978년 2월)

스턴의 논문이 나오기 몇 년 전에 스티븐 콜도 나이와 과학적 성과의 상관 관계를 조사했다. 그는 '30대에 생산성이 약간 증가하고 50세 이후부터 약간 감소한다'는 사실을 발견했다. 두 결과 모두 '과학 보상 시스템의 운영 체제'에서 그 이유를 찾을 수 있다. 어떤 사람들은 그 집단의 최고 구성원들이 발표한 이론의 잔여물에 불과한 논문을 계속 발표하는가 하면, 또 다른 사람들은 상대적으로 연구 의욕을 잃는다.[31]

스티븐 콜은 가장 중요한 발견은 젊은 과학자들에게서 나온다고 말했다. 왜냐하면 과학자들 대부분이 젊기 때문이다. 여기서 우리는 나이 든 과학자들은 중요한 발견을 할 수 없다는 말로 오해하면 안 된다. 콜이 연구한 분야의 생산성이 청년 연령대에서 최고조에 달했지만 그렇다고 60세가 35세 이하보다 생산성이 크게 떨어지는 것도 아니었기 때문이다.

이것은 순전히 양적 판단이다. 또한 콜은 논문이 다른 곳에 인용된 횟수도 살펴보았다. 즉, 다른 과학자들이 자신의 연구를 위해 몇 번이나 해당 논문의 내용을 인용했는지를 보면, 나이와 연구의 질적 가치를 판단할 수 있다. 그는 45세 이상의 과학자들이 45세 미만보다 고품질의 연구를 발표할 가능성이 아주 조금 낮다는 사실을 발견했다.[32] 여기서 아주 조금 낮다는 것에 주목하자. 스턴처럼 콜도 수학자들의 생산성이 나이에 따라 크게 변하지 않는다는 것을 발견했다. 그리고 콜은 논문을 많이 발표한 수학자가 젊은 시절에 더 창의적이었다고 말할 수 없다고 주장했다. 표본의 10퍼센트 미만이 그들의 경력에 따른 생산성을 변화시켰다. 훌륭한 수학자는 나이와 상관없이 흥미로운 결과를 많이 발표했다.

콜은 청년기에만 최고의 성과가 나오는 것은 아니라는 사실을 확신시키고 싶었기에 생산성을 비교하고 작업의 질적 가치를 주의 깊게 관찰했다. 박사 학위를 취득한 이후 첫 5년 동안 발표한 논문들이 가장 많이 인용된 출처의 22퍼센트를 차지했다. 이어서 5~10년 사이는 21퍼센트, 10~15년 사이는 21퍼센트, 15~20년 사이는 23퍼센트, 그 이후는 13퍼센트를 차지했다. 발표된 지 얼마 안 된 논문들은 이전 연구들만큼 인용되기에는 시간이 짧아서 인용 횟수가 상대적으로 더 적을 수밖에 없다.[33]

우리는 나이가 생산성에 있어서 매우 중요한 요소가 아니라는 사실을 확인했다. 물론, 평균적으로 노화와 함께 인지 능력이 저하된다는 것은 알고 있다. 그만큼 수학자와 과학자는 생산성을 꾸준하게 유지하는 것이 중요하다. 수학이 '젊은이의 게임'이라는 생각에 도전장을 내민 책을 살펴본 수학자 앤서니 G. 오패럴은 다음과 같이 요약했다.

> 요약하자면, 에너지와 기억력, 계산 능력의 감소를 보완하기 위한 적절한 조치가 필요하다. 가장 신뢰할 수 있는 해결책은 축적된 기술과 지식을 젊은 협력자의 에너지와 결합하는 것이다.[34]

다소 비관적으로 들릴 수 있지만 하디보다는 훨씬 더 낙관적이다. 최신 연구에 따르면, 우리가 이전에 생각했던 것보다 훨씬 늦게까지 정신적 속도를 잃지 않거나 잃을 필요가 없다는 것을 고려한다면, 이는 더욱 낙관적일 것이다. 앞에서 신경학자 조지 바초키스가 나이가 들수록 전두엽과 측두엽에서 더 많은 미엘린이 생기는데 50세에 최고조에 달한다는 걸 보여줬다. 이는 우리가 더 정교하고 깊이 있게 사고하는 데 영향을 미친다. 따라서 오패럴이 제안한 나이 든 수학자들이 축적된 지혜를 젊은 협력자들의 에너지와 결합하는 것은 매우 실용적인 조언이 아닐 수 없다.

늦깎이 천재

장 위탕Zhang Yitang은 학창 시절에 제대로 수학을 배워본 적이 없음에도 불구하고 세상을 깜짝 놀라게 하는 수학 이론을 발표한 대기만성형의 대표적인 인물이다.

장 위탕이 정수론의 오래된 문제인 쌍둥이 소수 추론 문제를 푸는 데 상당한 진전을 가능케 한 이론을 논문으로 제출했을 때 아무도 그가 누구인지 몰랐다. 그는 자신의 논문을 유명한《수학연보 Annals of Mathematics》에 보냈고, 편집자는 이 복잡한 수학 문제를 이해할 수 있는 사람에게 검토를 의뢰해야 했다. 《수학연보》의 편집자는 《뉴요커》에 '이 상황에 대해' 다음과 같이 전달했다. '검토자로부터 빠른 답장을 받았어요. 만약 이 이론이 참이라면 정말 대단한 발견이라고 했어요. 하지만 조심해야 한다고 했어요. 이 저자가 한 번 논문을 게시한 적이 있었고 그때 오류가 발견되었대요. 사실 그는 한 번도 출판을 한 적이 없어요. 하지만 그는 절대 포기하지 않았죠.'[35]

장 위탕의 논문은 그로부터 몇 달 후 출간되었는데, 예년보다 훨씬 빨리 진행된 것이었다. 수학자들은 첫 반응으로 '난 이 남자에 대해 들어본 적이 없는데'였다.

장 위탕의 큰 장점 중 하나는 나이가 성공의 장벽이라고 절대 믿지 않는다는 것이다. 한 인터뷰에서 필즈상이 40세 이하에게 수여되며 장 위탕이 쌍둥이 소수 추론을 발견했을 때 나이가 55세였고 이제는 60세가 된 점을 언급하자 그는 이렇게 대답했다.

"저는 나이에 별로 관심이 없어요. 나이가 문제가 된다고 생각하지 않아요. 지금도 여전히 난 내가 하고 싶은 걸 할 수 있거든요."[36]

우리는 멈추는 것이 성공의 가장 큰 장애물이라는 것을 여러 번 확인했다. 왜 사람들은 열심히 하던 일을 갑자기 그만두는 것일까? 그 이유는 다양하다. 가족이 생기고, 종신 재직권이 생기고, 관심사가 바뀌고, 돈을 벌고, 전문 지식이 쌓이면서 실험 정신이 방해를 받고 게으름이 고개를 든다. 하지만 인생 전환을 꿈꾸고 큰 숙제를 해결하고 싶은 야망이 있는 자라면, 멈추지 않는 것만으로도 스스로에게 이득이 될 수 있다.

장 위탕은 1955년 상하이에서 태어났으며 열세 살 이후부터 베이징에서 자랐다. 그의 아버지는 중학교 교사이자 기술자였으며 그의 어머니는 비서였다. 그는 가장 먼저 페르마의 마지막 정리 같은 유명한 수학 문제들에 대해 배웠다. 여러 인터뷰에서 그는 어렸을 때 쌍둥이 소수 추론에 대해 들었지만 그 당시에는 풀지 못했다고 말했다.[37] 그는 『십만 가지 이유 One Hundred Thousand Whys』라는 제목의 책도 썼다. 화학, 물리학, 수학, 지질학, 천문학, 기상학에 대한 기본적인 질문에 대답하는 중국의 인기 동화책이다. 이 책은 중국 어린이들에게 일상생활과 자연 현상에 담긴 과학적 원리를 알려주기 위해 출판되었다.[38]

장 위탕은 문화대혁명을 겪었고 어머니와 함께 농장으로 보내졌다. 아버지에게 일어난 정치적인 문제 때문에 그는 학교에도 갈 수 없었고 몇 년 동안 농장에서 일했다. 자신을 도와줄 사람이 아무도 없었다. 혼자서 머릿속으로 문제를 해결하는 습관을 갖게 된 것도 이때였다. 1978년 이후, 그는 학업 부재를 만회하고자 몇 달간 벼락치기 공부 끝에 스물세 살에 베이징대학교에 입학했다. 그는 입학 시험에 통과했고 그곳에서 수학을 공부했다. 그는 학과에서 성적이 가장 우수한 학생이었다. 장 위탕은 숫자에 관심이 많았지만 그의 교수는 그가 대수기하학을 공부하길 원했다. 그는 샌디에이고대학교에서 학업을 계속 이어가고 싶었지만 뜻대로 되지 않았다. 장 위탕은 샌디에이고대에 대해서 '개인의 자유와 선택을 별로 존중하지 않는 곳'[39]이라고 말했다. 결국 그는 퍼듀대학교로 편입하여 다른 대수학 이론인 야코비안 문제를 배정받았다. 스물아홉 살의 나이에 그는 박사 과정을 막 시작했다.

그는 T. T. 모T. T. Moh와 함께 야코비안 문제를 연구하면서 박사 논문의 기초로 삼았다. 서른여섯 살이 되자 그는 모에게 정수론을 다시 공부하고 싶다고 말했다. 그 시점부터 둘의 관계에는 금이 가기 시작했다. 장과 모는 눈앞에 일어나는 일에 대해 서로 다른 입장을 보였다. 모가 그에 대해 인정한 것 중 하나는 장이 늘 어려운 문제를 풀고 싶어했다는 점이다. 야코비안 문제에 대한 그의 열정은 모를 놀라게 했다. 모는 나중에 많은 연구가들이 확인하게 될 그의 모습에 대해서도 언급했다. '장 위탕은 쉬는 시간에도 내내 수학만 생각했다.'[40] 하지만 모는 장이 베이징에서 억지로 대수기하학을 공부한 것은 아니라고 주장했다. 어쩌면 장 위탕이 대수기하학에 관심 있는 척을 한 것일 수도 있다. 그래서 자신을 추천한 딩 교수를 속인 것일 수도 있다. 그는 대수기하학 논문을 한 편도 발표하지 않았다. 또한 모는 장이 연구 자체나 국가보다는 유명해지는 것에 더 관심이 많았다고 했다. 장은 자신의 박사 논문으로 필즈상을 받아야 한다고 믿었다.

이런 이유로 모는 장이 졸업 후 일자리를 찾을 때 도와주지 않았다. 장은 모의 결정 때문에 자신의 경력에 차질이 생겼다고 믿었다. 장은 모가 추천서를 써주는 것도 거부했다고 주장했는데 추천서 없이는 장이 학계에서 한자리를 얻는 것은 불가능하다고 여겼다. 반면에 모는 장이 졸업할 무렵에 '테뉴어 트랙tenure track(종신 교수 코스)'이라는 새로운 시스템이 도입되어 학생들이 스스로 일을 찾아야 했다고 말했다.

두 이야기 모두 신빙성이 있다. 그의 동료들에 따르면, 장은 매우 독립적인 사람이며 어떤 환경에서도 자신의 세계로 몰입할 수 있는 사람이었다. 하지만 모의 글에서는 그에 대해 까칠하고 적대적인 뉘앙스가 담겨 있다. 한 가지 분명한 것은 장이 학계에 어울리는 인물은 아니었다는 점이다. 장은 네트워크를 형성하고, 사람들과 교류하고, 수학자 집단에 소속되는 데 필요한 사회적 기술이 부족했다. 그는 '자신이 너무 조용한 편이어서 그런 성격 때문에 사람들 앞에 나서지도 알려지지도 못했다'[41]고 스스로에 대해 평가했다.

그렇게 장은 자기만의 길을 걸었다. 컴퓨터 및 기술 회사에 입사한 다른 동기들과 달리 그는 진지한 직업을 갖지 않았다. 박사 학위를 취득한 후, 몇 년 동안 그는 다양한 분야에서 일했다. 식당 서브웨이에서 회계 업무를 담당했는데 그는 매주 업무를 볼 때마다 수학에 대해 생각했다. 그 시절 그가 행복하지 않았다는 얘기다. 심지어 그는 차에서 생활한 적도 있었다.

집중과 확산의 시간

1999년, 장 위탕은 44세에 뉴햄프셔대학에서 미적분 시간 강사로 일을 시작했다. 2009년이 되어서야 그는 쌍둥이 소수 추론 문제를 연구하기 시작했다. 그의 나이 54세였을 때다. 그는 뉴햄프셔대학 재직 시절에 정수론에 대해 고민하면서 시간을 보냈다. 어떻게 이 문제를 풀 수 있었는지 물었을 때 그는 이렇게 대답했다. '결정적인 이유는 내가 몇 년 동안 버텼기 때문이라고 생각한다. 나는 포기하지 않았다. 수학을 정말 사랑하는 것이 가장 중요한 동기 부여가 되었다.'[42] 장은 혼자서 성공의 가능성을 확률 법칙으로 정립시켰다. '당신의 경력에는 많은 기회 요소들이 있지만 가장 중요한 것은 계속 그것을 생각하는 것이다.'[43] 장은 자신의 관심을 중심으로 자신의 삶을 구성하여 생각을 계속할 수 있도록 했다.《뉴요커》는 그의 삶을 다음과 같이 표현했다.

> 몇 년 전에 장이 잘 쓰지 않는 차를 팔았다. 그는 캠퍼스에서 4마일 떨어진 곳에 아파트를 구했고 학생들과 함께 셔틀버스를 타고 출퇴근을 했다. 그는 버스에 앉아 생각에 잠겼다. 일주일 내내 그는 아침 8~9시에 사무실에 도착해 저녁 6~7시까지 머물렀다. 그가 가장 오래 한 가지 생각에 몰두했던 기간은 2주였다. 잠자리에 들 때 고민했던 수학 문제를 다음 날 아침에 일어나서도 계속 생각했다. 그의 사무실 밖에는 긴 복도가 있는데 그는 그곳을 왔다 갔다 하는 걸 좋아했다. 그렇지 않으면 그는 밖으로 나가곤 했다.[44]

그가 한 가지 생각에 가장 길게 몰두했던 시간이 2주라는 사실과는 별개로, 이것들은 하찮은 세부사항처럼 보인다. 많은 학자들이 그와 비슷하게 살았다. 장의 삶은 사고의 집중과 확산을 오고 갈 수 있도록 구조화되어 있다. 확산적 사고는 한 주제에만 집중하지 않는 것으로 설거지를 하거나 산책을 하는 것을 말한다. 좋은 아이디어는 종종 집중이 끝나고 마음이 풀어지는 때에도 발생한다. 흔히 내 최고 아이디어는 샤워할 때 떠오른다고 하지 않는가.

버스를 타는 것 역시 아이디어를 얻는 또 다른 방법이다. 장만 그런 게 아니다. 연설문 작가이자 극작가인 로널드 밀러Ronald Miller는 기차에 앉아 있는 동안 최고의 작품들을 썼다. 《바이 바이 버디Bye Bye Birdie》와 《헬로 돌리Hello, Dolly》를 쓴 대본 작가 마이클 스튜어트 Michael Stewart는 기차 안에서만 글을 쓸 수 있었다. 제작자가 다시 쓰기를 원할 때마다 뉴욕 지하철을 오가며 대본을 수정했다.[45] 과학자 앙리 푸앵카레Henri Poincaré와 어거스트 케쿨레August Kekulé는 버스에서 괜찮은 아이디어를 떠올렸다. 라이너스 폴링Linus Pauling의 경우에는 탐정 소설을 읽은 것이 계기가 되어 독감 치료제와 관련하여 획기적인 돌파구를 발견했다.[46] 마찬가지로 노엘 카워드Noël Coward는 독감에 걸려 일주일 동안 집에서 요양해야 했을 때 《프라이빗 라이브 Private Lives》를 완성했다. 인지 능력만으로는 충분하지 않다. 최고의 아이디어를 만들어내는 현명한 방법이 중요하다.

심리학자 로버트 비요크와 엘리자베스 비요크는 '같은 재료를 같은 방에 두 번 두는 것보다 두 개의 방에 같은 재료를 놓는 것이 그 물질에 대한 기억력을 더 증가시킨다'[47]는 사실을 발견했다. 여러 연구들이 별개의 주제를 교차로 학습시키는 것이 오히려 학습 사이의 간격을 만들고 학습 증진에 도움이 된다는 사실을 보여주었다. 이 방법이 효과가 있는 이유는 '학습 과정에서 다양한 요소들의 상호 관련성을 이해하기 위해 학습자가 그것들 사이의 유사점과 차이점을 확실히 인식하게 만들기 때문이다.'[48] 심리학 분야에서도 문제 풀이에 대한 자신만의 정답을 만드는 것이 쉽게 답안을 받는 것보다 학습 면에서 훨씬 효과적이라는 걸 증명했다. '누군가가 현재의 단서와 과거의 지식을 바탕으로 당신이 할 수 있는 것을 보여주고 말해줄 수 있을 때마다 당신이 직접 답을 만들어라. 그렇지 않으

면 강력한 배움의 기회를 스스로 박탈하는 게 될 것이다.'[49]

로버트와 엘리자베스 비요크 부부는 학생들이 시험을 치르려면 '사전 학습'이 필요하며 그래서 최적의 난이도가 학생들마다 다르다는 점을 강조한다.[50] 또한 심리학에서는 스스로를 테스트하는 것이 노트와 수정 자료를 만드는 것보다 훨씬 효과적인 학습 방법이라고 말한다. 로버트 비요크와 엘리자베스 비요크가 말했듯, 학습에는 적극적인 해석 과정이 필요하다.[51] 그런 면에서 어린 시절에 누구도 장에게 정답을 줄 수 없었던 환경이 오히려 그에게 이점으로 작용했다.

장은 이제 67세가 되었다. 그는 순수 정수론인 리만의 가설을 증명했다고 주장하는 논문을 발표했다. 다른 수학자들도 그의 연구를 눈여겨보고 있지만, 그가 또 다른 돌파구를 마련했을 가능성이 높아 보인다. 그의 장점은 그의 지성이 아니라 (그것이 확실히 중요하긴 하지만) 그의 끈기, 강박, 태도였다.

다음 장에서는 프랭크 로이드 라이트가 어떻게 20세기의 가장 위대한 미국 건축가가 되었는지 알아볼 것이다. 그의 이야기는 우리가 생각하는 것보다 중년의 삶에 더 많은 잠재력이 있다는 걸 보여준다.

5부

인생을 재검토하는 시간

11

두 번째 전성기를
맞이하다

위스콘신 헬레나 밸리에 있는 외지고 낡은 건물인 작은 유니티 채플 부지에 서서 북쪽으로 강을 바라보면 언덕에 세워진 현대적이면서도 이상하게 그 환경에 어우러지는 세 개의 건물을 볼 수 있다. 먼저 시더로 둘러싸인 로미오와 줄리엣 풍차탑이다. 그다음 거대한 위스콘신 헛간들을 낮고 평평하게 만든 버전인 미드웨이 헛간이다. 마지막으로, 언덕 꼭대기를 배경으로 수십 그루의 오크와 레드 시더에 둘러싸인 주택 탈리에신이다. 세 건물 모두 오늘날 미국 최고의 건축가로 인정받는 프랭크 로이드 라이트Frank Lloyd Wright가 설계한 것이다. 그의 가족은 19세기에 이곳 헬레나 밸리에 정착해 유니티 채플을 세웠다. 열한 살 때부터 그는 매디슨에서 이곳에 있는 삼촌 농장을 방문해 여름 동안 지냈다. 젊은 시절 라이트는 건축가가 되기 위해 남쪽 시카고로 갔고, 형태와 기능이 반드시 함께 작용해야 한다고 가르쳐 준 루이스 설리번Louis Sullivan과 함께 훈련했다.

20년 뒤, 그는 정의하기 어려운 인물이 되어 헬레나 밸리로 돌아왔다. 중년의 라이트는 이곳에서 20세기의 가장 독창적인 건축가로 자신을 재창조했다. 그가 늦게 꽃피우는 사람이 아니었다면, 혹은 두 번 꽃피우는 사람이 아니었다면, 그의 가장 유명한 건축물 다수를 결코 만들지 못했을 것이다. 라이트는 스스로 특별하다고 믿었기 때문에, 그리고 중년의 위기를 겪었기 때문에 두 번째 꽃을 피울 수 있었다.

앞으로 보게 되겠지만, 젊었을 때 발달한 라이트의 엄청난 자기 신념은 그를 최악의 상황에서 끌어내 두 번째 전성기로 이끌어 주었다. 하지만 라이트의 에고는 창의성의 원천이었을 뿐만 아니라 그를 고압적이고 폭력적으로 만들기도 했다. 라이트가 지닌 성격의 어두운 면은 이 책에 나오는 그 어떤 대기만성형 사례보다도 성공의 원동력이 되었다. 그는 감정적, 심리적, 육체적으로 자신에게 부담을 줄 수 있는 헌신적인 추종자들을 자기 주변에 두었다. 캐서린 그레이엄은 성공하기 위해 고압적인 남편에게서 벗어나야 했지만, 라이트는 그 반대였다.

라이트는 신동, 타고난 건축가로 여겨졌다. 소문에 의하면, 그의 어머니는 그가 아직 자궁에 있을 때 이미 그가 위대한 건축가가 되도록 결정했다고 한다. 그녀는 그에게 프뢰벨 블록 세트를 사주었다. 라이트는 어린 시절부터 모양을 배열하고 구성했고, 이것은 이후 그의 작업에 필수적인 영향을 끼쳤다. 그가 이른 나이부터 기하학의 기본적인 구조를 꿰뚫어보는 법을 배웠다는 의견이 많다. 그의 대초원 주택과 초기 예배당에서부터 후기 건축물들에 이르기까지 이 기하학적 추상이 계속해서 나타난다.[1]

어머니는 어린 그에게 존 러스킨의 예술과 건축 비평을 읽어 주었고, 침대 위에는 중요한 고딕 양식 대성당 판화들을 걸어 놓는 등 건축가로서의 토대를 마련해주었다. 그의 아버지는 라이트를 문학과 음악의 세계로 이끌었다. 라이트는 종종 건축물을 작곡에 비유했다. 열네 살이던 그는 빅토르 위고의 『노트르담의 꼽추』를 읽고, 구텐베르크 이후 책이 문화 표현의 지배적인 형태로서 건축을 대체했다는 비극적인 교훈을 얻었다. 라이트는 그렇게 대체 당한 현실을 되돌리고 예술의 어머니라는 건축의 정당한 위치를 되찾기로 결심했다. 이 아이디어는 뉴욕 구겐하임 미술관을 설계하던 80대에도 여전히 그에게 생기를 불어넣었다.

라이트의 경력은 1880년대에 시작해 1930년대에 끝난 것으로 널리 알려져 있다. 그 당시 그는 모더니즘 학계와 건축계에서 거부당했지만, 아마도 미국에서 가장 유명한 건축가였을 것이다. 1909년 이전에 그는 시카고 교외에서 주택과 종교 건물들을 설계했고, 그의 혁신적인 대초원 주택들은 널리 호평을 받았다. 1909년 마흔두 살에 개방형 인테리어와 함께 수평적으로 지어진 대초원 양식 주택 건축가로 성공한 라이트는 가족을 버리고 사업은 동료에게 맡긴 채 기혼의 의뢰인 마마 보스윅Mamah Borthwick과 유럽으로 건너갔다. 그의 일은 1907년에 슬럼프에 빠졌고, 1908년에는 그가 아내 캐서린에게 처음으로 이혼을 요구했다.

두 번의 정점

그는 유럽에서 돌아와 위스콘신 헬레나 밸리로 돌아갔고 탈리에신을 건축했다. 이것이 전환점이 되었다. 그것은 초기 아이디어들을 확장하고 새로운 방향을 설정하는 건축물이었다. 이 헬레나 밸리에서 라이트는 정체된 경력에 새로운 활기를 불어넣었다. 하지만 한편으로 이것은 그의 인생에서 개인적으로나 직업적으로 길고 어려운 시기의 시작이었다. 1911년에서 1925년 사이에 탈리에신에는 두 번 불이 났고, 그의 연인 마마 보스윅은 이상하고 비극적인 방법으로 살해되었으며, 그다음 결혼 생활은 쌍방 폭력으로 실패했다. 라이트는 구식으로 간주되거나, 무시받거나, 에모더니즘의 기득권층과 20세기 최고의 건축가로 꼽히는 미스 반 데어 로에 및 국제 양식 지지자들에게 조롱당하는 건축계의 비주류 인물이었다. 1932년까지 라이트는 유럽의 모더니스트들에 비해 세미모던한 인물로 간주되었다. 말하자면 그는 끝났고 잊혀질 수 있는 사람이었다.[2]

이 시기에 라이트는 미국에서 거의 커미션을 받지 못했고, 그나마 받은 커미션도 보통 실패로 끝났다. 그러나 한가한 시기는 아니었다. 1923년에 그는 일본 임페리얼 호텔을 완성했다. 실체적으로도, 창의적으로도 이전에 작업했던 것들보다 더 큰 규모인 놀라운 업적이었다. 그 호텔은 준공 1년 뒤 지진에서 살아남아 그 가치를 증명했다. 그렇지만 주택 분야에서 그의 성공은 눈부시지 않았고, 저가 주택을 만들려는 그의 시도는 재정적으로 실패했다. 이 중년 시기에 라이트의 야심은 살아 있었지만, 돈을 벌기 위해서는 글쓰기와 강의, 견습 프로그램 운영으로 방향을 틀어야 했다.

그러나 1930년대 초에 상징적인 세 건축물 낙수장, 존슨 왁스 빌딩, 제이콥스 하우스의 커미션과 함께 2막이 시작되었다. 1935년부터 1959년까지 이 두 번째 경력은 유소니언 주택, 텍스타일 블록 주택, 미국 서부 풍경을 바탕으로 하는 새롭고 독창적인 디자인, 구겐하임 미술관 같은 기념비적인 건축물들과 함께 라이트에게 있어 가장 혁신적인 시기였다. 그는 마치 인생을 다시 사는 것처럼 어린 시절에 배웠던 패턴들을 끊임없이 재해석하는 방식으로 자신의 경력을 재구상하고 재구성했다.

그렇기 때문에 프랭크 로이드 라이트는 일찍 꽃피운 사람이자 늦게 꽃피운 사람이다. 평생의 작품들 중 절반 이상이 예순여덟의 나이 이후 인생 마지막 4분의 1 동안에 나왔다. 그의 마지막 10년은 가장 생산적인 시기였다. 그가 노년에 가장 실험적인 건축물들을 창조할 수 있었던 것은 자신의 능력과 작품의 중요성에 대한 강한 믿음 덕분이었다. 예순에 그의 경력은 쇠퇴하고 있었고, 여든에 그는 승승장구했다. 라이트는 경이로울 만큼 일했다. 사망하기 1년 전, 아흔하나의 나이로 그는 바그다드의 문화 센터 건립을 위해 백 점의 드로잉을 그렸다.[3]

이러한 그의 활동은 매년 그의 설계 대비 완공된 연간 건물 수 그래프에서 볼 수 있다(그림 11.1). 건출물을 설계하는 것보다 건설하는 데 더 오랜 시간이 걸리고 설계의 완료 시기나 완료 여부에 많은 외부 요소가 영향을 끼치기 때문에 이 도표가 완전히 전형적인 것은 아니다. 하지만 라이트 경력에 있는 두 정점을 분명하게 볼 수 있다. 제1차 세계대전이 시작될 무렵의 슬럼프 이후 라이트의 일은 1935년 낙수장 커미션을 받기 전까지 거의 휴업 상태였다. 라이트

그림 11.1 프랭크 로이드 라이트의 설계 대비 건설된 건축물 수

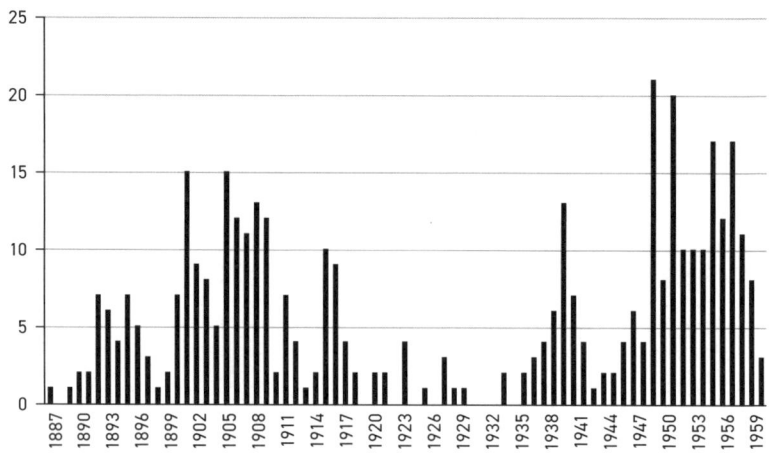

출처: 윌리엄 알린 스토러, 《프랭크 로이드 라이트의 건축: 컴플리트 카탈로그》, 시카고대학교 출판부 (2002년)

의 멘토인 루이스 설리번이나 그의 제도사였던 러셀 바 윌리엄슨 Russell Barr Williamson 같은 많은 건축가들은 라이트가 1911~19년 의뢰가 감소한 이후 겪었던 것과 같은 슬럼프에서 회복되지 못했다.

라이트의 경력에는 그림 11.1에서 확인되지 않는 질적인 측면이 있다. 라이트는 혁신성을 유지하고 자신의 아이디어를 새로운 맥락에서 재작업하며 끊임없이 인생을 재검토하는 능력 덕분에 두 번째 정점을 찍을 수 있었다. 1911년에서 1917년 사이에 라이트는 자신의 건축 원칙에 따라 저가 주택을 만들기 위한 시도인 시스템 빌트 주택 프로그램을 위해 백 개가 넘는 주택 디자인을 만들었다. 시스템 빌트 주택은 그가 만든 총 작품에서 10퍼센트를 차지하지만, 대부분은 아예 지어지지도 않았다. 제1차 세계대전 발발, 일본에서의 작업, 아이디어를 실현하는 데 있어 재정적인 어려움이 합쳐져 프로젝트가 중단되었기 때문이다. 과소평가된 시스템 빌트 주택 엘리자베스 머피 하우스에 대한 책을 집필한 니컬러스 헤이즈는 그 프로그램이 취소되고 일 년 후에도 여전히 라이트가 이후 프로젝트에 디자인 요소를 이용할 생각을 하고 있었다는 걸 보여주는 메모를 아카이브에서 발견했다.

라이트는 1936년에 유소니언으로 알려진 건축물 시리즈의 일부인 제이콥스 하우스와 함께 저렴한 건축가 설계 주택에 대한 아이디어로 돌아왔다. 실패에도 불구하고 이 경력 중반기는 야심만만했다.[4] 1916년의 보크 주택은 임페리얼 호텔의 영향이 드러나며, 라이트 특유의 스타일에 대한 증거가 된다. 밀워키 교외의 거리에서 눈에 띄게 독특한 단일 구조의 생경한 주택이고, 누가 봐도 라이트의 건축이며, 몇 년 전에 그가 만들었던 대초원 주택들과는 완전히 다르다. 기념비적인 소규모 건축물의 미학을 담아내는 그의 능력은 중요한 고딕 양식 대성당들로부터 위스콘신 러신에 위치한 존슨 왁스 본사까지 이를 위한 영감을 이끌어냈을 때 다시 나타났다.

라이트는 인생 마지막 10년 동안 베스 샬롬 회당과 구겐하임 미술관 같은 기념비적이고 혁신적인 공간들을 건설했다. 구겐하임 미술관은 놀랍도록 초현대적인 전후 시대 건축물 중 하나이며, 70대 노인의 기하학적 상상력에서 만들어졌다기보다는 외계에서 맨해튼에 뚝 떨어진 것처럼 보인다. 그는 반복이 아닌 재배열을 통해 이 놀라운 새 형태에 도달했다. 그는 끊임없이 자신의 아이디어를 다양화했다.[5] 계속되는 나선형 경사로 아이디어는 1920년대 디자인에 처음 나타나는데, 이 무렵 그는 구겐하임 작업 커미션을 받은 상태였고, 그 아이디어를 실현할 수 있는 새로운 종류의 콘크리트와 선지적 이상을 공유하는 후원자가 있었다. 그렇다고 구겐하임 디자인이 새 의뢰자를 위해 다시 만든 재생 디자인, 즉 재탕이란 말은 아니다. 대신 그것은 라이트가 가장 단순한 형태에서도 광대한 가능성을 보고 새로운 재료로 작업할 수 있었던 정도를 보여준다. 존슨 왁스 본사의 나무 모양 기둥은 라이트가 최신 형태의 철근 콘크리트를 사용하고 있었기 때문에 가능했다.

라이트의 두 번째 시기는 첫 번째 시기의 아이디어들을 새롭고 놀라운 방식으로 재검토한 결과였다. 그의 경력이 부활하기 몇 년 전인 1931년에 그가 말했듯이, 인간의 이러한 창조 능력은 새로운 문제가 생길 때마다 계속해서 새로운 패턴으로 스스로 거듭나는 자질 또는 능력이다.[6] 1934년 이후 낙수장, 존슨 왁스 본사와 제이콥스 하우스와 함께 라이트의 경력은 새로운 문제가 생김에 따라 계속해서 새로운 패턴으로 탄생한다.

그가 이 일을 어떻게 했는지 이해하기 위해 미켈란젤로의 드로잉 관행을 살펴볼 수 있다.

미켈란젤로의 드로잉

건축의 역사에서 미켈란젤로 이후의 드로잉은 중요한 역할을 한다. 여기에는 몇 가지 이유가 있다. 인쇄술로 인해 종이가 풍부해졌고, 레오나르도 같은 예술가들이 제도와 스케치를 이용해 창의적인 재주를 담아내는 방법을 발견했다. 그리고 르네상스는 제너럴리스트의 시대였다. 도나토 브라만테, 조르조 바사리, 발다사레 페루치 등 당대의 위대한 건축가 다수는 건축가이기 전에 화가이자 조각가였다. 대기만성의 시대였다. 필리포 브루넬레스키는 중년에 건축가가 되어 피렌체 대성당의 돔을 설계한 금세공인으로, 수천 년간 건축가들을 고심하게 만든 문제, 즉 고대의 위대한 돔들을 어떻게 모사할 것인가 하는 문제를 해결했다. 건축은 회화 및 조각과 드로잉 기법을 공유했고, 세 가지 예술 모두 아이디어를 창출하는 방법으로써 드로잉에 의존하게 되었다. 작가들이 자신의 생각을 글로 쓰는 것이 아니라 글을 쓰는 것이 생각하는 방식이라고 말하는 것을 흔히 들을 수 있는데, 드로잉이 르네상스의 화가, 조각가, 건축가, 그중에서도 특별히 미켈란젤로에게 그와 같은 기능을 했다.[7]

미켈란젤로는 건축에 관심을 가지게 되기 전에 자기 경력의 한창 때에 있었고, 교황으로부터 성 베드로 대성전을 만들어달라는 커미션을 받았을 때는 이미 노인이었다. 이 70대 노년의 예술가는 은퇴하는 대신 르네상스 시대 최고의 건축가가 되었다.

브루넬레스키와 달리 미켈란젤로는 로마 여행과 고대 건축물 조사를 통해 건축을 배우지 않았다. 그는 고전 건축의 오더order(건축에서 기둥과 지붕을 기본 단위로 한 형식)에 대한 내용으로 가득한 필사본을 공부했는데, 체계적으로 접근하기보다는 자신에게 필요한 것만 취했다. 그는 화가가 되려 준비하는 동안 누드 인물화 그리는 방법을 배울 때와 마찬가지로 이 필사본에 있는 형식과 형태를 그려 가면서 익혔다. 미켈란젤로가 창안한 방식은 아니었고, 예술가들 사이에서 일반적인 관행이 되어 가고 있는 방식이었다. 그는 드로잉이 생각하는 방식이자 예술에서 새로운 것을 발견하는 수단이라는 사

실을 배웠다.⁸

미켈란젤로의 드로잉에는 반복이 가득하다. 그는 자세, 포즈, 각도를 조금씩 달리한 동일 인물을 반복적으로 그리고 있다. 그것이 그가 기본 형태를 기억에 입력시킨 방법이자 독창적인 방식을 발견한 방법이다. 그는 드로잉을 통해 형태에 대한 깊은 이해를 얻었다. 그래서 그가 제자들 중 한 명을 불러 '드로잉해라, 안토니오, 드로잉해라, 안토니오, 시간 낭비하지 말고 드로잉해라'라고 했던 것이다.⁹ 이러한 반복과 재구성 속에서 아이디어는 돌연히 떠오른다. 이것은 미켈란젤로가 새로운 무언가를 찾기 위해 재해석되고 개선될 수 있는 형태들을 머릿속에 가득 넣은 채 각 프로젝트에 임했음을 의미했다.

그는 필사본을 통해 다양한 건축 프로젝트에서 재구성하고 재작업할 수 있는 일련의 형태들을 새로 배웠다. 우선 그는 건축을 조각의 틀을 잡는 하나의 방법으로 보았다. 건축물의 여백에 딱 맞아야 하는 시스티나 성당의 회화 작업을 하면서 그는 건축이 그 자체로 흥미롭고 전체적인 효과의 중요한 부분이라는 사실을 알게 되었다. 건축적 뼈대와 조각이나 회화의 인물은 그렇게 그의 상상 속에서 통합되었다. 건축물의 주초, 주두, 삼각형 박공벽, 처마 장식을 위한 제도 기법을 습득하는 일은 대리석 덩어리 속에 있는 인간 형상을 상상해내는 능력과 유사한 새로운 통찰 방식이 되었다. 그는 소용돌이 모양의 장식과 기둥 드로잉을 바탕으로 고전 건축을 재창조하는 사람이 되었다.¹⁰

이것이 미켈란젤로의 건축을 묘사하고 설명하는 데 필요한 전부는 아니다. 그러나 우리는 그의 발전에 있어 반복의 중추적인 중요성을 볼 수 있다. 그는 추상적인 사람이 아니었다. 그는 정답을 찾을 때까지 작은 변형을 추가해 반복적으로 드로잉하며 건축 아이디어를 떠올렸다. 인체 해부학이나 건축적 구조 같은 형태를 취하고, 거기에 수도자의 되새김을 적용해 수도자들이 성경 구절을 묵상하는 방식으로 그 형태들을 곰곰이 생각했다. 창의성은 이렇게 바쁘고 반복적인 작업의 결과다. 그리고 그것이 바로 프랭크 로이드 라이트가 길고 독창적인 경력을 유지할 수 있었던 방법이다. 그는 마치 팔과 기둥을 스케치하는 미켈란젤로처럼, 어린 시절의 형태들을 70년, 80년 지나 상상 속에서 바꾸고, 배열하고, 재구성하고 있었다. 구겐하임 미술관도 그렇게 설계된 것이다. 라이트는 평생 동안 형태들을 바꾸었다.

　미켈란젤로에게는 드로잉이 있었고, 라이트에게는 상상이 있었다. 옛 거장은 자신의 형식을 찾기 위해 종이 위에 끊임없이 밑그림을 그렸고, 새 거장은 연필을 들기 전에 머릿속으로 모든 것을 신중하게 생각했다. 라이트의 기억력은 실제로 드로잉하지 않고도 그 작업을 해낼 수 있는 능력을 의미했다. 유명한 일화로는 에드거 J. 코프만이 라이트에게 전화를 걸어 낙수장의 설계 진행 상황을 확인하기 위해 들르겠다고 말했는데 라이트는 종이 외에 준비된 게 아무것도 없었다. 라이트는 동요하지 않고 제도 작업실로 걸어 들어가 망설임 없이 곧장 종이 위에 완전하고 상세한 주택 설계도 석 장을 그렸다. 그렇게 하는 데는 두 시간밖에 걸리지 않았다. 코프만은 놀랍도록 깊은 인상을 받았다. 라이트는 지난 몇 주 동안 건물을 너무나 치밀하게 상상했기 때문에 마치 순수한 영감에서 나온 듯한 설계도를 만들 수 있었다.

휴식기를 지나면서

우리는 프랭크 로이드 라이트가 1909년에 자신의 인생에서 도망친 방식을 여러 가지로 설명할 수 있다. 그것은 중년의 위기와 매우 유사해 보인다. 그는 지루했고, 자신의 일이 불만족스러웠으며, 관심사가 서로 달라 결혼 생활은 진부해졌다. 그는 무엇이라도 바꾸고 싶은 마음이 간절했다. 이 모든 것이 대부분의 사람들에게 일어나는 삶의 자연스러운 한 시기였지만, 그는 그것을 극복하는 대신 유럽으로 달아났다. 아마도 이러한 각각의 요소들이 영향을 주었을 것이다. 확실한 것은 그가 분명히 답답하고 우울하게 '느꼈다'는 것이다. 더 이상의 추측이 무슨 소용일까? 그가 첫 번째 아내 캐서린과 함께했어도 그의 작품은 똑같이 발전했을 수도 있고, 아닐 수도 있다. 알 수 없는 일이다. 1909년에 있었던 그 휴식기의 원인이나 결과가 무엇이든 라이트는 이제 '제한과 상상의 한계에서 자유로워졌다.'[11]

유럽 건축을 직접 경험한 것이 기능과 무관한 장식은 없어야 한다는 라이트의 생각을 강화했고, 이것이 그의 후기 작품과 전향에 영향을 끼쳤다. 그는 유럽 건축물들의 설계도를 연구하고, 민속 전통과 일반 건물 사이의 연관성을 볼 수 있었으며, 다른 나라의 오래된 형식을 모사하기보다는 독창적인 미국식 건축을 만들겠다는 사명을 더욱 견고히 했다. 1909~10년에 이탈리아를 방문한 그는 고전 건축이 환경에 유기적이라는 것을 알았고, 그러한 양식을 다른 시대와 장소에 도입하는 것은 불연속적이라 믿게 되었다. 현대 미국에서 고전주의 형태를 재현하는 것은 비현실적이었다. 그는 '생사 불문 우리는 고유한 건축이 없는 유일한 강대국이다'라고 말했다.[12] 미국의 위대한 사상가 랄프 왈도 에머슨과 월트 휘트먼은 언제나 라이트에게 중요한 존재였고, 이때 그는 건축가의 영적인 면보다도 지적인 면만 훈련하는 것은 독창적이기보다는 모방적인 건축물로 이어질 것이라 믿었다.[13] 라이트는 유럽에서 운동가가 되어 돌아왔다.[14]

공간의 창조

그다음 20년은 그의 후기 경력에 있어 중요한 전환점으로 이어졌다. 혼자 일에 묻혀 집에 고립되어 있던 이 위기가 시작점이었다. 대략 1909년부터 1930년까지 고난의 시기에 라이트는 마침내 자신의 비전을 깨달았다. 1910년 이후 라이트는 이전과 같은 건축가가 아니었다. 그가 젊은 시절 멘토인 루이스 설리번에게 배운 형식과 기능이 하나 된 모델은 확장되고 재작업되었다.[15] 설리번은 그의 장식에 전체적인 느낌을 부여했다. 라이트는 전체성이 건물 전체의 특징이 되기를 원했다. 이때부터 라이트는 건물이 아닌 공간을 만들기 시작했다. 새로운 가능성을 찾기 위해 머릿속에서 형태를 뒤집었던 것처럼 아이디어를 가지고 같은 작업을 했다.

1909년 이전 대초원 주택의 중심이자 집안 공간의 핵심은 난로였다. 그 시기에 만든 뉴욕 버펄로의 라킨 빌딩에는 기능적인 공간을 강조한 거대하고 밝은 중앙 아트리움이 있었다. 그는 벽돌 스팬드럴이 포함된 유리 채널로 건물 모서리와 벽을 분리했다. 그는 이런 저런 방식으로 벽을 허물어 건물을 벽으로 이루어진 상자가 아니라 일련의 스크린으로 둘러싸인 공간으로 만들었다. 벽으로 이루어진 일반적인 상자 패턴을 깨뜨림으로써 내부 공간이 모든 방향으로 자유로워진 것이다.[16] 그는 유니티 템플에도 비슷한 방식으로 예배 공간을 '디자인의 영혼'으로 만들었다.[17] 유럽과 일본에서의 생활 이후 공간에 대한 아이디어는 점점 더 그의 목적의 중심이 되고 있었다.

연속적인 공간에 대한 아이디어는 수태고지 그리스 정교회 성당과 구겐하임 같은 그의 후기 원형 프로젝트에서 새로운 정점에 도달한다. 그 건물들의 형태와 구조는 벽이 아니라 내부의 연속적인 흐름을 강조하고 있다. 라킨 빌딩의 유리 패널은 내부 공간을 강조하기 위해 연속적인 벽을 허문 낙수장에서 더욱 강하게 반복된다. 구겐하임에서는 바닥이 계속해서 경사를 이루고 유리 패널이 돔 지붕이 된다. 존슨 왁스 본사에는 벽과 천장 사이를 유리 튜브로 연결한 클리어스토리가 있어 사무실 안으로 빛이 들어온다. 수태고지 그리스 정교회 성당에서도 비슷하게 원형 창으로 된 클리어스토리 위에 지붕이 얹어져 있다. 이른 저녁 빛이 이 창문을 통해 들어와 제단 주위의 황금색 스크린에 반사되면 황금빛이 교회 내부 전체에 퍼진다. '머리 위로 한없이 트인 공간'에 대한 아이디어는 1908년에 유니티 템플에서 처음 사용되었는데, 라이트는 50년 후에도 여전히 그 콘셉트를 발전시키고 재구성하고 있었다.[18] 그는 이러한 방식으로 새로운 문제가 생길 때마다 계속해서 새로운 패턴으로 거듭났다.[19]

공간으로서의 건축이라는 콘셉트를 대표하는 것은 바로 놀라운 혁신 주택인 탈리에신이다. 그는 1935년에 낙수장을 만들기 전까지 다시는 그런 건물을 만들지 못했다. 1950년대 후반에 수태고지 그리스 정교회 교회 위원들이 탈리에신을 방문했을 때도 그들은 그 건물이 1911년에 처음 지어졌다는 것을 믿지 못했다. 그들 중 한 사람이 이렇게 말했다. '마치 어제 지어진 것 같은 느낌을 지울 수가 없었습니다.'[20] 40대 중반에 위기를 겪고 있던 그는 새로운 미국 건축을 만들어내기 위해 탈리에신에 공간 콘셉트를 실험했다. 그것은 '건축이란 무엇이어야 하는지 그의 신념에 대한 선언'이었다.[21]

탈리에신은 언덕 위에 지어지지 않고 언덕을 둘러싸고 지어졌다. 나중에 폭포 위에 지어진 낙수장으로 튀어나온 바위처럼, 언덕 꼭대기는 주택 삼면의 가운데 있다. 그는 탈리에신을 만들 준비를 하고 유럽에서 돌아왔고, 유럽식 주택에 대한 아이디어를 위스콘신의 풍경에 통합하기 위해 비격식적이고, 변칙적이고, 유기적인 방식으로 재창조했다. 그의 초창기 혁신작 중 하나인 로비 하우스에서는 모든 방에서 전망이 확대되고 변화한다. 전망은 주변 환경과 함께 흐르면서 내부와 외부의 차이를 감소시킨다. 탈리에신에서는 결코 상자에 갇힌 느낌을 받지 않는다. 공간이 언제나 트여 있거나 주변 가까이에 다가온다. 그것은 여기저기로 흘러 들어오고 나가는 강물처럼 복도, 방, 구석구석 아늑한 곳들로 이루어진 하나의 연속적인 통로다. 거의 50년이 지나 지어진 구겐하임의 경우도 마찬가지다.

라이트는 그의 작품의 중심이 된 또 다른 요소인 대각선 축에 탈리에신을 만들어 이 끊임없는 전망의 변화와 확장을 달성했다.[22] 탈리에신에서 나온 다른 아이디어는 그의 후기를 정의하는 재구성 형태의 일부가 되었다. 거실의 모퉁이 창문에는 이음새가 없는데, 이는 모더니즘의 상자에서 나와 집과 자연을 통합하는 방식이다. 1930년대 건축물 중 하나인 제이콥스 하우스는 거실로 통하는 문이 모퉁이에서 정원으로 뚫려 있다. 탈리에신 이후 몇 년 뒤에 지어진 엘리자베스 머피 하우스는 실패한 시스템 빌트 주택 프로젝트의 일환으로, 이곳에는 현관문을 통과하면 바로 왼쪽에 벽이 있는데, 그 벽이 거실 전망을 차단하면서 더 개방된 전망을 볼 수 있는 집 중앙으로 이끈다. 탈리에신에서 거실로 이어지는 오리지널 현관문과 동일하다.

탈리에신의 시련과 임페리얼 호텔

탈리에신은 라이트가 독립해 마마와 살기 위한 개인 도피처였고, 인습에 얽매이지 않는 그들의 관계가 언덕과 주택이 결합된 탈리에신의 주요한 영감이었다.[23] 그러나 많은 불행 중 첫 번째 불행이 1914년에 찾아왔다. 고용인이 불을 지른 후 마마와 그의 아이들을 포함해 탈출하려는 일곱 명을 도끼로 살해한 것이다. 탈리에신의 주거용 건물은 파괴되었다. 이뿐만이 아니었다. 1923년에 라이트는 모드 미리엄 노엘Maude Miriam Noel과 재혼했는데, 그녀는 모르핀 중독자였고 정신적으로 불안정했다. 이혼할 때는 그녀가 라이트를 폭행으로 고소했다. 이혼은 라이트에게 부담스러운 부채를 남겼다. 1925년에는 올기바나 힌젠부르크Olgivanna Hinzenburg를 만났고, 두 사람은 여생을 함께했다. 그들은 재건된 탈리에신으로 이사했지만, 그해 전기적 결함으로 화재가 발생해 탈리에신은 다시 불타고 말았다. 라이트가 1902년부터 수집해 온 일본 미술 컬렉션도 소실되었다.

사라진 미술품의 가치는 최대 50만 달러에 달했는데, 귀중한 미술품을 잃어버린 비참함은 말할 것도 없고, 라이트가 감당할 수 없는 손실액이었다. 그는 다시 한 번 탈리에신을 재건했다. 그러나 채권자들이 그를 괴롭혔다. 어느 순간 탈리에신은 그들의 소유가 되었다. 빚은 많고 일은 없는 위태로운 상황에 몰리자 그는 자신의 미래 작업에 대한 보증을 제공해 투자자들이 자본을 유치할 수 있는 컨소시엄을 만들었다. 억누를 수 없는 그의 자기 신념은 결코 흔들리지 않았다.

탈리에신에 첫 번째 화재가 나기 직전인 1913년부터 1922년까지 라이트는 일본에서 일하기 시작했다. 이 시기는 탈리에신과 유럽처럼 건축에 대한 그의 관점을 바꾸어 놓았다. 앤서니 알로프신은 '그가 일본 미술에서 발견한 원, 사각형, 삼각형으로 된 전형적인 기하학은 각각 무한성, 무결성, 구조적 통일성이라는 영적 특성에 부합했다'라고 말했다.[24] 그가 어린 시절에 배운 순수 기하학은 그의 머릿속에서 재구성되고 뒤집어져 새로운 관점과 새로운 신념을 찾아내고 있었다. 이후 평생에 걸친 라이트의 작품에는 일본, 특히 그가 자연과 끊임없이 조화를 이루며 살았다고 보았던 산업화 이전의 일본의 영향이 깊게 남았다.

1921년, 임페리얼 호텔을 완성하기 직전에 그는 딸에게 이렇게 썼다. '옛날에는 내 육체적 자원의 밑바닥을 치는 일이 없었는데, 이젠 흰머리와 53년이라는 세월이 내가 주목해야 할 무언가를 보여주고 있다는 걸 알았다.' 그는 일본에서 자신이 지금껏 잘못된 방식으로 작업해 왔다는 것 또한 깨달았다. 그리고 친구이자 의뢰자인 다윈 마틴에게 다음과 같이 썼다.

일본에서 훌륭한 건물을 짓는 경험은 건축에 대한 나의 이상을 실현하는 일이 얼마나 어려운 것인지 가르쳐주었네. 나의 일꾼들이 가구를 포함한 물건 전부를 만들기 때문에 나는 이 현장의 모든 것을 확실하게 파악해야 하지. 나의 감독이 얼마나 부적절한 것이었는지, 내가 얼마나 경솔하게 목표를 높게 잡았는지, 그리고 의뢰자들이 애초에 정말로 원하지도 않는 것을 얻기 위해 얼마나 많은 인내와 관용을 베풀어야 했는지 깨닫는 중이야.[25]

단지 설계자이기만 한 것이 아니라 시공자이기도 했던 것, 이것이 바로 미켈란젤로가 성 베드로 대성전의 건축가로 성공할 수 있었던 이유다. 모든 것을 감독하는 법을 배웠던 것이 위대한 성전 건설의 비결이었다. 미켈란젤로는 높은 비계 위에 있는 석공들에게 음식과 물을 제공하는 시스템을 도입했고, 끌을 들고 정확하게 조각하는 법을 보여주었다. 그는 혼란스러운 현장을 인계받았는데, 이는 오지랖 넓은 건축가들의 손을 전전한 결과물이었다. 그것은 미켈란젤로 연구자 윌리엄 월리스의 말을 빌리면 로마 유적 같았다고 한다.[26] 미켈란젤로는 기존의 설계에 상당한 변화를 주면서 일꾼들에게 20년간 그들이 해온 것을 버리라고 요구했다. 그는 자신이 옳다는 것을 증명하기 위해 일꾼들에게 자신의 전문 지식을 보여주려고 세부 사항까지 하달했다. 라이트도 비슷한 깨달음을 얻었던 것으로 보인다. 그 결과는 명백했다. 임페리얼 호텔은 혹독한 비난과 함께 지진에 취약할 것으로 예상되었다. 완공 다음 해에 도쿄는 20세기 최악의 지진을 겪었다. 그러나 호텔은 충격을 흡수하며 살아남았고, 약간의 손상은 있었지만 수십 년간 보란 듯이 운영되었다. 얼마 있지 않아 라이트는 처음으로 『미국 명사록Who's Who in America』에 등재되었다. 그는 자신의 특별한 업적을 묻는 질문에 '일본 도쿄의 임페리얼 호텔과 그 외 중요한 건축물 176개'라고 대답했다.[27]

임페리얼 호텔은 캔틸레버식 철골 철근 콘크리트로 지지되고 있는데, 이것은 라이트의 후기 작품에 핵심적이고 중요한 재료이자 기법이다. 가장 유명하게는 낙수장이 있다. 1906년 샌프란시스코 지진 이후 건물을 강화하는 방법에 대한 많은 교훈이 있었고, 라이트가 설계했던 지어지지 않은 고층 건물 중에는 이미 임페리얼 호텔에 적용한 몇 가지 생각이 앞서 적용된 것도 있었다.[28] 그의 아이디어는 언제나 프로젝트를 통해 발전했고, 현재의 요구와 이용할 수 있는 재료에 따라 조정되었다.

임페리얼 호텔에서 가장 논란이 많은 측면 중 하나는 플로팅 기초를 이용한 것이었다. 호텔을 단단한 땅에 연결하기 위해 땅에 깊은 필러를 박은 게 아니라, 호텔 아래 부드러운 진흙에만 말뚝을 박은 것이다. 몇 차례 시험 후 라이트는 이렇게 하면 지진이 발생했을 때 건물이 파도 위에 떠 있는 배처럼 진흙 위에 떠 있게 될 거라 믿었다. 그는 구리 지붕을 씌워 건물을 가볍게 만들고, 경사진 벽으로 무게 중심을 낮췄다.[29] 호텔은 큰 하중을 견딜 수 있는 콘크리트 슬래브를 사용한 캔틸레버 구조였다. 라이트는 '비평가들에게 위험하고 터무니없어 보인 캔틸레버는 진동, 융기, 뒤틀림 속에서 구조를 완벽하게 다듬고 균형을 잡았다'고 말했다.[30] 호텔이 지진 테스트를 통과하기 전까지 그는 많은 트집들을 무시해야 했다.

중요한 것은 라이트가 캔틸레버식 철골 철근 콘크리트를 사용해 기능으로부터 형태가 나오는 유기적인 건물을 만들었다는 것이다.

캔틸레버식 철골 철근 콘크리트의 대안은 강접 철골 골조였다. 라이트는 이를 싫어했는데, 지진에 더 취약하다는 점과 그것이 일본 건물에 고전 양식을 강요한다는 점 때문이었다. 그의 기법은 주변 환경과 조화를 이루는 현대 건축을 가능하게 했다.

일이 없는 10년 동안

대공황이 시작될 무렵 라이트의 경력은 결국 정체기에 빠졌고, 1920년대 후반과 1930년대 초반에는 거의 커미션을 받지 못했다. 그가 1920년대 후반에 탈리에신에서 견습 프로그램을 만들었을 때는 견습생들이 할 만한 건축 작업이 없는 경우가 많았다. 대신에 그들은 땅을 경작하고, 집을 수리하고, 현대적인 도심지를 자동차 기반의 지방 도시로 대체하는 기발한 아이디어인 브로드에이커 시티에 대한 라이트의 비전과 관련된 일을 했다. 일이 없으니 그의 명성은 쇠퇴하고 있었다. 그는 그저 위스콘신의 노인이자 왕년의 몽상가였고, 건축가들에게는 별난 과거의 사람이었다. 그러나 라이트는 인생에서 상은 거저 주어지는 게 아니라 싸워서 얻어내야만 한다는 것을 알고 있었다. 휘트먼이 그것을 잘 가르쳐 주었다.

들어라! 솔직하게 말하건대,
내가 과거의 순조로운 상은 주지 않고 거친 새 상을 주리니,
이는 당신이 반드시 맞이해야 하는 날들이다.
재물이라 하는 것을 쌓지 말고,

당신이 얻거나 쌓은 모든 것을 후한 손으로 나누며,

예정된 도시에 도착하되, 떠나라는 거부할 수 없는

부름을 받기 전에는 쉬이 만족에 이르지 못하고,

당신 뒤로 남겨진 이들의 모순된 미소와 조롱을 받을지니,

혹여 사랑의 손짓을 받는다면 오로지 열정적인

이별의 입맞춤으로만 응답하고,

당신을 향해 매수의 손길을 뻗는 자들에게

붙들리지 말라.[31]

라이트는 자신이 한물갔다고 생각하지 않았다. 그는 분명 과거의 사람처럼 보이고 들렸다. 하지만 그에게는 생기와 활력이 있었다. 그는 위선적인 겸손보다 정직한 오만이 낫다고 오랫동안 믿어왔고, 비판으로부터 전투적인 영감을 얻었다. 그는 건축 비평가 루이스 멈퍼드에게 이렇게 썼다. '누구나 친구에게서 배우는 만큼 적에게서도 배운다. 적은 우리를 전투 태세로 유지시켜 준다.'[32] 그리고 라이트는 최신 재료들을 사용해 작업하거나 아이디어를 실험하거나 자신의 콘셉트를 재고하는 일을 결코 멈추지 않았다.

일이 없는 10년 동안 라이트는 멘토인 루이스 설리번과 아버지와 같은 방식으로 저물어 가고 있었던 것인지 모른다. 라이트는 호텔 방을 전전하며 술을 마시던 설리번을 찾아가 외투를 사주고 위로의 편지를 썼다. 그러나 자신의 은사를 따라 그 길을 걷지는 않았다. 라이트는 설리번의 전기를 리뷰하며 설리번의 몰락이 '동시대인들이 그의 재능을 몰라보았기' 때문이 아니라 오히려 그의 재능을 알아보고 고객을 뺏기지 않기 위해 설리번의 주위에 '가십으로 벽

을 둘렀기' 때문이라고 설명했다.³³ 같은 일이 라이트에게도 벌어졌다. 위스콘신 교외를 운전해 다니면 라이트의 전 제도사인 러셀 바윌리엄슨이 설계한 주택들을 볼 수 있는데, 비록 라이트라면 경멸했을 고전주의적 주두 같은 장식적인 부분들을 어쩌지는 못했지만 그것들은 라이트 양식의 뻔뻔한 모방작들이었다. 라이트는 무엇에도 굴하지 않고 자신의 운명을 지배하는 법을 배웠다. 그는 휘트먼이 알고 있던 '성공의 결실로부터 반드시 더 큰 투쟁을 필요로 하는 무언가가 나오리라'는 사실을 알고 있었다.³⁴

이 더 큰 투쟁으로부터 두 번째 경력이 나왔다. 라이트도 이렇게 동의했다. '우리끼리 하는 말이지만 나는 성취할 일이 많다고 생각합니다. 하나의 운동이죠.'³⁵ 그 운동은 탈리에신에서의 새로운 견습 프로그램 계획과 함께 시작되었고, 이는 그의 유명세를 확고부동하게 만들어준 커미션을 가져다주었다. 이것은 오랫동안 고심해온 또 다른 아이디어였다.

쉽지는 않았다. 라이트는 1931년에 '작년에는 계속 일하기 위한 충분한 돈을 모으는 데 너무 힘든 시간을 보냈다'고 썼다.³⁶ 재정 문제는 끝이 없었다. 청구서는 체납되었고, 탈리에신을 담보로 다윈에게 진 막대한 빚은 수년째 갚을 엄두도 못 내고 있었다. 견습생들이 음식과 장작을 모으는 와중에 돈은 사치품에 쓰였다. 견습 프로그램도 기대하는 만큼 성공적이지 않았다. 새 견습생들의 이직률은 높았고, 커미션은 없었으며, 제자들을 받는 것 말고는 할 수 있는 일이 없었다. 끊임없는 홍보에도 불구하고 브로드에이커라는 원대한 비전은 무시당했다.

탈리에신 견습 프로그램은 건축으로 돌아가는 길목이었다. 견습생들의 높은 이직률로 어려움이 있는 프로젝트였고, 많은 견습생들이 건축은 그다지 배우지도 않고 힘든 일만 잔뜩 한다고 느꼈다. 견습생들은 이 거장을 존경해야 했다. 일단 그들이 지나치게 자기 자신에 대한 확신을 갖게 되면 라이트는 그 경쟁자를 싫어했다. 자신감을 잃지 않은 채 라이트에게 깊이 충성하는 남은 견습생들은 특이한 산업의 일원이었고, 그들은 라이트의 인맥이 되었다. 한 견습생의 아버지는 브로드에이커 시티 프로젝트를 지지했고, 그러다 낙수장을 의뢰했다. 그와 그의 아들이 없었더라면 라이트는 그렇게 부흥하지 못했을 것이다. 이렇다 할 건축 활동 없이 견습 프로그램 운영으로 직업을 바꾼 듯 보였지만, 그는 이를 통해 새 커미션을 얻었다.[37]

오만과 행운

라이트는 제멋대로인 경우가 많았다. 그가 가지고 있던 원대한 비전에는 불쾌한 면이 있었다. 그는 인종차별적인 농담을 했고, 동성애에 반대했으며, 가장 재능 있는 여자 견습생에게조차 재봉 작업이나 맡길 정도로 공공연한 성차별주의자였다. 견습 프로그램을 떠난 사람들은 그들의 인격과 능력을 비하하는 증오에 찬 편지를 받았다. 그의 딸인 요바나는 어린 시절에 라이트가 올기바나를 바닥에 패대기치고 다른 딸 스베틀라나의 머리를 캐비닛에 내리치는 걸 보았다. 이것은 자신의 불행했던 어린 시절, 엄청나게 비대해진 자아, 가부장적인 태도, 혹은 이 세 가지 모두의 결과였을 수 있다.

라이트는 언제나 터무니없는 자의식을 가지고 있었다. 건축을 예술 가운데 적절한 위치에 돌려놓겠다는 임무가 너무 중요한 나머지 위스콘신대학교가 자신이 제안한 탈리에신 견습 프로그램 초기 버전의 강의 계획서에서 건축에 덜 치중하면 좋겠다고 했을 때는 협력 관계를 끊어 버렸다. 모든 건축 교육이 그릇되었다고 믿었던 그는 교육자들을 너무 불신해서 막내딸이 아홉 살이 될 때까지 학교에 보내지 않았다. 그녀는 알파벳도 모를 정도였다. 이렇듯 라이트는 천재였지만 괴짜이기도 했다.

세상에 대한 라이트의 휘트먼식 반항은 화려하고 고무적인 듯 보였지만, 그의 실패와 좌절은 공격적이고, 모욕적이고, 가부장적인 행동을 초래했다. '정직한 오만'이 아니었다면 그와 같은 성취를 이루지 못했겠지만, 세상과 어긋나는 그의 성향은 자신이 원하는 것을 취하고 타인에게 결과를 탓하는 성향의 일부였다.

라이트는 자신의 지독한 성향을 전혀 통제하지 않았다. 그의 성향은 세상을 바라보는 특이한 관점에 묶여 있었지만, 그가 폭력적이거나 그렇게 지배적일 필요는 없었다. 그가 스스로 언급했듯이 그는 프리 마돈나가 되고 싶어 했다. '우리가 자신만의 삶을 살고자 하면 반드시 진실해야 한다지만, 대체 무엇에 진실해야 하는가?' 그는 1939년 강의에서 이렇게 물었다. 건축에 있어서 그의 대답은 통일성, 즉 '전체의 감각'을 가진 건축이었다.[38] 이 '전체의 감각'은 그의 삶에는 결여되어 있었다. 그에게는 건축에 대한 자신의 비전이 최우선이었을 뿐만 아니라 유일한 기준이었다. 그는 중년의 위기로부터 많은 것을 배웠지만, 더 많은 것을 배울 수도 있었다.

그의 결점에도 불구하고 견습 프로그램은 계속되어 새 제자들이 생겼다. 그렇게 새 커미션을 받았을 때 라이트는 준비가 되어 있었다. 탈리에신, 브로드에이커, 그리고 임페리얼 호텔은 새로운 발명이 터져 나오기 위한 기반을 마련했다. 프랭크 로이드 라이트 연구가 캐스린 스미스Kathryn Smith는 이렇게 썼다. '당시에는 아무도 예측할 수 없었지만, 1910년대와 1920년대 라이트의 구조에 대한 실험과 획기적인 공간 계획은 1930년대 중반에 시작되어 1959년에 그가 죽기 전까지 계속된 가장 생산적인 시기를 위한 토대가 되었다.'[39] 스미스는 그의 20년을 재평가하며 진정한 전환점을 1925년으로 보았다. 그때는 재정 문제와 가정 문제로 인한 혼란이 최고조에 달한 해였지만, 그런 문제들 때문에라도 돈을 벌어야만 했다. 또한 집을 계속 소유하기 위해 고군분투하고 불안정한 결혼 생활에서 다른 결혼 생활로 넘어가는 동안 파산을 피해야 했다.[40] 1925년은 고든 스트롱 플라네타륨을 설계한 해이기도 했다. 그때 1943년에 구겐하임에서 반복되는 아이디어인 단일 나선형 건물 형태를 처음으로 제안했다. 라이트 인생의 중심인 1925년은 또한 우리에게 행운의 역할을 보여주고 있다. 4장에 보았던 오스틴의 세 가지 행운, 바쁘고 진취적으로 움직이는 데서 오는 행운, 수용성을 가진 사람에게 오는 행운, 각자 자신의 특이한 성격을 통해 만들어지는 행운을 모두 여기서 볼 수 있다. 라이트는 경력에 있어 새로운 실험의 시기를 시작했고, 세 번째 아내인 올기바나의 영향에 열려 있었으며, 오만한 성격 덕분에 경력을 다시 시작하게 해준 탈리에신 견습 프로그램을 통한 인맥을 구축할 수 있었다.

그가 어린 시절 흡수한 형태에 대한 본질적인 교훈은 형태들을 만화경 패턴처럼 반복적으로 재구상하는 이 마지막 시기에 매우 중요하다. 라이트에게 기하학은 영원하고 본질적인 것이었다. 그는 그것을 플라톤이 말한 형상의 영원한 이데아, 즉 모든 사물, 모든 말이나 집, 필러나 플레이트가 영원히 존재하는 이상적인 '형상'에 기초하고 있다는 생각과 비교했다. 확실히 라이트의 정신에는 이러한 방식으로 일할 수 있게 해주는 '형상'이 있었다. 그에게 있어서 이 특성은 형태에 '마력'을 부여하는 것이다. 라이트가 끊임없이 기하학을 변형하는 것은 마력을 표현하려는 시도다. 그는 형태 배열의 마법을 찾고 있었다. 각 형태는 자연의 기본적인 이상을 나타내고 인간의 특정 기분에 상응한다. 즉 원은 무한성, 삼각형은 구조적 통일성, 원뿔형은 열망, 나선형은 유기적 진보, 사각형은 무결성을 나타낸다.[41]

무한성과 성장

죽기 몇 년 전인 1955년에 그는 로마 산탄드레아 델레 프라테 성당에 프란체스코 보로미니가 설계한 예배당과 과거 정교회의 본산이었던 아야 소피아에서 영감을 받아 위스콘신 와우와토사 수태고지 그리스 정교회 성당을 설계했다. 이 성당은 라이트의 '가장 기하학적으로 순수하고 정확한 평면도' 중 하나다. 그러면서도 그는 보로미니를 재창조하고 있는데, 라이트의 원과 타원 사용은 그야말로 비행접시처럼 땅 위로 건물이 솟아오르는 듯한 인상을 준다.[42] 나선형은 유기적 진보를 의미하고, 원은 무한성을 의미한다. 구겐하임과 수태고지 그리스 정교회 성당에서는 그러한 생각이 그의 작품 활동에 정점을 찍었고, 80대 노인에게서 탄생한 미래주의의 아이콘이 되었다.

구겐하임은 라이트가 자신의 책상 위에 두었던 소라 껍데기 모양이나 바다의 파도에 종종 비교된다. 하지만 이 나선형에 가장 밀접하게 연관된 것은 탈리에신 위를 맴도는 헬레나 밸리의 맹금류이며, 이 새는 라이트가 어린 시절부터 알던 새이며 여전히 그곳을 맴돌고 있다. 생의 마지막 해에 수십 점의 드로잉을 제작하면서 그의 경력은 마치 점점 넓어지는 나선형처럼 빙빙 돌아 위로 솟았다. 원과 나선형은 존슨 왁스 본사의 계단, 존슨 리서치 타워의 원형 바닥, 모노나 테라스의 디자인, 원 안에 있는 십자가를 모티프로 설계한 수태고지 그리스 정교회 성당의 계단, 나선형 경사로가 유리 돔의 원까지 올라가는 구겐하임 등 후기에 반복적으로 나타난다. 라이트는 나이가 들면서 자신의 이전 스타일을 모방하기보다는 무한한 원과 유기적인 나선형에 영감을 받아 계속해서 자신의 아이디어를 놀라운 독창성으로 재고하고 재구성했다.

수태고지 그리스 정교회 성당의 계단에서는 원과 나선이 통합되어 있다. 그 성당의 모티프는 정교회 심벌인 원 안의 십자가다. 계단은 십자 패턴 끝에 전구가 달린 수직 레일 주위를 나선형으로 돌고 있다. 맨 아래층에 서서 올려다보면 위로 올라가는 원과 나선의 상호 작용이 보인다. 이는 교구민들이 올려다보며 신에 대해 생각하도록 장려하기 위해 설계된 것이다. 그리고 맨 위에는 나선이 원을 형성하며 유기적 진보의 상징이 서서히 무한함의 상징으로 바뀐다. 이것은 재구성된 기법이다. 탈리에신의 램프는 나무 상자를 씌운 전구를 수직으로 단 수직 레일로 디자인되었다. 제이콥스 하우스에는 이런 레일이 천장을 따라 이어져 있다. 수태고지 그리스 정교회 성당에서는 라이트가 이것을 무한성에 도달하는 유기적인 성장의 상징으로 변형시켰다. 무한성은 신의 상징이자 영원한 기하학 아이디어에 대한 드로잉을 통해 평생 동안 계속 변화하고 성장한 자신의 작품을 상징하는 것이기도 했다.

12

중년의 잠재력을
믿어라

 프랭크 로이드 라이트는 1909년에 가족들을 떠났을 때와 대공황 시기 등 두 번의 위기 지점에 도달했을 때 이를 변화의 순간으로 바꾸었다. 그는 두 번째 성공을 위해 자신을 쇄신한 특별한 종류의 대기만성형 사례다. 그는 위기의 순간을 벗어나 더 창의적인 건축가로 다시 나타남으로써 중년의 위기가 지닌 이점을 우리에게 증명해 주고 있다.

 잠재적으로 대기만성형인 사람들을 찾아볼 때는 단지 성공하지 못한 사람들만 생각해선 안 된다. 아직 해내지 못했지만 무언가 해낼 사람들뿐만 아니라 흥미로운 무언가를 이미 해냈고 다시 해낼 수 있는 사람들까지 찾아봐야 한다. 중년의 위기는 수십 년 동안 중년에 대한 고정 관념이었다. 위기에 갇혀 있는 많은 사람들은 대기만성형이 되지 못할 것이다. 화가 폴 고갱의 삶을 바탕으로 한 서머 싯 몸의 소설 『달과 6펜스』의 주인공 찰스 스트리클런드처럼 주식 중개인으로 존경받던 삶에서 벗어나 화가로 전향하는 것만이 해결책이 아니다. 이미 하고 있는 일에서 유용함을 찾는 태도의 변화가 많은 사람들에게 과소평가되고 있다. 지루해하거나 좌절하고, 새롭거나 더 큰 무언가가 필요한 사람들이라고 해서 모든 것을 다시 점검해야 하는 건 아니다. 하지만 새로운 커리어, 새로운 산업, 새로운 인생이 정답인 사람들도 있다.

중년의 위기

불만은 많은 중년에게 영향을 끼친다. U자 행복 곡선 이론에 따르면, 성인은 젊음에 대한 자유, 흥분, 기대를 가지고 행복하게 시작한다. 그러다 40대 중반이 되면서 인생의 면도날을 타고 미끄러져 내려간다. 그리고 마지막으로 나이가 들면서 행복도가 높아지고 계속해서 나아진다. 『인생은 왜 50부터 반등하는가』에서 조너선 라우시는 이것과 중년의 위기를 구분하고 있다. 행복 곡선의 바닥에 있는 많은 사람들은 위기에 처한 것처럼 행동하고 경솔하게 뭔가를 하기보다는 불만족에 익숙해진다. 그것은 위기가 아니라 삶의 방식이다. 이에 대해 라우시는 행복 곡선이 스트레스가 많은 직업, 버려진 꿈이나 십 대 사춘기에 대한 것이 아니라 자연스러운 단계이기 때문이라고 주장한다.

10장에서 살펴본 지능에 관한 모든 연구들과 마찬가지로, 이것은 평균일 뿐 모든 사람이 같은 길을 걷지 않는다. 그러나 내재적인 이유로 반복되는 하나의 패턴이다. 라우시는 행복이 합리적이거나 예측 가능하거나 객관적인 상황에 확실하게 매여 있지 않다고 말한다.[1] 경제학자 데이비드 G. 블랜치플라워와 앤드루 오즈월드에 따르면, 스물에서 마흔다섯까지의 노화는 당신에게 일어날 수 있는 가장 속상한 일 중 하나인 실업 상태일 때 느끼는 불행감의 3분의 1만큼의 불행감을 가져온다.[2] 그리고 그것이 어떤 종류의 중년 위기도 초래하지 않는 경우도 아주 많다. 이 이론에 따르면, 대부분의 중년은 실제로 인생에서 잘못되고 있는 게 없으므로 중년의 위기를 겪고 있지 않다. 그저 그 나이에는 자연스럽게 불만족을 느끼게 될 뿐이다.

억지스러운 주장 같지만, 더 많은 사람들이 중년의 위기를 반드시 겪어야 한다. 행복의 감소는 치료할 수 없는 자연스러운 현상일 수도 있지만 변화의 영감이 될 수도 있다. 많은 사람들이 개인적으로든 직업적으로든 자신이 가진 문제에 집착함으로써 행복 곡선에 반응한다. 이것은 잘못된 접근 방식이다. 우리는 우리 자신에게서 벗어날 필요가 있다. 철학자 키어런 세티야가 말했듯이, 중년의 위기를 예방(또는 치료)하기 위해서는 자기 자신이 아닌 다른 것에 관심을 가져야 한다.[3] 많은 사람들에게 해결책은 일상생활에서 요구되는 일과 다른 무언가에 몰입하게 만드는 오락 삼아 하는 일의 중간쯤에 있다. 중년의 위기에 관한 존 치버의 단편 『시골 남편The Country Husband』에서 정신과 의사가 처방한 해결책은 저녁마다 목공 연습을 하는 것인데, 이는 전형적인 20세기 중반의 권장 사항이다. 그러나 간혹 잠재적인 대기만성형 사람들에게는 위기를 받아들이는 것이 최선의 답이 된다.

결혼 상담사 J. H. 윌리스는 1962년에 중년을 '두 번째 사춘기'라고 표현했다. 청소년기에는 신체가 변하고, 천직을 갈망하며, 성적 충동의 변화를 경험하고, 권위를 바라보는 관점이 덜 관대해진다. 중년기에는 기억력이 감퇴하고, 젊은 시절의 야망이 현실적 한계에 부딪히며, 권위가 약해지고, 신체도 변한다. 윌리스는 '관자놀이의 흰머리'와 '성공적인 분위기'에도 불구하고 성숙함이 기정사실은 아니라고 말한다. 그는 중년기를 청소년기와 마찬가지로 발전의 기회로 봐야 한다고 주장하며 그것은 중년에게 또 다른 기회를 주는 것과 같다고 말한다. 중년의 사람들이 '새로운 가능성'에 대해 동요를 느낄 때 그들은 당황하고 약간 위축된 기분을 느낄 가능성이 더 크다.[4] 우리는 인생의 이 시기를 변화와 기회의 시기로 정상화해야 한다. 오드리 서덜랜드는 처음 몰로카이 섬 탐험을 시작했을 때 그것이 가능한 이유 중 하나로 아이들이 점점 자라 독립적으로 되어가고 있기 때문이라고 말했다. 그들은 성년으로 전환되는 중이었다. 그녀는 이렇게 썼다. '나도 전환이 필요하다. 앞으로 어쩌나 느낌이 강하게 들었다.'[5]

비타 색빌웨스트의 소설 『모든 열정이 다하고』에는 새로운 일을 시도하는 부모에게 부정적으로 반응하는 자녀들이 등장한다. 미망인이 된 레이디 슬레인은 자녀들의 부양을 거절하고, 작은 시골집에 혼자 살며 새로운 친구들을 사귄다. 그녀의 자녀들은 이를 몹시 불안하게 느끼고 어머니의 독립을 반대한다. 레이디 슬레인은 당황하지 않고 이전의 굴레에서 벗어나 자신을 위한 새 삶을 전개한다. 그녀는 자신이 할 수 없었던 창의적인 커리어를 시작하러 떠나는 증손녀에게 영감을 주기도 한다. 도리스 레싱의 책 『어둠이 오기 전 그 여름 The Summer before the Dark』은 집을 떠나는 자녀와 일에 몰두하는 남편에 대한 케이트 브라운의 반응을 보여준다. 그녀는 자제력을 내려놓고 로맨스, 질병, 환멸이 포함된, 분명 어느 스무 살의 이야기였을 법한 탐험을 하고 돌아온다. 케이트는 자신이 누구인지 이해하는 과정을 거치고 예전의 삶, 원래 살고 있던 것과 크게 다르지 않은 삶으로 돌아온다. 승려가 되어가는 느린 과정을 다룬 헤르만 헤세의 소설 『싯다르타』에서처럼 큰 영적 변화를 겪는 대신, 케이트는 약간의 관점과 내면의 자유로움에 대한 느낌을 얻는다. 그녀는 어머니도, 아내도, 학급 대표도 아니다. 그녀 자신이다. 이 소설들은 다른 무언가에 대한 갈망이 무수히 많은 다른 삶으로 이어지는 방식을 보여주며, 어떤 방식은 다른 방식보다 더 많은 변화를 수반한다. 위기나 슬럼프를 받아들이기보다 그에 맞춰서 행동하는 편이 변화를 가져올 수 있다. 이러한 인물들은 아내와 어머니로서의 자신의 역량의 함정에서 탈출한다. 그들은 만년에 적응하려 애쓰고 더 나은 상황에 진입한다. 이것이 흔히 대기만성형들이 시작하는 방식이다.

슬럼프 이후 새로운 정점

기존의 커리어로 성공을 이룬 사람들은 종종 침체기나 슬럼프를 겪은 후 말년에 두 번째 정점에 도달한다. 스티브 잡스가 실리콘 밸리의 제록스 팰로앨토 리서치 센터를 방문했을 때는 스물네 살이었다. 그는 그곳에서 메뉴, 마우스, 윈도우 화면이 있는 개인용 컴퓨터를 보았고, 이것이 애플 매킨토시의 기폭제가 되었다. 하지만 잡스에게는 훌륭한 리더가 되는 데 필요한 관리 능력이 부족했다. 그는 1985년에 애플에서 해고되었고 상당한 재산을 잃었다. 그가 애플에서 마지막으로 했던 두 프로젝트는 크게 실패했고, 애플을 떠나고 몇 년 동안 넥스트와 픽사에서 돈을 까먹으면서 아무런 성과도 거두지 못했다. 잡스가 애플에 복귀하기 전에 쓰여진 책에서 워렌 베니스와 패트리샤 워드 비더먼은 잡스의 인생 2막을 예측하지 못했다. 그들은 사람들에게 영감을 주는 잡스의 카리스마적 능력뿐만 아니라 픽사에서 배운 창의적 협업 능력이 그가 1997년 마흔네 살에 애플로 돌아왔을 때 회사를 변화시킬 수 있음을 예상하지 못했다. 잡스는 사업을 재편하고, 협업을 장려하고, (애플 제품에 대한 기존 통념에 반하는) 하드웨어와 소프트웨어의 통합에 전력을 다하고, 디자인에 집중했으며, 그 유명한 '다른 걸 생각하라(Think Different)' 광고를 만들었고, 제품 라인을 좁혔다. 그는 회사를 떠나 있는 10년 동안 많은 것을 배웠고, 파산을 3개월 앞둔 애플을 역사상 가장 큰 가치를 가진 회사로 키웠다. 또한 많은 중간 관리자를 없애고 회사 전체를 하나의 손익 계정에 두면서 부서 간 소통 장벽을 제거하고 차세대 애플 제품을 탄생시킨 특정 협업을 장려했다. 그는 애플의 공동 창업자였지만 그의 가장 큰 공헌은 두 번째 전성기에 만들어졌다.

1996년 테리 그로스와의 인터뷰에서 발췌한 이 내용은 잡스가 픽사에서 겪은 실패의 중요성과 그것이 이후 성공을 위해 그가 배우고 발전하는 데 어떻게 도움이 되었는지 보여주고 있다.

TG(테리 그로스): 애플에서 쫓겨났을 때 사람들이 당신을 폄하하고 있다고 생각했나요? 제 말은, 지금은 이렇게 큰 성공을 거두었잖아요.

SJ(스티브 잡스): 오 이런, 모르겠네요. 많은 사람들이 그랬던 걸 알지만, 그래도 괜찮았어요. 상상할 수 있듯이 그건 인고의 시간이었죠.

TG: 뭐가요, 자신이 만든 회사에서 강제로 쫓겨나는 것이요?

SJ: 그럼요. 그건 정말 괴로운 시간이었지만, 그저 앞으로 나아가며 그것으로부터 배우려 했죠. 제가 늘 저 자신에게 가르치려 한 것 중 하나는 실패를 두려워하지 않는 거예요. 잘 풀리지 않는 일이 생기면 흔히 사람들은 다시는 실패하고 싶지 않다고 아주 방어적인 반응을 합니다. 제 생각에 그건 큰 실수예요. 원하는 것을 얻는 과정에서 몇 번쯤 실패하지 않고서는 절대 원하는 것을 얻을 수 없거든요. 저는 실패를 두려워하지 않으려고 노력했고, 실제로 애플을 떠난 후에 꽤 많이 실패했어요.

6년 뒤 그는 애플 전 직원에게 이 말만 적어 이메일을 보냈다. '우리가 반복적으로 행하는 것은 곧 우리 자신이다. 그러니 우수함은 행위가 아니라 습관이다. 아리스토텔레스.' 지금은 유명해진 그의 스탠퍼드대 졸업식 연설문 초안의 서두에는 이런 내용이 있었다.

우선, 나는 여러분 나이쯤이었을 때 '서른이 넘은 사람은 믿지 말라'는 공개 발언을 했습니다. 물론 당시에는 진심이었죠. 이제 나는 쉰입니다. 이 나이가 되어야 경험에서 더 많은 가치를 보기 시작한다는 게 우습네요.

경력 중반에 도전, 고립, 분투가 없었더라면 그는 애플에서 두 번째 재임 중에 그가 이룬 것들을 절대 성취할 수 없었을 것이다. 우리는 4장에서 기업가들이 좌절의 시기를 통해 교훈을 얻은 후인 중년에 성공할 가능성이 더 높다는 것을 확인했다. 이것은 정확히 잡스의 이야기다. 두 번째 전성기가 없었다면 오늘날 그의 명성과 영향력은 상당히 덜했을 것이다. 그는 스탠퍼드대에서 우리가 8장에서 논의했던 역량 함정의 원리를 직감하며 이렇게 말했다. '결과적으로 애플에서 해고된 것은 나에게 일어날 수 있었던 일들 중 최고의 일이었습니다. 성공에 대한 중압감은 다시 초심자가 된다는 홀가분함으로 바뀌었죠.'[6]

베라 왕, 마흔의 시작

세계적인 디자이너 베라 왕은 인생에서 두 번째 전성기를 맞이한 대표적인 인물이다. 그녀는 지금까지 살펴본 대기만성형 인물들의 거의 모든 특징을 보인다. 왕은 십 대 시절에 피겨 스케이팅 선수였다. 그러나 열아홉 살에 자신이 정상에 오르지 못할 거라는 걸 깨닫고 진로를 바꾼다. '피겨 스케이팅 경력이 끝났을 땐 정말 길을 잃고 말았어요. 전 열아홉 살이었고, 수년 동안 열심히 연습하고도 제가 바라는 대로 이루어진 건 아무것도 없었기 때문에 패닉에 빠졌죠.'[7] 그러다 왕은 계획에 없던 커리어를 시작했는데, 나중에 보니 그것은 비효율적인 준비 과정이었다. 직업의 카오스 이론이 예측하곤 하듯이 작은 사건들은 더 큰 변화의 일환이 되었다.

그녀는 소르본에서의 1년을 포함해 대학에서 미술사를 공부했고, 여름 방학 동안 매디슨 애비뉴의 입생로랑 매장에서 의류 디스플레이를 담당했다. 그리고 그곳에서 《보그》 에디터 프랜시스 스타인을 만났다. 스타인은 왕의 패션 지식을 보고 졸업하면 자신에게 연락하라고 말했다. 행운과 준비의 결합이 왕에게 기회를 주었다. 그녀는 어렸을 때 어머니와 함께 파리 오트 쿠튀르 쇼에 다닐 만큼 옷에 열정이 있었고 관심이 많았다. 2년 후 대학을 졸업한 왕은 스타인에게 연락해 《보그》에 일자리를 얻었다. 하지만 채용되기 전에 그녀는 비서 양성 학교에 가서 타자 치는 법을 배워야 했다.[8] 이것은 왕이 비즈니스의 실용적 측면을 배우게 된 여러 방식 중 첫 번째였다. 그녀는 곧 《보그》의 최연소 에디터가 되었다. 이것은 그녀에게 오랜 견습 생활이었다. '전 언제나 안목이 있었고, 《보그》는 그 안목을 더욱 날카롭게 만들어 주었어요.' 또한 그녀는 세계를 여행하면서 그녀에게 멘토가 되어 준 일련의 디자이너들을 알게 되었다.

서른여덟이 되어 자신이 《보그》의 편집장이 되지 못할 거라는 사실과 상급자가 되어 접대 업무를 하는 것이 자신에게 맞지 않다는 사실을 깨달았을 때, 왕은 떠나기로 결심했다. 오드리 서덜랜드처럼 그녀도 그만두고 변화를 만들었다. 아버지에게 장난감 회사 창업에 대해 이야기했으나 관심을 보이지 않았기 때문에, 그녀는 다른 일자리를 찾아보았다. 그녀는 랄프 로렌에서 액세서리 파트를 담당했는데, 이 일은 창의성과 사업이 얼마나 밀접하게 관련 있는지 그녀에게 알려주었다.

왕은 마흔에 결혼했고, 웨딩드레스 시장이 얼마나 상품화되고 일률적인지 깨달았다. 그래서 그녀는 자기 드레스를 직접 디자인했다. 이 일로 그녀는 모든 웨딩드레스가 굉장히 유사할 뿐만 아니라 나이 많은 신부나 신부 들러리까지 고려해 디자인된 게 아니라는 사실을 알았다. 왕은 아이가 생기지 않아서 받는 스트레스와 잦은 병원 진료 때문에 랄프 로렌을 그만두었다. 그리고 그에게는 완벽한 아이디어가 있었는데, 바로 신부 드레스였다. 사업을 운영하는 것이 드레스를 디자인하는 것만큼 창의적인 일일 수 있다는 아버지의 부추김으로 그녀는 디자이너로서 새로운 경력을 시작했다. 이때 왕은 많은 대기만성형 사람들에게는 없었던 행운의 한 형태, 즉 재정적인 혜택을 받았다. 그녀의 아버지는 그녀의 웨딩드레스 숍에 수백만 달러를 투자했다. 그러나 왕의 성공에는 본질적으로 그녀의 창의성이 있었다. 그녀는 새로운 직물을 이용해 웨딩 파티의 구성원들을 위한 현대적이고 세련된 드레스들을 만들었다. 또한 드레스가 지저분한 기계에 닿지 않도록 관리하는 자체 공장도 지었다. 그녀는 웨딩에 대한 신부의 판타지에 대해 묻기보다는 판타지를 현실에 맞추면서 기능하는 드레스를 디자인할 수 있도록 실용성에 대한 자세한 질문들을 했다.

왕은 디자이너로서는 늦게 일을 시작했지만 과거 스케이팅 이력 덕분에 좋은 기회를 얻을 수 있었다. 올림픽 스케이팅 선수인 낸시 케리건이 그녀에게 무대 의상을 맡겼기 때문이다. 그녀의 계획되지 않은 경력이 그녀에게 세계적인 인지도를 쌓을 수 있는 기회가 되어 준 것이다. 왕이 《보그》를 떠났을 때 중년의 위기를 겪었다고 말하는 건 무리가 있지만, 그녀가 자신의 커리어에서 잘 풀리지 않는 시기가 끝나길 기다리는 대신 드라마틱한 변화를 만든 것은 사실이다. 스케이팅을 그만둔 것과 마찬가지로 이것은 그녀가 이전의 경험을 새로운 맥락에 적용할 수 있게 해주었다. 베라 왕은 비효율적인 준비 과정, 계획되지 않은 커리어, 새로운 문화에 대한 몰입을 통해서 중년의 슬럼프를 새로운 커리어로 바꾸었다.[9] 《하버드 비즈니스 리뷰》가 그녀에게 마흔에 자신의 사업을 시작하기로 결정한 이유를 물었을 때 그녀는 이렇게 대답했다.

"그게 많은 나이인가요? 어쩌면 스무 살이나 서른 살에 시작하는 걸 선호했을 수도 있지만, 사업에 무엇이 필요한지 알기에는 너무 갖춘 게 없었을 거라 생각해요. 난 심지어 마흔에도 내가 뭘 해야 하는지 확신이 없었어요. 그때는 스타트업의 시대가 아니었거든요. 나는 항상 배우고 얻어내야 한다고 느꼈고, 이미 훌륭한 두 번의 경력이 있었어요. 그래도 자격이 충분하다거나 대단히 안정적이라고 느껴지진 않았죠. 내게 회사를 세울 자격이 있다고 생각해본 적이 없어요. 나는 사진, 스타일링, 《보그》, 그리고 랄프에서 18가지 라인의 액세서리 디자인을 담당하면서 예술 쪽에 있었으니까요. 내가 사업을 시작하고, 운영하고, 유지할 수 있다고 생각했냐고요? 나는 그게 얼마나 힘든 일이지 알고 있었어요."[10]

중년에 겪는 패턴

앞서 살펴봤던 것처럼, 이런 변화는 몇 달, 몇 년, 어쩌면 평생에 걸쳐 이루어져야 하는 영감의 순간과 함께 시작된다. 내가 조지메이슨대 경제학 교수인 로빈 핸슨을 인터뷰했을 때 그는 이렇게 말했다.

> 만약 당신이 일생에 걸쳐 체계적으로 꾸준히 자신을 구축하고 향상시키고 있다면 (또는) 무언가에 몰두하고 있고, 통찰, 관찰, 자기 통제, 무엇이 됐든 자신 안에 무언가를 쌓아가고 있다면, 당신은 자신이 구축한 이 자아가 결국 무언가에 유용하게 쓰일 거라는 그럴듯한 희망을 가질 수 있습니다.[11]

기대 수명이 길어졌다는 것은 점점 더 많은 사람들이 자신의 커리어를 바꾸고 이 변화의 과정에 대해 생각해야 한다는 뜻이다. 『100세 인생』에서 경제학자 린다 그래튼과 심리학자 앤드루 J. 스콧은 교육, 일, 은퇴의 세 부분으로 된 예전 커리어 모델이 다섯 부분으로 된 모델로 대체되고 있다고 설명했다. 이 모델에서는 일 단계가 탐색 단계로 시작하고, (도전과 성장이 포함된) 일의 시기에 전환기가 삽입된다.[12] 이런 유형의 삶은 변화의 개념을 기반으로 한다. 전체 경력에서 한 가지 일만 하지 않을 거라는 뜻이다. 더 많은 이들이 독립적으로 일하고, 프리랜서나 포트폴리오 경력을 가지고 있으며, 산업을 바꾸고, 전문 분야를 바꾼다. 대기만성형이 되는 것은 더 이상 소수가 추구하는 일이 아닐 것이다.

그래튼과 스콧이 말했듯이, 이것은 당신이 직업적 평판을 구축하는 방식도 바꾼다. 더 많은 단계와 더 많은 전환이 있는 경력은 평가하기가 더 복잡하다. 인맥 장에서 살펴봤듯이, 당신이 속해 있는 문화는 당신이 영향을 받는 방식에 중요한 요소일 뿐만 아니라 평가되고 등급이 매겨지는 주요한 방식이기도 하다. 비즈니스 문화는 보상을 창출한다. 즉, 우리는 주변 사람들이 행동하는 방식으로 행동한다. 따라서 기업은 올바른 문화에 기여하고 그런 문화를 만들 수 있는 사람을 채용하려 한다. 경제학자 라이언 아벤트는 '기업이 하는 일에 대한 공통된 이해는 회사가 사용하는 기계나 가지고 있는 특허보다 더 가치 있다'고 말한다.[13] 이것은 대기만성형인 사람들을 위한 기회를 더 많이 만들어낼 것이다. 사람들이 특정 기업 또는 산업으로부터 배움을 얻어 다른 곳에 적용할 수 있기 때문이다.

앞서 나는 U자 행복 곡선이 잘 확립되어 있다고 말했다. 그것은 중년의 위기에 대한 개념과 마찬가지로 논란의 여지가 많기도 하다. 어떤 사람들은 U자 곡선이 오직 저소득층에게만 적용된다고 생각하고, 다른 사람들은 곡선에 대한 증거를 찾지 못한다. 2019년 논문에 따르면 많은 행복 연구자들은 '모든 개인이 동일한 방식으로 행복을 보고한다는 가정에 의존한다.' 그건 상당한 가정이다. 또한 그 논문은 행복의 분포 방식에 대한 모든 가정을 제거하면, 어떤 가정을 하느냐에 따라 다양한 패턴을 찾을 수 있다는 사실을 발견했다. 행복이 종형 곡선처럼 정규 분포를 따른다고 추정하면 U자 곡선을 발견하게 된다. 하지만 그렇게 추정하지 않으면 평균 행복도에 따른 실제 연령대 순위가 없다는 걸 알 수 있다. 행복에 대한 4점 척도로 모든 연령대를 살펴보면, 척도의 모든 점수에 모든 연령대의 사람들이 있다는 것을 알 수 있다.

사람들이 나이에 따라 느끼는 행복감에는 많은 차이가 있다. 실제로 그런 차이는 너무 다양해서 많은 분포 가정이 데이터에 들어맞을 수 있고, 그것은 모두 당신에게 다른 이야기를 들려줄 것이다.[14]

마찬가지로, 심리학자들은 중년의 위기, 특히 심리 치료에서 우리가 중년기에 접어들면서 모두 죽음에 대해 기겁한다는 생각에 회의적일 수 있다. 앞으로 보겠지만 특히 이 책에 나오는 인물 중에서 예외를 쉽게 찾을 수 있다. 줄리아 차일드에게 중년의 위기나 영감의 순간이 있었을까? 새뮤얼 존슨이 사전을 쓴 것은 죽음의 고통 때문이 아니라(그것 때문에 괴로워하기는 했지만), 그의 재능이 상업적 네트워크에 흡수되었기 때문이다. 레이 크록이 맥도날드를 세계적인 제국으로 건설한 것은 스포츠카 구입 대신이 아니었다. 그는 수십 년간의 노력 끝에 마침내 오랜 야망을 실현한 것이다. 마거릿 대처가 총리에 오른 것은 중년 나이보다는 그녀의 깊은 도덕적 신념, 오랜 직무 준비 과정, 운 좋은 상황 덕분이었다. 그녀의 전기에는 중년의 위기 징후가 없다는 게 눈에 띈다.

그러나 최근 여러 국가의 대규모 데이터 세트를 분석한 연구는 중년이 모든 종류의 행복 지표에 대해 U자 곡선을 나타낸다는 것을 발견했다. 연구자들은 '중년기는 사람들이 불균형하게 자신의 삶을 받아들이고, 수면에 어려움을 겪고, 임상적으로 우울하며, 자살을 생각하면서 시간을 보내고, 인생은 살 가치가 없다고 느끼고, 집중하기 힘들고 자꾸 깜빡깜빡하며, 직장에서 부담감을 느끼고, 심각한 두통을 겪으며, 알코올에 의존하는 시기다'라고 말한다. 이 광범위한 괴로움의 원인은 불명으로 남아 있다. 일부 증거는 유인원들도 비슷한 행복의 하락을 겪고 이것은 그저 생물학적 현상일 수 있음을 시사한다. 이 최근 연구의 저자들은 미충족된 열망과 관련한 설명이 타당해 보인다고 말한다.[15]

사람들은 종종 중년에 행복하고 노년에 불행할 거라 예상하는데, 지금까지 봤다시피 이것은 착오다. 어쩌면 이 기대와 현실 사이의 불일치로 그 하락이 설명될 수 있다. 일부 사람들은 사람들이 50대에 행복해지는 이유가 그들이 미충족된 열망을 포기하기 때문이라고 믿는다.[16] 어떤 사람들에게는 그렇게 작용할 수 있지만, 모두에게 그렇지는 않다. 하나의 열망을 포기하는 것은 다른 것으로 대체될 때에만 성공할 가능성이 높다. 아무런 목표나 열망 없는 오랜 은퇴 생활은 대단히 보람 있거나 성취감을 주는 것 같지는 않다.

우리 모두가 매끄러운 U자 행복 곡선을 따르는 것은 아니다. 인지 저하와 마찬가지로 이는 사람에 따라 천차만별이다. 어떤 사람들은 더 극적이고 고통스러운 V자 곡선을 가지고 있고, 다른 사람들은 낮은 지점에서 시작하는 완만한 오르막을 겪는다. 국가별로도 차이가 있다. 러시아에서는 평균 기대 수명 지점 이후에만 U자 곡선이 상승한다. 대부분 사람들의 삶이 불행의 내리막에 있는 매우 비참한 상황이다. 중국에서는 곡선이 아주 높은 데서 시작되지 않기 때문에 실제로 U자보다는 더 완만한 하락과 상승 경사를 가지고 있다.

이러한 국가별, 개인별 차이는 소설가 커트 보니것의 스토리 곡선과 유사하다. 보니것은 소설, 성경 일화, 신화, 다양한 이야기의 형태에서 기본적인 패턴을 발견했다. 일부는 U자 곡선 형태를 따르는데, 그는 이것을 '구멍 속 사람'이라 부른다. 잘 해나가고 있는 사람이 어떤 문제에 빠지게 되고, 그러다 거기서 빠져나오는 이야기로, 고전적인 할리우드 공식이다.

다른 패턴으로는 '신데렐라'가 있다. 처음에 비참하게 시작하지만 요정 대모가 드레스, 신발, 마차 등을 제공하면서 아주 천천히 조금씩 위로 상승해 무도회장에서 행복의 정점에 도달한다. 그러다가 자정에 황망하게 급락하고, 멋진 왕자가 잃어버린 신발 한 짝으로 당신을 찾아내면 무한한 행복에 도달한다. 카프카의 이야기는 러시아의 행복 곡선, 즉 끝없는 하향 곡선에서 본 경사를 더 따르는 편이다. 잘 알려진 '보이 미츠 걸boy meets girl' 공식도 누군가 조심스럽게 행복에서 매우 행복, 깊은 괴로움, 그리고 다시 매우 행복으로 가는 모습을 보여준다. (이것은 훨씬 낮은 지점에서 시작하고 더 드라마틱하게 선회하기 때문에 정확히 U자 곡선은 아니다.)

물론 소설은 실제 삶이 아니고, 보니것 곡선은 사람들의 경험에 대한 많은 데이터 세트를 기반으로 하고 있지 않다. 그러나 인간의 삶에 대한 관찰의 보고인 세계 문학이 삶의 패턴에 있어 그렇게 많은 변형을 발견했다는 것은 중요한 의미가 있다. 1,300편의 소설을 이용한 데이터 과학 연구는 여러 변형에도 불구하고 보니것이 제안한 핵심 스토리 곡선이 측정되는 것을 보여주었다.[17] 이 풍부한 데이터는 행복 연구의 통계를 보완하는 데 활용되어야 한다. 평균적으로 대부분의 사람들은 아마 어떤 중년의 슬럼프를 겪을 테지만, 곡선의 실제 형태가 통계상의 매끄러운 U자는 아닐 것이다. 많은 사람들이 저마다 다른 경험을 할 것이다. 보니것 곡선이 실제 삶의 패턴인지는 증명할 수 없지만, 직감적으로 이해할 수는 있다. 어쩌면 한 번 이상, 순식간에 운이 뒤집히거나, 나쁘게 시작된 인생이 더 나쁘게 끝나거나, 불행에서 행복으로 점진적으로 올라간 사람들을 당신도 알고 있지 않은가? 우리의 삶은 통계적 평균보다는 소설에 더 가깝다.

앞서 보았던 프랭크 로이드 라이트의 경력 그래프와 보니것의 '보이 미츠 걸' 스토리 곡선을 비교해 보라(그림 12.1과 12.2). 이 그래프는 대략적으로 겹쳐진다. 우리는 복잡하고 탈 많았던 라이트의 개인적인 삶도 고려해야 하는데, 종종 그의 개인적인 삶은 어떤 종류의 곡선에도 맞지 않는 듯 보인다. 하지만 거기에도 하락과 상승 패턴이 있다. 마마가 죽고, 탈리에신이 두 번이나 불타고, 두 번째 결혼은 재앙이었으며, 재정적으로는 궁지에 몰려 있었지만, 그 와중에 그는 임페리얼 호텔을 짓고, 탈리에신을 재건했으며, 에너지와 실험으로 가득한 중요한 해였던 1925년에는 올기바나를 만났다. 그리고 1925년은 그의 경력 곡선의 바닥에 해당한다.

다양한 곡선과 중년의 슬럼프가 일시적이라는 사실은 많은 사람들이 자신의 열망을 너무 일찍 포기한다는 것을 시사한다. 우리가 이 장에서 이야기한 그런 삶의 변화를 만드는 것은 쉬운 일이 아니다. 하지만 우리가 더 오래 살고 다양한 종류의 직업을 가지게 되면서 그러한 변화는 점점 더 필요하게 될 것이다. 당신이 전형적인 U자 곡선 위에 있다면, 영원한 불만감처럼 느껴지는 것은 일시적인 것이다. 조너선 라우시가 말했듯이, 그 슬럼프에 결여되어 있는 것은 '행복이 아니라 낙관주의다.'[18] 이것은 꼭 당신의 삶을 받아들이고 끝나기를 기다리라는 말은 아니다. U자 행복 곡선이 정말 미충족된 열망과 아무런 관련이 없다면, 아직 그것을 달성하기 위해 노력할 가치가 있는 것이다. 그리고 당신이 다른 인생 곡선, 보니것 패턴 같은

그림 12.1 프랭크 로이드 라이트의 설계 대비 건설된 건축물 수

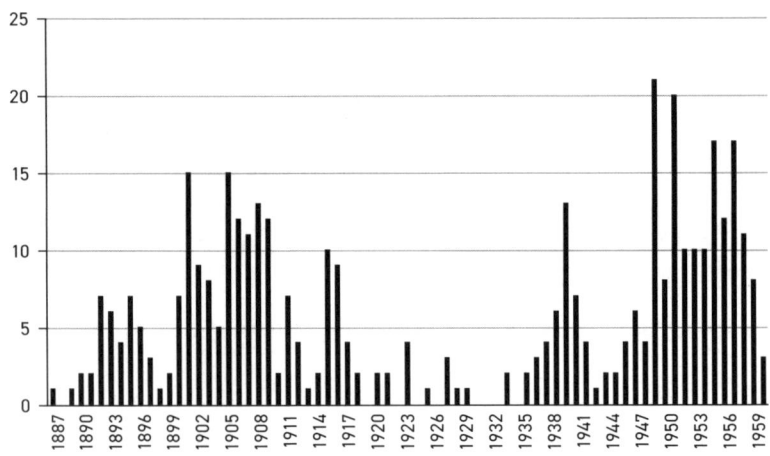

출처: 윌리엄 알린 스토러, 《프랭크 로이드 라이트의 건축: 컴플리트 카탈로그》, 시카고대학교 출판부, (2002년)

그림 12.2 '보이 미츠 걸' 스토리 곡선

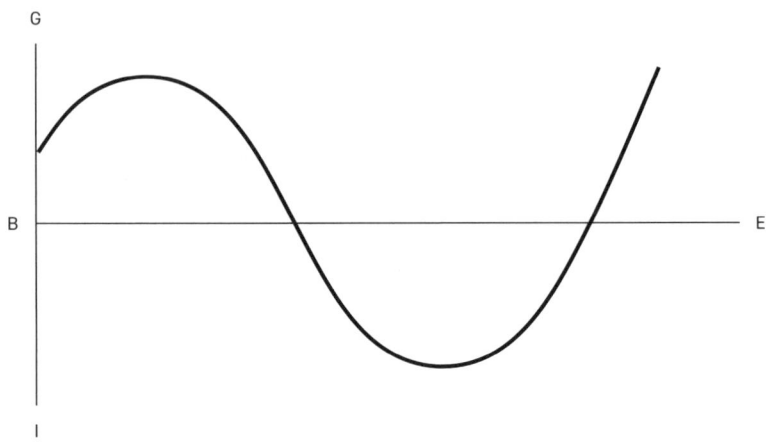

곡선 위에 있다면, 새로운 열망을 설정하는 것이 더욱더 중요할 수 있다. 그러한 곡선들을 해결하는 것은 변화이며, 보니젯의 스토리 곡선은 새롭게 발생하는 일에 의존한다. '구멍 속 사람'이나 '신데렐라'의 삶을 살고 있다면, 당신이 그 곡선을 따라 이동하기 위해서는 어떤 일이 발생해야 한다. U자 곡선 이론과 달리, 이것은 불가피한 생물학적 현상이 아니다. 행동이 필요하다. 이 곡선들이 작동하려면 미충족된 열망을 충족시키려는 노력이 필수적이다. 그렇지 않고서 어떻게 사람이 구멍에서 빠져나오며, 소년이 소녀를 발견하겠는가?

U자 행복 곡선이나 중년의 위기에 대해 계속해서 듣게 되는 말 중 하나는 나이가 들수록 수용을 하게 되면 더 행복해진다는 것이다. 야망을 포기하고 평화롭게 지내라고 말이다. 하지만 삶의 패턴의 다양성과 중년기 행복(또는 불행)이 당신의 능력을 반영한다기보다는 생물학적 단계에 가깝다는 사실이 보여주는 것은 어떤 사람들은 그들의 삶을 수용하지 '말고' 바꾸어야 한다는 것이다. 자신이 쇠락하고 있다고 '느낄'지라도, 실제로는 그저 생물학적 이유로 낙관주의가 부족한 한 단계에 와 있을 가능성이 높다. 그런 상태에서 수용은 잘못된 이유로 포기해버리는 것처럼 보인다. 앞으로 살날이 수십 년도 더 남은 십 대에게 그저 인생을 받아들이고 행복해지라고 조언하는 경우는 없을 것이다. 중년에게도 그렇게 조언해선 안 된다. 한 분야에서 야망을 추구하려면 다른 분야에서 꿈을 잃는 것을 받아들여야 할 수도 있다. 하지만 반드시 그래야 하는 것은 아니다.

직업을 바꾼 사람들

　세상은 경력의 한창때에 직업을 바꾸어 더 나은 삶을 사는 사람들로 가득하다. 수전 페루조Susan Ferugio는 금융 리스크 전문가, 전업주부, 마케팅 컨설턴트의 경력을 거쳐 쉰 살에 웹 개발자가 되었다.[19] 로절린드 아덴Rosalind Arden은 텔레비전 과학 다큐멘터리를 제작하기 전에 미술사를 공부했다. 그녀는 경력 후반에 행동 유전학 박사 학위를 취득했고, 현재는 런던 정치경제학교의 연구원이다. 제니 히버트Jenny Hibbert는 현재 영국 순회 전시를 하는 유명 사진가다. 그녀는 전 세계를 여행하며 핀란드 불곰, 몽골 카자흐인, 웨일스의 풍경을 촬영했다. 하지만 그녀는 예순두 살이 되어서야 디지털카메라를 처음 구입했다. 전에 필름을 사용해본 적은 있었지만, 나중에야 진지하게 이 일을 하게 되었다. '저는 정말 골치 아픈 이혼 과정을 겪고 있었어요. 모든 이혼은 악몽이에요. 전 모든 걸 잊어버리기 위해 사진에 전념했죠.'[20] 에릭 위안Eric Yuan은 마흔둘에 줌Zoom을 설립했다.[21] 위안은 직장인으로 14년을 보내다가 다니고 있던 회사인 시스코 시스템즈가 자신의 줌 아이디어를 거절하자 회사를 차리기 위해 그곳을 떠났다. 그들이 그 아이디어를 수용했더라면 그는 억만장자가 아니라 여전히 기업 임원이었을 것이다.[22] 이온 치리아크Ion Țiriac는 루마니아에서 어린이 탁구 챔피언이었다. 20대에 그는 1964년 동계 올림픽 아이스하키에 출전한 후 테니스로 전향했다. 6년 뒤, 그는 서른한 살의 나이에 프랑스 오픈 남자 복식에서 우승했다. 상위 10위권 테니스 선수로 경력을 쌓은 후에는 코치 겸 스카우터가 되어 보리스 베커Boris Becker를 발굴했다. 1980년대와 1990년대, 그는 구소련 붕괴 후 루마니아에서 대기만성 사업가가 되어 그 나라 최초의 민간 은행을 설립했다. 치리아크는 은행을 설립했을 뿐만 아니라 지멘스와 메르세데스-벤츠의 에이전트였고, 부쿠레슈티 공항의 화물 사업에 지분을 가지고 있었다.[23]

세계적인 경제학자이자 대학 교수인 로빈 핸슨은 서른네 살의 나이에 일하던 연구소를 그만두고 박사 과정을 시작했다. 이전까지 그의 삶에는 아무런 문제가 없었다. 아주 높은 자리는 아니었지만 괜찮은 급여를 받았으며, 자녀를 키우며, 안정된 삶을 살았다. 그러나 그는 삶에 커다란 잠재력이 있고 그것을 실현하고 싶다는 생각에 계속 몸이 근질거렸다. 그는 자신이 변화를 만든 것이 어떤 계시 때문이 아니라고 인정했다. '제 생각에는 영감보다는 필사적인 심정이었던 것 같아요.' 그의 말을 빌리자면, 그는 주사위를 굴렸던 것이다. 그는 다른 선택의 여지가 없다고 느꼈다.[24]

로빈은 두히그가 동창회에서 보았던 대기만성형 사람의 전형적인 예다. 그의 직장은 나쁘지 않았고, 그는 실패하지 않았다. 하지만 그가 원하는 일이 아니었고, 그의 잠재력을 온전히 활용하지 못하고 있었다. 서른네 살은 중년의 위기(내 생각에 로빈이 그렇게 부르지는 않겠지만)라고 하기엔 이른 듯 보일 수도 있지만, 로빈의 야망을 이루기에는 늦은 나이였다. 그는 지난 10년 동안 직장과 병행해 대학원 수업을 들으면서 앞으로 나아갈 길을 모색했다. 그는 자신이 촉발한 위기를 받아들이고 매우 생산적인 것으로 만들었다. 이런 식으로 두 번째 경력을 쌓았다.

새로운 것을 배울 때

저널리스트 루시 켈러웨이Lucy Kellaway는 50대 후반에 수학 교사가 되기 위해 《파이낸셜 타임스》의 기고가라는 돈과 지위가 따르는 직업을 포기했다. 대단히 힘든 과정이었지만, 그녀의 체력, 태도, 지칠 줄 모르는 에너지는 그녀의 성공을 의미했다. 인지 능력에 어려움은 없었다. 실제로 그녀는 자기 안에 가득한 열정, 헌신과 학습 잠재력을 발견했다. 그녀는 일흔다섯이 될 때까지 계속해서 교사로 일할 계획이다. 이와 동시에 그녀는 직업 생활의 마지막 단계를 교사로 보내고 싶은 다양한 경력자들을 모집하는 나우 티치Now Teach라는 자선단체를 설립했다. 평균 26년의 경력을 가진 500명 이상의 사람들이 현재 나우 티치에서 교사로 재교육을 받고 있다.[25] 켈러웨이는 변화를 꾀하는 변호사, 은행가, 컨설턴트, 공무원, 그 외 많은 사람들과 일했다. 그녀의 결론은 다음과 같다.

> 늙은 개에게 새로운 재주를 가르칠 수 없다는 말이 아닙니다. 당연히 가르칠 수 있어요. 어려운 건 기존에 배운 것을 잊게 하는 거죠. 수십 년간 경험한 다른 일은 소수에게는 실패의 원인이었습니다.[26]

켈러웨이는 이전에 직업을 전환한 적 없는 사람들이 어려워하는 일이 새로운 것을 배우는 게 아니라 기존의 습관에서 벗어나는 일이라는 걸 알게 되었다. 인지 저하와 중년기 불만감은 이러한 사람들의 경험에 아무런 영향을 미치지 않았으며, 그것은 태도의 문제였다. 켈러웨이는 예전 직업의 지루함과 일상에서 벗어나 가르치는 일을 시작하고부터 자신의 일에 사로잡히게 되었고 수년 동안 해본 적 없는 방식으로 일에 헌신하게 되었다. 실제로 그녀는 언젠가 이렇게 말했다. '직장 생활을 하면서 무언가에 이렇게 헌신해본 적이 없었어요.'[27] 변화를 그토록 보람 있게 만든 것 중 하나는 그녀의 나이였다. 켈러웨이는 더 이상 자신이 무언가를 잘 못할까 봐 걱정하지 않았고, 더 이상 사내 정치에 대해 조바심을 내지 않았으며, 더 이상 일이 고되다고 느끼지 않았다. 자녀는 다 컸고, 결혼 생활은 끝났고, 재정적 부담이 덜어진 그녀의 인생 단계가 그녀에게 야심찬 졸업생과 같은 결단력으로 직업을 바꾸고, 즐기고, 추구할 자유를 주었다.

켈러웨이는 전 체스 및 태극권 챔피언 조시 웨이츠킨이 말하는 손실에 대한 투자를 행하고 있었다. 무언가를 잘하려면 반드시 학습 과정에 전념해야 한다.[28] 웨이츠킨은 프로 체스를 떠나기로 결심한 후 배운 태극권으로부터 이러한 생각을 얻었다. 태극권에 능숙해지려면, 저항하지 않는 법을 반드시 배워야 한다. 손실을 두려워하고 압박에 굴복하는 것은 정신을 마비시킬 수 있다. 이것은 웨이츠킨이 체스의 압박감으로부터 배운 것이다. 승리를 원하고 실패에 저항하는 악순환에 빠지면 실수로부터 배울 수 없다. 저항은 정신을 차단한다. 그는 '최고의 성과를 내지 못하는 시기를 허용하는 자유로운 점진적 접근 방식을 갖는 것은 필수입니다. 위대한 사람들은 불 속에서 자신의 검을 갈면서 몇 번이고 기꺼이 손을 데이죠'라고 말했다.

그는 NBA 역사상 그 어느 선수보다도 많은 막판 위닝샷을 구사했을 뿐만 아니라 그 누구보다 많은 막판 패배샷을 구사하기도 했던 마이클 조던을 예시로 들었다. '그는 농구계 불멸의 존재가 되기 위한 과정에서 기꺼이 나쁜 모습을 보였다.'²⁹ 손실에 투자하는 것은 8장에서 보았던 역량의 함정을 달리 말하는 것이다. 나이가 중요하다고 믿지 않는, 손실에 투자할 준비가 된 사람들은 중년기의 자연스러운 변화를 새로운 일을 할 기회로 더 잘 바꿀 수 있다.

자신이 인지 저하를 겪었다고 믿는 것은 중년기 불만감의 일반적인 특징이다. 이 내용은 조너선 라우시가 『인생은 왜 50부터 반등하는가』를 위해 실시했던 인터뷰들에 반복적으로 등장한다. 그러나 그것은 현실이 아니라 문제를 일으키는 믿음이다. 만약 당신이 인지 저하를 겪어서 어쩐지 20대일 때보다 50대일 때 새로운 것을 배우는 능력이 떨어진다고 믿는다면, 당신은 손실에 투자할 능력이 떨어지는 것이다. 우리 모두 삶의 마지막 단계가 어떨지에 대한 비전을 가지고 있는데, 중년에 대한 우리의 기대는 그러한 비전에 영향을 끼친다.

나이 듦과 도전

최근에 렉스 니콜레타Lex Nicoleta가 시작한 '해안의 할머니들coastal grandmothers'이라는 틱톡TikTok 트렌드가 있었다. 이것은 〈사랑할 때 버려야 할 아까운 것들〉 같은 낸시 마이어스의 영화를 기반으로 하는 미학이다. 해안의 할머니 트렌드는 영화 배우 헬렌 헌트나 다이앤 키튼 같은 사람의 시크 미니멀리즘을 가져다가 젊은 사람들을 위한 라이프 스타일로 만든다. 그것은 표면적으로 60년대 음악과 난롯가 독서의 부활을 대변하지만, 그것이 보여주고 있는 것은 실제로 우리가 더 나이 든 사람들에 대해 존경하는 무언가에 대한 것이다. 우리는 60대, 70대에 새로운 취미를 갖고, 신체 건강을 유지하고, 멋진 옷과 꽃병 취향을 가지며, 심지어는 마이어스 영화에서처럼 흥미진진한 로맨스 인생을 즐기기까지 하는 사람들에 매우 익숙하다. 하지만 그 나이의 누군가가 지적으로 창의적이거나, 독창적이거나, 젊은 사람만큼 성취할 수 있을 거라는 생각은 잘 하지 않는다. 해안의 할머니가 대변하는 것은 무엇보다도 라이프 스타일이다.

저널리스트 파라 스토어Farrah Storr가 쓴 것처럼, 해안의 할머니는 환상이다. '해안의 할머니는 한 사람에 대한 발상이다. 깨우친 사람, 많은 자유 시간을 가진 사람, 매일 24시간 바쁜 생활과 밤늦게까지 우리를 괴롭히는 소셜 미디어의 불안에서 벗어난 사람에 대한.' 이 트렌드는 특정 노화의 특정 측면을 우상화하지만, 노년의 성취는 종종 그 안에 없다. 그것은 소박함이 주는 사치에 대한 열망이다. 하지만 스토어가 말하는 것처럼, 소박함은 겹겹이 쌓인 고된 노동 위에 만들어지는 것이다. 오랜 시간 경험과 시련을 통해 얻어지는 것이다.[30]

해안의 할머니는 인지 저하에 대한 개념을 지지하지는 않지만, 나이가 듦으로써 성취할 수 있는 무언가에 대한 낙관적인 비전도 거의 제시하지 않는다. 시트콤 〈그레이스 앤 프랭키Grace and Frankie〉를 생각해보라. 거기서 정말 대담한 건 부부가 이혼하고 자신에게 진실한 방식으로 살기 시작한다는 게 아니다. 현 시점에서 그것은 거의 클리셰다. 정말 대담한 건 그 두 여자가 70대에 성인용품 회사를 차린 것이다. 성적인 부분이 약간의 유머와 줄거리를 이끌고 있지만, CEO로서 70대 여성의 역할에 진짜 긴장감이 돈다. 우리는 그들의 친츠 패션, 수국, 성생활을 존경하는 것과 똑같은 열정으로 그들의 사업 능력을 믿어야 한다.

해안의 할머니들이 스타일리시할 수 있다고 믿는 것처럼, 그들이 사업가, 과학자, 혹은 발명가가 될 수 있다는 생각을 진지하게 받아들여야 한다. 그런 사례는 많다. 베타 재쿨린 탈매지Veta Jacqulin Talmadge는 여든의 나이에 평화 봉사단에 들어가 아프리카 레소토에서 일했다. "저는 '이봐, 안 될 게 뭐야!'라고 생각했어요. 작곡가 필 옥스Phil Ochs가 〈내가 떠나면When I'm Gone〉에서 이걸 잘 표현했죠. 내가 떠나고 나면 할 수 없으니 아무래도 여기 있는 동안 해야 할 것 같아요."31

많은 대기만성형 사람들은 해야 할 일을 해야 한다. 호리에 겐이치Kenichi Horie는 여든셋의 나이에 홀로 태평양을 요트 횡단한 후 이렇게 말했다. "제가 여든셋에 요트 횡단을 할 줄은 몰랐지만, 전 여전히 건강하고 이 기회를 놓치고 싶지 않았습니다. 도전은 신나는 일이라 계속해서 도전하고 싶어요."32

이들은 모두 경제학자 린다 그래튼과 앤드루 J. 스콧이 인생의 탐험가 단계라 부르는 단계의 사례들이다. 나이가 들면서 교육, 일, 은퇴로 된 예전 3단계 모델이 일 시기가 탐색 시기로 나뉘는 새 모델로 대체되고 있다. 예전 모델이 지속 가능하기에는 우리는 그야말로 너무 오래 살고 있고 세상은 너무 많이 변하고 있다. 그래튼과 스콧은 20대, 40대, 70대를 탐색의 주요한 세 시기로 본다.33 장수를 누리는 이 새 시대에 중요한 것은 인지 테스트 점수뿐만 아니라 중년의 전환기를 최대한 활용하기 위해 계속해서 시도하고 변화하려는 의지다.

결론

더 이상 당신의 재능을
낭비하지 마라

우리는 우아하게 늙는 것에 대해 이야기했고,

일흔네 살 엘시가 말했다.

일단 그건 진심의 문제고,

또, 네가 유연하다면 두려워할 건 없어.

— 노엘 카워드

 이 책에서 암암리에 꾸준히 전개해온 주제 중 하나는 노력이었다. 어떤 재능은 번쩍이는 섬광 속에서 발견되지만, 계속 빛나기 위해서 모든 재능이 참을성 있게 갈고 닦여야 한다. 내가 이야기한 모든 사람들은 상당한 노력으로, 종종 자기 삶의 다른 측면을 희생하며 성취를 이루었다. 가장 강력하게 타고난 재능조차 금이 형태가 빚어지고 다듬어져 주얼리가 되는 것처럼 노력해야 성취를 얻을 수 있고, 때로는 그렇게 강요받는다. 이로 인해 대기만성은 재능을 찾아야만 시작되는 느리고 어려운 과정이 될 수 있다.

대기만성형에 대한 많은 이야기들은 그다지 극적이지 않다. 프랑스 르네상스 철학자 미셸 드 몽테뉴는 1571년 마흔의 나이에 공직에서 물러나 에세이를 쓰며 여생을 보냈다. 그의 중년의 위기는 새로운 문학 장르를 촉발했고, 철학 운동에 기여했으며, 그는 계몽주의 시대의 선구자가 되었다. 그러나 그것은 대체로 다락 서재에 앉아서 수십 년간 독서에 몰두하며 에세이를 쓰는 일을 수반했다.

나는 고용 기업 브랜드 컨설턴트로 10년을 보내며 글로벌 기업의 직원들과 인터뷰 및 좌담회를 진행했고, 청소 및 수위 업무부터 기술자, 은행가, 임원까지 다양한 직업을 가진 사람들 수백 명과 이야기 나눴으며, 자선 단체부터 스타트업, 글로벌 은행까지 여러 조직을 상대했다. 나는 일부 사람들이 자신의 일을 얼마나 좋아하는지에 대해 끊임없이 놀랐다. 하지만 갇히고, 허탈하고, 정체돼 있다고 느끼는 사람들도 많이 만났다. 나와 함께 있었던 사람들은 무시당한다고 느끼는 사람들, 무언가를 세우고, 바꾸고, 유용한 일을 하는 데 도움이 되겠다는 꿈을 가지고 입사했지만 결국에는 자신의 일이 가치가 없다고 느끼게 된 사람들이었다. 그들은 종종 그냥 심술궂은 것이 아니라 슬퍼했다. 버려진 시간, 쇠퇴하는 기술, 잊혀지지 않기를 갈망하는 내면의 무언가에 대한 부담감은 실직의 비극에 해당될 뿐만 아니라 자신의 일이 하찮게 느껴지는 사람들에게 너무나 현실적이다. 이 방황하는 영혼들에게는 어떤 방향이 필요하다. 그들 중 일부는 자신의 재능을 찾아야 한다.

아레테를 위해

하지만 재능이란 무엇일까? 영국의 극작가 노엘 카워드가 1970년에 미국의 딕 카벳 토크쇼에 출연했을 때, 카벳이 그에게 물었다. '어떤 사람이 왕성한 작품 활동을 이어갈 때 그걸 뭐라고 하나요?' 거장은 진지한 표정으로 대답했다. '재능이요.' 더 넓은 정의도 있다. 새뮤얼 존슨은 재능을 '능력, 힘, 자연의 선물, 성경에 언급된 달란트에서 빌려온 비유'로 정의했다. 성경 마태복음과 누가복음에는 유명한 달란트 우화가 나온다. 거기서 주인이 세 명의 종에게 달란트를 준다. 두 명은 달란트를 투자해 더 많은 달란트를 가지고 돌아왔고, 세 번째 종은 그 달란트를 안전하게 보관하려고 묻어 두었다가 그대로 들고 돌아온다. 주인은 화가 나서 그 종을 '바깥 어두운 데로 내쫓았고, 그는 거기서 슬피 울며 이를 갈 것이었다.' 그의 죄는 다른 사람들만큼 많은 돈을 만들지 못한 것이 아니라 받은 선물(또는 재능)을 가지고 아무것도 하지 않은 것이었다.

이 재능 함양은 탁월함에 대한 추구라고 생각할 수 있다. 이것은 고대 그리스의 개념인 '아레테areté'다. 아레테는 개인으로서 최대 잠재력에 이르는 것을 의미한다. 아레테는 탁월함뿐만 아니라 미덕을 뜻하기도 한다. 여기서 미덕은 성취에 대한 것이다. 자신의 재능을 활용하는 것은 도덕적인 일이고, 어떤 일에 탁월한 것은 미덕의 한 형태다.

인문학 학자인 리처드 후커는 이렇게 썼다. '아레테의 남자 또는 여자는 가장 높은 효율성을 가진 사람이다. 그들은 자신의 모든 능력, 즉 힘, 용기, 재치, 기만을 사용해 실질적인 결과를 얻는다.'[1] 아리스토텔레스는 기수를 태우고 달리는 능력이 탁월한 말이나 보는 능력이 탁월한 눈을 예로 들었다. 이것이 말과 눈의 미덕이고, 동일한 방식으로 사람의 미덕은 '자신의 특징적인 활동을 잘 수행하는 것'일 것이다.[2]

따라서 아레테는 특정 종류의 능력을 뜻하지 않는다. 오히려 그것은 가장 잘하는 일을 하는 것, 즉 재능을 활용하는 것의 탁월함에 초점을 맞춘다. 당신은 무엇에든 재능이 있을 수 있다. 철학적, 종교적 주요 전통에서 설명하는 기준적인 미덕이 있지만, 다른 분야마다 서로 다른 미덕을 우선시한다. 과학 블로그 '슬라임 몰드 타임 몰드Slime Mold Time Mold'는 심지어 과학적 미덕으로 태평함과 오만함을 제안했다.[3] 여기서 연구한 모든 대기만성형 사람들은 자신만의 특정한 미덕을 함양했다. 이것은 신경 과학, 심리학, 사회학이 말해줄 수 있는 것이 아니다. 우리 각자가 자신의 재능을 함양해야 한다.

우리 모두 잘 수행할 수 있는 몇 가지 재능들을 가지고 있다. 노엘 카워드가 아니더라도 실제 결과를 얻기 위해 다듬고 사용할 수 있는 능력이나 재능을 갖출 수 있다. 우리가 잘하는 것을 하는 데, 즉 우리의 재능과 능력을 따르는 데 훌륭한 미덕이 있다. 우리 모두 최대 잠재력에 도달하기 위해 더 많은 것을 할 수 있다. 달란트의 우화는 우리 모두의 이야기이며, '당신의 미덕을 함양하고 있는가?'라는 질문을 던진다. 마거릿 대처와 오드리 서덜랜드의 이야기, 프랭크 라이드 로이트와 레이 크록의 이야기에서 본 것은 활성된 아레테였다.

이러한 함양은 고될 수 있다. 아레테, 혹은 탁월함을 달성하는 것은 힘든 일이다. 재능은 완전히 형성된 형태로 적절한 기회가 오길

기다리고 있는 게 아니다. 찰스 디킨스의 『데이비드 코퍼필드』에서 미스터 미코버가 저지르는 실수가 바로 그것이다. 미코버 가족은 언제나 미스터 미코버의 재능이 인정받지 못하고 있고, 그가 재능을 발휘할 적절한 출구를 찾으면 대성할 것이며, '우연히 뭔가가 나타날 것'이라는 식으로 말하고 있다. 하지만 그들은 그 재능(그게 무엇이든)을 함양하는 것, 그리고 그에 수반되는 노력에 대해서는 절대 이야기하지 않는다. 대조적으로 데이비드 코퍼필드는 사전 편찬자의 견습생이 되고, 속기를 배우고, 초고를 열심히 작업하고, 하루 12시간 이상 일함으로써 성공적인 작가가 된다. 당신이 반드시 찾아야 하는 것은 타고난 능력과 행운의 기회의 적절한 조합이지만, 그러고 나서는 반드시 노력해야 한다.

대기만성형 사람을 찾아내는 법

아레테의 교훈 중 하나는 우리가 한 사람에 대해 잘 알게 되기 전까지 그의 아레테를 제대로 발견하는 일이 쉽지만은 않다는 사실을 알려준다. 겉모습에서 벗어나 그 안에 있는 대기만성형 사람을 발견하는 데는 새로운 다른 종류의 평가가 필요할 것이다. 그렇다면, 대기만성형 사람들을 어떻게 식별할까?

첫째, 선입견을 버려야 한다. 인지 저하는 우리가 생각하는 것만큼 확실하지 않다. 새로운 습관을 배우는 것은 오래된 습관을 버리는 것만큼 어렵지 않다. 특이한 점은 사람들이 여전히 무언가를 하고 있다는 사실이다. 페넬로페 피츠제럴드는 예순에 소설을 쓰기 시작했고, 이것은 그녀가 문학을 가르치기 위해 비판적으로 읽고, 외국어를 배우고, 여행하고, 오페라를 관람하는 등 자신의 지적 관심사를 결코 포기하지 않았기 때문에 가능했던 것이다. 계속 나아가는 사람은 계속 지켜보는 사람이다.

그러므로 둘째, 동기를 찾아야 한다. 이것은 종종 명확하지 않을 것이다. 새뮤얼 존슨에게 동기가 있다고 말할 사람이 있었을까? 그는 나태하고, 변덕스럽고, 자기중심적이며, 기분 변화가 심하고, 자주 빈둥거렸다. 그러나 그는 강박적이었다. 그의 친구 로버트 도즐리는 그의 이러한 점을 알고 있었고, 그래서 그가 좋은 사전 편찬자가 되리라고 생각했다. 상황과 관계없이 사람들이 은밀하게 하는 것 또는 그냥 하는 것이 무엇인지 알아내야 한다. 필즈상 수상자 허준이는 대학을 졸업하기 전까지도 수학을 진지하게 받아들이지 않았고, 시인이 되고 싶어 했다. 그러다 그는 수학에 매우 집착하게 되었고, 요리하거나 음식에 대해 생각하는 데 시간을 낭비하지 않으려고 냉동 피자만 먹으며 살았다. 커털린 커리코Katalin Karikó는 코로나19 mRNA 백신으로 성공을 거두기 전까지 수년 동안 보조금 신청 거부와 좌천을 견뎌냈다. 사람들에게 끈질기게 일어나는 일을 보지 말고, 그들이 끈기 있게 하는 일을 보라.

셋째, '다시' 위대해질 수 있는 사람을 찾아라. 많은 사람들은 스티브 잡스가 애플에서 해임된 후에 그가 한물갔다고 생각했다. 그러나 그는 뭔가 더 있을 것 같은 기대감을 유지했고 나중에 상당히 극적으로 그에 부응했다. 낙수장을 건축하기 전까지 끝났다고 여겨지던 프랭크 로이드 라이트도 마찬가지다. 그는 계속해서 구겐하임과 다른 많은 중요한 혁신 프로젝트들을 설계했다. 라이트의 멘토인 루이스 설리번은 젊은 시절 라이트의 재능을 쉽게 알아볼 수 있었다. 라이트가 60대였을 때, 많은 사람들은 이를 보지 못했다. 위대했던 사람들은 다시 위대해질 수 있다. 이것은 그들이 아무리 '끝난' 것처럼 보이더라도 명심해야 할 경험적 교훈이다. 또한 베라 왕처럼 어린 나이에 명성을 얻을 정도는 아니지만 꽤 괜찮은 성취를 이룬 사람들도 있다. 미켈란젤로는 40대와 50대에 15년 동안 그림을 거의 그리지 않았고, 그 이후 〈최후의 심판〉을 그렸다.

넷째, 맥락이 부족하거나 바뀌는 사람, 영향을 받는 데 개방적인 사람을 찾아라. 영화감독 에이바 듀버네이는 서른두 살이 되기 전까지 카메라를 들지 않았다. 그녀는 이렇게 말했다. '전 제가 실제로 영화를 만들 수 있다고 전혀 생각하지 않았어요. 촬영 현장에서 홍보 담당자로 일하기 전까지는 그런 기회가 없었으니까요.'[4] 경력 도중에 세상을 더 폭넓게 경험할 수 있게 하는 것만으로 얼마나 많은 것을 이룰 수 있는가? 프레더릭 더글러스Frederick Douglass, 해리엇 제이콥스Harriet Jacobs, 맬컴 엑스의 회고록에는 그들이 노예제도나 인종차별 아래 산다는 것이 무엇을 의미하는지 깨달은 순간이 담겨 있다. 그전까지 그들은 (우리가 보기에) 매우 명백하게 억압받는 상황에 살고 있다는 사실에도 불구하고 자신의 상황에 대해 아무런 생각도 하지 못했다. 그들이 모든 것을 다른 관점에서 다시 보고서야 그들의 삶이 변화하기 시작했다.

다섯째, 나이는 숫자에 불과하다고 진심으로 믿는 사람들, 다른 사람들이 예상하는 바와 다른 무언가가 될 사람들을 찾아라. 우리는 60대, 70대에 새로운 취미를 시작하고, 신체 건강을 유지하고, 흥미진진하고 로맨틱한 삶을 사는 사람들에 매우 익숙하다. 하지만 그 나이의 누군가가 창의적이거나, 독창적이거나, 젊은 사람들만큼 성취할 수 있다는 생각은 잘 하지 않는다. 한 저널리스트가 쉰다섯에 쌍둥이 소수 추론을 푸는 데 상당한 진전을 이루고, 60대에 또 다른 유명 난제에 진전을 만든 장 위탕에게 나이에 대해 묻자 그가 한 말을 기억하라. '나는 아직 내가 하고 싶은 일을 할 수 있어요.' 오드리 서덜랜드처럼 예순의 나이에 알래스카 해안 800킬로미터를 카약으로 여행하기 위해 직장을 그만둘 사람이 얼마나 될까? 그녀가 그런 결정을 내린(그리고 20년 동안 계속 시간을 거스른) 한 가지 큰 이유는 그녀가 다른 사람들이 자신에게 기대하는 바가 아닌 자기 자신이 이끄는 대로 사는 사람이었기 때문이다. 많은 대기만성형 사람들은 강한 자기 방향 결정과 적절한 영향력을 행사하는 능력 사이의 균형을 잡는다.

당신의 날들을 변화시켜라

사람들이 이 책에 제기할 수 있는 주요한 반대 의견은 너무 선별적이라는 점이다. 누구나 성공한 대기만성형 집단을 선택해 결론을 내릴 수 있지만, 그 내용은 신뢰할 수 없다. 또한 실제로 인생 후반에 성공하는 사람들은 많지 않다. 그러한 경험 앞에서 이 책은 낙관적인 헛소리일 뿐이다.

그러나 그 데이터가 현실에 대한 부정할 수 없는 사실이 아니라 우리가 살고 있는 문화를 측정하고 있다면 어떨까? 나는 최근 파티에서 한 경제학자와 이야기를 나눴다. 우리가 뒤늦게 꽃피운 수학자들과 과학자들의 사례를 이야기했을 때, 그는 그 분포, 즉 평균에 비해 '늦게' 꽃피운 사람의 수를 보면 인생 초반에 최선을 다하는 사람들이 더 많다고 말했다. 평균연령은 비교적 낮다. 하지만 그 측정은 단지 일어난 일만 보여주고 있을 뿐이다. 우리의 문화가 바뀌면 어떤 일이 일어날지 우리가 알 수 있을까?

이 책은 더 많은 수학자와 과학자들이 쉰 이후에도 최선을 다할 수 있다는 것을 증명할 수 없다. 하지만 우리가 생각하는 것보다 훨씬 더 가능하다는 것을 보여주고, 더 많은 사람들이 시도하도록 영감을 줄 수 있다. 우리가 태도를 바꾸고, 그렇게 함으로써 우리의 삶을 바꿀 수 있다면? 경제학자 스티븐 더브너가 동전 던지기에 기초해 사람들에게 직장, 대출, 연애 등 삶의 주요한 결정을 내리도록 하는 대규모 온라인 실험을 실시했을 때, 변화의 동전 면이 나온 사람들이 더 행복한 경향이 있었다. 변화는 벅찰 수 있지만 그래도 좋은 일이다. 우리가 우리 자신에게 더 많은 것을 기대한다면, 우리가 무엇을 성취할 수 있을지 누가 알겠는가. 에머슨은 '자기 신뢰를 실천하면 새로운 힘을 얻을 것'이라고 말했다.[5]

겉모습은 기만적일 수 있다. 기회가 주어졌을 때 얼마나 많은 사람들이 대기만성형이 될 수 있는지 우리는 모른다. 대기만성형인 사람들을 발견하기 위해서는 사람들에 대해 잘 알아야 한다. 성공, 능력, 성취, 또는 재능에 대한 일반적인 척도도 잘 작동하지 않는다. 결과를 보고 대기만성형을 판단하는 것은 도움이 되지 않는다는 것을 전기적 설명에서 살펴보았다. 작가이자 비평가, 학자인 월터 페이터가 말했듯, 우리의 우선순위는 '경험의 결실이 아니라 경험 그 자체다.' 대기만성형이 '된다'는 것이 어떤 것인지 일단 알고 나면 다르게 살 수 있다.

페이터는 『르네상스』라는 작은 책의 맺음말에서 생생하고 설득력 있는 에세이로 그 말을 썼다. 그는 습관을 형성하는 것이 무기력하고 관습적인 삶으로 이어질 수 있다고 경고했으며, 부르주아적 삶의 구속성으로부터 벗어나 생생한 경험의 경이로움을 독자들에게 일깨워 주려 했다. 그는 이런 식으로 경이로움에 마음을 엶으로써 활력 넘치는 삶을 살 수 있다고 믿었다. '늘 이렇게 단단한 보석 같은 불꽃으로 타오르는 것, 즉, 이 황홀경을 유지하는 것은 삶의 성공이다.'[6] 그는 큰 열정이 삶에 대한 더 깊은 감각을 줄 거라고 믿었다. 페이터가 일했던 빅토리아 시대의 옥스퍼드, 과도한 도덕적 잣대와 두려움이 가득한 그곳에서 그것은 도전적인 일이다. 그것은 현재의 우리에게 훨씬 더 일반적이고 수용하기 쉬운 일처럼 보인다. 하지만 우리 중 얼마나 많은 사람이 실제로 이렇게 살고 있는가? 얼마나 많은 사람이 할 수 있는가?

당신이 얼마나 나이 들었든, 또래에 비해 지위가 어떠하든, 인생은 당신을 기다리고 있다. 변화, 다른 삶, 더 나은 세상을 추구하기에는 아직 늦지 않았다. 대기만성형은 종종 어떤 자극을 받아 시작된다는 것을 기억하라. 이 책은 '당신이 스스로 자극이 될 수 있다'는 것을 보여준다. 오드리 서덜랜드가 그랬던 것처럼 스스로 물어보라. '나는 지금 내 목표의 어떤 부분을 달성할 수 있을까? 나중에 목표를 달성하기 위해 지금 무엇을 할 수 있을까?'[7] 어떤 식으로든 이러한 변화를 만드는 것은 매우 중요하다.

자, 이제 가라! 당신의 날들을 변화시켜라. 단단한 보석 같은 불꽃으로 불태워라.

주

서문

1. Lu Liu, Nima Dehmamy, Jillian Chown, C. Lee Giles, and Dashun Wang, 'Supplementary Information for Understanding the Onset of Hot Streaks across Artistic, Cultural, and Scientific Careers', Supplementary Note 3.1, p. 21.
2. Walter Pitkin, Life Begins at Forty (McGraw-Hill, 1932), Kindle edition.
3. https://www.trumanlibrary.gov/library/research-files/longhand-note-harry-s-truman?documentid=3&pagenumber=13

1장

1. Merlo J. Pusey, Eugene Meyer (Knopf, 1994), pp. 193–4.
2. Graham, Personal History, p. 40.
3. Graham, 'Learning by Doing', p. 44.
4. Graham, Personal History, p. 42.
5. Pusey, Eugene Meyer, p. 333.
6. Graham, Personal History, p. 113.
7. Ibid., p. 137.

8. Carol Felsenthal, Power, Privilege and the Post: The Katharine Graham Story (Seven Stories, 1993), p. 105.
9. Halberstam, The Powers That Be, p. 171.
10. Graham, Personal History, p. 140.
11. Pusey, Eugene Meyer, p. 334.
12. Davis, Katharine the Great, p. 115.
13. Graham, Personal History, p. 175.
14. Pusey, Eugene Meyer, p. 357.
15. Pusey, Eugene Meyer, p. 393.
16. Felsenthal, Power, Privilege and the Post, p. 95.
17. Halberstam, The Powers That Be, p. 190.
18. Graham, Personal History, p. 187.
19. Pusey, Eugene Meyer, p. 366.
20. Graham, Personal History, pp. 181–2.
21. Davis, Katharine the Great, p. 146.
22. Halberstam, The Powers That Be, p. 193.
23. Halberstam, The Powers That Be, p. 193.
24. Halberstam, The Powers That Be, p. 303.
25. Halberstam, The Powers That Be, p. 305.
26. Davis, Katharine the Great, p. 145.
27. Halberstam, The Powers That Be, pp. 306–7.
28. Graham, Personal History, p. 237.
29. Halberstam, The Powers That Be, pp. 308–9.
30. Graham, Personal History, p. 243.
31. Halberstam, The Powers That Be, p. 311.
32. Graham, Personal History, p. 245.
33. Ibid., p. 246.
34. Pusey, Eugene Meyer, p. 394.
35. Graham, Personal History, p. 214.
36. Graham, Personal History, p. 215.
37. Graham, Personal History, pp. 283–4.
38. Ibid., p. 301.
39. Ibid., p. 302.
40. Ibid., p. 317.
41. Ibid., pp. 328–9.
42. Ibid., pp. 330, 331.
43. Ibid., p. 339.

44. Ibid., p. 340.
45. 'Katharine Graham', New York Times, 18 July 2001, Section A, p. 22.
46. Tom Kelly, The Imperial Post: The Meyers, the Grahams and the Paper that Rules Washington (William Morrow, 1983), p. 133.
47. Graham, 'Learning by Doing', p. 43.
48. Graham, Personal History, p. 336.
49. Frank, 'Vassar's Most Powerful Alumna'.
50. 'Katharine Graham', New York Times, 18 July 2001, Section A, p. 22.
51. Schroeder, The Snowball, p. 400.
52. Ibid., pp. 403, 424.
53. Graham, 'Learning by Doing', p. 45.
54. Harry Rosenfeld, From Kristallnacht to Watergate: Memories of a Newspaperman (Excelsior, 2013), p. 172.
55. Graham, 'Learning by Doing', p. 48.
56. Pusey, Eugene Meyer, p. 395.
57. Wayne Robbins, 'Remembering Kay', Editor and Publisher, 23 July 2001.
58. Graham, Personal History, p. 342.
59. Kelly, Imperial Post, p. 153.
60. Ibid., p. 115.
61. Remnick, 'Citizen Kay'.
62. Aphra: The Feminist Literary Magazine, Winter 1973–4, p. 53.
63. Kelly, The Imperial Post, p. 198.
64. Ibid., pp. 197–207.
65. Rosenfeld, From Kristallnacht to Watergate, pp. 107, 268.

2장

1. Daniel McGinn, 'Life's Work: An Interview with Jerry Seinfeld', Harvard Business Review, January–February 2017, p. 172, https://hbr.org/2017/01/lifeswork-jerry-seinfeld
2. David Epstein, Range: How Generalists Triumph in a Specialized World (Macmillan, 2019), p. 77.
3. Tyler Cowen and Daniel Gross, Talent: How to Identify Energisers, Creatives, and Winners around the World (Nicholas Brealey, 2022), p. 121.
4. Alexandra Stevenson and Matthew Goldstein, 'John Paulson's Fall From Hedge Fund Stardom', New York Times, 1 May 2007, available at https://www.nytimes.com/2017/05/01/business/dealbook/john-paulsons-fall-from-hedgefund-stardom.html

5. Gregory Zuckerman, The Greatest Trade Ever: The Behind-the-Scenes Story of How John Paulson Defied Wall Street and Made Financial History (Crown, 2010), pp. 35–6.
6. Ibid., p. 54.
7. Ibid., p. 105.
8. Mae Laborde obituary, Legacy.com, https://www.legacy.com/us/obituaries/latimes/name/mae-laborde-obituary?n=mae-laborde&pid=155438078&fhid=11022
9. Jane Sturges and Catherine Bailey, 'Walking Back to Happiness: The Resurgence of Latent Callings in Later Life', Human Relations, 11 April 2022, p. 17, https://doi.org/10.1177/00187267221095759
10. Ibid., p. 19.
11. Ibid., p. 23.
12. Ibid., p. 24.
13. Bryan J. Dik and Ryan D. Duffy, 'Calling and Vocation at Work: Definitions and Prospects for Research and Practice', The Counseling Psychologist 37:3 (2009), pp. 424–50.
14. Chris Gardner, The Pursuit of Happyness (Amistad, 2006), p. 197.
15. Chris Gardner, The Pursuit of Happyness (Amistad, 2006), p. 214.
16. Chris Gardner, The Pursuit of Happyness (Amistad, 2006), pp. 152–3.
17. Valentine Cunningham, 'Suffocating Suffolk', Times Literary Supplement, 17 November 1978, p. 9.
18. Dean Flower and Linda Henchey, 'Penelope Fitzgerald's Unknown Fiction', The Hudson Review 61:1 (Spring 2008), pp. 47–65.
19. Arthur Lubow, 'An Author of a Certain Age', New York Times, 15 August 1999, section 6, p. 30.
20. Hermione Lee, Penelope Fitzgerald: A Life (Chatto & Windus, 2013), pp. 100, 95.
21. Penelope Fitzgerald, So I Have Thought of You: The Letters of Penelope Fitzgerald, ed. Terence Dooley, Penelope Fitzgerald to Richard Ollard, 5 October 1989, p. 409.
22. Fitzgerald, Letters, Penelope Fitzgerald to Mayliss Conder, 5 January 1977, pp. 175–6.
23. Ibid., Penelope Fitzgerald to J. Howard Woolmer, 29 November 1978, p. 331; Terence Dooley, 'Introduction', in Fitzgerald, Letters, p. xxxvi.
24. Lee, Penelope Fitzgerald, p. 226.
25. Fitzgerald, Letters, Penelope Fitzgerald to Richard Ollard, 20 November 1980, p. 382.
26. Lee, Penelope Fitzgerald, p. 234..
27. Terence Dooley, 'Introduction', in Fitzgerald, Letters, p. xxvi.
28. A. S. Byatt, 'Preface', in Fitzgerald, Letters, p. x.
29. Fitzgerald, Letters, Penelope Fitzgerald to Alberto Manguel, 14 September 1998, p. 475; Lennon, 'Men Are Such Hopeless Creatures', pp. 10–1.
30. Wendy Lesser, 'Penelope', in On Modern British Fiction, ed. Zachary Leader (Oxford University Press, 2002), pp. 107–25.

31. Lee, Penelope Fitzgerald, p. 197.
32. Lee, Penelope Fitzgerald, p. 198.
33. Fitzgerald, Letters, Penelope Fitzgerald to Richard Ollard, 20 February 1980,
34. Ibid., Penelope Fitzgerald to Francis King, 28 October [c. 1998], p. 292.
35. Ibid., Penelope Fitzgerald to Chris Carduff, 5 December 1999, p. 514.
36. Ibid., Penelope Fitzgerald to Chris Carduff, 15 March 2000, p. 517.
37. Ibid., Penelope Fitzgerald to Richard Ollard, 25 February 1981, p. 383.
38. Fitzgerald, Letters, Penelope Fitzgerald to Hugh Lee, 14 May 1978, p. 23.
39. Lee, Penelope Fitzgerald, p. 214.
40. Fitzgerald, Letters, Penelope Fitzgerald to Tina Fitzgerald, 11 November 1968, p. 61.
41. Archibald Colquhoun, 'Translator's Note', in Giuseppe di Lampedusa, Two Stories and a Memory (Collins & Harvill, 1962), pp. 17–20.
42. Frank Kermode, 'The Duckworth School of Writers', London Review of Books 2:22 (20 November 1980).

3장

1. Ray Kroc, with Robert Anderson, Grinding It Out: The Making of McDonald's, reissue edn (St Martin's Press, 1977), p. 71.
2. Ibid., pp. 9–10.
3. Ibid., p. 46.
4. David W. Galenson, Old and Young: The Two Life Cycles of Artistic Creativity (Princeton University Press, 2006), pp. 4–5.
5. Galenson, Old and Young, p. 126.
6. Quoted in S. Baker and G. M. Campbell, The Complete Idiot's Guide to Project Management (Alpha Books, 2003), p. 236.
7. David Ogilvy, Confessions of an Advertising Man (Southbank Publishing, 2011), p. 69.
8. Kroc, Grinding It Out, p. 51.
9. Ibid., pp. 18–38.
10. Ibid., pp. 50–8.
11. Ibid., p. 63.
12. Kenneth N. Gilpin, 'Richard McDonald, 89, Fast-Food Revolutionary', New York Times 16 July 1998, section A, p. 27, https://www.nytimes.com/1998/07/16/business/richard-mcdonald-89-fast-food-revolutionary.html
13. Daniel Bates, 'Exclusive: How McDonald's "Founder" Cheated the Brothers Who Really Started Empire out of Hundreds of Millions, Wrote Them Out of Company His-

tory – And Left One to Die of Heart Failure and the Other Barely a Millionaire', Daily Mail, 5 May 2015, https://www.dailymail.co.uk/news/article-3049644/How-McDonald-s-founder-cheated-brothers-REALLYstarted-empire-300m-wrote-company-history-left-one-die-heart-failure-barelymillionaire.html

14. Josh Ozersky, The Hamburger: A History (Yale University Press, 2008), pp. 26, 28.
15. Philip Langdon, Orange Roofs, Golden Arches: The Architecture of American Chain Restaurants (Knopf, 1986), p. 30.
16. Jakle and Sculle, Fast Food, pp. 27–58.
17. Ronald L. McDonald, The Complete Hamburger: The History of America's Favorite Sandwich (Birch Lane Press, 1997), p. 37.
18. Jakle and Sculle, Fast Food, pp. 101–2.
19. Ozersky, The Hamburger, pp. 35–6.
20. Eric Schasser, Fast Food Nation: What the All-American Meal is Doing to the World (Allen Lane, 2001), p. 41.
21. Ozersky, The Hamburger, pp. 46–8.
22. John F. Love, McDonald's: Behind the Arches (Bantam, 1995), p. 61.
23. Quoted in Galenson, Old and Young, p. 98.
24. Kroc, Grinding It Out, p. 101.
25. Love, Behind the Arches, p. 7.
26. Paul D. Paganucci, 'Preface', in Grinding It Out, p. 3.
27. Galenson, Old and Young, p. 15.
28. David Halberstam, The Fifties (Fawcett, 1994), pp. 155–60.
29. Ozersky, The Hamburger, p. 57.
30. Halberstam, The Fifties, p. 22.
31. Halberstam, The Fifties, p. 80.
32. Kroc, Grinding It Out, p. 15.
33. Halberstam, The Powers That Be, p. 166.
34. Kroc, Grinding It Out, p. 50.
35. Kroc, Grinding It Out, 48.
36. Kroc, Grinding It Out, p. 87.
37. J. Anthony Lukas, 'As American as a McDonald's Hamburger on the Fourth of July', New York Times, 4 July 1971, Section SM, p. 4.
38. Amity Shlaes, Coolidge (HarperCollins, 2013), p. 8.

4장

1. Charles Duhigg, 'Wealthy, Successful, and Miserable', New York Times Magazine, 21 February 2019, https://www.nytimes.com/interactive/2019/02/21/magazine/elite-professionals-jobs-happiness.html
2. Amity Shlaes, Coolidge (HarperCollins, 2013), pp. 54, 76.
3. Richard Wiseman, The Lucky Factor: The Scientific Study of the Lucky Mind (Arrow, 2004), p. 48.
4. Wiseman, The Lucky Factor, pp. 55, 60.
5. Jacqueline S. Thursby, 'Angelou, Maya (4 Apr. 1928–8 May 2014), Writer, Performer, and Activist', American National Biography, 29 November 2018, https://www-anb-org.lonlib.idm.oclc.org/view/10.1093/anb/9780198606697.001.0001/anb-9780198606697-e-00700
6. Samuel Johnson, 'Poetry Debased by Mean Expressions. An Example from Shakespeare', Rambler No. 168, 26 October 1751, https://www.johnsonessays.com/the-rambler/no-168-poetry-debased-by-mean-expressions-an-examplefrom-shakespeare/
7. Wiseman, The Lucky Factor, p. 57.
8. James Austin, Chase, Chance, and Creativity: The Lucky Art of Novelty (Columbia, 1978) pp. 73–7.
9. James Austin, Chase, Chance, and Creativity: The Lucky Art of Novelty (Columbia, 1978) p. 75.
10. Jim E. H. Bright and Robert G. L. Pryor, The Chaos Theory of Careers: A New Perspective on Working the 21st Century (Routledge, 2011); Jim E. H. Bright and Robert G. L. Pryor 'The Chaos Theory of Careers: A User's Guide', The Career Development Quarterly 53:4 (2005), pp. 291–305.
11. Jim E. H. Bright and Robert G. L. Pryor, 'The Chaos Theory of Careers', Australian Journal of Career Development 12:3 (2003), pp. 12–20.
12. Seneca, 'Letter LXXXIII', Letters from a Stoic, trans. Robin Campbell (Penguin, 2004), p. 140.
13. Jim E. H. Bright and Robert G. L. Pryor, 'The Value of Failing in Career Development: A Chaos Theory Perspective', International Journal for Educational and Vocational Guidance 12 (2012), pp. 67–79.
14. Jayna Cooke, 'Own Your Happyness: A Q&A With Chris Gardner', Forbes, 15 March 2017, https://www.forbes.com/sites/jaynacooke/2017/03/15/ownyour-happyness-a-qa-with-chris-gardner/?sh=513d9c201b27
15. Ibid.
16. Marshall Sella, 'You Have a Cold Heart, Degas!', New York Times, 26 January 1997, Section 6, p. 22, https://www.nytimes.com/1997/01/26/magazine/youhave-a-cold-heart-degas.html

17. Aamna Mohdin, 'Art Historian Sister Wendy Beckett Dies Aged 88', Guardian,
18. Sister Wendy Beckett in Conversation with Bill Moyers, 1997.
19. Robert D. McFadden, 'Sister Wendy Beckett, Nun Who Became a BBC Star, Dies at 88', New York Times, 26 December 2018, Section B, p. 12, https://www.nytimes.com/2018/12/26/obituaries/sister-wendy-beckett-dead.html
20. 'At Wimbeldon with: Ion Tiriac, Tennis's Grandest Bad Boy', The New York Times, 24 June 1993, https://www.nytimes.com/1993/06/24/garden/at-wimbledon-with-ion-tiriac-tennis-s-grandest-bad-boy.html
21. Pierre Azoulay, Benjamin F. Jones, J. Daniel Kim, and Javier Miranda, 'Age and High-Growth Entrepreneurship', AER: Insights 2:1 (2020), pp. 65–82 (p. 76), https://doi.org/10.1257/aeri.20180582
22. Frederick Gieschen, 'Julian Robertson: Lessons from the Tiger Who Was a Wolf ', Neckar Substack, 4 September 2022, https://neckar.substack.com/p/thetiger-that-was-a-wolf-lesosns?nthPub=1351
23. Giacomo Tognini, 'Budget Billionaire: How Frontier Airlines Chairman Bill Franke Rode Low Fares to the Forbes List', Forbes, 6 April 2022, https://www.forbes.com/sites/giacomotognini/2022/04/06/budget-billionaire-howfrontier-airlines-chairman-bill-franke-rode-low-fares-to-the-forbes-list/
24. Azoulay et al., 'Age and High-Growth Entrepreneurship', p. 67.
25. Ibid., p. 73.
26. Ibid., p. 74.
27. Ibid., p. 72.
28. Francine Lafontaine and Kathryn Shaw, 'Serial Entrepreneurship: Learning by Doing?', Working Paper 20312, http://www.nber.org/papers/w20312, July 2014.
29. Irwin N. Gertzog, 'Changing Pathways to the U.S. House of Representatives: Widows, Elites, and Strategic Politicians', in Women Transforming Congress, ed. Cindy Simon Rosenthal (University of Oklahoma, 2002), pp. 95–118.
30. Wayne King, 'Hayakawa Resists Idea of Dropping Out of Race', New York Times, 24 January 1982, Section 1, p. 24.
31. Wallace Turner, 'Hayakawa–unney Senate Race a Study in Contrasts', New York Times, 24 September 1976, p. 23.
32. Katherine Bishop, 'S. I. Hayakawa Dies at 85; Scholar and Former Senator', New York Times, 28 February 1992, Section B, p. 6.
33. Turner, 'Hayakawa–unney Senate Race a Study in Contrasts', p. 23.
34. Wallace Turner, 'Hayakawa Abandons Race for a Second Term in Senator', New York Times, 31 January 1982, Section 1, p. 24.
35. King, 'Hayakawa Resists Idea of Dropping Out of Race', p. 24.

36. David McCullough, Truman (Simon & Schuster, 1992), pp. 296-7.
37. William Lee Miller, Two Americans: Truman, Eisenhower, and a Dangerous World (New York: Vintage, 2012), pp. 72-3; Merle Miller, Plain Speaking: An Oral Biography of Harry Truman (New York: Berkley Publishing Corporation, 1973), p. 134.

5장

1. 'Written Interview', Pionyerskaya Pravda, Margaret Thatcher Foundation, 10 March 1990, https://www.margaretthatcher.org/document/107894
2. London School of Economics, Thatcher, The Thatcher Factor/1, 001/3, Interview with Jeffrey Archer, pp. 6, 7.
3. 1949-59 (candidate): Interview with Marjorie Maxse, 1 February 1949, Thatcher MSS (1/1/1), Margaret Thatcher Foundation, https://www.margaretthatcher.org/document/109915 ; 1949-59 (candidate): Beryl Cook to J. P. L. Thomas, 1 February 1949, Thatcher MSS (memoirs boxes), Margaret Thatcher Foundation, https://www.margaretthatcher.org/document/109917 ; 1949-59 (candidate): Letters of reference, 1 February 1949, Margaret Thatcher Foundation, https://www.margaretthatcher.org/document/109916 [accessed 27 June 2022]; 1949-59 (candidate): Beryl Cook report on Margaret Roberts, Conservative Party Archive CCO 220/3/11/6, 19 November 1951, Margaret Thatcher Foundation, https://www.margaretthatcher.org/document/111242
4. Margaret Thatcher to John Hare, 3 January 1955, Thatcher MSS (1/1/1), Margaret Thatcher Foundation, https://www.margaretthatcher.org/document/109935
5. 1949-59 (candidate): Donald Kaberry Interview with MT, 14 March 1956, Donald Kaberry to Margaret Thatcher 15 March 1956, Thatcher MSS (1/1/1), Margaret Thatcher Foundation, https://www.margaretthatcher.org/document/109938
6. Rachel Reeves, Women of Westminster: The MPs Who Changed Politics (Bloomsbury, 2019), p. 79.
7. 'Extract from Report on Candidates Interviewed by Maidstone Division', Thatcher MSS (1/1/1), 18 March 1958, Margaret Thatcher Foundation, https://www.margaretthatcher.org/document/109943 [accessed 28 June 2022].
8. 'Extract from Memo Miss Harris to Mr. Kaberry', 15 July 2022, Thatcher MSS (1/1/1), Margaret Thatcher Foundation, https://www.margaretthatcher.org/document/109944 [accessed 28 June 2022].
9. Margaret Thatcher to Donald Kaberry, 18 August 1958, Thatcher MSS (1/1/1), Margaret Thatcher Foundation, https://www.margaretthatcher.org/document/109946 [accessed 28 June 2022].

10. Margaret Thatcher to Donald Kaberry, 16 March 1956, Thatcher MSS (1/1/1), Margaret Thatcher Foundation, https://www.margaretthatcher.org/document/109939 [accessed 28 June 2022].
11. 'Reports Received from Central Office Area Agents on Parliamentary Candidates: Finchley – Mrs Margaret Thatcher', 1 November 1959, Thatcher MSS (1/1/1), Margaret Thatcher Foundation, https://www.margaretthatcher.org/document/109947 [accessed 28 June 2022].
12. Russell Lewis, Margaret Thatcher: A Personal and Political Biography (Routledge & Kegan Paul, 1975), p. 4.
13. Luke Blaxill and Kaspar Beelen, 'A Feminized Language of Democracy? The Representation of Women at Westminster since 1945', Twentieth Century British History 27:3 (September 2016), pp. 412–449, https://doi.org/10.1093/tcbh/hww028
14. Margaret Thatcher, 'Interview for Finchley Times', 9 December 1966, Margaret Thatcher Foundation, https://www.margaretthatcher.org/document/101297
15. Giles Scott-Smith, '"Her Rather Ambitious Washington Program": Margaret Thatcher's International Visitor Program Visit to the United States in 1967', Contemporary British History, November 2003, pp. 65–86
16. Author's interview with Charles Moore, https://commonreader.substack.com/p/charles-moore-interview?s=wdetails
17. Jon Agar, 'Thatcher, Scientist', Notes and Records of the Royal Society, 22 June 2011, DOI:10.1098/rsnr.2010.0096, Margaret Thatcher Foundation, https://www.margaretthatcher.org/document/112774 [accessed 24 June 2022], p. 10.
18. Ibid., p. 12.
19. Agar, 'Thatcher, Scientist', p. 12.
20. Ibid.
21. London School of Economics, Thatcher, The Thatcher Factor/1, 002/2, Interview with Lord Carrington, p. 4.
22. Author's interview with Charles Moore.
23. John Campbell, Margaret Thatcher: Volume One: The Grocer's Daughter (Vintage, 2007), p. 265.
24. Author's interview with Charles Moore.
25. Shlaes, Coolidge, pp. 254–5.
26. Ibid., pp. 277–8.
27. For details of Bonar Law, see Robert Blake, The Unknown Prime Minister: The Life and Times of Andrew Bonar Law, 1858–1923, reprint edn (Faber & Faber) and R. J. Q. Adams, Bonar Law: The Unknown Prime Minister (John Murray, 1999).
28. Ferdinand Mount, Cold Cream (Bloomsbury, 2009), p. 289.
29. Mount, Cold Cream, p. 290.

30. Margaret Thatcher, 'Interview for Finchley Times', 9 December 1966, Margaret Thatcher Foundation, https://www.margaretthatcher.org/document/101297
31. Margaret Thatcher, TV Interview for Granada TV World in Action, 31 January 1975, Margaret Thatcher Foundation, https://www.margaretthatcher.org/document/102450
32. Margaret Thatcher, '1950 General Election Address', 3 February 1950, Margaret Thatcher Foundation, https://www.margaretthatcher.org/document/100858
33. Margaret Thatcher, 'Interview for Finchley Times', 9 December 1966, Margaret Thatcher Foundation, https://www.margaretthatcher.org/document/101297
34. Margaret Thatcher, '1970 General Election Address', 28 May 1970, Margaret Thatcher Foundation, https://www.margaretthatcher.org/document/101754
35. Margaret Thatcher, 'Interview for Finchley Times', 1 August 1969, Margaret Thatcher Foundation, https://www.margaretthatcher.org/document/101678
36. Denis Kavanagh, 'Sir Gordon Reece', Independent, 26 September 2001, https://www.independent.co.uk/news/obituaries/sir-gordon-reece-9201156.html
37. Laura Beers, 'Thatcher and the Women's Vote', in Making Thatcher's Britain, ed. Ben Jackson and Robert Saunders (Cambridge University Press, 2012), pp. 113–31 (p. 119).
38. Moore, Margaret Thatcher, p. 278.
39. Ibid., p. 277.
40. John Kemp, 'Mrs Thatcher's Plans for Retirement', Pre-Retirement Choice, January 1975, pp. 13–14, Margaret Thatcher Foundation, https://www.margaretthatcher.org/document/102055
41. Margaret Thatcher TV Interview for Granada TV World in Action, 31 January 1975, Margaret Thatcher Foundation, https://www.margaretthatcher.org/document/102450
42. Canadine, Margaret Thatcher, p. 35.
43. Ibid., p. 75
44. Canadine, Margaret Thatcher, p. 16.
45. Moore, Margaret Thatcher, pp. 276, 277, 280.
46. Ibid., p. 285.
47. Moore, Margaret Thatcher, vol. 1, p. 273.
48. Ibid., p. 268.
49. Ibid., p. 275.
50. Ibid., p. 287.
51. Ibid., p. 291.
52. Ibid., p. 135.
53. Ibid., p. 269n.
54. Ronald Miller, A View from the Wings (Weidenfeld & Nicolson, 1993), p. 225.
55. BBC Question Time, 11 April 2013, https://www.youtube.com/watch?v=Ae5nEiwz-v0

56. Archive (Hailsham MSS), 'MT: Hailsham Diary (Discussion with Peter Carrington) [Serious Doubts about MT & Keith Joseph]', 29 March 1977, Margaret Thatcher Foundation, https://www.margaretthatcher.org/document/111182 [accessed 21 June 2022].
57. Moore, Margaret Thatcher, vol. 1, p. 453n.
58. PHS, 'The Times Diary: Professionalism in a Nice Blue Hat', The Times, 11 September 1974, p. 14.
59. George Younger, 1976–1979 Younger Diary, 4 December 1978, 5 April 1979, Margaret Thatcher Foundation, http://09b37156ee7ea2a93a5e-6db7349bced3b64202e14ff100a12173.r35.cf1.rackcdn.com/Arcdocs/1976-79%20Younger%20diary.pdf
60. David Cannadine, 'Thatcher [nee Roberts], Margaret Hilda, Baroness Thatcher(1925–2013)', Oxford Dictionary of National Biography, https://doi-org.lonlib.idm.oclc.org/10.1093/ref:odnb/106415
61. Edward Pierce, 'Sir Gordon Reece', Guardian, 27 September 2001, https://www.theguardian.com/news/2001/sep/27/guardianobituaries.obituaries
62. London School of Economics, Thatcher, The Thatcher Factor/1, 001/6,Interview with Tim Bell, p. 3.
63. Reeves, Women of Westminster, p. 107; Margaret Thatcher, Interview for Daily Star, 27 January 1988, Margaret Thatcher Foundation, https://www.margaretthatcher.org/document/107029
64. Miller, A View from the Wings, pp. 212–13, 219.
65. London School of Economics, Thatcher, The Thatcher Factor/1, 002/10, Interview with Lord Gowrie, p. 10.
66. Campbell, Margaret Thatcher, pp. 292, 294.
67. Radek Sikorski, 'A Cold War Angel and a Democratic Miracle', Daily Telegraph, 10 April 2013, p. 23.
68. Charles Stuart Kennedy, 'Interview with William J. Galloway'.
69. Miller, A View from the Wings, p. 219.
70. Campbell, Margaret Thatcher, p. 234.
71. Kelvin MacKenzie, Interview Transcript, Sun, 6 November 1989, Margaret Thatcher Foundation, https://www.margaretthatcher.org/document/107430
72. London School of Economics, Thatcher, The Thatcher Factor/1, 002/2, Interview with Lord Carrington, p. 32.
73. Campbell, Margaret Thatcher, p. 261.

6장

1. Christopher Leslie Brown, Moral Capitalism: Foundations of British Abolitionism (University of North Carolina Press, 2006), pp. 197–200.
2. Niall Ferguson, The Square and the Tower (Allen Lane, 2017).
3. Jonah Lehrer, 'A Physicist Solves the City', New York Times, 17 December 2010, https://www.nytimes.com/2010/12/19/magazine/19Urban_West-t. html?searchResultPosition=1
4. Karthik Rajkumar, Guillaume Saint-Jacques, Iavor Bojinov, Erik Brynjolfsson, and Sinan Aral, 'A Causal Test of the Strength of Weak Ties', Science 377:6612 (16 September 2022); Dashun Wang and Brian Uzzi, 'Weak Ties, Failed Tries, and Success: A Large-Scale Study Provides a Causal Test for a Cornerstone of Social Science', Science 377:6612 (15 September 2022), pp. 1256–8.
5. Ferguson, The Square and the Tower, p. 96.
6. All details about Van Leeuwenhoek taken from J., Backer, W. Reijnders, K. Krab, J. van Doorn, C. Biemans, and L. Robertson, Antonie van Leeuwenhoek: Master of the Minuscule (Brill, 2016).
7. Mihaly Csikszentmihalyi, 'Implications of a Systems Perspective for the Study of Creativity', Handbook of Creativity, ed. Robert J. Sternberg (Cambridge University Press, 1999), pp. 313–35 (p. 333).
8. Mihaly Csikszentmihalyi, 'The Systems Model of Creativity and Its Applications', in The Wiley Handbook of Genius, ed. Dean Leith Simonton (Wiley-Blackwell, 2014).
9. Csikszentmihalyi, 'Implications of a Systems Perspective for the Study of Creativity', p. 314.
10. Samuel P. Fraiberger, Roberta Sinatra, Magnus Resch, Christoph Riedl, and Albert-László Barabási, 'Quantifying Reputation and Success in Art', Science, 16 November 2018, pp. 825–9.
11. Gino Cattani and Simone Ferriani, 'A Core/Periphery Perspective on Individual Creative Performance: Social Networks and Cinematic Achievements in the Hollywood Film Industry', Organization Science 19:6 (November–December 2008), pp. 824–44.
12. Andrew B. Hargadon, 'Bridging Old Worlds and Building New Ones: Towards a Microsociology of Creativity', p. 16, https://www.researchgate. net/profile/Andrew-Hargadon/publication/253734313_Bridging_old_worlds_and_building_new_ones_Towards_a_microsociology_of_creativity/links/54105fa50cf2d8daaad3ca1e/Bridging-old-worlds-and-building-newones-Towards-a-microsociology-of-creativity.pdf
13. Emma Brown, 'In the Middle of Somewhere with Ava DuVernay and Emayatzy Corinealdi', Interview Magazine, 9 October 2012, https://www.interviewmagazine.com/film/ava-duvernay-emayatzy-corinealdi
14. Malcolm Gladwell, The Tipping Point: How Little Things Can Make a Big Difference, new

edn (Abacus, 2002).
15. Peter Sheridan Dodds, Roby Muhamad, and Duncan J. Watts, 'An Experimental Study of Search in Global Social Networks', Science 301:827 (2003), doi: 10.1126/science.1081058 [accessed 27 October 2022].
16. Nicholas A. Christakis and James H. Fowler, Connected: The Surprising Power of Our Social Networks and How They Shape Our Lives (Little, Brown, 2009), pp. 27–9.
17. Otto Kallir, Grandma Moses (Harry N. Abrams, 1973), p. 15.
18. Ibid., p. 20.
19. Kallir, Grandma Moses, p. 25.
20. Ibid., pp. 27, 28.
21. 'Louis Caldor Helped Set Up Grandma Moses in Art World', New York Times, 19 June 1973, p. 38.
22. 'L. J. Caldor, "found" Grandma Moses' art', Bennington Banner, 19 July 1973, p. 14.
23. 'Painter Grandma Moses Dies at 101', The Virginian-Pilot, 14 December 1961, p. 1.
24. 'Grandma Moses Died at Age of 101', New York Times, 14 December 1961, pp. 1, 46.
25. Martin Kalfatovic, 'Janis, Sidney (1896–989), Art Dealer and Collector', American National Biography, February 2000, https://www-anb-org. lonlib.idm.oclc.org/view/10.1093/anb/9780198606697.001.0001/anb-9780198606697-e-1701545 [accessed 11 September 2023].
26. 'Grandma Moses at 95', New York Times, 7 September 1955, p. 30.
27. Kallir, Grandma Moses, p. 34.
28. Ibid., p. 44.
29. Ibid., p. 50.
30. Ibid., p. 65.
31. 'Grandma Moses at 100 Still the Gay Gamin', Victoria Advocate, 4 September 1960, p. 25.
32. 'Grandma Moses at 95', New York Times, 7 September 1955, p. 30.
33. Kallir, Grandma Moses, p. 189.
34. Jane Gross, 'Grandma Moses's Descendants', New York Times, 26 November 2008, https://archive.nytimes.com/newoldage.blogs.nytimes.com/2008/11/26/grandma-mosess-descendants/?searchResultPosition=3 [accessed 11 September 2023].
35. 'Grandma Moses at 95', New York Times, 7 September 1955, p. 30.

7장

1. James Boswell, Life of Johnson, ed. R. W. Chapman (Oxford University Press, 1953, 1970, 1980), November 1784, p. 427.
2. Ibid., p. 1358.

3. Shaw, Memoirs of Dr. Johnson, p. 27.
4. Boswell, Life, 7 April 1778, p. 912.
5. Ibid., 5 April 1776, p. 732.
6. Ibid., 9 April 1778, p. 918.
7. Jack Lynch, 'Generous Liberal-Minded Men: Booksellers and Poetic Careers in Johnson's Lives of the Poets', The Yearbook of English Studies 45 (2015), pp. 93–108, https://doi.org/10.5699/yearenglstud.45.2015.0093
8. Allen Reddick, The Making of Johnson's Dictionary, 1746–773 (Cambridge University Press, 1990), p. 17.
9. James E. Tierney, 'Robert Dodsley', Oxford Dictionary of National Biography, 3 October 2013, https://doi-org.lonlib.idm.oclc.org/10.1093/ref:odnb/7755
10. Peter Burke, A Social History of Knowledge: Vol II from the Encyclopedie to Wikipedia (Polity, 2012), p. 24.
11. John V. Pickstone, Ways of Knowing: A New History of Science, Technology and Medicine (Manchester University Press, 2000).
12. Johnson, Letters, Vol. I, Samuel Johnson to Samuel Richardson, 28 March 1754, p. 79; Samuel Johnson to William Strahan, 22 March 1753, p. 68.
13. Pat Rogers, 'Johnson, Samuel (1709–784), author and lexicographer', Oxford Dictionary of National Biography, https://www-oxforddnb-com.lonlib.idm.oclc.org/view/10.1093/ref:odnb/9780198614128.001.0001/odnb-9780198614128-e-14918 [accessed 30 September 2022].
14. Burke, A Social History of Knowledge, p. 179.
15. Boswell, Life, Samuel Johnson to Francis Barber, 25 September 1770, p. 434.
16. Boswell, Life, pp. 45, 44.
17. The Correspondence and Other Papers of James Boswell Relating to the Making of the Life of Johnson, 2nd edn, ed. Marshall Waingrow (Edinburgh University Press, 2011), p. 19.
18. Boswell, Life, 14 July 1763, p. 304.
19. Ibid., 21 July 1763, p. 315.
20. Ibid., 9 April 1778, 919.
21. Ibid., 14 July 1763, p. 303.
22. Johnson, Letters, Samuel Johnson to John Taylor, 10 August 1742, p. 28; Samuel Johnson to Edward Cave, Autumn 1743, p. 34.
23. Samuel Johnson, Diaries, Prayers, and Annals, ed. E. L. McAdam, Donald Hyde, and Mary Hyde (Yale Digital Edition of the Works of Samuel Johnson, Series Volume 1), pp. 100–1.
24. Boswell, Life, November 1784, p. 1363n.
25. Johnson, Letters, Vol. I, Samuel Johnson to Hill Boothby, 31 December 1755, pp. 120–1.
26. Hester Lynch Piozzi, Anecdotes of Dr. Johnson (Oxford University Press, 1974), p. 87.

27. Boswell, Life, Summer 1778, pp. 1001–2.
28. Arthur Murphy, 'Essay on Life and Genius of Samuel Johnson L.L.D', Johnsonian Miscellanies: Volume I, p. 361.
29. Clifford, Young Samuel Johnson, p. 119.
30. Boswell, Life, 4 April 1778, p. 907.
31. Miss Reynolds, 'Recollections of Dr. Johnson', Johnsonian Miscellanies: Volume II, p. 252.
32. Clifford, Young Samuel Johnson, p. 66.
33. Clifford, Young Samuel Johnson, p. 150.
34. Boswell, Life, 7 August 1755, p. 209.
35. James Clifford, Dictionary Johnson, (Heinemann, 1979), p. 147.
36. Thomas Carlyle, 'The Hero as Man of Letters', On Heroes, Hero-Worship & The Heroic in History, ed. Michael K. Goldberg, Joel J. Brattin, and Mark Engel (University of California Press, 1993), p. 154.
37. Carlyle, 'Man of Letters', p. 157.
38. Boswell, Life, 1750, p. 149.
39. Johnson, Letters, Samuel Johnson to Joseph Warton, 15 April 1756, p. 134.
40. Harriet Kirkley, A Biographer at Work: Samuel Johnson's Notes for the 'Life of Pope' (Bucknell University Press, 2002), pp. 164, 233.
41. Clifford, Young Samuel Johnson, p. 62.
42. Boswell, Life, Thursday 9 April 1778, p. 919. The Bishop's quotation is from Plutarch's Life of Solon and in Boswell is printed in ancient Greek.
43. Miss Reynolds, 'Recollections of Dr. Johnson', p. 262.
44. Boswell, Life, 7 April 1778, p. 908.
45. Johnson, Diaries, Prayers, and Annals, p. 266.
46. Samuel Johnson, Life of Pope, in Lives of the Poets, ed. John H. Middendorf(Yale Digital Edition of the Works of Samuel Johnson, Series Volume 23), p. 1074.
47. Lawrence Lipking, 'The Death and Life of Samuel Johnson', The Wilson Quarterly 8:5 (1984), pp. 140–51 (p. 143), http://www.jstor.org/stable/40257647
48. Samuel Johnson, 'Rambler No. 60, Saturday 13 October 1750', in Selected Essays, ed. David Womersley (Penguin, 2003), p. 131.
49. Samuel Johnson, 'Life of Savage', in Lives of the Poets, ed. John H. Middendorf(Yale Digital Edition of the Works of Samuel Johnson, Series Volume 22), p. 851.
50. Johnson, Letters, Samuel Johnson to Bennet Langton, 27 June 1758, p. 166.
51. Ibid., Samuel Johnson to John Taylor, 18 November 1756, p. 148.
52. Samuel Johnson, 'The Rambler, No. 71 Tuesday 20 November 1750', p. 147; 'The Rambler, No. 49, Tuesday 4 September 1750', p. 124; 'The Rambler, No. 47, Tuesday 28 August 1750, p. 123; 'The Rambler, No. 4, Saturday 31 March 1750, p. 15.

53. Boswell, Life, Wednesday 20 March 1776, p. 691; Tuesday 31 March 1778, p. 899; Saturday 23 March 1776, p. 706; Saturday 30 September 1769, p. 405; Wednesday 3 November 1784, p. 1362; Friday 18 April 1783, p. 1224.
54. Johnson, 'Rambler, No. 41, Tuesday 7 August, 1750', p. 115.

8장

1. Michael P. Farrell, Collaborative Circles: Friendship Dynamics & Creative Work (University of Chicago Press, 2001), pp. 2, 7, 11, 12.
2. Warren G. Bennis and Patricia Ward Biederman, Organizing Genius: The Secrets of Creative Collaboration (Basic Books, 1997).
3. Farrell, Collaborative Circles, p. 14.
4. Ibid., p. 117.
5. Ibid., p. 132.
6. Michael P. Farrell to Henry Oliver, email, 23 April 2022.
7. David Epstein, Range Widely, 'A Practical Guide To Building Team Culture (Including Remote-Team Culture)', https://davidepstein.substack.com/p/apractical-guide-to-building-team-22-08-14
8. https://www.strategy-business.com/article/How-Fearless-Organizations-Succeed
9. Taste for Makers, February 2002, http://www.paulgraham.com/taste.html
10. Michael Housman and Dylan Minor, 'Toxic Workers', Harvard Business School Working Paper 16-057, https://www.hbs.edu/ris/Publication%20Files/16-057_d45c0b4f-fa19-49de-8f1b-4b12fe054fea.pdf
11. Therese Amabile and Stephen Kramer, 'The Power of Small Wins', Harvard Business Review, May 2011.
12. Stefan Wuchty, Benjamin F. Jones, and Brian Uzzi, 'The Increasing Dominance of Teams in Production of Knowledge', Science 316 (18 May 2007), pp. 1036–9, https://asset-pdf.scinapse.io/prod/1965631677/1965631677.pdf
13. Michael E. Rose and Co-Pierre Georg, 'What 5,000 Acknowledgements Tell Us about Informal Collaboration in Financial Economics', Research Policy 50:6 (2021), https://doi.org/10.1016/j.respol.2021.104236
14. Seth Gershenson, Cassandra M. D. Hart, Joshua Hyman, Constance Lindsay and Nicholas W. Papageorge, 'The Long-Run Impacts of Same-Race Teachers', NBER Working Paper, 25254, http://www.nber.org/papers/w25254
15. Jerker Denrell, 'Indirect Social Influence', Science n.s. 321:5885 (4 July 2008), pp. 47–8; Jerker Denrell and Gael Le Mens, 'Interdependent Sampling and Social Influence', Psycho-

logical Review 114:2 (2007), pp. 398–422.
16. Shi Pu, Yu Yan and Liang Zhang, 'Do Peers Affect Undergraduates' Decisions to Switch Majors?', Edited Working Paper: 20-246. Retrieved from Annenberg Institute at Brown University: https://doi.org/10.26300/sdbt-4n23
17. J. McGrath Cohoon, 'Toward Improving Female Retention in the Computer Science Major', Communications of the ACM 44:5 (2001), pp. 108–14.
18. Michael Kremer and Dan Levy, 'Peer Effects and Alcohol Use among College Students', Journal of Economic Perspectives 22:3 (Summer 2008), pp. 189–206.
19. Alex Bell, Raj Chetty, Xavier Jar Avel, Ne Viana Pe Tkova, and John Van Reenen, 'Who Becomes an Inventor in America? The Importance of Exposure to Innovation', https://opportunityinsights.org/wp-content/uploads/2021/12/inventors_summary.pdf
20. Raj Chetty, Matthew O. Jackson, Theresa Kuchler, Johannes Str Oebel, Abigail Hiller, and Sarah Oppenheimer, 'Social Capital and Economic Mobility', https://opportunityinsights.org/wp-content/uploads/2022/07/socialcapital_nontech.pdf
21. Aristotle, Poetics IV; John Stuart Mill, The Subjection of Women, in On Liberty, Utilitarianism and Other Essays (Oxford University Press, 1991, 1998, 2008, 2015), p. 429.
22. J. H. Chariker, Y. Zhang, J. R. Pani and E. C. Rouchka, 'Identification of Successful Mentoring Communities Using Network-Based Analysis of Mentor–Mentee Relationships across Nobel Laureates', Scientometrics 111:3 (2017), pp. 1733–49, doi: 10.1007/s11192-017-2364-4
23. Transcript: Ezra Klein Interviews Patrick Collison, 27 September 2022, https://www.nytimes.com/2022/09/27/podcasts/transcript-ezra-kleininterviews-patrick-collison.html
24. Robert J. Sampson and John H. Laub, 'Socioeconomic Achievement in the Life Course of Disadvantaged Men: Military Service as a Turning Point, Circa 1940–1965', American Sociological Review 61:3 (June 1996), pp. 347–67.
25. Clare Mac Cumhaill and Rachael Wiseman, Metaphysical Animals: How Four Women Brought Philosophy Back to Life (Vintage, 2023).
26. Harry Rosenfeld, From Kristallnacht to Watergate: Memoirs of a Newspaperman (SUNY Press, 2013), pp. 189–96.
27. Jay Belsky, 'Your Kid is Probably Not an "Orchid" or a "Dandelion" –But Could be Both', Scientific America, 15 March 2022.
28. T. Deutsch, 'Child, Julia (1912–004), Cookbook Author and Televisio Chef', American National Biography, https://www-anb-org.lonlib.idm.oclc.org/view/10.1093/anb/9780198606697.001.0001/anb-9780198606697-e-1603573 [accessed 14 December 2022].
29. L. A. Paul, Transformative Experiences (Oxford University Press, 2014), p. 3.
30. Rosenfeld, From Kristallnacht to Watergate, p. 106.
31. Katharine Graham, Personal History (Knopf, 1997), p. 346.

32. Agnes Callard, Aspiration (Oxford University Press, 2018), pp. 47–8.
33. Jerker Denrell and Gael Le Mens, 'Revisiting the Competency Trap', Industrial and Corporate Change 29:1 (2020), pp. 183–205.
34. Quoted in Jerker Denrell and James G. March, 'Adaptation as Information Restriction: The Hot Stove Effect', Organization Science 12:5 (September–October 2001), pp. 523–38.
35. Rosenfeld, From Kristallnacht to Watergate, p. 176.

9장

1. Audrey Sutherland, Paddling My Own Canoe (University of Hawaii, 1978; Patagonia, 2018), p. 9.
2. Ibid., p. 14.
3. Audrey Sutherland, Paddling North (Patagonia, 2012).
4. Mage Nichols, 'Audrey Sutherland: The Grande Dame of Inflatable Kayaks', Sea Kayaker, October 2004, p. 28.
5. Sanford Lung to Henry Oliver, email, 2 December 2022; Neil Frazer to Henry Oliver, email, 4 December 2022.
6. Jen A. Miller, 'Overlooked No More: Audrey Sutherland, Paddler of Her Own Canoe', New York Times, 6 March 2020, https://www.nytimes.com/2020/03/06/obituaries/audrey-sutherland-overlooked.html
7. Interview with Jock Sutherland, 3 February 2023.
8. Sanford Lung to Henry Oliver, email, 9 December 2022.
9. Sutherland, Paddling My Own Canoe, p. 28.
10. Ibid., pp. 30–1.
11. Ibid., p. 162.
12. Sutherland, Paddling North, p. 11.
13. Ibid., p. 15.
14. Ibid., p. 18.
15. Ibid., p. 23.
16. David Thompson, '7 Fearless Ladies Who Have Mastered Paddling And Living Well', Paddling Magazine, Spring 2015, https://paddlingmag.com/stories/water-women-the-pioneer/
17. Quoted in Nichols, 'Audrey Sutherland: The Grand Dame of Inflatable Kayaks', pp. 22–.
18. Interview with Neil Frazer, 8 December 2022.
19. Agnes Callard, Aspiration (Oxford University Press, 2018), p. 55.
20. https://www.atvbt.com/ngannou/
21. Callard, Aspiration, p. 61.

22. Sutherland, Paddling My Own Canoe, p. 124.
23. Matt Warshaw, 'Goodbye Sunshine Superman', in Big Wave: Stories of Riding the World's Wildest Water, ed. Clint Willis (Thunder's Mouth, 2003), pp. 86–.
24. Daniel, 'Audrey Sutherland Profile'.
25. Interview with Neil Frazer, 8 December 2022.
26. Interview with Jock Sutherland, 3 February 2023.
27. Lorenn Walker, Aging with Strength (Hawaii, independently published, 2012), p. 37.
28. https://www.forbes.com/sites/jaynacooke/2017/03/15/own-your-happyness-aqa-with-chris-gardner/?sh=513d9c201b27
29. Walker, Aging with Strength, p. 38.
30. Daniel, 'Audrey Sutherland Profile'.
31. R. G. Pryor and J. E. Bright, 'The Chaos Theory of Careers (CTC): Ten Years On and Only Just Begun', Australian Journal of Career Development 23:1 (2014), pp. 4–12.
32. Walker, Aging with Strength, p. 35.
33. Daniel, 'Audrey Sutherland Profile'.
34. Audrey Sutherland, 'Paddling Hawaii. The Tropical Option', Sea Kayaker, Winter 1984, pp. 40–4.
35. Interview with Jim Kraus, 23 February 2023.
36. Interview with Jim Kraus, 23 February 2023.
37. Walker, Aging with Strength, p. 36.
38. Paul Theroux, 'Hawaii Rough and Smooth', New York Times, 20 May 1990, Section 6, p. 28.
39. Alastair Humphreys, 'Audrey Sutherland', YouTube, 24 July 2018, https://www.youtube.com/watch?v=OkUynbpu2sQ [accessed 12 September 2023].
40. Marcus Aurelius, Meditations, trans. Gregory Hays (Weidenfeld & Nicolson, 2003), 6.26, p. 74.
41. Patricia Hubbard, The Outdoor Woman: A Handbook to Adventure (MasterMedia, 1992), p. 39.
42. Sutherland, Paddling North, p. 18.
43. Marcus Aurelius, Meditations, 4.17, p. 41.

10장

1. Jeffrey Kluger, 'Staying Sharp: The Surprising Power of the Aging Brain', Time, 13 January 2006.
2. Melissa A. Schilling, 'A "Small-World" Network Model of Cognitive Insight', March 2004, p. 26, https://www.researchgate.net/profile/Melissa-Schilling/publication/256062673_A_'Small-World'_Network_Model_of_Cognitive_Insight/links/0046351914b-

9d24e74000000/A-Small-World-Network-Model-of-Cognitive-Insight.pdf?_sg%5B0%5D=started_experiment_milestone&origin=journalDetail

3. Ian Deary, Intelligence: A Very Short Introduction (Oxford University Press, 2020), p. 35.
4. Stuart Ritchie et al., 'Predictors of Ageing-Related Decline across Multiple Cognitive Functions', Intelligence 59 (November–December 2016), pp. 115–26, https://www.sciencedirect.com/science/article/pii/S0160289616302707
5. Corley et al., 'Predictors of Longitudinal Cognitive Ageing from Age 70 to 82 Including APOE e4 Status, Early-Life and Lifestyle Factors: The Lothian Birth Cohort 1936', Molecular Psychiatry 28 (2023), pp. 1256–71.
6. T. J. Krivanek, 'Promoting Successful Cognitive Aging: A Ten-Year Update', Journal of Alzheimer's Disease 81 (2021), pp. 871–920, DOI 10.3233/JAD-201462
7. Melis Anaturk et al., 'Prediction of Brain Age and Cognitive Age: Quantifying Brain and Cognitive Maintenance in Aging', Human Brain Mapping 42 (2021), pp. 1626–40, https://doi.org/10.1002/hbm.25316
8. Joshua K. Hartshorne and Laura T. Germine, 'When Does Cognitive Functioning Peak? The Asynchronous Rise and Fall of Different Cognitive Abilities across the Life Span', Psychological Science 26:4 (2015), pp. 433–43, https://doi.org/10.1177/0956797614567339
9. Hartshorne and Germine, 'When Does Cognitive Functioning Peak?'.
10. Mischa von Krause, Stefan T. Radev, and Andreas Voss, 'Mental Speed is High until Age 60 as Revealed by Analysis of over a Million Participants', Nature Human Behaviour 6 (May 2022), pp. 700–8.
11. Nicholas A. Christakis and James H. Fowler, Connected: The Surprising Power of Our Social Networks and How They Shape Our Lives (Little, Brown, 2009), pp. 240–2.
12. Susan T. Charles and Laura L. Carstensen, 'Social and Emotional Aging', Annual Review of Psychology 61 (2009), pp. 383–409.
13. Eric Schniter et al., 'Information Transmission and the Oral Tradition: Evidence of a Late-Life Service Niche for Tsimane Amerindians', Evolution and Human Behavior 39:1 (2018), pp. 94–105.
14. Igor Grossmann et al., 'Reasoning about Social Conflicts Improves into Old Age', Proceedings of the National Academy of Sciences 107:16 (2010), pp. 7246–50.
15. James C. Kaufman et al., 'Young and Old, Novice and Expert: How We Evaluate Creative Art Can Reflect Practice and Talent', in The Complexity of Greatness, pp. 167–72.
16. Anders Ericsson and Robert Pool, Peak: How All of Us Can Achieve Extraordinary Things (Vintage, 2017), p. 110.
17. Brooke N. Macnamara, David Z. Hambrick, and Frederick L. Oswald, 'Deliberate Practice and Performance in Music, Games, Sports, Education, and Professions: A Meta-Analysis', Psychological Science, 1 July 2014, doi:10.1177/0956797614535810

18. M. Fisher and F. C. Keil, 'The Curse of Expertise: When More Knowledge Leads to Miscalibrated Explanatory Insight', Cognitive Science 40 (2016), pp. 1251–69, https://doi.org/10.1111/cogs.12280
19. Dean Keith Simonton, 'If Innate Talent Doesn't Exist, Where Do the Data Disappear?', in The Complexity of Greatness, p. 19.
20. Ted Underwood, Kevin Kiley, Wenyi Shang and Stephen Vaisey, 'Cohort Succession Explains Most Change in Literary Culture', Sociological Science 9 (May 2022), pp. 184–205.
21. https://twitter.com/Ted_Underwood/status/1522195394851188742
22. https://www.chess.com/article/view/chess-grandmaster-hours
23. Benjamin F. Jones and Bruce A. Weinberg, 'Age Dynamics in Scientific Creativity', Proceedings of the National Academy of Sciences 108:47 (7 November 2011), pp. 18910–1, https://doi.org/10.1073/pnas.1102895108
24. Matt Clancy, 'Are Ideas Getting Harder to Find Because of the Burden of Knowledge?', https://www.newthingsunderthesun.com/pub/zsc23qxz/release/12
25. Bruce A. Weinberg and David W. Galenson, 'Creative Careers: The Life Cycles of Nobel Laureates in Economics', Working Paper 11799 (2005), http://www.nber.org/papers/w11799
26. Benjamin Jones, E. J. Reedy, and Bruce A. Weinberg, 'Age and Scientific Genius', Working Paper 19866 (2014), http://www.nber.org/papers/w19866 [accessed 13 September 2023; also available at https://www.kellogg.northwestern.edu/faculty/jones-ben/htm/Age%20and%20Scientific%20Genius.pdf
27. Ibid., p. 34.
28. For a list of examples, see 'Major Mathematical Advances Past Age Fifty', MathOverflow.net, 23 May 2010, https://mathoverflow.net/questions/25630/major-mathematical-advances-past-age-fifty
29. Michael Barany, 'The Fields Medal Should Return to its Roots', Nature, 12 January 2018, https://www.nature.com/articles/d41586-018-00513-8
30. Nancy Stern, 'Age and Achievement in Mathematics: A Case-Study in the Sociology of Science', Social Studies of Science 8:1 (February 1978), pp. 127–40 (p. 134), https://www.jstor.org/stable/284859 [accessed 26 August 2022].
31. Stephen Cole, 'Age and Scientific Performance', American Journal of Sociology 84:4 (January 1979), pp. 958–77 (p. 958).
32. Ibid., p. 963.
33. Ibid., p. 968.
34. Anthony G. O'Farrell, 'Book Review: Loving + Hating Mathematics: Challenging the Myths of Mathematical Life by Reuben Hersh and Vera John-Steiner', Irish Mathematics Society Bulletin 67 (2011), pp. 97–8.
35. Alec Wilkinson, 'The Pursuit of Beauty: Yitang Zhang Solves a Pure-Math Mystery', New

Yorker, 2 February 2015, https://www.newyorker.com/magazine/2015/02/02/pursuit-beauty

36. Thomas Lin, 'After Prime Proof, an Unlikely Star Rises', Quanta, 2 April 2015, https://www.quantamagazine.org/yitang-zhang-and-the-mystery-ofnumbers-20150402
37. Michael Segal, 'The Twin Prime Hero', Nautilus, 19 September 2013, https://nautil.us/the-twin-prime-hero-1081/ [accessed 1 July 2022]; Counting from Infinity: Yitang Zhang and the Twin Prime Conjecture, documentary, dir. George Paul Csicsery (2015).
38. Genevieve Dean, 'Review: Science and Politics in China: Reflections on One Hundred Thousand Questions', Science Studies 4:1 (January 1974), pp. 93–6 (p. 94).
39. Counting from Infinity.
40. T. T. Moh, 'Zhang, Yitang's Life at Purdue (Jan 1985–991)', August 2013 (revised 2018), pp. 2, 4, https://www.math.purdue.edu/~ttm/ZhangYt.pdf
41. Lin, 'After Prime Proof, an Unlikely Star Rises'.
42. Segal, 'The Twin Prime Hero'.
43. Erica Klarreich, 'Unheralded Mathematician Bridges the Prime Gap', Quanta, 19 May 2013, https://www.quantamagazine.org/yitang-zhang-proveslandmark-theorem-in-distribution-of-prime-numbers-20130519/
44. Wilkinson, 'The Pursuit of Beauty'.
45. Ronald Miller, A View from the Wings (Weidenfeld & Nicolson, 1993), p. 233.
46. https://slimemoldtimemold.com/2022/02/10/the-scientific-virtues/
47. Elizabeth L. Bjork and Robert Bjork, 'Making Things Hard on Yourself, But in a Good Way: Creating Desirable Difficulties to Enhance Learning', Psychology and the Real World (2009).
48. Ibid.
49. Ibid.
50. Robert Bjork and Elizabeth L. Bjork, 'Desirable Difficulties in Theory and Practice', Journal of Applied Research in Memory and Cognition 9:4 (2020), pp. 475–9 (p. 477).
51. Bjork and Bjork, 'Making Things Hard on Yourself, But in a Good Way'.

11장

1. Anthony Alofsin, 'Wright, Frank Lloyd (1867–959), Architect', American National Biography Online (Oxford University Press, February 2000), https://www-anb-org.lonlib.idm.oclc.org/view/10.1093/anb/9780198606697.001.0001/anb-9780198606697-e-1700946
2. Tom Wolfe, From Bauhaus to Our House (Pocket Books, 1981), p. 34.
3. Mina Marefat, 'Wright in Baghdad', in Frank Lloyd Wright: From Within Outward, exh. cat. (Guggenheim, 2009), p. 75.

4. Nicholas Hayes, Frank Lloyd Wright's Forgotten House: How an Omission Transformed an Architect's Legacy (University of Wisconsin, 2021), pp. 33–7.
5. McCarter, Frank Lloyd Wright, pp. 277–8.
6. Frank Lloyd Wright, 'Modern Architecture, Being the Khan Lectures', The Essential Frank Lloyd Wright, ed. Bruce Brooks Pfeiffer (Princeton University Press, 2008), p. 180.
7. Cammy Brothers, Michelangelo, Drawing, and the Invention of Architecture (Yale University Press, 2007), pp. 1–9.
8. Ibid., pp. 45–6, 50–4.
9. Ibid., p. 12.
10. Ibid., pp. 69, 76, 86.
11. Walt Whitman, 'Song of the Open Road', Leaves of Grass (J. M. Dent & Sons, 1947), pp. 125, 127.
12. Frank Lloyd Wright, 'The Architect', Frank Lloyd Wright Collected Writings Vol 4 (1939–1949), ed. Bruce Brooks Pfeiffer (Rizzoli, 1994), p. 290.
13. Anthony Alofsin, Frank Lloyd Wright The Lost Years: 1910–1922, A Study of Influence (Chicago, 1993).
14. Ibid., p. 83.
15. Neil Levine, The Architecture of Frank Lloyd Wright (Princeton University Press, 1996), p. 27.
16. Donald Hoffmann, Understanding Frank Lloyd Wright's Architecture (Dover, 1995), p. 27.
17. Wright quoted in Levine, The Architecture of Frank Lloyd Wright, p. 41.
18. Hoffmann, Understanding Frank Lloyd Wright's Architecture, pp. 88–93.
19. Frank Lloyd Wright, 'Modern Architecture, Being the Khan Lectures', The Essential Frank Lloyd Wright, ed. Bruce Brooks Pfeiffer (Princeton, 2008), p. 180.
20. John Gurda, New World Odyssey: Annunciation Greek Orthodox Church and Frank Lloyd Wright (Milwaukee Hellenic Community, 1986), p. 51.
21. Levine, The Architecture of Frank Lloyd Wright, p. xvii.
22. Ibid., p. 95.
23. Ibid., p. 104.
24. Anthony Alofsin, 'Frank Lloyd Wright and the Aesthetics of Japan', SiteLINES: A Journal of Place 4:1 (2008), p. 17, www.jstor.org/stable/24889324
25. Wright to Martin, 20 August 1922, quoted in Kathryn Smith, 'Frank Lloyd Wright and the Imperial Hotel: A Postscript', The Art Bulletin 67:2 (1985), pp. 296–310 (pp. 306, 308), https://doi.org/10.2307/3050913
26. Janzella Zara, 'How Michelangelo Spent His Final Years Designing St. Peter's Basilica in Rome', AD, 25 January 2019, https://www.architecturaldigest.com/story/how-michelangelo-spent-final-years-designing-st-peters-basilica-rome
27. Smith, 'Frank Lloyd Wright and the Imperial Hotel', p. 310.

28. Joseph M. Siry, 'The Architecture of Earthquake Resistance: Julius Kahn's Truscon Company and Frank Lloyd Wright's Imperial Hotel', Journal of the Society of Architectural Historians 67:1 (2008), pp. 78–105 (pp. 83–4), https://doi.org/10.1525/jsah.2008.67.1.78
29. Ibid., p. 88.
30. Siry, 'The Architecture of Earthquake Resistance', p. 96.
31. Whitman, 'Song of the Open Road', p. 131.
32. Frank Lloyd Wright and Louis Mumford: Thirty Years of Correspondence, ed. Bruce Brooks Pfeiffer and Robert Wojtowicz (Princeton University Press, 2001), Frank Lloyd Wright [FLW] to Louis Mumford [LM], 6 August 1929, p. 77. All subsequent references to their correspondence are to this edition.
33. Frank Lloyd Wright, 'Form and Function', Frank Lloyd Wright Collected Writings Vol. 3 (1931–1939), ed. Bruce Brooks Pfeiffer (Rizzoli, 1993), p. 188.
34. Whitman, 'Song of the Open Road', p. 134.
35. FLW to LM, 7 July 1930, p. 91.
36. FLW to LM, 7 April 1931, p. 105.
37. Details of the Taliesin apprenticeship can be found in Harold Zellman and Roger Friedland, The Fellowship: The Untold Story of Frank Lloyd Wright and the Taliesin Fellowship (HarperCollins, 2009).
38. Frank Lloyd Wright, 'An Organic Architecture', Frank Lloyd Wright Collected Writings Vol 3 (1931–1939), ed. Bruce Brooks Pfeiffer (Rizzoli, 1993), p. 302.
39. Kathryn Smith, Wright on Exhibit (Princeton University Press, 2017), p. 109.
40. Ibid., p. 43.
41. Frank Lloyd Wright, 'The Japanese Print', Frank Lloyd Wright Collected Writings, Volume I: 1894–1930, ed. Bruce Brooks Pfeiffer (Rizzoli, 1992), pp. 117–18.
42. McCarter, Frank Lloyd Wright, p. 193.

12장

1. Jonathan Rauch, The Happiness Curve (St Martin's Press, 2018), p. 21.
2. David G. Blanchflower and Andrew Oswald, 'Is Well-Being U-Shaped over the Life Cycle?', February 2007, NBER Working Paper 12935, http://www.nber.org/papers/w12935
3. Kieran Setiya, Midlife: A Philosophical Guide (Princeton University Press, 2017), p. 34.
4. J. H. Wallis, The Challenge of Middle Age (Routledge & Kegan Paul, 1962), pp. 1, 5, 8, 11, 81.
5. Audrey Sutherland, Paddling My Own Canoe (University of Hawaii, 1978; Patagonia, 2018), p. 125.
6. Jobs's verbatim quotations all come from Make Something Wonderful: Steve Jobs in His Own

Words, published online by the Steve Jobs Archive, https://book. stevejobsarchive.com/
7. Rebecca Bengal, 'Vogue Stories: Sarah Jessica Parker, Isabella Rossellini, and Others Recall Their Big Breaks in the Magazine', Vogue, 4 September 2012, https://www.vogue.com/article/vogue-stories-sarah-jessica-parker-isabellarossellini-and-others-recall-their-big-breaks-in-the-magazine
8. Ibid.
9. Anne M. Todd, Vera Wang (Chelsea House, 2007).
10. Beard, 'Life's Work'.
11. Henry Oliver, 'Robin Hanson Interview', The Common Reader, https://www.commonreader.co.uk/p/robin-hanson-interview
12. Lynda Gratton and Andrew Scott, The 100 Year Life: Living and Working in an Age of Longevity (Bloomsbury, 2016).
13. Ryan Avent, The Wealth of Humans (Allen Lane, 2016), p. 119.
14. Timothy N. Bond and Kevin Lang, 'The Sad Truth about Happiness Scales', Journal of Political Economy 127:4 (2019).
15. Osea Giuntella, Sally McManus, Redzo Mujcic, Andrew J. Oswald, Nattavudh Powdthavee and Ahmed Tohamy, 'The Midlife Crisis', Working Paper 30442, http://www.nber.org/papers/w30442
16. Hannes Schwandt, 'Unmet Aspirations as an Explanation for the Age U-shape in Wellbeing', Beitrage zur Jahrestagung des Vereins fur Socialpolitik 2014: Evidenzbasierte Wirtschaftspolitik – Session: Redistribution and Subjective Wellbeing, No. A20-V4, ZBW – Deutsche Zentralbibliothek furWirtschaftswissenschaften, LeibnizInformationszentrum Wirtschaft, Kiel und Hamburg, http://hdl.handle.net/10419/100360
17. A. J. Reagan et al., 'The Emotional Arcs of Stories are Dominated by Six Basic Shapes', EPJ Data Science 5:31 (2016), doi: 10.1140/epjds/s13688-016-0093-1
18. Rauch, The Happiness Curve, p. 83.
19. https://learntocodewith.me/posts/career-change-at-40/
20. Nicola Bryan, 'Bear Photography Takes Great-grandmother Round the World', BBC News, 17 July 2022, https://www.bbc.co.uk/news/uk-wales-62152869
21. Elaine Moore, 'Silicon Valley: No Country for Young Men', Financial Times, 28 August 2022, https://www.ft.com/content/d0349360-723a-475c-9f1fe9924d72629d
22. Yitzi Weiner, 'The Inspiring Backstory of Eric S. Yuan, Founder and CEO of Zoom', 2 October 2017, https://medium.com/thrive-global/the-inspiringbackstory-of-eric-s-yuan-founder-and-ceo-of-zoom-98b7fab8cacc; Alex Konrad, 'Zoom, Zoom, Zoom! The Exclusive Inside Story of the New Billionaire Behind Tech's Hottest IPO', Forbes, 19 April 2019, https://www.forbes.com/sites/alexkonrad/2019/04/19/zoom-zoom-zoom-the-exclusive-inside-story-of-the-new-billionaire-behind-techs-hottestipo/?sh=1271c9234af1

23. Maureen Dowd, 'At Wimbledon With: Ion Tiriac; Tennis's Grandest Bad Boy', New York Times, 24 June 1993, https://www.nytimes.com/1993/06/24/garden/at-wimbledon-with-ion-tiriac-tennis-s-grandest-bad-boy.html?src=pm
24. Henry Oliver, 'Robin Hanson Interview', The Common Reader, https://www.commonreader.co.uk/p/robin-hanson-interview
25. https://nowteach.org.uk/
26. Lucy Kellaway, Re-educated: Why It's Never Too Late to Change Your Life (Ebury, 2021), p. 116.
27. Kellaway, Re-educated, p. 97.
28. Josh Waitzkin, The Art of Learning (Free Press, 2007), p. 107.
29. Ibid., p. 113.
30. Farrah Storr, 'Do You Skew Senior?', Things Worth Knowing with Farrah Storr, 21 August 2022, https://farrah.substack.com/p/do-you-skew-senior
31. https://oldster.substack.com/p/whats-it-like-joining-the-peace-corps?s=r
32. https://www.theguardian.com/world/2022/jun/04/japanese-man-kenichihorie-83-becomes-oldest-person-sail-solo-non-stop-across-pacific [accessed 13 September].
33. Gratton and Scott, p. 179.

결론

1. Richard Hooker, https://web.archive.org/web/20080605045033/http://www.wsu.edu/~dee/GLOSSARY/ARETE.HTM
2. Aristotle, Nicomachean Ethics (Cambridge University Press, 2000), p. 29.
3. https://slimemoldtimemold.com/2022/02/10/the-scientific-virtues/
4. Michael T. Martin, 'Conversations with Ava DuVernay –"A Call to Action": Organizing Principles of an Activist Cinematic Practice', Black Camera 6:1 (Fall 2014), pp. 57–91, https://www.jstor.org/stable/10.2979/blackcamera.6.1.57
5. Ralph Waldo Emerson, 'Self-reliance', in Nature and Selected Essays, ed. and intro. Larzer Ziff (Penguin, 2003).
6. Walter Pater, Studies in the History of the Renaissance (Oxford World Classics, 2011).
7. Lorren Walker, Aging with Strength (Hawaii, independently published 2012), p. 37.

옮긴이 **전혜영**

이화여자대학교 불어불문학과를 졸업하고 프랑스 렌 II 대학에서 불문학 석사, 박사 과정을 수료했다. 프랑스어 회화, 프랑스어권 문화, 프랑스 근대 문학을 강의하며, 영어와 프랑스어 전문 번역가로 활동 중이다.

옮긴 책으로는 『사라져가는 세계 부족 문화』, 『흙과 밀짚으로 지은 집』, 『선과 악』, 『세계 분쟁 지도』, 『우상의 추락』, 『감정읽기』, 『홍당무』, 『의약에서 독약으로』, 『같은 성을 사랑하는 것에 대하여』, 『레 미제라블』, 『트리스탄과 이졸데』, 『80일간의 세계 일주』 등이 있다.

마흔 이후 10년

1판 1쇄 발행 2024년 9월 23일

지은이 헨리 올리버
옮긴이 전혜영
발행인 오영진 김진갑
발행처 토네이도미디어그룹(주)

책임편집 박민희
기획편집 박수진 유인경 박은화
디자인팀 안윤민 김현주 강재준
마케팅팀 박시현 박준서 김예은 김수연
경영지원 이혜선

출판등록 2006년 1월 11일 제313-2006-15호
주소 서울시 마포구 월드컵북로5가길 12 서교빌딩 2층
원고 투고 및 독자 문의 midnightbookstore@naver.com
전화 02-332-3310 팩스 02-332-7741
블로그 blog.naver.com/midnightbookstore
페이스북 www.facebook.com/tornadobook

ISBN 979-11-5851-299-6 (03190)

토네이도는 토네이도미디어그룹(주)의 자기계발/경제경영 브랜드입니다.
이 책은 저작권법에 따라 보호를 받는 저작물이므로 무단전재와 무단복제를 금하며,
이 책 내용의 전부 또는 일부를 사용하려면 반드시 저작권자와 토네이도의 서면 동의를 받아야 합니다.

잘못되거나 파손된 책은 구입하신 서점에서 교환해드립니다.
책값은 뒤표지에 있습니다.